【府谷文史第35辑】

中国人民政治协商会议陕西省府谷县委员会 ◎ 编

谭玉山 ◎ 著

府谷通史

中国文史出版社

图书在版编目（CIP）数据

府谷通史 / 谭玉山著 ; 中国人民政治协商会议陕西
省府谷县委员会编 . -- 北京 : 中国文史出版社 , 2024.
7. -- ISBN 978-7-5205-4771-0

Ⅰ . K294.14

中国国家版本馆 CIP 数据核字第 2024VT4948 号

责任编辑：李晓薇　　装帧设计：杨飞羊

出版发行：中国文史出版社

社　　址：北京市海淀区西八里庄路 69 号　邮编：100142

电　　话：010-81136601　81136698　81136648（联络部）
　　　　　010-81136606　81136602　81136603（发行部）

传　　真：010-81136677　81136655

印　　装：北京地大彩印有限公司

经　　销：全国新华书店

开　　本：710mm×1000mm　1/16

印　　张：31.5

字　　数：406 千字

版　　次：2024 年 10 月北京第 1 版

印　　次：2024 年 10 月第 1 次印刷

定　　价：198.00 元

《府谷通史》编辑委员会

主　任

尚建林

副主任

郝慧仙　谭玉山　苏晓华　李瑞华

成　员

李军罕　郭　文　李　鹏　杨　曦　高　云　赵　平
吕　元　杨　峰　张维民　刘少峰　越　宽　刘　丽

主　编

谭玉山

编　辑

傅凯顺　段卫峰　刘二星　柴　良　闫　毛　康文慧
张党旗　张挨平　韩二林　苏飞林　梁　栋　王　娟
谭益州　王　超

黄河入陕第一湾

清代府谷地图

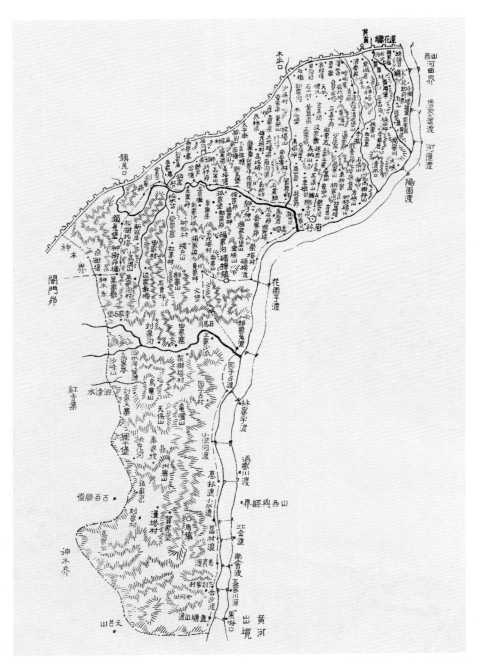

（采自《续修陕西省通志稿》）

府谷县政区图

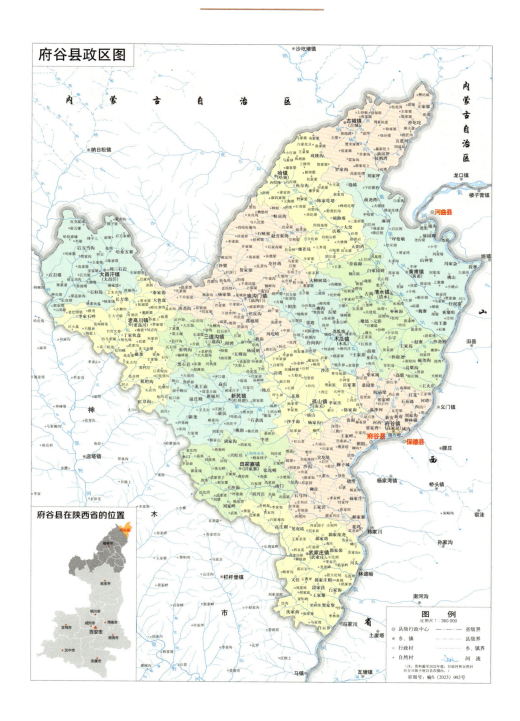

府谷县政区图

府谷县在陕西省的位置

图例

比例尺 1：360 000

审图号：榆S (2023) 002号

序 一

田小宁

　　欲知大道，必先为史。府谷县位于陕西省最北端，地处秦晋蒙三省区交会的"金三角"地带，黄河襟其东，长城绕其北，历代兵家之重地，古今王畿之要服，黄土文化和草原文化在这里交相辉映，长城文化和黄河文化在这里相互融合。深入挖掘府谷丰富的历史积淀，展现厚重的本土人文，是历史赋予当代府谷人的光荣使命和时代责任。

　　盛世修史，存史资政；箕裘相继，泽被后昆。编纂通史，既是传承文化的意义所在，又是资政育人的迫切需要。谭玉山同志携县政协有关同志，系统梳理本土历史发展根脉，填补了府谷历史研究领域一直没有通史的空白。《府谷通史》共设十一章，上溯地质时期，下迄1949年新中国成立，全面叙述了府谷地区缘起演变和府谷先民肇始以来绵延不断

的文明传承，阐释了府谷政治、经济、军事、文化、教育、人口、民族、宗教、民风民俗等方面演变的动态趋势，展现了府谷历史发展的总体脉络与个性特征。全书主次有序、结构严谨、文笔生动流畅、资料准确翔实，是一座记载变迁的文献宝库，也是一本鲜活生动的乡土教材，更是一部具有时代特征和地方特色的优秀通史读本。

《府谷通史》付梓在即，这既是府谷文化建设的一大成果，又是继承和发扬府谷优秀文化的重要媒介，既有利于外界更全面、更深刻地了解府谷、认识府谷，也必将进一步激发府谷人民"知我府谷，爱我府谷，建我府谷"的意识，激励全县上下朝着建设秦晋蒙区域重要节点城市目标阔步前进，续写无愧历史、无愧先贤、无愧时代的辉煌篇章。

是为序。

中共府谷县委书记

2024 年 7 月

序 二

尚建林

　　《府谷通史》是一部关于府谷历史文化的大书，内容广泛，史料翔实。谭玉山撷英拾贝，辛勤劳作，将府谷历史发展脉络梳理明晰，该书纳入府谷政协文史第 35 辑，其出版发行无疑是府谷政协文史资料挖掘整理工作又一重要举措，甚至在府谷历史文化长廊中也具有里程碑意义。

　　该书气魄宏大，肌理细腻。呈现出两个显著特征。一是资料丰富，涵盖面广，大到历史上发生的重大历史事件，小到先人民风民俗。二是寻古溯源，时间跨度大，从 6 亿年前的地质时期到府谷解放，府谷的历史变迁和社会沿革在这里都能找到缩略图。

府谷是人类的重要发祥地之一。远古时期就有人类在这里繁衍生息，有距今4500年前的寨山石城遗址，有仰韶文化、龙山文化、秦汉文化遗址以及其他文化遗址615处。历史上府谷是中原王朝的西北门户，历来战乱频仍，烽火不断，是兵家必争之地；府谷地处蒙汉交汇地带，蒙汉民族往来频繁，互通有无，是民族融合的集中区和物资交流的集散地。府谷历史源远流长，府谷文化丰富多彩，府谷历史就像一颗颗璀璨耀眼的明珠散落其间，谭玉山以时间为经线，以事件为纬线，在翻阅大量史书、志书，查阅无数史料的基础上，甄别真伪，合理编排编撰而成。全书篇目设计科学，结构严谨，层次分明，编排合理，遵照历史发展的规律，遵照逻辑学的概念划分原则，依次叙述详略得当。文字纯洁精练，述而不论，不溢美，不贬损，符合史志体例要求。

　　《府谷通史》详细记录了府谷有史以来至1949年发生的重大历史事件和各个时期涌现出的英雄人物，对这些重大历史事件和人物如数家珍，娓娓道来，读后让人如临其境，如闻其声。

　　府谷通史是一部教科书，阅读《府谷通史》可以全面了解府谷几千年的文明史，可以了解人类发展史，可以了解古代战争史，可以了解府

谷经济建设发展史。《府谷通史》是一部工具书，为研究府谷的学者专家，提供翔实的历史资料；为今后各级各单位撰写志书、家谱、村史提供方便；为广大作家、诗人、文学爱好者歌颂府谷赞美府谷提供历史依据。是我们认识府谷，热爱府谷，建设府谷的一部大书、好书！

府谷因为几千年来累受战火摧残，文字档案遗存极少，导致典籍记载的历史缺乏连贯性。谭玉山同志通过多年的艰辛考察考证，笔耕不辍，终于补上了这一空白。《府谷通史》这部著述对于研究府谷的文化，树立府谷人的文化自信，必定大有裨益。我相信，该书的出版发行必将进一步扩大府谷的文化影响力，让府谷厚重的文化与蓬勃的经济并驾齐驱，成为誉满三秦的亮丽名片。

府谷县政协党组书记、主席　冯建林

2024 年 7 月

序 三

朱 鸿

　　我的朋友田措施请我吃饭，不拒绝，并建议吃城南一家餐馆的苞谷糁面。聚首于包间，见他还带着一位大汉，介绍说："这是我的同学谭玉山，陕西府谷人，地方史专家！"

　　饭罢，谭玉山从挎包里取出一部书稿递给我，田措施说："拜托朱老师写一篇序吧！"我顿觉自己的头比苞谷糁面的碗还大，十分为难，因为我的双手还在和泥、阙墙，亟待补洞呢！然而苞谷糁面何等美味，为难也要领命，遂不等手擦净，接住了书稿。

　　在春夏相交的日子，我一边读书稿，一边想象身材魁梧且骨壮肉厚的谭玉山如何在那个黄土堆积而沟壑纵横的方域钻研历史文化呢？兴趣所在，深爱历史，深爱文化，才能做这种事啊！

此书虽然叙述府谷一县之史，然而他态度郑重，下足了功夫，甚至是挥着牛刀杀鸡。既然是通史，他干脆从地质时期切入，接着新石器时期，接着夏商周，接着秦汉，乃至明清，终于民国。脉络清晰，不缺一角，不差半块，要什么，有什么，且有什么，言什么。

此书的一大特点是，置府谷于中国之中叙述，县为点，国为面，点面融合，信息量甚大。重点当然是府谷，不过府谷的变化，包括战乱，或是和平与发展，皆在天下之中。天下之变化引起府谷的变化，府谷之变化，是天下变化的折射。一县之史，如此叙述，还是很高明的。

叙述一县之史，若处理不当，往往会失之简单，因为一国之通史，一省之通史，或一市之通史，林林总总，怎么都会丰满起来，然而一县之史，容易干瘦。此书解决了这样的问题，从而颇为得体。谭玉山谙熟府谷风俗，谙熟榆林风俗，在他的通史里，便杂糅了北国的万千风俗。如此，通史既是自远而近，又能左右延伸，遂产生了摇曳的姿态。所谓信息量甚大，也包含了丰富的风俗。他还把列传纳入通史之中，知县、武官和名人，各有其位。他很慷慨，凡是出生于府谷，或在府谷活动过，只要有德、有功和有声，皆让其坐席。

府谷位于陕西北端，尤在农耕文明与游牧文明的交界上，长城便从此县穿过。这样一个方域，在历史上难免战乱频仍，其结果永远是生齿

半死，百姓弃家，而荒草满畴，而哀鸿遍野。如此景象，在府谷曾经一再出现。

还有，起码自殷商以来，屡屡各族便在这一带杂处，包括鬼方、混夷、荤粥、猃狁、戎、狄、林胡、匈奴、羌和鲜卑，然而也不止于斯。杂处也会和平，也会相争，且以相争获取更多更好的生存资源，遂不禁要彼此攻伐吧！以此带入通史，也很有趣。

民国以后，府谷才有了现代文明。凡电报、电话、电影和金融，皆自民国产生。叙述到这个时期，通史似乎有了一种轻松和明快的感觉。

刘知几有论："夫国史之美者，以叙事为工；而叙事之工者，以简要为主。"我以为谭玉山也是颇具文学修养的，其通史之语言，多在叙事，且多有简要。

2024 年 5 月 7 日，窄门堡

朱鸿，陕西长安人，当代作家。现任民进陕西省第十二届委员会副主委，第十一、十二届陕西省政协委员，陕西省作家协会副主席，陕西省写作学会会长，陕西师范大学长安笔会中心主任、文学院教授。

自 序

谭玉山

　　郡县有史，方可知政事之利弊，文化之晦明，社会之盛衰及山川之形状。吾邑府州，山连蒙地，地衔晋北，长城枕西北，黄河绕东南，扼延绥之咽喉，为榆中之保障，史逾千年，人文荟萃。

　　昔者吾县，虽僻处一隅，然山川灵秀，民风淳厚。秦汉富昌，雄踞塞上，唐宋折氏，彪炳千秋。明清民国，文风渐盛，士子好学，儒林蔚起，科甲联捷，名冠秦北。故吾邑之历史，悠久而渊深，吾邑之文化，多元而璀璨，实三秦之瑰宝也！

　　予游学归乡，值改革开放，府州巨变，百业俱兴。任事文宣，寻访工农商学，宣传各行业绩，每有小文见诸报刊，亦有专著发行出版，心窃窃自喜，以为功成，遂罢笔三载。

吾有书癖，极好文史，数载阅史志逾百，杂文无计，尤积府州史料益丰，如大泉隐地，汩汩鸣咽，泄之方畅。回视往昔陈文旧作，犹小禾花草，无一木可立也。嗟叹之余，耻而拾笔，冀有劲木秀于文林，裨益后学，乃平生愿也！由是昼夜伏案，不听风雨，无视花月，博采周咨，钩沉史海，考据典籍，凡疆域沿革、军政文教、山川道路、营堡村社、人物风俗，俱条分缕析，纲举目张，九章五十节，编撰成帙，逾八载，通史收山。

书成甲辰新春，恍觉天爽地阔，山朗水清，大河滔滔如歌，长城莽莽若舞，泱泱富昌，巍巍府州，勉吾述悠悠通史兮志先贤，承府州文脉兮启后学，传赫赫文明兮播远方。

夫撰史者，非徒记往事，亦欲借此以明道，以垂训，以励人也。吾虽不才，然勉力为之，撰通史以记之，冀吾邑之历史得以传承，文化得以发扬，后人勿忘其本，子孙永志其源。

2024 年 7 月

凡　例

一、本书以马克思列宁主义、毛泽东思想、邓小平理论、"三个代表"重要思想、科学发展观和习近平新时代中国特色社会主义思想为指导，全面、客观、真实地记录府谷历史，反映地域文化特色，力求史料准确、观点正确、内容翔实。

二、《府谷通史》上溯远古，下限至 1949 年。

三、按年序或事类分章设节，力求体现府谷历史发展的主要脉络。

四、体裁分述、记、传、图、表、录等，以时为经，以事为纬，以述为主。

五、本书语言力求准确、简洁、朴实、流畅。文字以 1986 年国家语言文字工作委员会公布的《简化字总表》为准。古地名括号内注今地名，今地名以民政部门最新确定的为准。

六、数字书写遵循中华人民共和国标准《出版物上数字用法》（GB/T15835-2011），计量单位一般使用公制。

七、记人、立传、入表、入录，以其典型事迹为标准。所录人物多采自历代《县志》和《府谷文库》，偶有民间宗谱摘录。或摘录原文，或稍事修改，补其缺略。

八、资料主要来源于史书、志书、档案、碑记、考古以及其他历史文献。

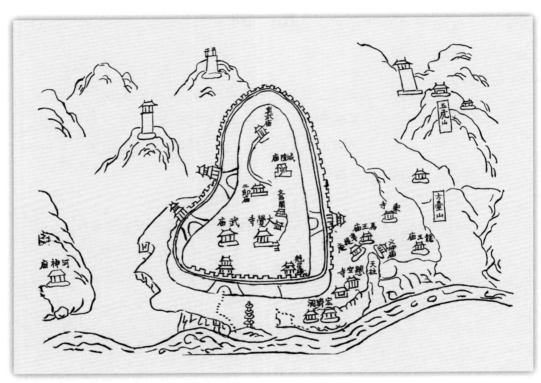

雍正版《府谷县志》县城图

目　录

第七章　明（1368—1644 年）

第八章　清（1636—1911 年）

第九章　中华民国（1912 年 1 月 1 日—1949 年 9 月 30 日）

附　录

第一章
地质时期

（约 6 亿—7000 年前）

府谷黄土高原地貌

第一节 | 地质演变

府谷县位于陕北黄土高原与鄂尔多斯高原的接壤地区，县境地域经历了极其复杂的地质演变历程。

古生代时期（距今 5.7 亿年至 2.5 亿年），是府谷地质变化的重要时期。特别是奥陶纪早、中期，海侵规模大，府谷成为茫茫无际的鄂尔多斯古海。到奥陶纪晚期（距今约 4.4 亿年），由于加里东造山运动的影响，府谷县地处祁（连）吕（梁）贺（兰）山字形构造马蹄形盾地的东翼与新华夏系第三沉降带的复合部位，在墙头、清水、高石崖一线以西

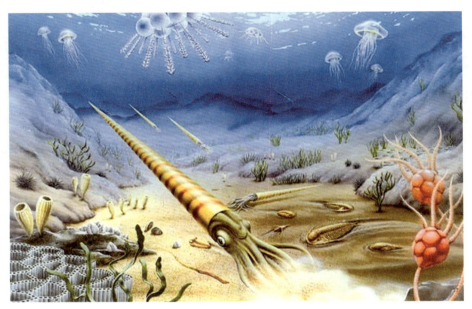

鄂尔多斯古海景观复原图

3

莲花辿

属伊陕盾地之北东部，其东为晋西挠褶带北段。由于古陆不断抬升，府谷出现了 1 亿年左右的无海期。石炭纪中期（距今约 3.3 亿年）古陆再次下沉，来自华北地区的海水又漫浸了这一地带。直到二叠纪早期（距今约 2.7 亿年），海水全部退去。这一时期，由于海西运动的巨大影响，地壳频繁运动和不断升降，出现了时海时陆的景象。

中生代时期（距今 2.5 亿年至 0.66 亿年），整个陕北和鄂尔多斯地区湖泊、沼泽和河流广布，地形低洼平坦，气候炎热湿润。

白垩纪晚期（距今 0.7 亿年），地球上发生了强烈的地壳运动。特别是在"燕山运动"的影响下，古陆不断上升，气候日益干燥。新生代第三纪的古新世、始新世、渐新世时，古陆一直处在稳定上升阶段。渐新世末，在新的地壳运动——"喜马拉雅造山运动"的巨大影响下，古陆又一次被抬升。由于东西走向的喜马拉雅山挡住了印度洋的暖湿气团向北移动，中国的西北地区越来越干旱，渐渐形成了大面积的沙漠和戈壁，西北风将那里的尘土搬运到陕北、晋西北等地区，在中国北方制造了连绵起伏的黄土高原。直到第四纪末（约 1 万年前），府谷现在海拔780 ～ 1246 米雄宏壮美的地貌才逐步形成。

第二节 ｜ 古生物

古生代生物 从县境发现的海相地层判断及化石标本证实，早古生代时期的府谷为鄂尔多斯古海浅海区。由于海水较浅，阳光和氧气充足，海生无脊椎动物大量繁育，其中最多的是三叶虫，因其躯体上下左右均可分为三部分而得名。主要有准格尔小实盾虫、鄂尔多斯虫、卢氏孙公盾壳虫、原附栉虫等。科学家们也常把那个时代（寒武纪）称作"三叶虫时代"。

奥陶纪时，鄂尔多斯古海中除三叶虫外，又出现了空前繁盛的笔石类和角石类，还有腹足类、腕足类及棘皮类等多种动物。晚古生代，鄂尔多斯古海中一批早古生代老群类，如三叶虫、笔石、角石等，此时已衰退或灭绝，而又有不少新的海生动物类群繁盛起来，其门类繁杂，数量众多，为石炭纪海洋中的主要成员。此外还有腕足类、腹足类和棘皮类等形形色色的海生软体动物，它们是鄂尔多斯地史上海洋动物中的最后一批"居民"。

随着晚古生代海洋面积不断缩小，陆地面积日益扩大，从石炭纪的滨海、沼泽地带到二叠纪的湖泊、湿地，逐渐生成茂盛的陆生植物区，使府谷大地第一次披上绿装。从已发现的植物化石地层中考证，远在距今约18亿年前的元古代就出现了最原始的菌藻类植物。到了古生代石炭纪、二叠纪（距今约3.5亿年至2.25亿年），这里广泛分布着以孢子来传宗接代的藻类植物。主要物种有石松、节蕨等，当时府谷气候炎热，水陆交错，万木参天，密林成海，尤以鳞木、芦木之根叶茂密、躯干魁伟，树身高达三四十米，一派热带原始森林景象。而这些原始森林，就是府谷煤炭的物源。从现在的煤块上常可看到鳞木、芦木或其他类植物的茎叶印痕，这也证明了石炭纪、二叠纪是地质史上最主要的"造煤时代"。府谷在

芦木化石（府谷县自然资源博物馆藏品）

这一时期形成了 310 平方公里的煤炭资源，主要分布在府谷东部地区。

中生代生物　从府谷中生代（距今约 2.25 亿年至 0.7 亿年）地层中发现的大量化石证实，这一时期古老的脊椎动物非常兴盛。如在侏罗纪、白垩纪河湖相地层中发现了丰富的鱼类化石，是最低等的水生脊椎动物。在县境三叠纪地层中找到最多的是一类奇特的似哺乳类爬行动物化石，由于这类爬行动物在某些构造上已明显地向哺乳动物方向发育，所以科学家们认为它们是介于爬行类和哺乳类之间的一种过渡类群，称之为"似哺乳类爬行动物"，其物种有二齿兽、付肯氏兽、肯氏兽、犬颌兽、包氏兽等。

在各类爬行动物兴盛时期，府谷境内一片葱绿，到处生长着茂密的森林。从丰富的化石可知，那时除了蕨类植物外，还有一类更为高级的植物——裸子植物也相当繁盛，并占据了统治地位，其植物门类甚多，主要有苏铁类、银杏类、松柏类等。苏铁类属常绿木本植物，常见于今热带、亚热带地区；银杏类也是今热带地区最常见的植物，它比苏铁类要高大得多，树身一般可达 30 米以上，直径为 2 米左右；松柏类中，还发现有热带、亚热带的苏铁杉、南美杉等。

这些茂密的热带植物为府谷地下煤炭的形成提供了丰富的物源。因此，中生代也是一个重要的造煤时期。由于中生代与古生代植物种类不同、所经历的时期长短不同以及地质地貌变化和气候环境的不同，这一时期，府谷大昌汗、老高川、三道沟、庙沟门、新民、木瓜、田家寨和赵五家湾等地形成了面积为 650 平方公里的长烟煤、弱黏结煤和精煤。

新生代生物　大量化石资料表明，在早第三纪（距今约 0.4 亿年），府谷地区原始哺乳类动物广泛分布，主要有偶蹄类、肉食类、啮齿类等，其普遍特征是体形较大。

到上新世时期（距今约 0.12 亿年），显赫一时的原始哺乳类动物灭绝了，现代哺乳类动物最直接的祖先空前繁盛起来。它们分别是现代马的祖先"三趾马"，因其每只脚上有三个脚趾而得名。还有脖子、四肢都还未显著变长的古长颈鹿及古象、大唇犀等，是现代长颈鹿、犀牛、大象的祖先；此外，在晚更新世（距今 1 万多年）地层中，还发现有野牛、披毛犀、野猪、普氏羚羊、鹿类、鸵鸟蛋等化石。以此分析鉴证，在更

三趾马化石（府谷县自然资源博物馆藏品）　　长颈鹿化石（府谷县自然资源博物馆藏品）

新世晚期，府谷已是一个温暖湿润、河湖广布、有疏散森林、广阔草原的地区。

全新世时期，一些古动物因无法适应自然环境的变化而逐渐灭绝，另一部分则迁往异地。此后，府谷地区由生物史时代进入了人类史时代，从自然史时代步入社会史时代。

第三节 | 古生物化石分布

府谷是一个动植物化石宝库，全县多个乡镇有化石遗存。

植物化石 主要分布在黄甫、墙头、海子庙、清水、庙沟门、三道沟、大昌汗、老高川、新民等地，特别是黄河、黄甫川、清水川沿岸有丰富的植物化石。种类有硅化木、鳞木、银杏、芦木、栉木及植物根须化石和籽种化石。

硅化木（府谷县自然资源博物馆藏品）

山西犀化石（府谷县自然资源博物馆藏品）

巨鬣狗化石（府谷县老高川古生物化石馆藏品）

动物化石 主要分布在老高川、三道沟、大昌汗、府谷镇、庙沟门等地。特别是老高川镇王大夫梁、沟地渠、东王大夫梁、红圪圪旦、补花沟脑畔梁等地，有大量古生物化石遗存。王大夫梁已发现3个不同层位的动物群化石约40个层种。其中上层庙梁动物群有变异鬣狗、嵌齿象科、平齿三趾马、三趾马、无角犀、河南兽、斯氏弓颌猪、布氏始柱角鹿、湖鹿、新罗斯祖鹿、低枝祖鹿等15种；中层化石有斯氏弓颌猪、三趾马；下层喇嘛沟动物有鬣狗、翁氏鬣狗、剑齿虎、短颈近狼獾、贾氏三趾马、窝孔三趾马、哈氏大唇犀、和政无鼻角犀、拉氏中华板齿犀、萨摩兽、高氏羚羊、小颈旋角羊、山羚羊、陆龟等20余种。经西北大学地质系新生代地质与环境研究所专家实地考察研究认定，这批化石产自当地含化石红色黏土平行并整合于侏罗纪含煤地层之上，其生存时代属新生代第三纪上、中新世时期，距今400万~700万年。当时的环境气候，早期为半湿润的草原疏林，后为森林环境。这批化石的出土是我国近几十年来三趾马动物群化石的一次重要发现，它不仅证实了不同生态类型的三趾马动物群代表着不同的时代，而且也为研究府谷乃至周边地区三趾马动物群的层位、古生态环境的变化提供了新的重要资料。

第二章
远古时期

（约 7000 年前—前 221 年）

府谷寨山石城遗址

第一节 | 县境内的远古居民

大约 7000 年前，府谷境内就有人类居住。根据现有的考古资料，县内有新石器时代遗址 598 处，遍布全境。上古时期，黄帝部落在陕北高原上生活了数百年，随着部落的不断扩大，其势力也向东北方向扩展，逐渐沿今府谷、神木一带和宜川、韩城等地东渡黄河，走向山西、河北、河南、山东等地，开创了华夏文明的辉煌史。先秦时期，府谷地区居民构成复杂，祖源难辨，是各个少数民族的交会融合之地，其社会形态复杂多样。

据《尚书·禹贡》记载，府谷在夏商时期（约前 21 世纪—前 11 世

龙山时代陶鼓（府谷县荣河博物馆藏品）

纪）为要服[①]地，在雍州翟族境内。西周（前 11 世纪—前 770 年）为固阳榆中地，属雍州白翟（狄）的一部分。根据司马迁、王国维等史学家观点，夏朝獯鬻，商朝鬼方、混夷、荤粥，周朝猃狁，春秋时期戎、狄，战国时期林胡，都是后世所谓的匈奴，俱为府谷境内的先民。当时，府谷的先民不同于其他游牧民族，其生活方式主要为定居，如田家寨寨山、庙沟门连城峁和黄甫高家塔等地发现了大量房屋遗址。这一时期，府谷先民的主要生产方式是原始农业，同时也从事畜牧和渔猎，是一支半农半牧的民族。虽不像中原地区一样有着较为规范的社会制度和较为发达的文化，但已形成了不同的社会集团和文明程度不同的社会组织。府谷先民是华夏民族的重要一支，他们在陕北高原上创造发展了辉煌灿烂的黄河文明。

第二节 ｜ 先秦时期古聚落遗址

五六千年前，府谷大地气候温暖湿润，雨量充沛，到处是茂密的森林和广阔的草地。黄河、黄甫川、清水川、孤山川、石马川等河道沿岸高原台地平阔肥沃，宜农宜牧，宜渔宜猎，是原始人类理想的生息繁衍之地。根据第三次全国文物普查资料，府谷共有各类文物点 1642 处，其中新石器时代遗址 598 处，属于仰韶、龙山文化范畴，夏、商、周时期遗址 129 处。

府谷新石器时代聚落遗址主要有庙沟门新庄子遗址；田家寨寨山遗

---

① 要服，五服（甸、侯、绥、要、荒服）之一。上古帝王"使赋役有恒，职掌分定"，将京师外围分为五等地带，谓之五服。甸服最近，距京师五百里，侯服稍远，绥、要、荒服益远。

新石器时代石镰（府谷县荣河博物馆藏品）

新石器时代石斧（府谷县荣河博物馆藏品）

址；大昌汗五当沟大西沟遗址；黄甫高家塔遗址、柏林峁村条塌梁遗址、常王寨石寨梁遗址；王家墩贺家堡堡上遗址；碛塄麻地山遗址；孤山杨塔村松树梁遗址、墩塌村烂庙圪坨遗址、墩塌村古城址遗址；新民沙沟岔村石老虎梁遗址。

龙山时期村落遗址主要有庙沟门许家梁遗址、古城塌村凤凰山遗址、连城峁遗址；黄甫小宽坪灰沙梁遗址、宗常山遗址；墙头蔺庄庙梁遗址、徐家梁遗址、小字遗址；碛塄桥沟北盖峁遗址、郝家角村朱家湾遗址、王家塌遗址、石堡村大小石堡遗址；清水转角楼村古楼梁遗址、徐庄村王辟府遗址；府谷镇贺家畔遗址、傅家塌村大寨圪坨遗址；老高川东梁大阴湾遗址、板深沟村神树梁遗址、补花沟垴畔梁遗址；孤山川与木瓜川相汇的镇子峁遗址；田家寨王沙峁寨山遗址；王家墩奥家梁遗址；大昌汗石岩塔遗址、上母胡塌村青春圪坨遗址、哈业五素村石盖梁遗址、那孟家沟村鹰

龙山时代三足陶瓮（府谷县荣河博物馆藏品）

龙山时代研磨器

圪堵畔遗址；武家庄丰山村庙圪堵遗址；哈镇黄花梁村老包坡遗址、三道峁梁六垧地遗址、下陕坝梁村字峁圪旦遗址；海子庙狄家畔村长盛梁遗址；木瓜古城村遗址、黄草梁村刘家峁梁遗址；新民善家峁杏树梁遗址、沙沟岔遗址；赵五家湾桦皮沟村燕条遗址。

夏、商、周时期村落遗址主要有黄甫镇常王寨村常咀遗址；孤山镇沙圪村沙圪大垴畔遗址；古城镇大塔村瓦窑湾遗址；三道沟镇地界壕村地界壕遗址；赵五家湾柏草峁村柏草峁遗址；古城镇油房坪村油房坪遗址；庙沟门镇沙梁村场梁遗址、沙梁村沙峁圪垯遗址、安山村坝渠沙峁遗址、杨家梁村沙家梁遗址、杨家梁村香柏梁遗址、蒿地墕村长城圪垯遗址、杨家梁村坝岔遗址；哈镇糜茬墕村高家圪梁遗址、鱼儿沟村黄花梁遗址等。

府谷寨山石城等级区分明显的龙山时代石峁文化墓地

许多遗址从仰韶时期一直延续到汉代，特别是仰韶文化晚期到龙山文化早期，府谷出现了一些石城遗址，如田家寨寨山石城，碛塄大小石堡石城、郝家角朱家湾石城等。这些石城多选择在三面临沟、陡坡环卫的山顶上。采用堑山成障的方法，使山坡更加陡峭险峻，并在土崖外包筑石壁，形成相对封闭的台城，其目的是防御其他部落及猛兽侵扰。在这些遗址中，出土有石器、陶器、骨器、玉器等生产、生活用具。石器有石斧、石刀、石碗和加工谷物的石磨棒、石杵等，狩猎用的石球砍砸器，纺织用的石纺轮、石硾等。陶器有罐、瓶、鬲（lì）、豆、直筒瓮、甗（yǎn）、斝（jiǎ）、彩陶碗等，质地为红陶、

龙山时代三足陶鬲（府谷县荣河博物馆藏品）

彩陶、灰陶、黑陶、夹砂灰陶、夹砂黑陶、夹砂红陶等。

当时种植的农作物有粟、稷、油菜等，驯养的家畜有狗、猪、牛、鸡等。人们学会了采割麻类植物织布缝衣，同时还进行狩猎和捕鱼。人们居住在沿河的高原台地和向阳的山坡上，学会了凿井取水。房屋为地穴式、半地穴式和土窑洞式，有的在窑洞前搭建屋檐，室内用泥草搅拌（今名大苘泥）抹面、火烧土面、白料礓粉泥或白灰抹面。食物种类较为丰富，主食有粟，副食有肉、鱼、蔬菜、果类等。

田家寨寨山石城遗址 位于田家寨镇寨山村山梁上，遗址面积 110 万平方米。有断续石墙体多处，主要分布在山梁东南、东北部和西北部的山地上。遗址内地表有大量陶片，根据陶片判断，该遗址主体遗存的时代为仰韶晚期至龙山早期，此外还有个别战国时期陶片。寨山遗址的一个重要发现是存在有多段石墙，且规模较大，遗址内地下遗存丰富。该遗址是目前陕西北部地区发现的规模较大的仰韶、龙山文化遗址，遗址内现存的马面墙垣是中国目前发现较早的城垣建筑。该遗址的发现为研究早期中国北方地区的文明起源等重要问题提供了重要实物依据，具有很高的学术研究价值。

第三节 │ 春秋战国时期建置沿革及古城遗址

春秋时期白狄迁移路线图

春秋初期，秦国东北渭河流域、陕北及晋西北地区，主要生活着西周时期獯鬻、猃狁的后裔白狄（同翟）。晋国和狄人来往最为密切，晋献公娶白狄大戎狐姬为妻，生子重耳，重耳亦娶白狄女为妻。

秦、晋两国为争夺狄人所占地区，不断发生战争。面对秦晋两国的攻伐与"和戎"政策，白狄与晋和好，在周灵王二十七年（前545）臣服于晋，府谷成为晋国属地。

周贞定王十六年（前453），晋国分裂为韩、赵、魏三国，府谷属赵国上郡管辖，后属魏国。魏国为了加强西北防务，魏惠王从公元前351年起，修筑了南起华山北麓，经韩城循黄河西北上，经陕西绥德、米脂、榆阳、神木、府谷、内蒙古准格尔旗、达拉特旗，从达拉特旗粉土圪旦过黄河，往北直抵包头固阳塞的长城。魏长城是府谷境

魏长城北段示意图

内最早的长城，大致经
过田家寨、孤山、木瓜、
清水、麻镇等地，从麻
镇梁龙头进入黄河西岸
的准格尔旗龙口镇马栅
村。由于年代久远，府
谷境内魏长城遗址已很
难找到。

战国形势示意图

　　战国时期，秦、魏、
赵三国在陕北地区相互攻伐，不断兼并。公元前 312 年，魏国被秦国
再次打败，割让上郡 15 县予秦，府谷境亦在其中。此时，赵武灵王通
过"胡服骑射"等政策改革军事装备和作战方法，使骑兵成为一个独立
兵种。公元前 306 年，赵国军队趁秦国内乱之际，西渡黄河，出兵榆中
（今陕西北部、内蒙古鄂尔多斯和河套地区）。赵国占领这一地区后，建
云中、九原两郡，又在阴山筑长城以御胡人，同时实行军屯，以巩固边
防，府谷成为赵国重要的屯垦区之一。赵武灵王在位时曾巡视赵国全境。
相传今府谷清水镇石山子村花石山为赵武灵王骑马入秦处。秦王嬴政继
位后，公元前 228 年灭掉赵国，公元前 225 年灭掉魏国，横扫六合，于
公元前 221 年建立了我国历史上第一个统一的中央集权的封建王朝——
秦朝。

　　春秋战国时期，晋、魏、赵三国先后在府谷境内修筑了一些军事城
池，以巩固边防。境内白狄人在一些地方修筑了城垣。根据现有考古资
料，府谷县已发现的春秋战国时期城邑遗址有 5 处，分别是：

　　冯家会城址　　位于墙头冯家会村黄河西岸台地上。城址平面呈长方
形，东西长 150 米，南北宽 100 米，墙体夯筑，夯层厚 10 厘米。采集有
许多泥质灰陶残片。

大昌汗城址　位于大昌汗镇大昌汗村北。城址平面呈长方形，边长百余米。尚存夯筑残墙长约 120 米，残高 1.5 米，基宽 3 米，夯层厚 4～8 厘米，采集有绳纹瓦残片。

石马川城址　位于碛塄石马川村南岸台地上。城址平面呈长方形，东西长约 200 米，南北宽约 10 米。遗存夯筑残墙段及城垛，夯层厚约 10 厘米，地表散布泥质灰陶片及绳纹筒瓦、板瓦。

沙坪城址　位于古城镇沙坪村黄甫川河东岸台地上，城址平面略呈方形，边长约 100 米。城内散布大量的泥质灰陶片及绳纹筒瓦、板瓦，饰绳纹、弦纹、划纹，器形可辨有罐、豆、釜、甑等。

古城城址　位于古城镇古城村北黄甫川北台地上，城址平面呈方形，边长约 500 米。残存东、南、北夯筑墙体，残高 0.5～1.5 米，基宽约 6 米，夯层厚 10～12 厘米。城内外散布大量的泥质灰陶片、绳纹筒瓦、板瓦以及铜镞、铜带钩、铜渣、铁片等。

第三章

秦汉时期

（前 221—220 年）

麻镇大墩墕汉代烽燧

第一节 | 建县之始——富昌县

战国时期，赵国玺印中有一枚"富昌韩君"玺，其时官玺多为县级官吏使用之物。赵国在地方行政设置上实行郡县制，目前可以确定赵国置县27个，其中就有富昌县。公元前229年，秦大破赵，富昌县归秦。公元前221年秦统一六国后，在全国推行郡县制，以郡统县。上郡治所为

富昌韩君印

肤施（今陕西省榆林市榆阳区鱼河堡附近），辖地约今陕西省延安市、榆林市和内蒙古乌审旗等地。据《秦代政区地理》记载：上郡辖肤施县、阳周县、圜阳县、高奴县、漆垣县、广衍县、洛都县、定阳县、雕阴县、原都县、平都县、徒泾县、平周县、中阳县、西都县、武库县、平陆县、

秦上郡简图

饶县、博陵县、白土县、富昌县。此为府谷境内有文献记载的建县之始。西汉初年，将上郡东北、黄河秦晋两岸地区分出，置西河郡。汉高祖七年（前200），复置富昌县。西汉元朔四年

西汉时期的富昌县

（前125），汉武帝为了巩固边防，将上郡、云中、太原等郡36县划入西河郡领属，其范围为今内蒙古鄂尔多斯东部及晋西、陕北沿黄河一带，其中陕西境内有5县，富昌县居首。西河郡郡治在麻镇二道河湾村和大墩墕村的山梁上。富昌县治所在今府谷县古城镇古城村。富昌县辖地为今府谷东部和内蒙古准格尔旗东南部。汉宣帝本始三年（前71）至东汉建武元年（25），汉朝在今府谷西部、神木北部及内蒙古准格尔旗西南部新置平定县，治所在今府谷县赵五家湾乡古城梁村。王莽新朝时将富昌县改名为富成县，东汉时撤销，辖地并入平定县。东汉中期以后，北方战乱不断，西河郡百姓大量南奔。建安二十年（215），延安以北的郡县全废，平定县亦在其中。

第二节 │ 汉朝与匈奴的和战

秦汉之际，匈奴首领冒顿单于第一次统一了蒙古草原，建立起强大的政权并不断向南侵扰。秦始皇派大将蒙恬发兵30万攻打匈奴，匈奴向北退却700余里，秦王朝的势力占据了整个鄂尔多斯和河套地区。为了巩固北部边防，秦王朝又将内地民众3万多户迁到这一地区屯田实边。之后，蒙恬又修筑了西起甘肃临洮，经陕西靖边、横山、榆阳、神木，然后至内蒙古托克托县，一直到辽东的万里长城，府谷位于秦长城东南。

秦朝灭亡后，匈奴白羊、楼烦等部渐渐又从阴山之北南下渡过黄河，重新回到鄂尔多斯地区。西汉王朝建立之初，由于国力贫弱，尽力缓解与匈奴关系，将汉翁主（汉室之女）嫁于单于，与匈奴通婚和亲。每年都给匈奴大量的丝绸、粮食等物品，开辟"关市"贸易，与匈奴约为兄弟。因此，在数十年时间里，汉匈之间没有发生大的战争。西汉的和亲政策并未从根本上消除匈奴的军事威胁。汉文帝十四年（前166），匈奴老上单于以鄂尔多斯为根据地，率14万骑兵南下，掳掠人民、畜产甚多，前锋逼近长安。匈奴的侵扰给西汉王朝带来了巨大威胁，汉文帝一方面抗击来犯的匈奴骑兵，另一方面采取积极的防御措施，修建上郡、西河郡等地的边塞城池，并在秦长城东南的府谷、神木、准格尔旗等地，迁来大批内地汉人实边。汉武帝继位后，经过10多年准备，国力逐渐强盛，派大将卫青、霍去病多次出击匈奴。元朔二年（前127），卫青、李息率数万骑兵由君子津渡西河（黄河），赶走了白羊王、楼烦王，夺取了

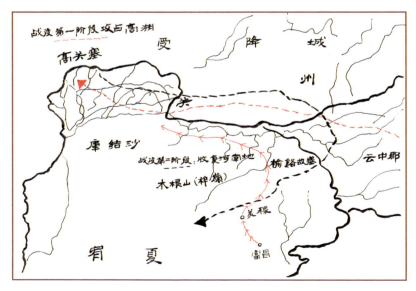

卫青、李息、田广明收复河南地进军路线图

河南地，取得了汉朝对匈奴作战的首胜，新置五原、朔方两郡。之后，汉宣帝还派祁连将军田广明率4万骑兵从西河郡富昌县出发，北行至美稷县（治所在今内蒙古准格尔旗纳林古城），向西攻打匈奴。经过长期对匈奴作战，汉朝夺取了河套和河西走廊地区，匈奴无力再与汉朝对抗，部分匈奴人开始西迁。

公元前1世纪中期，匈奴内乱分裂为几部，呼韩邪单于率其所部南下五原塞，归顺汉朝，汉宣帝亲派使者迎接，让他三次入朝觐见汉天子，准其屯驻大漠之南。公元前33年，汉元帝将宫女王昭君嫁给呼韩邪单于，从此，汉匈之间结束了100多年的战争，开始了友好往来。

东汉时期，匈奴分裂为南北两部，南匈奴王庭由云中郡（治所在今内蒙古自治区托克托县）移驻到府谷北部美稷县，南匈奴单于每年都遣子"奉奏"汉帝，朝廷每年都给南匈奴单于大量赏赐，单于把他的骑兵分别屯驻在汉朝北部西河等郡，为东汉王朝镇守北部边疆，汉匈关系十分密切。

第三节 | 经济社会

秦汉之前的府谷森林茂密、水草丰美，先民们过着半牧半农的生活，河谷地带及高原台地上有少量的农业生产，但那时的开发是零星和局部的。

战国时期，魏、秦、赵三国与林胡等少数民族激烈争夺这一地区，如魏国于公元前359年至前351年，在府谷境内修筑长城。赵武灵王从公元前306年起在清水石山子屯军，出兵榆中（今内蒙古鄂尔多斯市），占领陕北大部分地区，魏、赵两国在这一地区大力发展农牧业，促进了

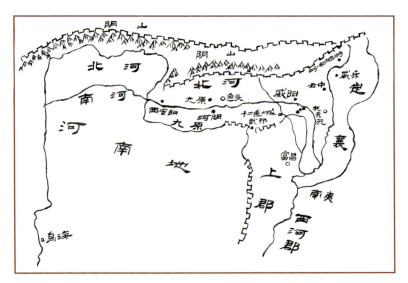

秦末汉初河套附近地区位置简图

府谷的开发。

秦汉时期是中国历史上统一的多民族国家形成的重要时期，也是封建社会经济制度的初步发展时期。秦朝建立后，为了抵御北方匈奴，巩固边防，在陕北地区采取了筑长城、修直道、移民实边、招募贫民及塞卒屯田等治理措施，这些措施虽然出于军事目的，但在客观上促进了陕北地区的开发。府谷处于北部边疆与秦朝统治腹地的过渡地带，在这种历史背景下，府谷大规模的经济开发也肇始于此，府谷进入历史上第一个经济社会繁荣阶段。

汉承秦制，西汉朝廷为了抵御北方匈奴，同时也为了缓解中原地区由于饥荒灾害和人口增加而带来的社会矛盾，曾多次"募民迁徙塞下，屯田筑城"。汉武帝时，仅元狩四年（前119），一次就迁入朔方以南新秦中72.5万余人。徙民之外，还大规模屯田。其中元鼎六年（前111），一次就出动兵卒60万，屯田于上郡、朔方、西河。这两次大规模迁徙屯田，120万军民迁入北方四郡，占当时西汉全国人口的近二十分之一。

汉代陕北的人口规模不仅超过前代，也为元明所不及。这些移民不仅带来了中原地区先进的农业生产技术，而且把比较先进的生活方式和文化也带到了边疆，对陕北地区的经济开发、文化发展和民族融合起到了极为重要的作用。大量的移民和戍卒，在肥沃的高原谷地上开垦荒地、种植谷物、建房筑城，使陕北的农牧业得到了迅速发展，当时的陕北"田畴四布，人民炽盛，牛马衔尾，群羊塞道"，其富庶程度与关中平原相近，被称为"新秦中"。

府谷出土的汉代铁犁

秦汉时期，府谷农业生产技术有了很大提高。汉武帝时，铁制农具由官府统一制作，铁制铧、犁、锄、铲、镢、镰、三角楼等已在府谷广泛使用。今府谷古城、麻镇、墙头、碛塄、田家寨等地均出土了汉代铁犁、铁铧等农具。农业种植广泛采取代田法和区种法（间作套种）。农作物品种有了西域传入的苜

富昌城遗址

蓿、蒲陶（葡萄）、胡桃、胡麻、胡豆（蚕豆）、大蒜等。农户主要种植谷子，小米成为主粮。畜牧业仍处于重要地位，苜蓿在府谷广泛种植，家庭饲养畜禽种类增多。

秦汉时期，西河郡、富昌县治所富昌城是北方重要的军事、商贸中心。该城与内蒙古准格尔旗相邻，位于今府谷县古城镇古城村。富昌城遗址呈长方形，面积约50万平方米，残存的城墙有492米，残高1～3米。当时上郡、平定县、富昌县、美稷县、朔方县的交通道路已形成，沿线的亭、邮、驿、传等设施也比较完善。

西汉实行盐铁专卖政策，在全国设置31处盐官，富昌县成为其中之一，因为与该城相邻的鄂尔多斯地区食盐资源丰富。当时富昌盛产糜谷，成为汉朝对匈奴用兵的重要囤粮地。富昌城遗址出土了许多秦

汉代彩绘铜钫壶（府谷县荣河博物馆藏品）

汉代彩绘茧形壶（府谷县荣河博物馆藏品）

汉钱币，如秦半两、汉五铢、新莽的大泉五十等，说明当时这里商贸十分繁荣。富昌城许多墓葬有陶器、石器、玉器、铁器、青铜器、骨器、金器等，这些器物器形规整、制作精美，制作风格有很大的一致性，说明当时这里有着较大的规模化生产的手工作坊，是陕北地区重要的手工业中心。

除富昌城外，麻镇大墩墕、赵五家湾古城梁、清水枣林岕、新民善

赵五家湾古城梁平定城遗址

家峁、碛塄乔地渠等古城遗址和孤山野芦沟杨家梁、田家寨水口寨等村邑遗址规模都很大，均出土了大量的钱币、印章、陶器、青铜器等文物。其中，赵五家湾柏草峁古城梁遗址呈不规则长方形，面积约 40 万平方米，残存的城墙有 1100 米，残高为 2 米，基宽约 4 米，城门遗址尚存；乔地渠古城遗址位于石马川南乔地渠、王家圪，东西长约 3000 米，南北宽约 500 米，面积约 15 万平方米，城墙残长 1000 多米，残高 3～4 米，当地百姓称其为东、中、西三城，是府谷南部的一个重要汉代古城遗址。

秦汉时期，过度开发给府谷生态环境带来了严重影响。农耕破坏了草原植被，过度砍伐森林造成了水土流失，这一后果在东汉时期开始显现。据文献记载，与西汉时期相比，东汉时期北方旱灾发生的次数明显增多。据《后汉书·南匈奴传》记载，东汉建武二十三年（47），河套及鄂尔多斯地区发生了一次大旱灾，造成了"赤地数千里，草木枯尽，人畜饥疫，死耗大半"的凄惨景象。从近年来的考古资料发现，富昌城墓葬中的填土和夯层中有大量的沙砾，由此可以推断出当时府谷的生态环境已经开始恶化。

第四章

三国两晋南北朝时期

（220—581 年）

胡汉宴乐图

第一节 | 民族融合和农牧业的发展

东汉建武二十四年（48），匈奴分裂为南北两部。南匈奴降附东汉，率众居住在沿边八郡之地，单于王庭迁于府谷北部的美稷城。当时，青海、甘肃等地羌族部落大量向东迁移，其中一支迁到了府谷，府谷成为汉、羌、匈奴杂居之地，畜牧业得以继续发展。此后北方战乱

东汉末府谷属羌胡地

不断，陕北郡县俱废。从东汉建安二十年（215）一直到南北朝长达370多年间，府谷成为汉族、南匈奴、东羌和鲜卑等少数民族聚居之地。

府谷在东晋时期属赫连氏大夏国（都城在今靖边县白城子），北魏（386—534）时期为五原郡固阳并永安郡地，北周（557—581）时属归真郡银城县（治所在今神木解家堡乡黄石头地村，辖神木北部及府谷县地）。

在中国历史上，三国两晋南北朝时期是继先秦以后我国第二次民族大融合阶段，府谷是民族交融的重要地区。府谷境内的匈奴、羌、鲜卑

等少数民族，在与汉族人民的长期生活中，民风民俗相互交融，民族之间的差别逐渐消失。北魏孝文帝改革，把不同种族的人民编在邻长、里长、党长的统治下，使各族人民有了更为密切的交流。同时，孝文帝还实施了改官制、改汉姓、禁穿胡服、禁说鲜卑话等一系列汉化政策，同时大力提倡胡汉通婚，大大加快了各族人民的融合进程。

三国两晋南北朝时期，由于社会长期动荡，政权更替频繁，少数民族大量内迁，北方经济遭受严重摧残，"黄河南北千里之地，大部分沦为牧场"（《魏晋南北朝隋唐经济史稿》）。这时，北方的经济由秦汉时期的农耕为主退化为游牧或半农半牧。

根据考古资料，三国两晋南北朝时期牛耕在府谷得到普及。铁犁牛耕产生于春秋后期，秦汉时期虽努力扩大，但尚未真正普及。三国两晋南北朝时期，游牧民族进入府谷，耕牛数量大大增加，由于府谷山地较多，单牛拉犁（一犋犁）的耕作方式十分易行。当时还发明了畜力牵引的铁齿耙和耧，形成了牛耕与畜力耧相结合、一耙一耧的旱作农业技术，极大地提高了生产力，增加了农作物产量。这一耕作方式，一直影响到府谷近代农业生产。

三国两晋南北朝时期，府谷人口减少，大量土地荒芜，农民大多采

魏晋墓室壁画《牛耕图》

用区种法，特别是许多沟、坡等山地不用牛耕，对广大无牛少地的农民更为实用。同时，农户还采用休耕制，即种一年闲一至两年，休闲的土地上长满了野草，成为天然牧场，提高了土地的利用率。当时的主要农作物有粟、黍、豆、胡麻、蔓菁、胡葵、葱、韭菜、甜瓜等。

三国两晋南北朝时期，匈奴、羌等游牧民族在府谷地区生活，牛羊驼马驴骡遍布山谷，畜牧业和农业互为补充，共同发展。这一时期，府谷生态环境恶化的趋势得到了遏制，水丰草茂，森林葱郁，府谷山川重新变得秀美起来。

第二节 ｜ 多元文化的形成

府谷从殷商到隋唐的 2600 多年时间里，先后有鬼方、混夷、荤粥、猃狁、戎、狄、林胡、匈奴、羌、鲜卑等 10 多个少数民族与华夏族错居杂处、交流融合，特别是魏晋南北朝时期，是我国历史上各民族大混血、大同化时期，陕北高原的民族融合达到高潮。

在漫长的同化融合过程中，汉族与北方游牧民族、中原农耕文化与草原游牧文化相互影响，形成了府谷民俗文化多元化的特征，这一特征至今仍顽强地保留下来，体现在衣、食、住、行、岁时节令、民间艺术及地名、姓氏之中。

府谷长期是游牧民族的活动地区，现在的府谷人仍有崇武尚勇的彪悍气质。先民们雄壮彪悍、娴于弓马骑射，史籍多有记述：

"及安定、北地、上郡、西河皆迫近戎翟（狄），修习战备，高上气力，以射猎为先……名将多出焉。"（《汉书·地理志》）

"朔方榆林，地接边荒，多尚武节。"（《隋书·地理志》）

魏晋墓室壁画《牧马》

"被边之地，以鞍马射猎为事。其人之劲悍而质木。"（《宋史·地理志》）

"民不满十岁皆谙武艺，人尚义气，俗无浮华。"（《大元一统志》）

"俗骄悍，喜功利，习骑射，尚忠勇。"（明《延绥镇志》）

穿光板羊皮袄，包白羊肚手巾是旧时府谷人显著的衣着特征，这种衣裘尚白的风习来自戎狄民族。旧时，府谷男童衣服左肩上佩三角形红布袋，内装护身符、炮仗、麻钱等物，剃头时脑后留一绺头发，这与羌族习俗完全一样。匈奴、狄、羌族信奉原始的萨满教，特别是羌族信奉多神，崇拜自然万物，府谷现在一些偏僻乡村的跳神、找楼子等活动也来源于此，其法器羊皮鼓子，现在四川阿坝州的羌族仍在使用，称之为"布"。羌族崇拜天神、地神、山神、树神、火神等，有还愿、消灾、招魂、卜地和超度等习俗，办喜事忌打破器皿和损坏东西，不能让戴孝者和寡妇当娶送戚，这些习俗在府谷城乡至今仍有保留。

府谷的年节习俗，也深受游牧民族的影响。府谷旧时，大年初一有出行的习俗，早饭后全家出动，给牲畜鬃尾扎上彩色布，赶出圈让其自由奔跑以选择吉方敬神，祈求人畜平安，这一习俗便来自羌族。在府谷

萨满教巫师

城乡春节、元宵节和婚丧等活动中，有垒火笼（火塔）的习俗，这源自境内许多游牧民族对火的崇拜。据《古今艺术图》载："秋千，北方山狄之戏……"府谷人荡秋千的习俗也源于狄族。

府谷烹饪以蒸煮为主。熬南瓜、熬土豆、炖羊肉、炖猪肉、烩菜、煮羊杂碎等，以炒米、炒面为干粮，这些都是游牧民族的饮食习惯。酸菜是现在羌族人的家常菜，府谷人将白菜、蔓菁等蔬菜洗净后腌酸，生

魏晋墓室壁画《胡人饮食》

食或煎炒、炖烩，这与羌族饮食习惯相同。面疙瘩和搅团是羌族的主食，现在的府谷人也喜欢食用。府谷人一直使用的羌盘，就是源于羌族先民烧制的餐具。

旧时府谷人多穴居土窑，也是受狄人影响。新民镇过去称"镇羌堡"，其得名也与羌族有关。府谷人称父亲为"大大"，就是来源于羌族。

北魏孝文帝令鲜卑人改汉姓，皇室贵族拓跋氏改姓元，叱千氏改姓薛，口引氏改姓侯，去斤氏改姓艾，贺跋氏改姓何。匈奴人迁往内地后，贺赖氏改姓贺，独孤氏改姓刘，丘林氏改姓丘或林，陕北是匈奴族聚居的重要地区之一。在三国两晋南北朝时期，长期居住在府谷大地的游牧民族，在华夏文明的浇灌下，逐渐融入了汉族大家庭。尽管他们的族称从历史上消失了，但是他们的文化却深深根植于府谷大地，形成了府谷多姿多彩的地方文化。

第五章
隋唐五代时期

（581—960 年）

府州城

第一节 ｜ 建置沿革

北周末年，外戚杨坚掌握大权。581 年，他夺取了北周政权，建立隋朝，改元开皇。自此，府谷境内结束了东魏、西魏和北齐、北周的轮番统治，归属隋朝。隋朝初期，按照"存要去闲，并小为大"的原则，加强中央集权。开皇十年（590），复置富昌县，辖今府谷北部和内蒙古准格尔旗东南部。府谷南部属银城县，治所在今神木市解家堡黄石头地村。隋朝的胜州，开皇初名云州，设云州总管府，辖今鄂尔多斯东北及土默特右旗。隋开皇二十年（600），把云州的榆林、富昌、金河三县改隶胜州。大业三年（607），将胜州改为榆林郡，仍辖榆林、富昌、金河三县，治所在今准格尔旗十二连城乡。

隋朝时期的富昌县

隋炀帝统治时期，大兴土木并三征高句丽，导致隋末农民大起义爆发，隋王朝日趋瓦解。618 年，隋炀帝在江都被部将杀害，隋朝灭亡。

唐初连谷、新秦、银城县

同年，在太原起兵的隋朝贵族李渊攻入长安，建立唐朝。隋末唐初，朔方鹰扬郎将梁师都叛隋称帝，国号梁，占领陕北及河套大片地区，唐与梁和突厥在这一地区长期争夺，富昌县遭受多次战火，人口凋零，土地荒芜，最终被废。唐贞观二年（628），梁师都兵败被杀，梁国亡，唐 10 万大军大败突厥，将北部边界推到漠北。

唐朝初期，在"缘边镇守及襟带之地，置总管府，以统军戎"。贞观二年（628）改总管府为都督府，统领镇戍。边防兵组织系列分为军、守捉、城、镇、戍。镇戍编制为：戍编兵士 30 ~ 50 人、镇编兵士 300 ~ 500 人。地方部队职官设团练使（团练守捉使），统领地方兵，主要职责是维护社会治安，如有战事，也应诏出征。唐曾在鄜、夏先设中都督府，后改为在麟、银、朔、绥、延、丹、坊 7 个州分别设下都督府，同时在府谷、保安、寨门、云岩等重要军事地区设镇，以巩固边防。唐高祖武德年间，置府谷镇，设职官为防御使（团练守捉使），为县级军事行政单位。根据近年来考古资料，唐府谷镇遗址在今府谷镇张家塔村。另外，也有在今府谷镇镇子峁（县城西 20 里）一说，需进一步考证。根据府谷县文管办保存的《唐故河东郡卫府君墓志铭》记载，唐文宗大和二年（828），卫嘉进夫妇合葬于府谷镇北 20 里端政烽之左麓（今府谷镇任家塌村）。这是目前府谷境内发现的最早碑铭，再次证明了唐设府谷镇。唐开元十二年（724），置麟州，治所在今神木店塔镇杨城村，辖新秦、银城、连谷三县。新秦县治所也在今神木店塔镇杨城村，辖今神木市、府谷县中部地区；连谷县治所在今神木市店塔镇黄羊城村，辖今神木市北部地区；银城县治所在今神木市解家堡镇黄石头地村，辖今府谷南部、神木中南部地区。唐乾元（758 年二月至 760 年闰四月）初，分朔方节度，置振武军节度，治所在今内蒙古和林格尔

府谷镇张家塔村出土的唐代注子
（府谷县文管办藏品）

县。大历末又置，领绥、银、麟、胜等州，府谷镇属麟州管辖。中和四年（884），划麟州归河东道，军政务归河东节度使总领。

　　"安史之乱"后，唐朝日趋衰落，后期爆发了唐末农民大起义。公元 907 年，唐朝灭亡，中华民族又一次陷入分裂混乱，史称"五代十国"。这一时期，府谷先后属梁、唐、晋、汉、周的势力范围。后唐庄宗天祐七年^①（910），李存勖（xù）将府谷升镇为县。天祐八年（911），置府州，领府谷县。公元 936 年，石敬瑭依靠契丹灭掉后唐，建立后晋，自称"儿皇帝"，将燕云十六州地割让给契丹。把原本不属于十六州的麟、府二州也拱手送给契丹。契丹准备将府州蕃、汉人迁往辽东，民众惊惧，折从阮率军民强烈抵抗，于开运元年（944）春深入契丹疆域，连拔十八寨，确保了麟、府二州安全。

---

① 天祐为唐昭宗使用的最后一个年号，唐哀帝继位后未改元，仍用天祐。907 年，朱全忠害死哀帝灭唐建梁，河东晋王地仍用天祐年号。

后周北汉时期的府谷

后汉高祖天福十二年（947）四月，刘知远在太原即皇帝位，国号汉，史称后汉。折从阮投汉，升府州为永安军，折从阮为节度使。隐帝乾祐三年（950），罢永安军，复置府州。后周世宗显德元年（954），复置永安军于府州，折德扆为节度使。

五代后汉、后周永安军节镇范围，东以黄河为界，北至今内蒙古达拉特旗北黄河边，西北至今内蒙古伊金霍洛旗新街，西南至今神木市马镇。

第二节 ｜ 经济社会

三国两晋南北朝时期，北方长期战乱，陕北地区的秦直道等重要道路遭到严重破坏。

隋唐时期，在大一统王朝的荫庇下，府谷社会安定，经济有了长足的发展。随着土地的开垦和居民的增加，官府以延州为中心，改造修建了许多道路，其中就有银州经真乡、开光、银城、富昌，直达榆林郡的道路。

隋朝北方边界在河套阴山以北，所以与北方突厥、吐谷浑等族在陕北地区发生的战争较少。隋炀帝好大喜功，喜欢巡游。大业三年（607）四月，隋炀帝从大兴城（今西安市）出发，率10万大军和大批官吏，沿

隋炀帝北巡会见启民可汗图

延州道路北上，六月，在连谷县（今神木市北部地区，与府谷相邻）狩猎，威风凛凛，炫耀军力，震慑突厥。之后，抵达榆林郡（今准格尔旗十二连城乡）。隋炀帝"观渔于河，宴请百官"，在城东设千人大帐，竭尽奢侈，宴请突厥启民可汗及其部落首领。启民可汗等喜且惊骇，献牛羊驼马数十万头，并表示"愿率部落变更衣服，一如华夏"。隋炀帝兴奋之余，吟出《车驾次榆林幸启民所居赋诗》："鹿塞鸿旗驻，龙庭翠辇回。毡帐望风举，穹庐向日开。呼韩顿颡至，屠耆接踵来。索辫擎膻肉，韦鞲（gōu）献酒杯。何如汉天子，空上单于台。"隋炀帝此次北巡长达半年，富昌等沿途郡县组织军民整修道路，栽种槐、榆、柳树，贡送食品。这在一方面加重了百姓的负担，但在客观上推动了地方经济发展和社会进步。

　　唐代是中国历史上自三国两晋南北朝后又一次大规模民族迁徙时期，近 100 年间突厥、契丹、党项、吐谷浑等民族不断内迁陕北，朝廷

天德军和振武军节度位置示意图

实施羁縻府州的政策进行管理，同时安置"外流人口"屯田和军士屯田，鼓励早婚，按丁划地垦种，新垦地五年不交赋税。这一系列措施使陕北地区的经济得到了恢复和发展，人口由唐初的27.7万，天宝元年（742）增加到46.2万。唐代诗人温庭筠在《苏武祠》中描述："古祠高树两茫然，陇上羊归塞草烟……"陕北长城沿线呈现出"松桑盖地，海水连天""山头松柏林""白草连天烧"的美丽景象，可见当时这一地区农牧业有了很大发展，人民生活富足安康。唐中期以后，今陕北府谷、佳县、吴堡、清涧、延川、延长、宜川、富县、黄陵为农业区，神木、榆阳、米脂、横山、绥德为养马区，靖边、横山、子洲、子长、安塞、志丹、宝塔及洛河中上游为森林区。

唐德宗时期，宰相李德裕在《李文饶文集·论兵要》中记述："访闻麟、胜两州中间，地名富谷，人至殷繁，盖藏甚实。望令度支拣干事有才人，充和籴（dí）使，及秋收就此和籴，于所在贮蓄。且以和籴为名，兼令与节度使潜计会设备。如万一振武不通，便改充天德军运粮使。胜州隔河去东受降城十里，东受降城至振武一百三十里。北路有粮，东可以壮振武，西可以救天德。"振武军和天德军都是唐朝北方边疆的重要军事机构，主要负责陕北和河套地区的防务。上述资料说明当时府谷的山间河谷地带，农牧业十分发达，人口兴旺，经济繁荣。同时，也是当时北方的军事要地，朝廷已十分重视对这一地区的管理，特别是商贸流通，以储存战备物资。府（富）谷得名应与此有关，即富足之谷。

五代后周时期，折德扆在孤山川河东石畔上建铸了千佛铁塔，铁塔每节都铸有佛像，计约千尊，十分精美，时为府州胜景。唐初，在今清水村还新建了清泉寺，又称萨格尔寺，是目前府谷最古老的寺庙之一。此外，唐代孤山所建寺庙还有昊天宫。据昊天宫旧时碑文记载，唐贞观八年（634），第三次补修昊天宫，以后宋仁宗景祐年间及明正德、万历年间均有修缮，亦刻碑载记。可惜此碑因同治回乱被马化龙军队捣毁。

孤山铁塔

清水清泉寺

七星庙

1933 年，府谷县县长派人将这些残碑放到县城黄河岸边，用船运到外地，不知所终。昊天宫亦称七星庙，位于孤山堡北门外山梁上，现有大殿、前庭两处建筑。大殿屋顶为九脊歇山式，殿前过道为卷棚式，单檐斗拱，磨砖对缝，从底到顶，以砖砌成。室内墙壁底部四周直立，后变为八面收缩，到顶时又变为圆形收缩，一砖盖顶，无梁无柱，也称"无梁殿"。前庭建筑与大殿基本相同。七星庙建筑形制奇特，风格别致，施工时精磨细葺，为古代建筑之精华，是研究我国民族建筑的宝贵资料。相传，七星庙是北宋名将杨业与府州折赛花（戏剧中称佘太君）比武招亲之地，闻名于世。2013 年 3 月，七星庙被国务院公布为第七批全国重点文物保护单位，选入《中国名胜词典》。

唐朝晚期，由于藩镇割据和官府腐败，府谷经济开始衰退。五代十国时期，王朝更迭频繁，战争不断，人民流离失所，府谷经济一片萧条。

第三节 | 折氏崛起

公元 258 年，鲜卑族在定襄（郡名，治所盛乐，今内蒙古和林格尔、清水河县一带）建立了拓跋氏为首的部落联盟，折氏族为代北（今山西河曲、五寨、宁武以北地区）鲜卑折掘部，以折掘为姓。所以在《折克行神道碑》中记有"公字遵道，出河西折掘姓……"。北魏孝文帝改革的

折氏迁徙图

一项重要措施是改鲜卑姓为汉姓，所以折掘部改姓为折，开始汉化。

公元 574 年，北周武帝下诏禁佛、道二教，毁佛像经书，令僧侣还俗，没收寺庙田产。折氏族人多为佛门子弟，故与郡县联合上疏直谏，周武帝对此极为不满。公元 576 年，责令折氏举族由富饶的云中郡（治所在今内蒙古自治区托克托县东北）迁徙到银城县东北。唐初，因随唐军征战有功，折华被任命为府谷镇遏使。唐朝末年，朝政腐败，藩镇割据。乾符二年（875），爆发了黄巢起义，沙陀部首领李克用因协助唐朝镇压黄巢起义有功，被封为河东节度使，后又封晋王，其势力扩展到河曲、偏关一带。此时，折氏后人折宗本干练有才，团结部族，爱护民众，在当地威望极高，人争附之。李克用拉拢地方豪强，加强实力，扩大地盘，将折宗本收录帐下，封上柱国，后又升其为振武军缘（沿）河五镇（延州、胜州、振武军、朔州、忻州）都知兵马使，此为折氏在府谷兴起之始。之后，折宗本之子折嗣伦承其父业，任麟州刺史。折嗣伦为政宽

折嗣伦问农图

折从阮修筑府州城

厚，深受百姓拥戴，人称"太山公"。五代后汉乾祐二年（949），折从阮"举族入觐"，调任武胜军节度使，镇邓州。公元951年，郭威建立后周，折从阮投身其下，被加封"同平章事"（平章为官名，在本官之外加同平章衔，可在朝议政）。五代后周显德元年（954）五月，折德扆入朝觐见。世宗升府州为节镇，复置永安军于府州，以折德扆为节度使。这样，折氏"父子俱领节镇，时人荣之"，此为府州折氏兴起时期。

唐末五代时期，府州折氏乘乱而起，从折宗本到折德扆祖孙三代俱以麟府为根据地，审时度势，凝聚民心，势力不断壮大，使府谷由镇转为县、州、军，最后为节镇。折氏家族牢牢统治这一地区，并一贯与中

后唐时期的府州

原王朝保持密切关系，从而得到了中原王朝的庇护和支持，其势力得以巩固和发展。无论时局怎样变化，折氏"独据府州，控扼西北，中朝赖之"，这为北宋折氏历任知府州并屡建功业打下了牢固的基础。

第四节 | 人 物

折 华 约生于隋唐之际。三国魏甘露三年（258），拓跋氏在今内蒙古和林格尔盛乐建立以拓跋鲜卑为首的部落联盟，授其一支为"代北鲜卑折掘部"（一说这一支为内迁之党项羌）。至386年，拓跋珪建北魏，后由盛乐迁都大同。北魏孝文帝拓跋宏实行改革，改用汉姓，鲜卑复姓"折掘"改为"折"。北周建德六年（577），代北折氏举族徙居河西。唐初折华因军功授府谷镇遏使，驻防府谷，为府谷折氏始祖。

折宗本 唐懿宗、僖宗时人，祖籍云中，生于府谷。自幼习武，骑射超群，所使之"十三段赤金锁链竹节枪"，为独特的折家枪法。唐僖宗乾符五年（878），为振武军（唐乾元初置，治所在今内蒙古和林格尔县）五镇都知兵马使，领绥、银、麟、胜等州，今内蒙古鄂尔多斯市和陕西省榆林市皆其范围，为折家事业的奠基者。

折嗣伦（855—905） 宗本子。其青壮年时代正值宣、僖、昭宗的腐败统治，唐朝政权在农民起义的不断打击下，风雨飘摇，终至灭亡。嗣伦继其父事业，唐末任麟州刺史，利用天下大乱的形势，夺得麟、府统治权，开创了子孙后代统治这一地区数百年的基业。任麟州刺史期间，为政宽仁，爱民如子，时人以赵宣子、郭伋誉之，人争附之。后累赠太子太师。卒于麟州任上，时年五十岁，葬于府谷县孤山徐家峁折氏墓地，俗名东瑜头。生子五人，皆从军。

折从阮（892—955） 嗣伦三子，字可久。五代名将。从阮性温厚，弱冠居父丧，以孝闻。本名从远，后汉天福十二年（947）入朝，避后汉高祖刘知远讳，更名从阮。后唐庄宗李存勖镇守太原时，以代北诸部屡为边患，起从阮为河东牙将，领府州副使。后因其招回纥归国有功，于后唐庄宗同光（923—925）中升任府州刺史。后唐明宗长兴初（930）"以从阮洞悉边事加检校工部尚书，复授府州刺史"。据《旧五代史·周书》："晋高祖起义以契丹有援立之恩，略以云中、河西之地，从阮由是以郡北属。"后晋天福二年（937），契丹由于河西战线太长，难以应付，加之本土劳动力缺乏，下令迁徙河西之民于辽东，以充实那里人口。府州作为河西第一州，为迁徙之内，州民因之大恐。从阮深感守土保民责任重大，于是利用山川险峻的地理形势，据险自守保住了府州。后晋天福七年（942），石重贵（后晋出帝）即位，与契丹决裂。当年即派遣人去通知从阮准备出兵抗击契丹，次年春，从阮率领本州军队向东北出击，深入被契丹占领的沦陷区，攻占胜州，连拔十余寨，收复了府州所统辖的地区。府州除受契丹短暂侵扰之外，一直保持相对独立和安定。从阮因此被石重贵授检校太保、府州团练使、安北都护、振武军节度使、契丹东南面行营马步都虞候。天福十二年（947），后汉高祖刘知远于府州建永安军，任从阮为节度使。乾祐二年（949）移镇武胜（今河南邓州市），其子德扆为府州团练使。至后周末，从阮占据府州。世宗显德二年（955）冬，赴东京朝拜周世宗柴荣，病逝于途中，时年六十三岁。葬于府谷孤山东十二里徐家峁东塝头。从阮从唐天祐四年（907）至唐天祐八年（911）任府州副使，历后唐、后晋、后汉、后周四个朝代，一直镇守府州。

第六章

宋夏金元时期

（960—1368 年）

宋芭州城遗址

第一节 | 折氏镇守府州

后周显德七年（960），禁军统帅、殿前都点检赵匡胤发动"陈桥兵变"，登基立国为"宋"，定都汴梁（今河南开封市），史称"北宋"。靖康二年（1127），金攻占汴梁（今河南开封市），康王赵构迁都临安（今浙江杭州），史称"南宋"。至祥兴二年（1279），蒙古军队攻占临安，宋亡。

北宋北方边境黄河以东与辽国相接，黄河以西与西夏为邻。北宋和辽、西夏并立时，河东路的麟、府、丰三州成为抗击辽夏的边防要冲，如果这三州落于辽、夏之手，将直接威胁到河东路和中原安

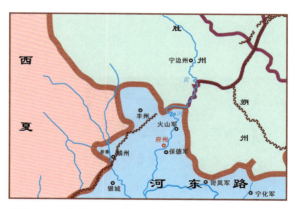

北宋与辽、西夏对峙时期的府州

全。为了加强对这一地区的防务，北宋采取笼络地方势力的策略，给予封官晋爵和父子承袭等方式，确定其臣属关系，使地方豪强在维护自身利益的前提下依附宋朝，并为宋捍卫西北边防，抗击辽、西夏。这种羁縻政策一直延续到宋室南迁。

北宋建立后，折德扆到汴梁朝觐宋太祖，并陈"太原可取状"。其时宋太祖正为平定江南做准备，无暇顾及河东的北汉。但为了将来加强

西北防务，宋太祖十分高兴，给折德扆丰厚赏赐，允诺"尔后子孙遂为知府州事，得用其部曲（由食客、家仆组成的私人军队），食其租入（田赋、税收）"。自此，折氏家族开始总揽府州军、政大权，世代镇守府州。北宋时期，置麟府路，属河东路管辖，蕃汉杂居。府州知州由折氏家族世袭，共7世，14位知州。折氏家族御辽、拒夏、抗金，大小战斗数百余次，战功卓著，确保了麟府路和中原地区的安全。此外，还有麟州的杨氏、徐氏、高氏，府州的张氏、白氏等地方大族，他们和折氏共同成为北宋王朝北方的重要安全屏障。

乾德元年（963），折德扆败北汉军数千人于府州城下，擒其将杨璘。太平兴国四年（979），折御卿随宋太宗征太原，一战打败岢岚军，生俘军使折令图，很快攻克岚州（今山西岚县），斩北汉刺史霍翊，擒夔（kuí）州刺史马延忠等7员大将，威震一时。淳化五年（994），折御卿率军助宋击败李继迁，收降银、夏等州蕃汉户8000余帐，得马牛羊

折氏祖墓镇墓兽

万计，折御卿被授为永安军节度使、麟州兵马都管及夏、银、府、绥都巡检使。至道元年（995）正月，契丹大将韩德威率万余精兵偷袭府州。折御卿伏兵于府州北子河汊（今内蒙古清水河县浑河镇浑河入黄河处），切断其归路，歼敌5000余人，斩杀校尉官员20多人，韩德威只身逃回。同年秋天，韩德威得知折御卿病重，欲雪子河汊之耻，又带兵袭击府州，折御卿抱病上阵，卒于军营，年仅37岁。宋太宗闻折御卿病亡，悼惜久之，赠侍中、太师燕

国公。折御卿长子折惟正继任府州知事，他严密布防，辽军不敢深入，不久退兵。

景德元年（1004）秋，辽军进攻岢岚军，折御卿次子折惟昌奉诏发兵朔州，大破狼水寨，辽军败退而逃。折惟昌迁为忻州刺史，知府州。折惟昌经常带兵在麟府之间运送粮草，后病逝于运粮途中，年仅 36 岁。

西夏元昊称帝后，宋夏之间的战争更为激烈。庆历元年（1041）七月，西夏元昊领兵攻麟州及府州。先攻麟州，失利。八月，又东过窟野河，攻破宁远寨，杀死寨主王世宣、兵马监押王显，继攻府州。麟府路巡检张岊亲自督战，被夏军一箭射中右眼，且身被三创，仍昼夜督守。元昊亲自督战西门，矢石如雨，府州城危在旦夕。知州折继闵率 6000 兵士严守城池，散尽家财，动员民众，用劲弓强弩大量杀伤夏军，府州城下积尸遍野，夏军苦战七昼夜，伤亡惨重，只得撤围退兵。元昊带领夏军转攻丰州，丰州孤立无援，知州王余庆、权兵马监押孙吉、指挥使侯秀等奋勇抵抗，相继战死，城被攻陷。西夏占领丰州 20 年，直到宋嘉祐六年（1061），宋朝才收复了丰州。折继闵历经 30 多次战斗，攻能克，守能固，斩杀敌兵数以万计，朝廷多次提升褒奖，赞其功"称于当时而重于后世"。皇祐四年（1052），折继闵病逝，时年 35 岁，朝廷赠太尉。之后，折继祖、折继世、折克行、折可适、折可大等征战沙场，屡立战功。宣和三年（1121），河东第四将折可存率军南下力擒方腊，晋为武节大夫。之后，又奉徽宗之命捕得横行京东一带的梁山泊首领宋江，升武功大夫。

徽宗崇宁元年（1102），府州设靖康军。政和五年（1115），赐郡名为荣河，又改为保成军，置麟府路军马司，以太原府代州路钤辖领，属河东路，以其地处河西，便于控扼西夏。

南宋绍兴九年（1139），宋金达成议和，宋割河南、陕西归金，西夏军队乘机占领了府州，金为了联夏攻宋，也默认这一事实。

折氏与西夏对峙数代，积怨甚深。夏人占据府州后，立刻铲毁折家祖坟，剖棺戮尸，以泄历年损兵折将之恨。折氏子孙虽悲愤万分，但无力抗争。金皇统二年（1142），折彦文担任金国晋宁军（今陕西佳县）守将，为报戮尸之恨，率部进攻府州，夏亦派兵攻击晋宁。金廷为平息事态，将折彦文移守青州，折氏的嫡系子孙先后离开了府州，但旁支远亲，仍散居原地，府州的折氏家族逐渐衰落。

第二节 │ 河东路麟、府、丰三州

河东之名，自古有之。唐有河东道，辖境相当于今山西省及河北省西北部。宋之河东路领有并、代、忻、汾、辽、泽、潞、晋、绛、慈、隰（xī）、石、岚、宪、丰、麟、府十七州和平定、火山、定羌、宁化、岢岚、威胜六军以及永利监、大通监。

五代、北宋时期，河东路的麟、府、丰三州处于抗辽御夏的前沿，"东拒大河，北控朔漠"，军事战略地位十分重要，史称河外三州，麟、丰二州拱卫府州，府州为河外第一大州。

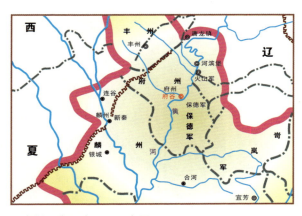

北宋麟、府、丰三州示意图

麟州城 五代后汉时期，麟州新秦县人杨信（字弘信）为麟州刺史，此时折德扆为府州团练使，麟、府二州均为河东路河外重镇。折德扆将其

麟州城考古平面图

女折赛花嫁给杨信长子杨业，折、杨二氏结为姻亲，实力大增，成为地
方豪强。杨氏主持麟州军政，自杨信、杨重训至杨光扆，历三世。麟州
治所在今陕西神木市店塔镇杨城村，始建于唐玄宗开元十二年（724）。
该城西临悬崖，下为窟野河，北接草地沟河，东南皆山陵沟壑，地势险
要。城为长方形，南北1000余米，东西300米左右，由东城、内城、西
城、北城4座小城组成，面积约70万平方米。麟州在北宋时期有横阳
堡、镇川堡等24个重要堡寨。

丰州城 宋丰州地方本是河西藏才族聚居地，其首领曾由辽授予左
千牛卫将军。宋开宝二年（969），"辽千牛卫将军王甲以丰州来降"，宋
便因而建州，任其子王承美为丰州衙内指挥使。王承美多次大败契丹军，
俘获辽天德军节度使韦太，逐契丹军到青冢（今呼和浩特昭君墓），宋
廷改授王承美为丰州刺史。大中祥符五年（1012），王承美卒，宋廷追赠
其为恩州观察使，赠其妻折氏为安乐郡太君，其子王文玉代知丰州。天

宋丰州城遗址

圣二年（1024），王文玉卒，其三子王怀钧知丰州，后王文玉长子王庆余
知丰州。庆历元年（1041），元昊率西夏军攻陷丰州，王庆余被杀，丰州
城被毁。嘉祐七年（1062），宋以府州萝泊川掌地复建为州。从此，丰州
侨居府州之境。徽宗政和五年（1115）改名曰宁丰郡，金废置。隋、唐、
辽、宋几个时代，丰州的位置变化很大，隋丰州治所在九原（今内蒙古
自治区临河东），辖境相当于今内蒙古河套西北部及其迤北一带。唐末，
丰州地入党项；辽丰州治所在天德（今呼和浩特市东白塔镇），辖境相当
于今内蒙古阴山以南的大黑河流域。宋之丰州，辖境相当于今内蒙古鄂
尔多斯东南和陕西省府谷县西北部。

　　宋丰州城位于今内蒙古准格尔旗敖斯润陶亥（五字湾）二长渠村的
山梁上（当地人称古城梁）。城垣东、北、南三面临沟，仅西墙连接山坡。
古城依山势而筑，城墙沿边而建，由东、中、西三城组成，呈多边形，总
面积 20 多万平方米。丰州城所辖堡寨有永安寨（州南 17 里）、保宁寨
（州东 17 里）。

府州城 从后唐长兴元年（930）开始，折从阮及其后代率领当地军民修筑了十分坚固的府州城。根据戴应新、史念海等专家考证，府州城由内外两城组成，两城之间隔着一条沟涧，中间用吊桥相连。内城为今府州城（今府谷镇城内村），城为砌石构筑，长 2320 米，有东、南、西、北 4 个城门，北门、南门俱筑瓮城，面积 330 多亩。内城依山临河，十分险峻，府州衙署俱在内城。外城东至五虎山西麓甘露沟，南至杨瓦村，西至徐家墩梁（府州城小西门外 1 里），北至狮子梁，通判张旨在此筑府州城外城之北门。府州外城城墙为夯土版筑，不包砖，城垣面积为内城的 4 倍左右，主要是百姓居住。外城东城墙外甘露沟有一井泉，水质甘甜，可供内外城居民饮用。另南门外便是黄河，城内居民由此可直接挑水。折继闵神道碑记载："吾之前人初城于此，州城依山，不井汲，汲于河"，便描述了当时府州城的位置及军民取水处。

府州城是河东粮草等物资运往麟、府、丰三州的集散中心，宋军在

府州城南门

保德军、府州之间建造了浮桥，同时也用船渡，解决了跨越黄河运输的巨大障碍。北宋时，麟府两州的粮草由河东太原以北二十州供应，年供粮 21 万石，草 61 万束，专门运粮的军队就有 2500 人。由于山路崎岖，不能车运，粮食物资需人背负肩挑，民夫运费十分昂贵。西夏军队也经常袭扰麟府粮道，如庆历元年（1041），折继闵率兵 2000 人给麟州护送军衣，在中堠寨遭万余夏兵袭击，军服尽失，折继闵由小路逃脱，朝廷给予降级处分。河东人民疲于运输，而驻军粮食缺乏，生活困难，军队装备十分简陋，战斗力下降。对于如何解决麟府粮道问题，宋廷意见分歧。并州知州杨偕等提出废麟州，移其州于合河津，这一建议遭到了边将范仲淹等的坚决反对。庆历四年（1044），宋仁宗派欧阳修考察河东防务，欧阳修在麟府二州进行了艰苦细致的实地调查，提出减少冗兵、并寨防守、委任土豪、选贤任能、开垦禁地等一系列措施，阐述"麟州天险不可废。废之，则河内郡、县民皆不得安居矣！不若分其兵驻，并河内诸堡，缓急得以应援，而平时可省转输"。宋仁宗采纳了欧阳修的全部建议，于是麟州得以保存，府州亦不孤悬于河西。

北宋时期，为了加强麟府地区防务，朝廷先后在这一地区修筑了许多军事堡寨，主要有：

芭州城 位于哈镇城壕村清水川北岸的黄土峁梁上。城址平面呈不规则形，占地面积约 7.2 万平方米。城址四周残垣走向清晰，北垣长 226 米，残高 1.2 ~ 2.5 米，南垣与明清水营堡北墙叠压。西垣长 230 米，残高 1.2 ~ 2.2 米。东垣长 162 米，残高 0.7 ~ 2 米。城垣夯层大致厚度 0.04 ~ 0.2 米，土质坚硬。城址内地表层残留大量瓷片、瓦片、陶片、砖石等，文化层厚度 2 米。属于宋代遗址。

麟府五寨

清寨堡 在府州城西 20 里，今府谷镇赵石堡村附近。

百胜寨 在清寨堡西 20 里，庆历年间修复，折继长、张世京先后为百胜寨主，今府谷镇深塔古城塔村。

中堠寨　在百胜寨西 23 里，属麟州。庆历元年（1041），折继闵护送军衣往麟州，夏军邀击于此。寨在麟州城东 74 里，今府谷田家寨镇杨家湾村。

建宁寨　在中堠寨西 23 里，麟州东 51 里，今府谷田家寨镇张石畔村。庆历元年（1041），被夏元昊攻破，次年重修，折继闵和张亢大败夏军于建宁，即此寨。

镇川堡　在建宁寨西 28 里，麟州城东 23 里，庆历二年（1042）筑置，在今神木市永兴镇七里庙村西。

庆历五年（1045）二月，折继闵奉旨筑宁府（今清水村西北 12 里处）、安丰（今大岔城壕村）、西安（今庙沟门镇连城峁村）、靖化（今木瓜镇古城塔村）、永宁（今黄甫镇寨崖湾村）五寨，复筑河滨堡（今黄甫镇川口村）。

折氏为了加强府州防御，还新建了 10 多处堡寨：

东胜堡（今府谷镇黑山村西）、金城堡（今府谷镇张家塔村）、安定堡（今府谷镇沙塔村）、宣威寨（今海子庙尖堡子）等。

宁边寨　地名端正平，元符二年（1099）筑。东至宁府寨界 30 里，南至靖化堡界 30 里，西至吴庞烽 15 里，北至保宁寨界 30 里。此寨系由麟、府通晋宁（今佳县）折而趋米脂鄜延接连而设，故址当在庙沟门镇沙梁村附近。

宁疆堡　1124 年在独移庄岭建堡，赐名宁疆。

宁远寨　寨介于麟、丰二城之间，与西夏接壤，城中无水泉，庆历元年（1041）被元昊攻陷，同年十月重修，改为建宁寨，旧名寒岭。

建宁堡　今三道沟镇新庙村河对面。

北宋时期府州驻军情况：府州城 6732 人，清寨堡 1770 人，百胜寨 1026 人，中堠寨 727 人，建宁寨 2788 人。

第三节 ｜ 唐龙镇

唐龙镇，旧隶府州折氏。陈桥兵变（960）以后，唐龙镇随折氏并归于宋。太平兴国元年（976），太宗攻伐北汉前，曾命大将袁继忠"巡遏边部于唐龙镇"。太平兴国四年（979），唐龙镇自府州来隶麟州新秦县。天圣元年（1023）以后，"凡唐龙镇所报公事"，全由麟府路军马司处理。宋人利用怀柔政策建立了对唐龙镇松散的领属关系。如允许土豪来氏世袭镇将，同意部族纠纷"依蕃法和断"，优待内附的唐龙镇归人，禁止府州擅自入唐龙镇境剿掠，鼓励府州与唐龙镇的正常贸易，等等。根据上述资料，唐龙镇在五代时期已设置。

成书于宋仁宗时期（1023—1063）的《武经总要》前集卷十七"府州"条下载："（府州）东北至唐龙镇百五十里……唐龙镇，旧遥隶并州……东南至火山军久良津，北至古胜州，西北至柳拨川，东北至子河汊混拨川……"又《武经总要》前集卷十九"西蕃地理"条下载："唐龙镇，在胜州之境，地形险峻。东至黄河二十里，河之东曰东躔，河之西曰西躔，骑兵所不能及。"经考证，火山军久良津，位于今山西河曲县城南元村西南（《河曲县志》记载为九良津，今名九良滩）。古胜州位于内蒙古托克托县西南。柳拨川，为今内蒙古准格尔旗纳林川，流入陕西后称黄甫川。子河汊，位于内蒙古清水河县浑河、清水河黄河交汇处，今名岔河口。根据上述资料，可以完全确定，今准格尔旗龙口镇台子梁村古城即为唐龙镇遗址。

台子梁古城位于准格尔旗龙口镇政府所在地马栅村西北8公里台子梁行政村且桥塲社自然村。该城坐落于一高大的平台上，地势险要，四面环沟，雉堞高悬，崇墉隆出。古城东距黄河20里，与资料完全相符。城址呈长方形，中间高而凸出，四面呈梯形，分为三层台状，整座城呈

唐龙镇遗址

塔形，落差30米左右。现遗址分上下两层，上城南北250余米，东西100余米。城墙依山势而建，墙基最宽处达40米，城址轮廓清晰，保存较为完整。城内可见大型高台建筑遗迹，文化堆积层深厚，宋代定窑、耀州窑、龙泉窑和辽白瓷、辽三彩等瓷片很多。下城南北300余米，东西180余米。城郭保存较完整。在其偏北1000米处，有巨型烽燧一座，方圆5公里内可以看到，与古城构成一个完整的防御体系。当地人称此地原名庐寨城，传说是唐庐陵王的避难之地。武则天称帝后，逼儿子李显、李旦外出，庐陵王李显是武则天的三儿子，这与史实相符，但是李显是否来过唐龙镇有待考证。后来李显登基，称唐中宗，当地老百姓认为他是唐朝的真龙天子，便把此地改名为唐龙镇。

唐龙镇为宋、辽、夏、金时期特殊的地方政权，不领县，为军事建置。与麟、府、丰三州同为羁縻政权。宋于此置麟府路，置于河东路的管辖之下。这里与辽、西夏接壤，是控扼西北、防御辽夏、屏蔽河东的战略要地。同时，这里又是蕃汉杂居的多民族地区，居民以党项族为主。咸平四年（1001），唐龙镇已为西夏兵锋所及。按《续资治通鉴长编》第四十卷载："（咸平四年）辛卯，麟府、浊轮副都署曹粲率熟户兵邀击李继迁辎重于唐龙镇西柳拨川。"景德四年（1007），辽国也涉入了唐龙镇内部的纷争。《宋史》卷四百九十一《党项传》载："（景德）四年，唐龙镇羌族来美与其叔璘不叶，召契丹破之，来依府州。璘、美非大族，尝持两端，顷亦寇抄近界，发兵驱之，则走河之东曰东躨，契丹加兵，则入河之西曰西躨。"这种争夺使唐龙镇处境颇为艰难，不得不在臣宋期间，"尝持两端，事契丹及夏国"，这种三方共属的现象持续了20余年。庆历元年（1041），唐龙镇首领来守顺叛于西界，唐龙镇为夏国所并。辽重熙十八年（1049），辽军夺占唐龙镇，此时唐龙镇残破不堪，族帐逃亡一空。在这种情况下，辽人在唐龙镇采取迁徙民众，设立防秋军驻守等措施恢复和发展经济，同时，在便于防守的河东新置州城一座，号为"宁边州"，将唐龙镇改为唐隆镇。宁边州州治在今内蒙古清水河县西南窑沟乡下城湾村，所辖地域是唐龙镇故地。下城湾村旧属山西偏关县，1946年后，划归内蒙古清水河县。金天会二年（1124），金打败辽，占领宁边州，袭辽制，设宁边刺史州和镇西军，后下置宁边县。金贞祐四年（1216），宁边州人口达到6072户。元朝建立后，在至元二年（1265），将宁边州一分为二，一半隶于武州，领宁边县；一半隶于胜州，领东胜县。至元四年（1267），宁边县、东胜县被裁，至此，有单独行政建制200多年唐龙镇的历史结束。

在宋、辽、西夏政权并列时期，唐龙镇北部的胜州是西北地区最大的互市之一，榷场繁荣，府、麟、丰、唐龙镇各与其贸易，特别是唐龙镇独特的地理位置，成为各方贸易的中心。辽、西夏的驼、马、牛、羊、毡毯、玉及药材与宋的纺织品、瓷器、漆器等在这里交换，这一地区长时期保持了较为稳定和平的环境，商贸十分繁荣，唐龙镇在这一时期是北方重要的商贸大镇。元、明、清时期，这里由于地处陕、晋、内蒙古接壤区，蒙汉贸易亦十分活跃，每年有大量马、驼、羊在此交易，龙口镇镇政府驻地马栅村亦由此得名。

第四节 | 经济社会

北宋王朝对府州的治理政策，有别于内地州县，即任用折氏世袭知州，巩固边防，安定秩序，发展经济。宋初，麟、府两地蕃汉杂居。庆历年间（1041—1048），府州有主户 1262 户，客户 78 户，共 6700 人。侨置府州的新丰州有主户 22 户，客户 136 户，790 人，以上仅为汉族和汉化蕃部户口，还有大量的蕃户和隐漏户口未登记。当时府州的常驻军队达 13000 多人，加之往来的军士、民夫和商旅，府州人口众多，成为河东麟府路第一大州。因此，在徽宗政和五年（1115），朝廷赐府谷为荣河郡，又改为保成军，置麟府路军马司，以太原府代州路钤辖，属河东路，此为府谷历史上最高的行政建置。

为了发展麟府经济，巩固边防，宋王朝采取了一系列措施：

徙民渡河安置，减少驻屯禁军，增置弓箭手，固城建寨加强防务。宋神宗曾对王安石说："庆历时麟府不过万人，今乃十万人，诚可省，但得城寨坚实即可无虞。"于是，王安石等按宋神宗旨意，招募了 2 万多名弓箭手和难民，战时守边，平时耕垦。折克行在任时，又招降了数千战俘，不断招揽人口，发展农牧业。府州经过折氏几代人的努力，至熙宁年间，人口基本稳定下来，经济也由庆历时的萧条，到熙宁时逐步进入繁荣。

大力发展商业贸易。宋王朝鼓励商人在麟府贸易，允许商人参与河东征粮事宜，并将和籴之粮运往麟府，以解决军粮不足的问题。宋代麟、府州因屯重兵已设官仓；嘉祐五年（1060），为"调节粮价、备荒赈恤"再置常平仓。又因东临黄河，船运方便，山西之粟可"上达于延绥以实边储"。府州盛产良马，"凡马所出，以府州为最，盖生于黄河之中洲曰子河汉者"。折御卿曾进贡宋太宗一匹名"碧云霞"的良马，上下山岭，如履平地，被称"御马第一"。五代和北宋，府州一直是马匹贸易

马　市

的重要地区，那时黄河、柳拨川（今黄甫川）、龙口川（今清水川）、三菱川（今木瓜川）、兔毛川（今孤山川）、石马川等河谷地带水草丰美，极宜牧马。当时府州许多人既会养马又懂相马，其中相马最为有名的为宗延英，其曾祖宗行德为府州威远第一指挥使，其父宗重矩曾任麟府路军马司孔目官，受其父影响，宗延英成为相马专家。他所定的马匹价格，人人赞同。根据府谷县文管办保存的《宋故府州宗君墓志铭》记载："君有马癖，善别良驽，虽伯乐在前，必从其说也。"宗延英曾多次将中原的缯帛茶货贩卖到西夏和辽，然后买回贺兰山的牛、紫河的马，每年都获利丰厚，成为府州富商。淳化四年（993），银夏州蕃汉族8000余户，驱牛、羊、马数万来投府州。这些蕃户经常出入辽夏边境，进行贸易活动，仅在宋天圣年间（1023—1032），朝廷在府州蕃汉区买马达34900多匹，遣兵押送京城，就近派给诸军，而民间私市上马匹贸易也十分活跃。

北宋买马的方式有三：一是折氏收买蕃户，让他们出入辽、西夏境内，将那里的马卖到府州；二是对蕃部进贡马匹给予回赠；三是市马法，就是纯粹的商业交易。府州折氏为了调动民众养马积极性，允许民间将马直接卖到河北或河东，鼓励个人贩马，以增加牧马人收入。宋朝廷主要用丝绸与蕃人交易马匹，以物易物。为了鼓励蕃族人养马、卖马的积极性，真宗大中祥符二年（1009）春天，折惟昌还"表求赴阙"，即报告率部进京。在得到允许后，于六月"率所部首领名崖等四十七人来朝贡名马"。真宗则非常欢迎折惟昌率部来朝，"亲加劳问，宴赐甚厚"。折惟昌这一举措，对朝廷表示了恭顺，对蕃人是一种笼络，又促进了府州养马业发展。

北宋时，由河东输出茶、绢、百货、杂谷等，与河西蕃人交换马、盐、毡毯。

《续资治通鉴长编》卷七十三大中祥符二年十一月乙卯条云：河东缘边安抚司言"麟、府州民多赍轻货，于夏州界擅立榷场贸易。望许人捕捉，立赏罚以劝之"。

真宗咸平六年，唐龙镇上言："有贸易于府州者，为州人邀杀，尽夺货畜。"乃诏府州："自今许令互市，切加存抚。"

此两条资料说明，北宋时期除官方贸易活跃外，民间贸易也在不间断地进行。

北宋时期，府州经济不仅以畜牧为主，如养羊养马，也有不少的农耕户，就是蕃族中也有农耕户，如折继祖借蕃人牛耕田，收入"岁赡公费"。

因西夏进攻，麟府农业生产经常遭到破坏，朝廷有时免除麟府一年或几年赋税，以减轻边民负担。庆历四年（1044），范仲淹宣抚河东，经岚州、保德到达府州，看到民生艰苦，便上奏朝廷，免除了府州的商税。

府州是北宋的边境州，隔河与保德军相望。北宋时，麟、府两州民用军需，都要从河东经保德军转运而来。为了便于州人与河东联系，宋初永安军节度使折德扆在黄河上架设了浮桥，连通两岸，方便了晋中军粮运往麟州，也为两岸百姓贸易交往创造了条件。后来河东转运使郑文宝，按照宋真宗的特命，再次营造了府州黄河浮桥。北宋折德扆和郑文宝两人造的黄河浮桥，是府谷史书中记载最早的黄河桥。

在北宋王朝的重视支持下，折氏家族团结蕃汉民众，修建城池堡寨，耕垦荒地，发展牧业，同时，还把朝廷的大量赏赐用于州城建设，赈济百姓，从而推动了府州经济的发展。

在北宋前期，像折家这样汉化了的少数民族，对文化不是十分重视。如折继闵是位善于用兵、仁于抚下、吏治详明的知州，见其"部曲有习书数者，辄笞辱之，以谓边兵当以射猎战斗为生活，今更习书数，疲软自是始矣"（《折继闵神道碑》）。直到折继祖任知州后，重武爱文，推动地方成立州学，才培养了大批才俊。根据府谷县文管办收藏的《宋故府州宗府君墓志铭》记载的内容，印证了当时府州文教事业有了很大发展。该墓志铭修撰者王慎修、书写者安俊、篆额者苏霖均为乡贡进士，他们都是府州贤者，"乡贡进士"是唐宋时期获得礼部贡院科举考试资格而落第的士人。宗延英本人，亦崇尚文儒，"遇暇，多游州庠乡校间，勉励青衿，若师父之教"。

宋故府州宗君墓志铭

嘉祐二年（1057），麟州通判夏倚，因公事到府州，折继祖拿出"图史、器玩、琴樽、弧矢之具"供他欣赏。夏倚感慨地说："虽皇州缙绅家止于是尔，信乎文德之遐被也。"还说"其子弟亦粗知书"（文莹《玉壶清话》卷三）。折氏子弟发愤读书，涉猎文史，满腹经纶，乃至著书立说者也不乏其人。折从阮七代孙折可适，"为文长于叙事，作诗有唐人风格"，作有文集10卷，奏议30卷，边议10篇。可适之子彦质，崇宁年间进士，其擅长诗文，所作有《葆真居士集》《时政记》，已佚。现存之文有《种师道行状》《谪居昌化谢表》等共 3 篇，诗数首。府州五代至北宋时期，汉人、党项杂居，人数上党项比汉人更多一些。风俗习惯，汉人与党项人完全不同。汉人结婚讲究父母做主，媒人介绍；党项人没有所谓媒人，男女可以自由恋爱。

北宋时府州党项等族都信奉佛教。府州有天宁寺，府州城下黄河岸边有永宁寺，规模颇大，香火旺盛。

北宋时期，麟、府、丰是河东路党项部落的主要分布区。主要部族有：

折氏、毛州族、女乜族、狐咩族、张王族、王乜族、浪王族、咩保族、毛羽族、外浪族、路乜族、细乜族、细母族、路才族、折突厥移部、兀泥族、蒲备家族。汉族有张、王、刘、曹、文、苗、卫、何、贾、杨、朱、宗、安、苏、白等家族。

第五节 | 金元文史

南宋绍兴九年（1139），西夏人占领府州。金贞元（1153—1155）以后，金从西夏手中夺取了府州，复设府谷县，增设建宁县，县治在北宋建宁堡（今三道沟镇新庙村河对面）。金末，葭州领建宁县，本银城地也，至元六年（1269）并入府谷县。1155—1224 年，府谷被金所占。1206 年，成吉思汗建立了蒙古国政权，攻夏伐金。1224 年九月，蒙古大将木华黎之子孛鲁攻克银州（今榆林市横山区），扫除了夏金在陕北地区的兵力，府谷从此被蒙古军队占领。1271 年，忽必烈继承汗位，定国号为元，1279 年，元灭南宋，统一了中国。

元朝时期的府谷县

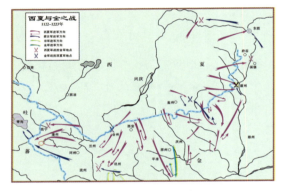

西夏与金作战图

元代有文字记载的府谷历史很少，《大元一统志》是元朝官修的地理总志，该志始修于元世祖至元二年（1265），成书于成宗大德七年（1303）。现将该书和道光本《榆林府志》有关府谷的记载辑录如下：

元初，复置府州，领府谷县。至元六年（1269），州废，并建宁县入府谷县，隶葭州。

坊郭、乡镇 府谷县：邓曹村、胡晶村、待保村、小没村、马真村、合河村、盘东村、平东村、太平村、永兴村、葛付村、冯家会村。

山　川 黄河在府谷县东。自西丰州冯家会村入境，南流 150 里至神木市碾谷村，东南流 10 里经葭州长寿村，至吴堡县东 100 里下流丰化村出境。

土　产 玛瑙，府谷、神木二县出。岁遣官采之，自至元二十六年始。

鲤鱼，府谷县黄河内有之，岁贡。

风　俗 府谷本旧府州治也，地近边而民知战。府谷旧郡志云："民不满十岁，皆谙武艺。人尚义气，俗无浮华。"府谷有花山，乃地之最高者。

古　迹　故府州城，本河西废地界，东过河至火山军 40 里，西至麟州 150 里，南过河至岢岚军 140 里。北至二十六府勒浪、马尾、直荡、啜娘等蕃族 350 里，东北至唐龙镇 150 里。

故建宁县，本宋之银城县寨地。初置县，至元六年并入府谷县，属葭州。

百花坞，在府州废治，今府谷镇花石峁东、西村。折氏世为府州刺史，创北坞于郡圃，为折氏祖第，景色殊美。金时厄于兵革。

世美堂，折氏建，取世济其美意，金时兵废。

筹边亭，折惟信建，金时兵废。

官　迹　折从阮、曹光实、文泊（jī）、张咏、张旨、苗继宣、卫居实、何灌（由武举为府州黄河东岸巡检）、司马朴。

人　物　张岊（jié）、朱昭（字彦明）、折可适、折彦质、杨畋、张居。

薛治，元代府谷县尹，廉能，赈济雹灾，民立遗爱碑。

贞　女　贾宗望之母。

元朝统治者把人分为四个等级，蒙古人地位最高，其次是色目人（指最早被蒙古人征服，并帮助蒙古人征服全国的西北地区的各族人民），汉人和南人地位很低。所谓汉人，大体是指淮河以北原来金朝统治下的各族人民和早先被蒙古征服的四川、云南的各族人民，包括契丹、高丽、女真、渤海人；所谓南人，就是原来南宋统治下以汉族为主的各族人民。

元代府谷居民属"汉人"，长期处于蕃汉杂居的环境中，较为熟悉蒙古人的统治方式和生活方式。蒙元朝廷重视畜牧和农桑，既对牧场草地加强保护，又鼓励发展农业生产。府谷地处元朝统治的腹地，和平安定的环境使府谷经济特别是农牧业有了长足的发展，到元代中叶，府谷的农垦面积不断扩大，人口成倍增长。

石窟寺

元朝时期，由于蒙古人信奉佛教，在府谷开凿了许多石窟，主要有哈镇石窟寺、清水石山子石窟，武家庄武家畔石窟、碛塄罗汉庵、海子庙磁窑沟石窟等。

石窟寺　位于哈镇石窑沟村，坐北朝南，宽约 20 米，两处石洞相通，洞内刻有形似宗喀巴神像一尊，高约 1.5 米，下有莲花宝座。据青海《群文天地》副主编侃本先生考证：石窟寺为藏传佛教遗址，佛像造型风格、石刻特征均属藏传佛教和多民族文化交融之珍贵遗产。特别是摩崖石刻为典型的梵文字体（藏文）、兰朵字体、蒙文字体，三体合璧，藏文是梵文"六字真言"的转写

石窟寺摩崖石刻

体，蒙文是音译，据藏史记载这种文字由元代西藏萨迦派学者邦·罗珠丹巴珠在梵文的基础上修订而成。该寺曾于清光绪六年（1880）进行过雕塑、彩画和其他维修。

石山子石窟 位于清水镇石山子村。石窟在自然石壁上人工凿刻，南壁由东向西排列面南三窟，间隔约 3 米。第一窟为方窟，四壁上雕有十八罗汉像，窟内后壁上凿有石像 3 尊，仅存右侧一尊，头部损毁；窟门为券洞式，高 2.2 米，宽 1.45 米，窟高 2.48 米；门额上方凿圆柱石簪两个，上方刻有"真阳玉皇阁"；窟内三面凿有神台，高 0.3 米。第二窟是两窟相套，由一门洞相连，方形制，主窟后壁凿有神台，高 0.2 米。神台上凿有佛像 3 尊，头部损毁；东西两壁凿有佛像，剥蚀严重；主窟高 2 米，侧窟高 1.7 米。窟门为不规则方形，高 1.6 米；主窟西壁上凿有门洞进入侧窟，窟内神台剥蚀严重，仅存轮廓，南壁有 3 个石孔，东西

石山子石窟

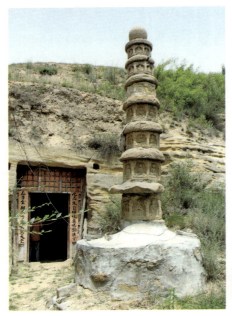

海子庙磁窑沟石塔

黄甫石塔

两壁残存少量壁画。中央有正方形藻井，边长 2.25 米，为高浮雕八卦及莲花图案。第三窟为方形制，窟壁凿痕裸露，神台剥蚀严重，高 1.3 米。窟门为券洞式，高 1.65 米，窟高 1.85 米。东壁上面由南向北两窟，间隔约 4 米。第四窟为方形制，地表中部凿有一方形凹槽，深 0.35 米，东西长、南北宽，内堆积大量淤土，含少量人骨；窟高 0.9 米；窟门呈方形，高 0.86 米。门额上凿有圆柱形门簪。第五窟为方形制，三面墙壁凿有神台，高 0.5 米；窟壁剥蚀严重，窟高 2.07 米；窟门为券洞式，门高 1.7米。在石窟顶部有大量石构件。

武家畔石窟 位于武家庄镇郭家峁村胡桥沟巨石上，共三窟，窟与窟之间有间隔厚 30 厘米的天然石壁，砂岩质。平面均呈方形，长方口，平顶，敞口，三个窟内主佛均为坐像，现已损毁，面目不清，雕刻风格无法辨识。

碛塄齐家老庄罗汉庵石刻

罗汉庵 位于碛塄齐家老庄村南山崖，神府高速公路石马川出口东。有石窟 3 处：正中央一窟有神台，顶刻龙、凤、牡丹图案，中央壁有石刻 3 幅，系山水、花卉、人物图案；东窟顶刻莲花八卦图，外饰二龙戏珠、孔雀戏牡丹图案。

第六节 ｜ 人 物

折德扆（917—964） 从阮子。其父镇府州时，德扆为马步军都校。后汉乾祐二年（949），任府州团练使。公元 951 年，郭威在开封称帝，国号周，史称后周。德扆归属后周，受到周太祖的重用，广顺元年（951）升为防御使。广顺二年（952）正月，北汉刘崇派重兵三千余人进攻府州，德扆率兵反击，杀伤北汉军两千余人，又乘胜追击，占保德，取岚州，威震北汉朝野。同年十二月，北汉大将乔赞又率兵来犯，仍被德扆击败。显德二年（955）五月，周世宗柴荣亲征北汉，德扆率兵冲破北汉军阻击到太原增援，周世宗为奖励他"数年以来，尽忠勤力，以拒刘氏"的功劳，置府州为永安军，任命德扆为节度使。当时，其父从阮镇守邠宁，父子俱领节镇，同朝为封疆大臣，时人无不称道。显德三年（956），德扆率军东渡黄河，攻下北汉所属的河市镇，斩杀北汉军五百人。入朝，周世宗以其弟德愿代领州事，折德源一支迁居岢岚。公元960年，赵匡胤代周称帝，建立宋朝，德扆任北宋永安军节度使，继续与北汉对峙。宋乾德元年（963）冬，北汉军数千人来犯，德扆大败之于府州城下，生擒其统兵官卫州刺史杨璘。乾德二年（964）九月，德扆病逝，时年四十七岁，功爵赠侍中，葬于府谷徐家峁东渝头。

折御勋（937—977） 德扆子，字世隆。德扆卒，继乃父权知州事并领汾州团练使。开宝二年（969），宋太祖亲征太原，御勋赴太原朝见，擢为永安军节度使观察留后，后赠遣还。开宝四年（971）入朝，开宝九年（976）复入朝，中途得病，到京后改泰宁军节度使，留京师。太平兴国二年（977）病卒，赠侍中。

折御卿（958—995） 德扆次子，御勋弟。北宋名将。其兄折御勋太平兴国元年（976）入京师任职，时年十八岁的御卿任知府州。继北宋高梁河、雍熙北伐大败之后，御卿率领府州军民抗击契丹，为北宋立下了赫赫战功。御卿治军严明，爱民如子，有功朝廷，威震四方。淳化五年（994）五月，又任永安军节度使、麟州兵马都总管，夏、银、府、绥都巡检使。宋太宗至道元年（995），大败辽军韩德威部，取得子河汊大捷。太宗闻后大悦，专门派使者到府州慰问嘉奖。至道元年（995），韩德威探得御卿卧病的消息，率领大军来犯，御卿抱病带兵迎战，不幸病逝于军中，时年三十七岁。宋太宗闻知御卿病逝，悼惜久之，赠侍中、太师燕国公。御卿镇守府州期间，收复辽占州县十五处，功在于国，威在于敌。

折赛花 折德扆女，杨业妻，人称折太君。北宋女将。折太君性警敏，善骑射，曾训练婢仆，组成家兵，佐杨业抗辽立功。雍熙三年（986），杨业攻契丹，潘美和监军王侁嫉其功，失约，使杨业行至陈家谷（今山西省朔州市南），陷入重围，孤军无援，受伤后被俘，绝食三日而

孤山镇折赛花雕像

亡。潘、王畏罪，欲掩其事。赛花上疏，讼夫冤。宋太宗非常痛惜，下诏削潘美职，除王侁名，追赠杨业为太师中书令，赏赠其家布千匹，粮千石。根据山西省代县鹿蹄涧村杨忠武祠大元天历己巳年《题世将杨族祠堂碑记》记载，杨业和折赛花有八子：延平、延定、延光、延辉、延昭、延朗、延兴、延玉。

折惟正（963—1004） 御卿子，字可法。仁勇履慎，未冠补西头供奉官。至道元年（995）十二月，御卿病殁，授洛苑使，知府州军州事。惟正居里时，契丹、西夏侵扰边境，临阵交锋，勇猛善战，战功卓著。至道中，加授金紫光禄大夫。咸平初正月又加授食邑三百户。后移授延州管界沿边都巡检使。景德元年九月初七在延州任上去世，时年四十一岁。

折惟昌（978—1014） 御卿次子。其兄惟正调京师任职，由惟昌继任府州事。宋咸平二年（999）夏，河西黄女族首领蒙异保与府州所辖熟户啜讹，引夏人头领李继迁（赵保吉）率西夏兵入侵麟州万户峪（今神木万镇），进至松花寨（今神木花石崖）时，惟昌与从叔海超、弟惟信

（任供奉官）率兵迎击，宋军寡不敌众，惟昌不幸左臂中矢落马，急摄弓而起，得神将马，跃马突围。海超、惟信战死。同年九月，西夏兵又来犯境，惟昌与兵马钤辖刘文质、驻泊宋思恭合兵大败李继迁军于横阳川（今神木黄羊城河）。十一月，又攻破言泥族拔黄寨，焚烧大量器甲、车帐，斩首生俘甚众，获战马牛羊万计。这两次大战彻底粉碎了李继迁进犯府州的企图。宋廷以惟昌功领郦州刺史。景德元年（1004），夏兵再次犯境，惟昌与王万海在麟州重创夏兵，大获全胜。同年秋，契丹围岢岚军，惟昌奉诏率军入朔州界，前锋大破狼水寨，俘虏契丹兵四百人，获牛马、铠甲万计。景德三年（1006）擢惟昌为兴州刺史，仍知府州。大中祥符七年（1014），惟昌身染重病，但仍率河东部队往麟州送粮，时值伏天，惟昌且不避暑热，一路艰辛，病情加重，不幸卒于途中，时年三十六岁。

折惟忠（约982—1034）　御卿三子，字荩臣，初以兄惟信战殁，补西头供奉官。后擢升阁门祗候。惟昌卒，惟忠继知府州，兼麟府路都巡检。惟忠谙熟军事。天圣（1023—1032）中，契丹与夏国伪称嫁娶，集结于府州北境，阴谋合兵进犯。惟忠探得其实，即率麾下兵驰往戍守，压其撤退，升为云麾将军，简州团练使。景祐元年（1034），夏军侵犯府州，惟忠败敌于城下，赠崇信节度使。

折继宣　惟忠长子，惟忠去世后知府州事。继宣为政苛虐，横征暴敛，民众嗟怨，地方不靖，大失朝廷置折氏居河西"扞蔽戎虏"之本意。各部落无法生活，纷纷逃亡。宋廷为了稳定府州局势，于宝元二年（1039）九月将继宣撤职，黜为右监门卫将军，楚州都监，由其弟右侍禁继闵代之。继宣于景祐初袭知州事到撤职凡任职五年。

折继闵（1017—1052）　字广孝。惟忠嫡夫人刘氏所生。"姿环玮，性庄重，少不为儿嬉。及壮，喜读韬略，务通大义，论古今将帅，识其用兵意。"（《折继闵神道碑》）宝元二年（1039）兄继宣被贬后袭知府州事。

继闵袭知府州事到庆历三年（1043）冬五年中，与西夏"大小积三十余战。辅斩万计，以攻则克，以守则固，其功亦足以暴当世垂不朽矣"。皇祐四年（1052）四月初三继闵病逝，时年三十五岁。嘉祐二年（1057）十月十八日葬于府谷天平山。

折继祖（1020—1071） 字应之。惟忠妾李夫人生。皇祐四年（1052）继其兄继闵知州事。曾任右侍禁、西染院使。继祖为官二十余年，奏乞书籍，仁宗赐以九经。嘉祐元年（1056）领州刺史，受赐钱五十万，改葬其父。当初，继祖欲解去州事，河东安抚使梁适查清原委，向朝廷呈报了折氏戍边御敌的艰难处境，建议"密加存抚"，以安其心。嘉祐五年（1060），仁宗皇帝特派使者持诏"抚谕"。熙宁三年（1070），西夏入侵庆州（今甘肃庆阳），种谔任鄜延经略安抚副使，合河东路大军抗敌。继祖率府州兵以先锋遇夏军于开光川（今榆林境内）、尚堡岭，再战皆利。继祖率部打通葭芦、抚宁一线通路。深入敌境，招降部落八百帐，加解州防御使。次年秋，继祖病殁，时年五十一岁。赠左金吾上将军。继祖知其子不及兄继闵子，于是请受州事于兄子克柔。

折继长 有勇好战，曾立战功。欧阳修于庆历四年（1044）奉使河东，继长时为百胜寨寨主，并被欧阳修著为"堪备任使"的二十五人之一。"熙宁四年（1071）二月，夏人来攻顺宁寨，复围抚宁，折继长、高永能等拥兵驻细浮图，去抚宁咫尺，以牵制夏军，援助罗兀城宋军。"（《宋史》卷四八六）他曾参加著名的罗兀城（今米脂县城西北）争夺战，继长为内殿承制阁门祇候，左千中卫上将军。

折继世 继祖弟。少从军，为延州东路巡检。熙宁四年（1071）种谔筑罗兀城，夏人扰筑，派兵围抚宁寨（今米脂西北），继世与高永能领宋兵进驻抚宁寨旁的细浮图城，以保罗兀。夏国酋长嵬名山部落，有众万人，居故绥州大理河，名山之弟夷山先降为熟户，欲策反名山使之内附，继世知之，遣其子克勤报告于种谔，种谔于是取绥州。继世率步骑兵万人及名山之众一万五千户居于大理河，数败前来阻降的夏军，尔后与名山同守绥州。录功领忠州刺史。在果州团练使任上卒，赠左骁骥使。

折克行（1040—1108） 继闵子，世居府州，字遵道，少时从军。熙宁三年（1070）夏军进攻庆州，朝廷命种谔率鄜延、河东两路大军筑罗兀城以牵制之，克行及其叔父继祖皆在军从行。谔患夏军抄袭粮道，使克行以兵三千护粮道，大战葭芦川，克行奋先披甲出战，所向披靡，斩敌四百人，招降一千户，驱牛羊马驼等牲畜数以万计，诸老将惊曰："真太尉子也。"后朝廷提升克行知府州。克行屡大破夏军，夏军畏之如虎。大观二年（1108），克行病卒。克行戍边三十多年，与夏人战大小一百七十仗。羌人呼为"折家父"，谥称武恭公。曾历任府州刺史、秦州管内观察使、太原府路兵马钤辖、知府州，兼管内劝农使，兼麟府州管界都巡检使、河东第十二将，上柱国高平郡开国公，食邑两千七百户，实封五百户，赠安武军节度使。

折克柔（1042—1103） 继闵次子，字立之。因父荫三班奉直，后参与对西夏的战争，为主将继祖的主要助手。季父继祖重病不起，知其子才勇不及兄子，禅克柔知府州，世袭银青光禄大夫、检校工部尚书，兼御史大夫、上柱国、文思使，兼麟府都巡检使。元符三年（1100），徽宗登基，遣皇城使。崇宁二年（1103）二月二十九日卒于州府，时年六十一岁。

折克禧（1057—1115） 继祖次子，字祐之。从小聪慧好学，善骑射。一生跟随兄折克行征战多年，无论随军出征或独当一面都筹办有方，胆略过人，战必胜。知府州折克行赞曰："吾家世不乏人矣！"元符二年（1099），朝廷下诏筑河外八城，以便打通麟府、鄜延通道，克禧从河东第五将巡行工役及堡寨。夏人争疆界不服，朝廷以克禧知神泉堡。不久敌数千骑来犯，诸将失色，议死守城堡，克禧开城门卸去军装而出，敌惊疑向西退去，政和五年（1115）二月九日病逝于家中，时年五十八岁，朝廷赠康州团练使。

折可适（1049—1110） 克行从子，字遵正。北宋名将。沉厚有智略，敏决而断，以功名为己任，驰射超轶，殆不习而能。大观二年（1108）拜淮康军节度使。又二年，除佑神观使。大观四年（1110）十月二十九日卒，时年六十一岁。政和元年（1111）二月初七葬岢岚军之北安仁乡道生谷武家会。赠安武军节度使。有文集十卷、奏议三十卷、边议十篇，堪称儒将。

折可大（约1079—1116） 克行子。赠耀州观察使，曾任中郎大夫、吉州防御使，知府州。大观年间继其父袭知府州事。元符二年（1099），可大为克行副将，领人马入夏界，抵藏才山，斩获千计。政和五年（1115）奏乞献马。

折可与（？—1125） 继祖孙。曾为河东第一将部将。宣和七年（1125）冬，金兵围攻代州崞县（今山西原平北）时，可与为都巡检使李翼部属将官，可与弟可存及路志行、知县李耸，监押张洪辅同被重围，誓以死守。城破，可与被俘，不屈牺牲。建炎二年（1128），折可求奏请朝廷给予优抚。

折可求（约1090—1139） 克行次子，可大弟。政和六年至七年间（1116—1117）继其兄可大知州事。其时，女真族崛起于东北。宣和七年（1125），金兵分两路犯宋，十二月十八日，太原陷入重围。折可求统麟府之师两万余众，自府州涉大河，以援太原。由于远道疲惫，为金人所败。靖康元年（1126）七月，宋军与金军激战于文水，宋大败，死数万人，可求兵溃于子夏山。可求连吃败仗，太原围不解，九月遂陷。宋将韩世忠命刘锐接替可求，令其仍回麟府照应边防。宋金和议后，宋割河南、陕西归金。可求曾任右武大夫、康州刺史，充太原麟府路兵马都监、知府州兼麟府管界都巡检使，河东第十二将。

折可存（1096—1126） 克行子，字嗣长。以父荫补入仕，为右班殿直，俄迁左侍禁。官制行，改忠训郎，充经略司准备差使。后随其兄统制官折可求守边，主管机宜文字。迁秉义郎，升第四副将。宣和初年（1119），宋军伐夏，可存伐夏得胜而归，升阁门宣赞舍人。宣和二年（1120），方腊在青溪（今浙江淳安）聚众起义，宣和三年（1121）正月，宋廷派童贯以"江淮荆浙宣抚使"率官兵前往镇压。时可存为河东第四将，率其部属，从军南下，领其他三将兵（东南第一、第七将和京畿第四将），冒矢突阵，力擒方腊，并与部将杨震破方腊余部吕师囊，杀首领三十余人，晋升为武节大夫。率师过汴京，可存又奉徽宗之命，协助张叔夜追捕梁山泊首领宋江，不到一月时间，捕获宋江，又升为武功大夫。宣和五年（1123），太原帅张孝纯任可存为河东第二将。宣和七年（1125）冬，金兵分道攻宋，一路兵至雁门（今山西代县），折可存奉太原知府张孝纯令率兵增援雁门，不幸在崞县（今山西原平北）城陷被俘，押应州（今山西应县）为人质。靖康元年（1126）逃归，同年季秋四日病卒于中山府（今河北省定州市）北寨，时年三十岁。建炎四年（1130），葬于府谷孤山天平山，武恭折克行墓之东。

折彦若 为继闵二十八个嫡曾孙之一，排行老七，乃可大、可求诸昆弟的子侄辈。北宋末将领。阜昌八年（1137），彦若为吴堡寨主兼将军。

折彦文 可求子。绍兴九年（1139），夏人攻陷府州。彦文携家眷投奔金左副元帅鲁王昌于大同府，后知代州（今山西代县）。绍兴十二年（1142）为晋宁军守将。绍兴二十五年（1155），金廷为了交好和安抚夏国，平息边境冲突，遂将与夏人世代为仇的折彦文移守青州。至此府州折氏一支东迁。

折彦质（约1081—1160） 可适子，字仲古，自号"葆贞居士"。崇宁进士，才兼文武。靖康元年（1126）九月，彦质为河北宣抚副使。金将粘没喝自太原长驱侵汴，攻下平阳府（山西临汾市）及威胜、隆德军、泽州等地，直抵黄河北岸，彦质率宋军十二万布防河南，与金军隔河对峙，宋大河守御史李回亦以万骑来至河上。粘没喝虚张声势，令金军通宵击鼓，作进击状。到天明时，彦质所率宋军溃散，李回亦奔还京师。金军渡过黄河，攻占了河阳、郑州等地。金兵进至汴京城下，逼宋割让中山、真定（今河北正定）、太原三镇，钦宗命彦质等为割地使，去河北、河东割地以求和。靖康二年（1127），金军攻陷宋都开封，徽、钦被俘，北宋灭亡，折彦质南渡。

绍兴二年（1132）十二月，彦质代李纲为湖南安抚使兼知潭州。绍兴四年（1134）六月，彦质改知静江府（今广西桂林），十一月为枢密都承旨。绍兴五年（1135）彦质为工部侍郎兼都督府参谋军事，为抗金出谋划策。绍兴六年（1136）二月，以彦质签书枢密院事兼权参知政事，与主战派宰相赵鼎、张浚共掌朝政。后以谴责秦桧投降行径，连遭贬谪。绍兴二十五年（1155）秦桧死，绍兴二十六年（1156）知广州，八月改知洪州（今江西南昌），至绍兴二十七年（1157）十二月罢归。绍兴三十年（1160）卒于潭州。著有《葆贞居士集》《时政记》等。

王 禀（？—1126） 府谷人。少时因家贫到山西岢岚谋生，有孟家翁见其才貌不凡，以女妻之。后王禀升为太原总管。宋钦宗靖康元年（1126）九月，金将粘没喝领军十万攻太原，王禀固守。因敌云梯、火梯、鹅车等器械精良，终寡不敌众而城陷，王禀奋锐力战，知不可为，负太祖像投于汾水。其妻孟氏曰："妻以夫为天，夫死我岂有生理。"随亦投河而死。

朱 昭 府谷人，字彦明。因功累官秉义郎。宋宣和末（1125）为震武城兵马监押，摄知城事。金兵内侵，夏人乘虚尽取河外诸城镇。震武距府州三百里，最为孤绝，朱昭率老幼守城。夏军进攻时，朱昭募集勇猛精锐士兵千余人，与约曰："夏军知城中虚实，有轻我心，若出其不意攻之，可一鼓而溃。"于是，乘夜出兵，迫近其营，果惊乱，乘城上喧哗追击之，杀获甚众。城破，朱昭跃马出城，坠堑中，瞑目仗剑，夏人无一敢前，旋中箭而死，时年四十六岁。

张　亢　临濮（今山东菏泽市鄄城县南 30 里）人，字公寿。北宋名将。天禧三年进士，为广安军判官、应天府推官，通判镇戎军。张亢屡破西夏军，庆历二年（1042）七月，并代钤辖专管勾麟府军马事，主持修筑了镇川堡、建宁寨、中堠寨、百胜寨、清寨堡等十四个堡寨，打通了麟府路粮道，蓄数千户回归，减少戍兵万人。亢累迁徐州总管，好施轻财，治军严明，所到之处，皆有政绩，以疾卒任上，蕃汉民皆绘像祀之。

张　旨　怀州河内（今河南沁阳市）人。宋朝将领。范仲淹、欧阳修言其武有谋略，累迁光禄卿，知潞、晋二州。庆历三年（1043），西夏元昊犯府州。朝廷派通判张旨领筑府州外城。州将曰："吾州据险，敌必不来。"旨不听，筑城垂就，夏军大兵至，张旨命士卒联结巨木填补缺口，守以强弩。敌连日围困，城内外断绝信息，人心震恐，为了鼓舞士气，他假托诏令，将城库中所存丝绸赏赐给筑城士卒，士卒皆东望高呼万岁。城外西夏兵以为救兵至，撤退观望。州城内无井，百姓取河水饮用，夏军断其取水路。张旨夜开城门，让士卒壁立沿途两旁，保护百姓出城取水。并挖渠中烂泥覆盖在积草上，敌兵远望，以为水有余。这时，张旨督察居民登城力战，敌兵死伤甚众，遂解去。后以功迁都官员外郎，以老疾权判御史台。

张　岊（jié）　府谷人，字子云。北宋将领。行伍出身，有胆略，善骑射。天圣元年（1023），宋安抚使与西夏观察使阿遇相约，宋朝归还被俘的阿遇儿子，阿遇归还所侵占的麟州。可后来阿遇背约。安抚使遣张岊出使西夏。岊径入阿遇帐中据理诘问，阿遇语屈，置酒席留岊。席间，阿遇故意设置恐怖气氛，先抽出佩刀割了块肥肉示意张岊，岊引刃就刀食肉，无所畏惧。阿遇又弦弓张镞，直指岊腹而彀，岊吞食不辍，神态自若。阿遇放下弓箭抚岊背叹道："真男子汉！"第二天，阿遇又邀岊打猎。急行中，忽然两只兔子从远处飞奔而过，岊连发两矢，双兔即刻倒地毙命，阿遇暗中惊服，当即答应归还麟州和所虏边户。

庆历年间，元昊率兵围攻府州城，欲从城西南隅下登城，张岊率部奋力阻击，激战中飞矢中右眼，血流如注，且身被三创，仍昼夜督守。后擢升为麟府路巡检使。一次行军途中，在深柏堰与数千夏兵遭遇，张岊率军分兵追击，斩首百余，夺兵械、马牛数百。近郊民田因夏兵骚扰而不能收割，张岊率步卒九百人护之，大败夏兵于龙门川。随从诸将打通麟州粮道，大破夏兵于柏子寨。改左班殿直，累迁洛苑使。后因前后数中流矢，创发臂间而卒。

张　构（1051—1101）　府谷人，字伯材，祖父岊。父世范曾任东头供奉官，赠左屯卫上将军、延州绥德城马兵监押，与夏人战阵亡。朝廷举恤典，补构左班殿直，充鄜延准备差使。构智勇双全，在征交趾抗西夏战事中战绩突出，授皇城使。建中靖国元年正月十八日终于官舍，时年五十岁。

郭　恩（？—1057）　开封（今河南开封市）人。北宋将领。累有战功，升任秦凤路兵马钤辖，后调并、代州（治代州，今山西代县）钤辖，管勾麟府（今神木、府谷）军马事。嘉祐二年（1057），西夏入侵窟野河西地，五月初五夜，内侍黄道元以巡边为名，迫使他率步骑沿窟野河北行。郭恩率麟州军卒一千余人赴河西筑堡，至忽堆（今内蒙古伊金霍洛旗东南）被西夏军突然包围。郭恩、黄道元及府州宁府寨兵马都监刘庆于断道坞（今榆阳区断桥村）与夏军相战，兵败身亡。

武　都（？—1217）　字文伯，东胜州人，金大定十二年（1172）进士，调阳谷主簿，迁商水令。该县素来多盗，凡是有纵火行劫、椎埋发冢前科的奸民，武都皆能调查其姓名，在大街上张榜，预定不得再犯，这些人都逃到其他地方。察廉之后，迁南京路转运支度判官，累迁中都路都转运副使。武都以亲老为由，与其弟监察御史武郁双双请求侍亲，不久丁忧。服除后，调太原治中，复为都转运副使，迁滦州刺史，后充宣差北京路规措官，武都拘括散逸官钱百万。入为户部郎中，权右司郎中，奏事称旨。被诏由海道漕辽东粟赈山东，武都抬高价值，募人入粟，招海商船运输。三迁中都、西京按察副使。大安三年（1211），充宣差行六部侍郎，以劳迁本路按察使，行西南路六部尚书，佐元帅抹捻尽忠备御西京，因功召为户部尚书，赏银二百两、绢一百匹。金宣宗即位，武都参与议论卫绍王降封。不久，蒙古入侵，中都戒严，武都知大兴府，佩虎符便宜行事，弹压中外军民。后来因醉酒穿着内衣见宣宗所派使者，因而解职。后起为刑部尚书。中都解围后，为河东路宣抚使，兴定元年（1217）病逝。

程 鼎 东胜州人。金兴定五年（1221）进士，程震兄。传略不详。

程 震（1180—1224） 字威卿，东胜州人。兴定年进士，与兄鼎俱擢第。震入仕有能声。兴定初，召百官举县令，震得陈留治，为河南第一，召拜监察御史，弹劾无所挠。

时皇子荆王为宰相，家童辈席势侵民。震以法劾之，奏曰："荆王不能上赞君父，同济艰难，顾乃专恃雄势，蔑弃典礼，开纳货赂，纵令奴隶侵渔细民，名为和市，其实协取。诸所不法，不胜枚举。陛下不能正家而欲正天下，难矣。"于是上责荆王，出内府银以偿物值，杖大奴尤不法者数人。未几，坐故吏讼，罢官。岁余，呕血卒。

震为人刚直，有才干，为御史台，纲纪大振，以故小人侧目，不能久留于朝，士论惜之。

程思廉 字介甫，东胜州人，父恒。国初佩金符，为解州监使。思廉用荐，给事裕宗潜邸，以谨愿闻。元至元十二年（1275），同知洪州，累迁河北河南道按察副使。

道过彰德，闻两河岁饥，而征租益急，欲止之。有司谓："法当上请。"思廉曰："民不堪命矣。"即移文罢征。后，果得请。二十年（1283），河北复大饥，流民渡河求食。朝廷遣使者，集官属，截河止之。思廉曰："民饥就食，岂得已哉。"亟令纵之。

卫辉、怀孟大水，思廉临视赈贷，全活甚众。城不没者数版，即修堤防，露宿督役，水不为患。卫人德之。迁陕西汉中道按察使。

成宗即位，除河东、山西廉访使。太原岁饲诸王驼马一万四千万余匹。思廉为请，止饲千匹。平阳诸郡岁输租税于北方，民甚苦之。思廉为请，得输河东近仓。旧法决事咸有议札，权归曹吏，思廉自判牍尾，某当某罪，吏皆束手。思廉累任风宪，言事剀切，与人交有终始，其于家族，尤尽恩意，好荐达人物。卒，赐谥"敬肃"。

第七章

明

（1368—1644 年）

府谷明长城遗址

第一节 | 移民与氏族

1368 年正月，朱元璋率军攻破应天府（南京），结束了元朝末年长达 20 多年的战乱，即帝王位，定国号为大明，建元洪武。

据《明太祖实录》记载：元末战乱之后，山东"人力不至，久致荒芜""积骸成丘，居民鲜少"。河南、河北等地几乎成了无人区，陕北、晋西北等地也土地荒芜，劳动力严重不足，一片萧条。为了恢复农业生产，发展经济，巩固边防，从洪武三年（1370）至永乐十五年（1417），明王朝从山西和江浙一带往河南、河北、山东、陕西等省 500 多个县移民 18 次，延续时间近 50 年。其中经山西洪洞县广济寺移民局迁往全国各地的移民就达百万之多，其规模和影响，在世界移民史上罕见。

明朝移民的方式主要有军屯、商屯、民屯等，府谷移民多为民屯、军屯。许多移民是按四口之家留一、六口之家留二、八口之家留三的比例强迫迁徙。

洪武二十八年（1395）正月，朝廷诏令山西都指挥使司属卫马步官军 26600 人往塞北筑城屯田，此次移民有很大一部分迁至府谷。明成化二年（1466），又有大批移民从山西洪洞

明朝时期的府谷

县迁到府谷。在明代的不同时期，也有其他地区的移民迁入府谷。

　　明朝政府为了使移民顺利进行，实施了一系列优惠政策，如发放棉衣、川资（迁移路费）以及安家、置办农具的银两，在迁入地"自便置屯耕种"土地，免赋税三年，等等。移民来到府谷后，伐林开荒，建村立寨，繁衍生息，府谷的许多村落都在这一时期形成。地名多冠以居民姓氏，如，姓韩的住在一道梁上就叫作韩家梁，姓王的住在一条沟里就叫作王家沟，姓李的住在一个沟岔里就叫作李家岔，姓冯的住在一道渠里就叫作冯家渠，姓武的住在一个庄上就叫作武家庄。还有不少地方以寨和墩或堡、营取名，如，以田姓为主建立的一个寨子就叫田家寨，还有段家寨、李家寨等；以姓王的为主守一个墩，居住下来就叫王家墩；以姓赵的为主住在一个堡内就叫赵家堡。凡以堡、墩、寨、营命名的村子当时多为军屯。

　　府谷一些家谱、碑记和族人口口相传，其祖先来自山西洪洞县，其实有的是来自洪洞县周围的县乡，也有不少是从江浙等地迁徙到府谷。

　　《明史·食货二》："洪武十四年诏天下编赋役黄册，以一百十户为一里，推丁粮多者十户为长，馀百户为十甲，甲凡十人。岁役里长一人，甲首一人，董一里一甲之事。"里甲制成为明朝一种社会行政组织，是当时农村地区实行的一种户籍制度和当时农村社会管

山西洪洞县大槐树

洪洞县移民剧照

理的重要手段。里甲制俗称都甲制，县以下设置"里"，里以下设置甲，有了里甲户口，即为一地方的正式居民，承担田赋，可参加科考。明朝法律规定，农业者不出一里之间，朝出暮入，作息相互知道；任何人离乡百里都必须有路引，路引就是离乡的证明，也就是"凭照"。明朝府谷设六里，俗称六都，分别是大堡里（今碛塄、武家庄乡及石马川流域的大部分地区），太平里（今府谷镇、海子庙等地），合河里（今墙头村至神木马镇合河村黄河沿岸地区），辑和里（今清水、麻镇等地），丰衍里、宁镇里，每里满额十甲。清初裁丰衍、宁镇二里。

府谷境内多为山谷地带，历来人口稀少分散，宋元时期战争频繁，土著居民十有八九流向外地，但折氏、张氏、刘氏、曹氏、文氏、苗氏、贾氏、宗氏、杨氏、白氏、朱氏、何氏、宋氏、安氏、苏氏等家族从宋代以来一直在府谷居住，党项等少数民族也改汉姓，旧志称其为府谷老户。经过明朝大移民，府谷人口逐渐增加，明代府谷大族有刘、苏、王、杨、阎、尤诸氏。

刘 氏 有三族，一为县川刘家，是本境老户（或说为晋刘殷后，又说其祖三庄洪武初从榆林迁来），先世应本县船户子孙，世食其业，民国时期县川渡口前悬有宋宣和年刘氏古渡匾额，人丁甚繁；一为傅家塌刘家，其先祖英，于成化二年由洪洞迁来，初居县南乡之崇塔，旋徙傅家塌，后散处四乡；一为镇羌刘家，祖籍延安临城，明世袭百户指挥，清初鹏声以军功任镇羌守备，卒于官，与兄游击鸿声俱家于堡焉，后族繁散处县城及大堡之刘家峁各处。

苏　氏　宋苏文忠公后，明洪武四年愍王分秦，迁浙江望族千户，文生苏廷美与兄民与焉，民居陕之长安，廷美徙本邑，家县城，后族繁散处县川及四乡，清代共出进士 3 名，举贡尤多。

王　氏　有二族，一为红泥寨王家，其先祖仲刚于明成化二年由洪洞迁本邑，居东乡之红泥寨。四世出总督王继谟，至清代出举贡甚多，武职有至副总戎者，居县城者又号新宅王家，因族繁散处四乡。一为宽坪王家，明季多闻人，清初举人王国麟以教谕署长安县知县。康熙间出武榜眼王时通一名，后族繁散处四乡。

杨　氏　有二族，一为旧舍沟杨家，明代由山西迁本县，居南乡旧舍沟。明成化时有处士志湖者，因族繁散处四乡及县城川，清代共出进士 3 名，举贡亦多。一为狮子城杨家，山西忻州人也。其先祖杨峀于明初奉公文迁本县，家新马地之狮子城，生子 7 人，后人丁日盛，始徙居各乡，清初进士杨业，与其兄举人杨植，为文坛翘楚，有重名。

阎　氏　相传于明成化二年由山西洪洞迁居县南乡之阎家堡，支派渐繁，散处城乡，清代共出进士 3 名，举贡甚多，称望族焉。

尤　氏　明末望族，以一家出 9 个总兵而称道于世。尤世威，山海关总兵；尤世禄，世威弟，宁夏总兵；尤世功，世威从弟，辽东总兵官；龙翟文，世威从弟，定边副将；尤继光，世威族人，寄居榆林，大同镇总兵；尤岱，山海关参将；尤捷，尤岱子，蓟镇总兵；尤河，明上柱国、光禄大夫，总兵官；尤月，明上柱国、光禄大夫，总兵官。清初有一支寄居榆林，其余均居本县张家塔、赵家石尧等地。

柴　氏　宋元之际由山西临汾迁佳县柴老庄，分支迁绥德三皇峁村（今子洲县马蹄沟镇三皇峁村），明正德三年（1508）迁居府谷，入太平都五甲，府谷镇城内村、苍贺峁、桑园梁、柴家墕、院家峁、塔庙梁、刘家沟，庙沟门镇刘公梁、二道沟、桃胡沟，海子庙刘家峁、坟墕柴氏俱为一族。明代出举人 1 名，清弋出举人 1 名、拔贡 2 名、秀才众多，与黄甫李氏、府谷镇红花村胡氏并称府谷三大中医世家。

黄甫川口村杨氏　明洪武年间，其祖杨贵卿由山西定襄县赵村迁来，太平都四甲，人口繁盛，散居各地。

冯家会傅氏　明洪武二年（1369），其祖佗来从山东省柳河县迁入墙头冯家会村，入太平都六甲。

木瓜紫花坪张氏　明万历年间，其祖张国材迁入木瓜石崖窑村紫花坪，入大堡都七甲，张国材后任登州总兵。

赵寨赵氏　始祖赵宣化，明初由山西保德义门镇小赵家沟迁入府谷赵家墩，后迁入赵寨村，入辑和都七甲。府谷镇红花、赵家墩、赵石堡，清水镇南峁、元峁、大寨沟、崖窑、枣林峁、站塔、漫塔，哈镇、赵五家湾等赵氏俱为一族。

麻镇陈氏　明末，其祖陈伟由绥德十里铺迁入麻地沟陈庄村，陈伟弟迁入哈拉寨陈家圪堵村，入太平都四甲。

尧峁张氏　其祖君治，于明永乐七年（1409）携妻陈氏及子威、子祐、子丸三子由陕西洛川县楼房塬迁入尧峁村，入合河都九甲，府谷海子庙的西峁、尖堡子、磁窑沟、柏林殿张氏，俱为同宗同族。

段寨段氏　明洪武年间经山西省洪洞县广济寺大槐树处登记后迁入府谷黄甫段寨村（原名焦家坪），入合河都三甲。墙头闫家塔，清水温家峁、赵寨，王家墩段家洼，三道沟白石岩，哈镇戏楼沟，古城罗家沟、前坪，以及内蒙古各地段氏俱为同宗。

山神堂史氏　明朝中期，其祖史威由山西雁门关史家坡迁入黄甫史家沟，后迁入山神堂村，入合河都九甲。

蔺家塌蔺氏　宋末元初，其祖蔺迁从陕西同州（今大荔县）迁入黄甫堡蔺家塌村。入合河都九甲。其孙蔺普整为明洪武年间举人，曾任山西保德知州，蔺氏人口繁盛，散居府谷韩家塌、蔺嘴、蔺家圪卜、小字梁、蔺家坪、园子湾和内蒙古、云南腾冲、四川等地。

墙头谭氏　明末清初，其祖谭信、谭文理从湖南湘潭县迁到准格尔旗龙口镇台子塌村，清道光年间迁入府谷墙头村，入合河都九甲，今内蒙古、府谷谭氏俱为一族。

明代大移民对府谷的经济开发和社会发展产生了极其重要的影响，移民带来了先进的生产技术和生产工具，使府谷的农牧业得到迅速发展，同时他们也带来了较为先进的文化，为明代府谷社会各项事业的发展奠定了坚实的基础。

第二节 | 经济社会

北宋灭亡后，府州城被西夏人占领。西夏人将府州抢掠一空，城池遭到严重破坏，特别是北城几乎成为废墟。元朝时期蒙古人幕天席地、走马为家，对于城郭定居很不习惯。终元一朝，官府几乎未对城池堡寨进行修缮，府州旧城破败不堪。明初，朱元璋确立了"修葺城池、严为守备""来则御之，去则穷追"的边防政策。洪武四年（1371）一月，明军占领陕北后，朱元璋派冯宗异到府谷和陕北沿边一带"修缮城池"，对宋府州城进行加固和维修。

从明洪武四年（1371）开始，冯宗异、齐翔等官员带领军民历时20

多年，加固修复了府州城内城城墙和四座城门，门上筑楼，东曰朝阳，南曰景和，西曰迎恩，北曰民阜。洪武十四年（1381），知县齐翔在县城东南建文庙大成殿，传播儒学。天顺五年（1461），知县秦绒将大成殿扩建五间，建明伦堂3间。以后，经过多次扩建和修缮，形成了现在文庙的规模。

府州文庙坐北朝南，占地22.5亩，分三进院落，内有圣时门、金水桥、棂星门、大成殿、明伦堂、崇圣祠、文昌阁、戏台等建筑，是现今陕北地区保留最大的孔庙。

洪武十九年（1386），知县齐翔在南城学宫西建县衙。县衙坐北朝南，分三进院落，有大堂、二堂、三堂、狱房、厨院、知县宅、大仙祠等建筑，庄穆典雅，错落有致。在官府的号召下，府谷士绅纷纷捐资修建了观音殿等建筑和两条街道，在万历年间修建钟楼一座。

宣德年间（1426—1435），进士刘刚（湖广均州人）任府谷知县，政

府州城文庙大成殿

明伦堂

教兼举，安置移民，劝课农桑。由于政绩突出，升任宁州知州。后升任吏部尚书兼文渊阁大学士。刘纲离任府谷之时，"民送之，涕泣载道"。天顺五年（1461），进士秦绤（山东单县人）任府谷知县。成化五年（1469），套人孛来、毛里孩率军侵扰府谷境，大掠人畜。秦绤与将士们同甘共苦，修缮堡寨，最终在崖窑川（今清水镇西南）打败了孛来、毛里孩，府谷全境始安。秦绤为官清正，政绩显著。正是由于齐翔、刘纲、秦绤等一大批官员在府谷励精图治，使明代的府谷商贸发达、文教昌盛、名满塞上。嘉靖十八年（1539），知县柳联芳在文庙西南开一通衢，凿城为门（今府州城小南门），并树牌坊，题匾曰"文运宏开"。之后，将原"敬一亭"易亭为堂，迁两斋于堂下，修仓3间，号舍10间，以便师儒讲读。次修南门城楼，题匾曰"岸涛沉月""石屏雄霄""晓日晴岚""西营烟柳"，昭安乐和睦之景象。

明代大移民直接推动了府谷经济的发展，人口逐年增加。明天顺年间（1457—1464），府谷有440户4708人；到弘治年间（1488—1505），府谷有 719 户 10739 人；到了明末，府谷人口已突破 3 万，年起运地丁杂项银 1779.8 两。当时，农业生产技术有了很大的提高，县川、墙头、木瓜等地采用引水灌溉和提水灌溉，增加了水浇地的面积和粮食产量。府谷东临黄河，航运方便，山西之粟"上达延绥以实边储"，明隆庆元年（1567），于县城建预备粮仓一座。移民带来了小麦、大麦、玉米、花生、棉花等农作物新品种，尤其是棉花的引进，老百姓学会了纺线、织布，用植物原料印染布匹，促进了纺织业的发展。

明代，府谷的畜牧业有了较大的发展。当时镇羌有草场 1890 顷，孤山有草场 5670 顷，木瓜有草场 1814 顷，清水有草场 3132 顷，黄甫有草场 2916 顷。

成化十年（1474）后，随着明长城在府谷的修筑，长城沿线的军事营堡逐渐商业化，成为重要的商业中心。府州城地处秦、晋、蒙接壤区，城南有刘家川渡口，是黄河漕运的重要码头，船筏穿梭，十分繁忙。县城内商铺林立，运往蒙地的粮食、茶、糖、烟、酒、布匹、药材和来自蒙地的皮毛、牲畜等在此交易，每月初一和初六的集市上，人山人海，商贸十分繁荣。明朝中期以后，在长城沿线与蒙古人通商互市，当时陕北最大的市场有五处：府谷黄甫、神木、榆林红山、横山波罗、定边花马池，皆为国家级边贸大市。此后，府谷麻地沟、清水营、镇羌堡也逐渐成为规模较大的市场，蒙汉商客云集，会讲蒙古语的"牙子"说合交易，生意十分兴隆。交易的商品主要有内地湖茶、布匹、烟，蒙地的盐、驼毛、狐皮、牛、羊、兔，马匹、军器不准交易。

官府还在麻地沟玄天庙北口子设置盐官和税官，收取税费，市场管理规范有序。伴随着市场的繁荣，府谷城乡的手工业有了很大的发展。铁器、铜器、白酒、黄油、纸张、木器、砖瓦、煤炭、皮衣、毛毡等生活物资基本上实现自给。

明初，府谷人口稀少，道路交通条件很差，仅以乡间小道互相连

明朝陕蒙互市图

接。经过明代移民，人口大量增加，新修了许多连接城乡的道路。明成化年间，随着明长城的修筑，长城堡寨之间运送军粮物资的道路也逐步修筑起来，当时的主要道路有：

北大道　自县城旧城，经温家峁、黄甫、麻地沟、至古城出境，进入鄂尔多斯，全长140里。自县城旧城，经温家峁、清水，越长城至哈拉寨，达鄂尔多斯贝子境，境内长120里。

西大道　自县城旧城，经石嘴头、木瓜至边墙，全长85里。自县城旧城，经孤山、五里墩、花沙塔、庙塔至正口村边墙，达鄂尔多斯郡王旗境，全长90里。自县城旧城，经野芦沟、镇羌至万家墩入神木境内，全长100里，是县城通往榆林直至省城的通道。

五堡大道　自孤山堡至木瓜堡，全长40里；自木瓜堡至清水堡，全长30里；自清水堡至黄甫堡，全长10里；自黄甫堡至麻地沟，全长20里。

北小路　自清水堡至麻地沟，全长30里。

西北小路　自木瓜堡至野芦沟岔，全长40里；自孤山堡经李家岔至田家寨，全长30里。

又西北小路　自镇羌堡经板墩堝、山神堝、张家峁、青春峁、胡家梁至麻地沟，全长 156 里；自野芦沟岔经上寺沟、刘家畔、雷家梁、白家园子至麻地沟，全长 92 里。

经济发展推动了文教兴盛，府谷人才辈出。明代府谷有进士 8 人，其中杨麟、王继谟、郭瓒为文进士，戴天宠、尤世禄、苏万郡、苏万象、王接韩为武进士。举人 8 人，其中蔺普整、冯梦元、李继志、柴荣、杨琳、廖斌为文举人，尤世功、蔺广元为武举人。

魏晋南北朝时期，佛教、道教已传入府谷境内。唐宋时期府谷陆续修建了一些大的寺庙和道观。明代，随着府谷经济的发展，县乡陆续新建了许多庙宇，根据现有资料，府谷明代的主要寺庙有：府州城文庙、千佛洞、元帝庙、观音殿、水寨寺、圣母庙、马王庙；尖堡地方有圆通寺、北岳庙、龙王庙；大堡地方有宝峰寺；黄甫地方有龙泉寺、药师殿、地藏殿；清水堡地方有清泉寺、城隍庙、关帝庙；木瓜堡地方有城隍庙；孤山堡地方有七星庙、元帝庙、翠峰寺、关帝庙；镇羌堡地方有香炉寺。许多寺庙有固定的庙会，人们到庙上敬神卜卦，到集上购物交易，到戏场听书看戏，庙会成为城乡重

千佛洞

宗常山真武庙（龙泉寺）

105

要的文化商贸活动。明代府谷大的庙会主要有：县城正月初八千佛洞、五月二十五城隍庙庙会，农村有黄甫四月初八和七月十八真武庙、木瓜四月十五祖师庙、碛塄海龙寺等庙会。

第三节 ｜ 长城和营堡

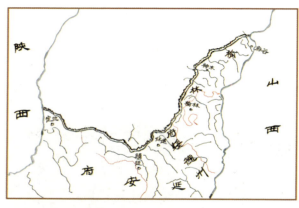

明长城榆林段示意图

明朝建立后，元帝北遁，在漠北建立了北元政权，聚集了数十万骑兵，时刻威胁着明王朝安全。于是，明王朝设"九边"重镇，军事上实行卫所制度，筑长城，捍御北疆。九边，又称九镇，东起鸭绿江，西抵嘉峪关，分别为辽东镇、蓟州镇、宣府镇、大同镇、太原镇（也称山西镇或三关镇）、延绥镇、宁夏镇、固原镇（也称陕西镇）、甘肃镇。9 个边防重镇，大约类似于现在的北方军区。九边中，陕西（明代陕西包括甘肃、宁夏大部）三边最为重要，而延绥镇又以"一面之险，独当三面之冲"，实为"重中之重"。延绥镇因府治延安、镇治绥德而得名。成化九年（1473），都御史余子俊奏将镇治北移榆林，也称其为榆林镇。

延绥镇辖 36 个营堡，府谷县属于延绥镇，境内有 5 个营堡，分别是：

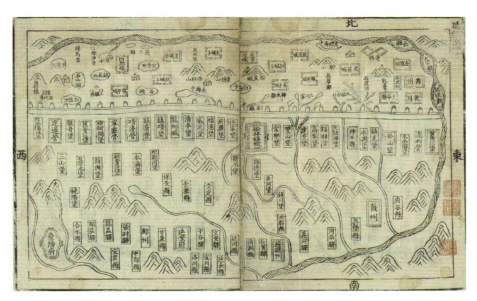

延绥镇营堡分布图

黄甫川堡 位于今府谷县城东北 80 里的黄甫川谷，堡城即今黄甫镇政府驻地。堡城建于明英宗天顺年间（1457—1464），西北依山，东南临黄甫川。弘治元年（1488）后，增设 2 处关城，万历三十五年（1607）砖砌墙面。城墙周长 3 里，高 6 米，东、南、北三面有门，有瓮城 2 座、城楼 2 座。堡城北距长城 30 里，东距黄河 20 里，西距清水营 15 里。管辖长城地段 25 里；有边墩 22 座，烽墩 12 座，塘汛 3 处。明时，驻总兵或参将 1 员，兵额最多 1670 人，骡、

黄甫川堡门楼

清水营堡

马、驼 1149 匹。屯田 158.3 顷，粮 310.4 石，折征银 186.3 两。

清水营堡 位于府谷县城北 70 里的清水川西岸，今清水镇政府驻地。成化三年（1467），巡抚卢祥将原设芭州旧城的府谷堡移建于此。成化五年（1469），置清水营。万历三十五年（1607），增设关城，灰砖砌面。城堡依山临水，周长 3 里，墙体高 6 米，有东、南、北 3 座城门及门楼关城。营堡东 60 里为黄河九里渡及娘娘滩，东北 40 里沙漠南缘，有明永乐中期建筑的紫城寨（亦名紫地石寨）。清水营堡为延绥镇东路重要军寨，西北

清水转角楼

至大边 40 里，西南距木瓜堡 30 里，辖地东起边墙芭州旧城，西至斩贼墩，有边墩 31 座，烽墩 27 座，塘汛 3 处。隆庆四年（1570），清水营长城口外设边关交易市场。驻都指挥或屯军千户、营指挥 1 员，最多时军丁 1120 人，骡、马、驼 428 匹。屯田原额 80.5 顷，粮 153.4 石，折征银 92.3 两。

木瓜园堡 位于府谷县城西北 50 里的木瓜川河谷地，即今木瓜镇政府驻地。明初建木瓜园寨，因木瓜河水流经堡南而得名。成化十六年（1480），改设木瓜园堡，二十三年（1487），扩建中城，弘治十四年（1501），筑新城。万历三十五年（1607），巡抚涂宗浚灰砖砌面，后大半坍塌。城堡建于山坡上，周长 3 里余，城墙高 6 米，有南、北、西 3 座城门，城楼 2 座，瓮城 2 座。城堡西北至大边 40 里，西南至孤山堡 40 里。木瓜园堡管辖长城段有边墩 32 座，开设出入边口 8 处；有烽墩 13 座，塘汛 3 处。驻总兵或守备（指挥、坐堡千户）1 员。兵额最多时 879 人，骡马 264 匹。屯田原额 93.8 顷，粮 179.9 石，折征银 107.9 两。

木瓜园堡

孤山城堡瓮城

孤山城堡　位于府谷县城西北40里的孤山川河谷，即今孤山镇政府驻地。宋代设孤山寨，又称将相乡。孤山川环堡而过，该川秦汉为翠云川，唐宋为折水川，明为九股水，清称孤山川。正统二年（1437），明朝在西山置孤山堡，成化二年（1466）另建，成化十一年（1475）又迁至山畔。万历三十五年（1607），巡抚涂宗浚以灰砖砌面，后西南墙体坍塌。城墙周长3里，高7米，有南、北、西3座城门，城楼2座，瓮城2座。孤山堡北至大边40里，西南距镇羌堡40里，辖地长城段有墩台51座，开设边口8处。长城腹侧有烽墩9座，塘汛5处。驻副总兵、参将、中军、千总等，额编驻军最多时2600名。屯田原额141.7项，粮273.9石，折征银164.3两。

镇羌堡（今新民镇）龙王庙明长城墩台

镇羌堡 镇羌堡自命名以来即为地方名。明初，置镇羌千户所，管理军政事务，是陕西境内九卫四所之一。明代镇羌堡设乡，称永安乡。成化二年（1466），陕西兵备、兵部尚书王复将东村堡迁移至高寒岭新筑，改名镇羌堡。万历三十五年（1607），以灰砖砌面。城墙周长 1320米，形似长方状，墙高 8 米，总面积 76000 平方米。堡内原有东、南、北 3 座城门，北门已毁，东、南门尚存，均筑瓮城。城堡北至大边 40里，西南距永兴堡 40 里。辖区内长城段有边墩 35 座，长城内外进出关

111

镇羌堡街道

口 10 处，烽墩 16 座，塘汛 3 处。驻指挥或操守 1 员，定编兵额 760 人，骡、马、驼 229 匹。屯田原额 25 顷，粮 50.8 石，折征银 30.5 两。

延绥镇驻军庞大，明初陕西驻军约 16.7 万人，延绥镇驻军就有 8 万多人，占到陕西总兵力的一半以上。明成化年间，套人大掠陕北，京畿震动。延绥巡抚余子俊联名数镇将官多次上书朝廷，敦请快筑边墙。成化七年（1471）三月至六月，余子俊主持修筑延绥镇境内长城。动员将士民夫四万多人，在许多地段同时开工，"依山形，随地势，或铲削，或筑垒或挑堑"，历时 3 个多月，初筑延绥东西两路边墙，后称二边。成化十年（1474），越过界石向北推进，完成另一道边墙，部分墙体用砖石垒砌。修成了东起内蒙古准格尔旗大迦村保河台，西至定边花马池，横穿府谷、神木、榆阳、横山、靖边、定边等县区，总长度 1700 多里的边墙，后称大边。自此，府谷境内有大边、二边两道长城用以缓冲，二边长城东起墙头村，与山西省河曲县内长城隔河相望。两道长城有的地段相距甚远，有的地段重合，西至新民镇城峁村，与神木市境内长城相连。其间经过墙头、麻镇、清水、赵五家湾、木瓜、庙沟门、三道沟、新民等乡镇大迤、竺禄台、坪伦墩、麻镇、杨家峁、旧芭州、新芭州、城壕、陈庄、转角楼、口子、红墩、傅家崖尧、甘沟子、青春峁、西山墩、官地塌、堡子、榆家坪、火把梁、姬家峁、翟家梁、西塌、桃阴梁、古城、砖厂梁、王家梁、蒿地塌、沙塔、引正墩、庄果台、斩贼墩、前口子、后口子、红崖、野猪峁、下玉子塌、上玉子塌、守口墩、龙王庙、瓦窑坡、西耳、芦草畔、城峁等 46 个村庄。全长 200 多里，计有墩台 196座。城墙全用土夯成，部分城墩底座为石条所筑，城墩墙面用砖包砌。今麻镇杨家峁至旧芭州约 5 里长城和清水转角楼、庙沟门引正墩、新民守口墩、龙王庙墩台保存较为完整。

府谷沿边所建的墩台为烽火台，有独立的边墩，也有附属于城堡、寨和营的墩台，其主要功能是观望敌情，传递信息。若白昼有敌侵入，则冒烟为号。夜间敌人进犯，则举火为号。每座烽火台上守军少则 5 ~ 7人，多则 40 ~ 50 人。每座烽火台需贮足士卒 5 个月用的粮食和柴薪，周围还要凿水井。延绥镇明军军事装备也很强，在黄甫川堡、清水营堡、孤山堡等城墙上架设有重武器，如一丈长空木桶炮、生铁大炸炮、瓷炸炮、生铁炮等。这些武器可以发射碎石、铁屑和铅子，最远可以射出千步远。蒙古战马听到隆隆炮声，往往惊骇而退。同时各营堡还配有多尊生铁小炸炮，有效射程在数百步之内，火力密集，可以杀伤大量临城敌人和战马。在进攻作战时，明军战术也较前代有很大变化。延绥镇配备有大量的火箭和纸火绳，用来进攻烧毁敌人的粮草辎重，并配有遮牌，其功能类似于现代战车的装甲。若骑兵追击甚急，还可播撒铁蒺藜，使敌骑不能前进。延绥镇的防御体系坚固完善，防御手段灵活有效。成化以后很长时间里，蒙古铁骑不敢轻犯延绥，陕北人民得以休养生息。

明朝中期，陕北沿明长城一带时起边患，这主要是来自内蒙古河套地区，时称"套寇"的鞑靼等部。他们不时越过长城，劫掠人畜、粮食、财物。从天顺八年（1464）以来，多次侵扰府谷、神木、榆林等沿边一带。正是在这种情况下，明武宗朱厚照沿长城出巡时，途经了府谷。清乾隆版《府谷县志》记载："正德十三年（1518）十月初四日，帝幸（到达）山西楼子营（今山西河曲县境内），已漏下二刻（古以器贮水，按漏下水的刻度计时。二刻为日出前昏明之际），旌旗夹道，灯火烛空，山川震动。晨，从娘娘滩、太子滩抵灰沟营，始进午膳。至唐家会（在河曲县）祭河神，诏善没者（会泅水的人）观之。民李祥应诏，连浮二次，上喜，赐酒。武宗乘舡（船）钓鱼，于县东杨家川口（府谷黄甫镇境内）上岸，起銮（起驾）至榆林。以（因）西北风猛，驻驾。时秦晋两岸，军旗云屯，声动山谷。"明武宗是巡视府谷的第二个皇帝。

武宗从府谷经神木到榆林后，驻跸凯歌楼，先后接纳了榆林总兵戴钦的三女儿和绥德总兵马昂的妹妹两个妃子。他对戴钦的赏赐最丰，不仅赏有尚方宝剑，还赏赐了征西将军印，从此戴家显赫一时，在榆林城内的东山修建了戴家祠（即今戴兴寺）。

明代神府十二塘关统计表

名称	今址	名称	今址
大塘	神木市大堂村	七塘	府谷县新民旧城
二塘	神木市二堂村	八塘	府谷县天圿堡
三塘	神木市三堂村	九塘	府谷县孤山镇野芦沟村
四塘	神木市永兴村四堂	十塘	府谷县孤山镇孤山村
五塘	神木市马莲塔附近	十一塘	府谷县孤山镇十里岩（殿湾）
六塘	府谷县万家墩村	十二塘	府谷镇石嘴头村

第四节 | 王嘉胤起义

明朝天启和崇祯之交（1625—1628），陕北久旱不雨，草木枯焦，连年灾荒，乡民外逃，饿殍载道，加之疫疾肆流，死民甚多。而明王朝不但不减免租税，反而不断加派赋役，老百姓经受着深重的苦难，走没无路的贫苦农民开始铤而走险，纷纷起义。

王嘉胤，府谷黄甫川堡大宽坪村人。1600 年左右出生在一个贫苦农民家庭。小时候，给地主放过羊，给自己家里干些农活。在劳动间隙，经常舞枪弄棒、打拳踢脚。父母去世后，王嘉胤靠揽工度日，曾为边兵，后逃回家乡，无以为生。

明崇祯元年（1628），王嘉胤在清水营起义，拉开了明末农民大起义的序幕。

清水营，明成化五年（1469），余子俊修延绥镇长城所建 36 营堡之一。余子俊筑长城，在府谷境内留

王嘉胤雕像

下若干口子，便于和平时期蒙汉贸易往来，战时运输粮草和辎重。其中一个口子在黄甫，习惯上叫东川；另一个口子在清水，习惯上叫西川。明末清初，府谷老百姓迫于生计，很多人选择到蒙地谋生，当时叫作走口外，东川出口在黄甫，西川出口在清水。走口外的贫苦农民，一路艰辛，常遇强盗，为了能够互相照应，安全到达目的地，他们一般在清水营互相等候，结伴而行，这里经常聚集着一群生活无着、走口外逃荒的农民。

绘本王嘉胤清水营起事

崇祯元年（1628）十一月，王嘉胤联络吴廷贵、杨六、不粘泥等人在一个月黑风高的夜晚，拉着碌碡（农具）在清水城满街奔跑，发出隆隆的响声，他们边跑边喊"冲啊、杀啊"，叫声不断。老百姓以为蒙人来犯，不敢出门，官军以为大军来临，不敢走出军营。逃荒的大批流民随即加入王嘉胤的起义队伍，至天明时义军已聚集数百人。王嘉胤带领义军攻陷清水营堡，杀死驻堡官军，抄没了富户的钱财，开仓放赈，救济农民，穷人拍手称快，奔走相告。攻占清水营后，王嘉胤率部抵黄甫，经过一番激战，解除了黄甫驻军的武装，占据了黄甫堡，抄没大户钱粮，赈济灾民，黄甫富户比清水更多，义军的粮饷得到了补充，队伍壮大。

入冬，黄河封冻。王嘉胤率义军踏冰过河，进入山西河曲县，县令张天德拼死抵抗，义军初临战场，没有作战经验，伤亡百余人，吴廷贵牺牲。义军转战数日后返回黄甫，进行整编。

王嘉胤起义后，各地纷纷响应，震动晋、陕。白水王二从澄城率部北上，首先与王嘉胤起义军会师，安塞义军闯王高迎祥、宜川王左挂、绥德王自用等纷纷来投，起义军遍及陕西全境及甘肃东部。

崇祯二年（1629），王嘉胤率部南下攻打吴堡城，未破。三月，义

绘本王嘉胤建立政权

军再袭击延安、庆阳两府，攻陷许多城堡。明王朝诏令杨鹤为三边总督，围剿义军。战斗中王二被俘，为陕西兵备商洛道刘应遇杀害，王嘉胤、李自成等走出山谷，得免，义军被迫退入黄龙山区苜蓿沟扎寨。五月，义军攻克宜川城，活动在洛川、宜君、金锁关、耀县、阳平关等十余州县，烽火燃遍秦、晋、甘、宁等地区。朝廷得知农民起义军不断壮大，十分惊慌，急忙调兵遣将，予以镇压。崇祯三年（1630）二月，义军进入山西，攻襄陵、吉州、太平、曲沃，深入晋东南境。三月，王嘉胤率军复陷府谷县城，转战进入神木境内。义军分向出击，王子顺、苗美自神木渡河，陷蒲县。在此期间，驻晋东南义军兵分三路，王嘉胤率第三路军，分别进攻赵城、洪洞、汾阳、霍县、石楼、永和、吉县、隰县等地。四月，王嘉胤率部进攻保德州，由于知州王国理早有准备，加之城堡高垒，易守难攻，未能取胜。六月，王嘉胤率部回戈府谷，占领黄甫、清水二营，后又攻陷府谷县城。明军统帅洪承畴、杜文焕率重兵围攻县城。王嘉胤夜袭明军营寨，使洪、杜二军自相混战。当时延安义军在明军重兵围剿下，将领王子顺、张述圣、姬三儿等人兵败被俘。惟苗美以八百人逃脱，杜文焕穷追不舍，都司王仲宁继续追苗美军于延安贺家湾。苗美部下杀苗美降明。同时遇害的还有飞山虎、大红狼等将领。王嘉胤义军闻讯火速驰援，攻克延安、庆阳，占领明军城堡多处，杀伤大量明军，使延安义军又得重整旗鼓。当时三边（延绥、宁夏、甘肃）总督杨鹤奏准对义军招抚，王嘉胤部将黄虎、小红狼等接受招安，领到了"免死证"，并被安排在延绥任职，对义军影响极大。八月，王嘉胤义军有数万蒙古人来投，队伍壮大。王嘉胤率部从府谷出发，大战明军于靖边寨。九月，义军回师府谷，与洪承畴、杜文焕军战于孤山堡，杀死明军副将李钏。又转战甘州，义军败退安河口。又与固原总兵杨麟军遭遇，义军失利，伤亡300多人。十月，王嘉胤陷清水营，击杀游击李显忠，复据府谷。十一月，王嘉胤率军从神木渡河进入山西省兴县，又攻占保德州，进逼河曲。河曲饥民积极配合，市民王可贵做向导，一举攻占河曲县城。此时，高迎祥、张献忠、王自用也先后来河曲会合，共推王嘉胤为王，王

绘本王嘉胤遇害

自用为左丞相，高迎祥、张献忠也均封有官职，农民军声势浩大。

崇祯四年（1631）正月十六，王嘉胤率义军与明军战于神木菜园沟，明军溃败。王嘉胤在神木战败官军后，又复占山西河曲城。四月，明廷放粮赈饥无济于事，又命延绥副总兵曹文诏率裨将曹变蛟、艾万年、袁廓守等两万官军开赴河曲，镇压起义军。此时王嘉胤部兵力不足，因寡不敌众，于四月十八日被迫退出河曲，到山西阳城、沁水一带与当地义军会合，重振军威，恢复了战斗力，打败了名将尤世威和他的儿子尤人龙。明军一筹莫展之时，曹文诏遣营中士兵张立位（王嘉胤府谷尧峁新娶妻张氏之弟）以假降之计打入义军，用亲戚关系迷惑了王嘉胤，很快受到王嘉胤的重用，当上了嘉胤的帐前指挥。此后，张立位又按照曹文诏的密示，劝说王嘉胤部将王国忠降明。经过周密策划，当年六月二日夜，当官兵发动进攻前，举火为号，张、王二人突然将王嘉胤杀死在阳城南山营地，时年40岁左右，王妻张氏当即上吊自尽。随后，官军发起进攻，义军猝不及防，损失重大，义军右丞相白玉柱投降，左丞相王自用代为首领，率36营3万义军继续战斗。崇祯六年（1633），王自用病死，闯王高迎祥代为首领。高迎祥死后，李自成被推为闯王，和张献忠等部继续战斗，李自成大顺军于崇祯十七年（1644）三月十九日攻陷明王朝首都北京。

第五节 | 政权机构及人物

政权机构 府谷元代及其以前的政权机构，因缺乏资料，待考。明代县府称县衙，设知县1员（负责全县行政工作）、县丞1员（掌管粮秣、赋税）、主簿1员（掌管户籍、巡捕）、巡检1员（掌管缉盗、盘洁奸宄）、典史1员（掌管监察、狱囚）、税课大使1员（掌管商税）、教谕1员（掌管教育）、训导1员（协管教育）、驿丞1员（掌管邮传、迎送）。衙役分3班（司值掌站班，催田赋、兼缉捕；快班，司缉盗、维护治安；皂班，司仪仗、护卫），6房（吏房，掌管官制、官规；户房，掌管户籍、财务、地亩、粮租、契税、杂税、盐务；礼房，掌管学务、科举、礼俗、祭祀；兵房，掌管武试、缉捕、邮传、递解；刑房，掌管狱讼、人命、殴杀；工房，掌管河道、水利、城工）。

明代府谷知县列传

刘　纲　字子纪，湖广均州人。建文二年（1400）进士。令县十年，敦确有干局，政教兼举，治行大著，擢宁州知州，凡三十四年。正统中，请老去，民送之，涕泣载道。宁有"六君子祠"，祀狄仁杰以下尝为刺史者，并祀纲，改为"七君子祠"。

秦　绂　字世缨，山东单县人。景泰二年（1451）进士。天顺五年（1461），任县事。性刚果，勇于除害，不自顾虑。八年，孛来、毛里孩入寇，日与将士讲兵法，料敌情，民借以无扰。

田　璋　直隶东鹿人。成化年任县事。《通志》列《名宦》，旧《县志》只载修文庙一事，余无考。

郝　輗　山西太谷人。弘治中，由贡生任县事。时套人侵扰，多不以学校为重。輗家本素封，至任即捐资整修，常月课诸生，兼有"饮食教诲"之誉，士风为之不振。

柳联芳　江南寿州人。嘉靖十九年（1540）秋甫莅任。慨处极边，诸多废弛，力为整饬。修学宫，葺祠宇，百废俱兴。时套人常入寇，联芳以县城孤悬一隅，内无井泉，南面河，余皆深阔长渠，常则出汲，往返需时，变则婴守，饮食莫措，由城南迤东逼临河，岸中微凹，左右皆

明代府谷知县统计表

姓名	籍贯	学历	任职时间
齐 翔	失考	失考	洪武十三年（1380）
阎 肃	山西文水	举人	失考
王 涓	失考	失考	永乐中
刘 纲	湖广均州	进士	宣德年间（1426—1435）
秦 紘	山东单县	进士	天顺五年（1461）
贺 昭	失考	失考	成化十二年（1476）
田 璋	直隶东鹿	失考	成化年间（1465—1487）
王 泰	山西汾州	失考	成化二十二年（1486）
郝 軏	山西太谷	贡生	弘治年间（1488—1505）
张汝涉	失考	失考	正德十五年（1520）
王 潏	直隶磁州	失考	嘉靖初
柳联芳	江南寿州	失考	嘉靖十七年（1538）
范学颜	山西翼城	举人	万历十四年（1586）
杨立程	直隶延庆州	贡生	万历二十一年（1593）
靳充正	直隶	贡生	万历年间（1573—1620）
刘 源	四川	举人	万历四十二年（1614）
张 柱	山东	贡生	万历四十三年（1615）
杨本立	山东	贡生	万历四十三年（1615）
白尔心	山西吉州	贡生	万历四十七年（1619）
梁应元	直隶柏乡	贡生	天启二年（1622）
刘自治	辽东沈阳	贡生	天启五年（1625）
符 玺	四川	贡生	崇祯元年（1628）
郭化成	江南潜山	贡生	崇祯三年（1630）
王民范	直隶文安	贡生	崇祯四年（1631）
杜居阳	直隶宣化	贡生	崇祯七年（1634）
张合名	山东	举人	崇祯十二年（1639）
何乔松	广东东莞	举人	崇祯十四年（1641）

险陡石岩，于此凿小南门，斜下至河畔，长 70 余丈，辟为通衢，便民就汲，即寇至，两旁壁立，可无虞也。其有功于地方，类多如此，至今邑人犹啧啧称道之。

范学颜　山西翼城人。万历间，由举人任县事。长于吏治，凡刑、钱、户、婚，裁判裕如，人服平允。尤兢兢振兴文教为己任，如学宫、明伦堂、博文约礼两斋等，皆其所整修训饬。士子肫肫以圣贤相期待，有汉文翁风。

刘　源　四川人。由举人于万历四十二年（1614）任县事。爱民如子，有讼于庭者，必委曲劝谕之，不忍加以重刑。适岁甚歉，捐俸倡率绅士，各就有余之家，量力乐输，或劝富户兴筑宫室，俾贫民得以佣工度日，存活甚众。士庶感戴，为请入名宦祠。升郿州知州，攀辕塞路。

白尔心　山西吉州贡生，万历四十七年（1619）任县事。《省志·名宦》曰："狷介可风。"新马强房沟所得建立白青天残碑，有"见事如镜，爱民如子，官清民顺，盗贼不侵，忠似苏臣，刚如包公"等语，余皆俚语不文。然白公感民之深，与民感白公之真挚，固有可想见其概者。

王民范　直隶文安人，由贡生崇祯四年（1631）任县事。莅事明断，有争构者，不数言立决，人称"霹雳手"。时王嘉胤作乱，四境骚动。民范至，与武职勠力同心，暨地方绅民，严守御，设法捕剿安戢，民赖以宁。升神木粮厅同知。

杜居阳　直隶宣化人，由贡生崇祯七年（1634）任县事。自王嘉胤乱后，频年饥歉，民不聊生。居阳设法招集，有干法网者，委曲开导，不忍加刑。常曰："当此丧乱后，愚民无知罹法，司牧者尚忍按常例严治之？"于有不率教者，亦第薄责，示儆而已。久之，民亦相感化。又，泮宫茂草兴嗟，居阳捐资，倡率绅士修葺之，其留心学校又如是。升徽州知州。

何乔松　广东东莞人，崇祯十四年（1641）由举人任县事。为政慈爱，判决事件，雅不烦言，而划然以理。兼博学能文，公余常与士子讲论文艺，时有"文吏"之目。

明代府谷武官列传

王　威　绥德人。万历中任孤山副将，从麻贵征河套，大挫贼众。大同时，塞上多事，威训兵饬防，边境晏然。后镇守延绥，前后在边五十年。勇略轶群，威信流著，九佩将印，以功名终。祖孙父子三世，二十四总戎，死王事者甚多。

艾万年　米脂人。由武学生从军，积功至神木参将，后擢孤山副将。崇祯四年（1631），从曹文诏复河曲县。点灯子入山西，万年从文诏连败之桑落镇。八年三月上疏言："臣仗剑戎七载，复府谷，解孤山围，救清水、黄甫、木瓜十一营堡，转战高山，设伏河曲，有马真、虎头岩、石台山、西川之捷。但念灭贼之法，不外剿抚。今剿抚均未合机宜，臣不得不极言。夫剿贼，不患贼多，患贼走。盖叠嶂重峦，皆其渊薮，兵未至而贼先逃，所以难灭，其故则兵寡也。当事非不知兵寡，因糗粮不足，为苟且计，日引月长，以至于今，虽多措饷，多设兵，而已不可救矣。宜合计贼众多寡，用兵若干，饷若干，然后审察地利，用正用奇，用伏用间，或击首尾，或冲左右，有不即时殄灭者，臣不信也。次则坚壁清野之法，困贼于死地，然后可言'抚'。盖群贼携妻挈子，无城栅，无辎重，暮楚朝秦，传食中土，以剿掠为生。诚令附近村屯移入城郭，储精兵火器以待之，贼衣食易尽，生理一绝，鸟惊鼠窜。然后选精锐，据要害以击之；或体陛下好生之心，诛厥渠魁，宥其胁从，不伤仁，不损威，乃剿抚良策。"帝深嘉之，下所司议行，然卒不能用其策也。后同副将柳国镇等合兵三千，至宁州之襄乐遇贼战殁。

李　卑（？—1634）字侍平，榆林人。由千总历著征剿功。崇祯四年（1631），任孤山副总兵，终临洮总兵。卑善持纪律，所至军民安堵。为人有气度，当仓促镇静如常。卒，赠右都督，赐祭葬。

李杲 榆林人。成化年任清水营指挥。修城于土窟中，出银2000两，分毫不入私囊，舍修堡内寺庙。套人入寺儿梁，杲不惮寡弱，竭智力战，斩首百余级，酋尽遁去，民赖以宁。后升蓟、辽、宣、大总戎。继子升总兵，名失。

李茂先 杲孙。万历二十三年（1595）任清水营指挥。勤操练，善抚兵，兼恤堡民，擒酋招安，历著功绩。兵燹之后，堡中庙宇多毁塌，先谋诸部伍父老捐俸，鸠工重建北岳、东岳、城隍等庙宇，以壮观瞻。工甫毕，遂擢镇城左营都司。自酋不款和以来，独此方套人素畏其威名，狼烟不举，民皆安堵。去之日，民立德政碑记。

孙宏谟（? —1615） 本江南当涂籍，以曾祖杰任宁武老营正千户，遂家焉。父维万年副总兵，时称"西北良将"。宏谟中万历甲辰武进士，积功至孤山副总兵，以兵勇闻名。会套人大举入侵，竭力鏖斗，遂殁于阵。赠恤如制。

朱祥 程昙 祥，南直凤阳人。任怀远将军、宁山卫指挥同知；昙，明威将军、绥德卫佥事。同戍府谷，皆以虎将驰声。每寇至，战必奋勇前进，有捷功。天顺八年（1464）秋，北酋入寇掠人畜。祥、昙引兵追，日夜行300里，至平山儿逼近酋营，三战三克。酋师溃败，僵尸遍野，而猛锐益厉。贼群集环射之，马中矢，皆踏步与贼战，犹杀贼23人，既而矢竭力屈，乃为贼戕。时祥年五十二，昙年二十七。知县秦絃勒碑纪之。

杜桐 字来仪，昆山人，徙延安卫。万历初，由世荫累官清水营守备，以谋勇著，用总督梁梦龙荐，至总兵官。时卜失兔以都督同知为套中主，威令不行，其下各雄长，志常叵测。朔漠素无痘症，自嘉靖庚戌深入石州，染此症，犯者辄死。打儿汉者，卜失兔祖吉能部落也。数将命奉贡，累官指挥同知。一日，互市还，与其侪秃退台吉等俱染痘死。秃退子阿计疑边吏酖杀其父，思乱。及卜失兔西助火落赤共扰河西，诸部遂蠢动。万历十九年（1591）冬，打儿汉子土昧与他部明安互市讫，复临边要赏，声犯内地。桐与巡抚贾仁元计先出兵袭之，乃令参将张刚自神木，游击李绍祖自孤山，桐率轻骑自榆林，三道并出，遏寇力战，大破之，斩首四百七十余级，胁明安而还。延绥自吉能纳款，塞上息肩二十年，自此兵端复开。明安之子摆言太（人名）日思报复，寇抄无已时矣。桐先被劾罢，以是役功超授右都督，金书后府。久之，卒于家。桐自偏裨至大帅，积首功一千八百。时服其勇。

杜松 字来清，桐弟，昆山人。有胆智，勇健绝伦。由舍人从军，累功为宁夏守备。万历二十二年（1594），卜失兔掠张春井，大入下马关。松误入伏中，被重伤，士卒死过半。麻贵援军至，松复裹创力战，寇始败走。论功迁延绥参将。贵大举捣巢，以右军出清平塞，多所斩获，进副总兵。松为将廉，尚气不能容物，常因小忿薙发为僧，部议听其归。寻，起孤山副将。三十三年，擢署都督金事，代李如樟镇延绥。明年，套寇犯安边、怀远，松大破之，改镇蓟州，败敌连山驿。后，以副使马拯害其奇功，数欲自经，尽焚其铠胄、器杖，置一切边事弗问。兵部以闻，乃勒松归里。松既废，时多惜其勇，然恶其偾事，无推毂之者。至四十三年，河套寇大入，令松以轻骑捣火落赤营，获首功二百有奇。复叙用，任山海关总兵，撒尔湖谷阵殁。

杜文焕 字弢武，桐子。由荫叙累进参将，升孤山副总兵。延绥被寇，文焕赴救，大破之。明年，遂代官秉忠镇延绥。屡败寇安边、保宁、长乐，斩首三百有奇。西路火落赤（部落名）摆言太惧，相率降。沙计数盗边，为文焕所败，遂纳款。既而复与吉能、明爱合，驻高家、柏林边，要封王、补赏十事。文焕袭其营，斩首百五十。火落赤诸部落攒刀立誓，献罚九九。九九者，部落中罚驼、马、牛、羊数也。沙计与吉能、明爰、猛克什力相继纳款，延绥遂少事。会山西总兵王国梁击王嘉胤于河曲，大败，贼入据其城。部议令文焕为提督，偕曹文诏驰至河曲，绝道以困之。神一元陷宁塞，文焕家破，遂留文诏，令文焕西迁，后被劾褫职。崇祯十五年（1642），用总督杨文岳荐，以故官讨贼无功，谢病归。子宏域，天启初历延绥副总兵。七年夏，文焕援辽，即擢总兵官，代镇宁夏。积资至右都督。崇祯中，提督池河、浦口二营练兵，遏贼南渡，颇有功。十三年，移镇浙江，寻谢病去。国变后，文焕父子归原籍昆山，卒。

汤引绩（？—1467） 字公让，号东谷，东瓯襄武王曾孙也。周文襄忱闻其名，召作启事，数万言亭立具状。文襄荐其有文武才，驿召赴京。于少保谦请试之，立将台下，问兵事，应对如洪钟，万众环视，欲当即授锦衣卫百户。尝从兴济伯礼部尚书杨善通，问英宗于塞外。成化初，充参将，守御延绥孤山堡。堡无备，戍卒不习战，一日登城曰："四望黄沙，白草漫漫，吾一腔血乃委于此耶！"成化三年（1467）八月，套人入寇，大掠子女而东。绩率麾下百余人，邀于境上力战，众寡不敌，死之。绩为人轩傥，两眸炯然，髭奋如戟，掀髯谈论，视世人蔑如也。为歌诗豪放奇倔，援笔挥洒如风电。死之日，边人见一大将盛服鼓吹，拥众宿正口子邮舍。质明，寂无人声。壁间有诗云："手持长剑斩渠魁，一箭那知中两腮。戎马踏来头似粉，乌鸦啄处骨如柴。交游有义空挥泪，弟侄无情不举哀。血染游魂归未得，幽冥空筑望乡台。"书迹宛然，众以为神也。

又，《榆林府志》：汤引绩与苏州刘参政昌善，尝作六体香奁诗，昌序之。其中之警策者，有《素腕守宫》一诗曰："谁解秦公一粒丹，记时容易守时难。鸳鸯梦断肠堪冷，蜥蜴魂销血未干。榴子色分金钏晓，茜花光映玉韛寒。何时试卷香罗袖，笑语东君子细看。"此亦何减李义山耶？然当时妒之者众。生则呼之曰"汤一面"，死则笑之曰"汤一箭"，

"世人皆欲杀，吾意独怜才"。从古叹之矣。

张　臣　榆林卫人。起行伍，为队长，矫捷精悍，搏战好陷坚。从千总刘朋守黄甫川，朋遇寇，丧马被围。臣单骑驰救，射中其魁，夺马载朋归。由是知名。旋，代朋职。臣更立历四镇，名著塞垣，为一时良将。子承荫，由父荫积功至延绥副总兵，勇而有谋，尤精骑射，数鏖战，未尝挫衄。万历三十七年（1609），代王威为延绥总兵官。

曹文诏（？—1635）　大同人，勇毅有智略。从军辽左，历事熊廷弼、孙承宗，积功至游击。崇祯三年（1630）七月，擢延绥东路副总兵，驻孤山。王嘉胤聚众为乱，攻陷木瓜园堡，渡河掠菜园沟，入据河曲城。四月，文诏克其城，嘉胤脱走，转掠至阳城南山。文诏追及之，其下斩以降。后以师会洪承畴，攻贼进至波罗寨，从子变蛟统锐师在前赴利，文诏殿其后。贼伏从中起，截我师为二，转战至锹头原，力竭自刎。帝闻痛悼，赠太子太保、左都督，赐祭葬，建祠，春秋至祭。变蛟遂以兵属承畴，荐为副总兵，置麾下，历著战功。后，帝用为东协总兵官。松山兵败，死之。文诏威名夙著，士民为之谣曰："军中有一曹，西贼闻之心胆摇。"忠勇冠时，明季良将第一。其死也，贼中为相庆。弟文耀，河曲之战斩获独多。后击贼忻州，战死。变蛟勇敢善战，随属文诏，时称为"老总兵""二总兵"，贼咸惮之。

梁　震　新野人（明清属河南南阳府）。嘉靖年间袭父职任榆林卫指挥使。后任延绥副总兵、陕西总兵官、右都督、左都督等职。臂力过人，能用强弓，射必中的。每遇战事，必带头冲锋陷阵。任延绥副总兵时，鞑靼首领吉囊俺答率兵南犯，梁震领兵于黄甫川大败之。嘉靖十五年（1536），移镇大同，后镇压农民起义军有功，升左都督。卒后赠太子太保，谥武壮，葬于今神木市城北十六里石塈子山，后移城南八十二里窟野河西。

彭　清（？—1520）　绥德人，字源洁。明中期将领。初袭绥德卫指挥使，弘治中任延绥副总兵，分守黄甫堡。敌扰边，清征讨有功，擢升都指挥佥事。明孝宗弘治初年（1488），充右参将，守肃州（今甘肃酒泉市）。清好谋而有勇略，名闻朝廷内外。弘治十年（1497），擢清都督佥事，代行总兵官职。清御士有恩，久镇西陲，清正廉明，威名甚著。在镇边，遭遇父母及妻妹四丧，贫不能归葬。卒之日，将士及庶民妇竖皆流涕。遗命其子不得受赙赠，故其丧亦不能归。帝闻之，命抚臣发帑钱，资送归里，赐祭葬如制。

彭述谟（？—1640）山西镇西卫百户，任木瓜守备，有力，为一时妙健。崇祯十三年（1640），土贼阎三海猖乱，潜夜劫堡，城陷，死之。

明代府谷知名人物

王好善　府谷县城人，祖籍黄甫红泥寨。为人忠厚，读书不倦，喜为义举。天启五年（1625），北门外建观音洞，刘家川建石塔三座以补风水。后因学宫、魁星楼坍毁，捐资率邑人建之。

王继谟　好善长子，字显我，号纯穆。明末将领。明万历丁酉（1597年）拔贡，己酉（1609）举人，庚戌（1610）进士。初授河南南阳知县，后任密云巡抚、总督，山西宣大阳和等处军务。继谟秉性刚毅，居官清慎，人称其德。崇祯十六年（1643），率部防守沿河一带。崇祯十七年（1644），李自成起义军攻破宁武，继谟与巡抚卫景瑗传檄大同总兵姜瓖扼之河上。姜瓖降，景瑗战死，继谟曰："事已去，徒死不足以报国，不如弃去，保守京师为重大。"于是继谟率部由山西宁武退守京师。不久起义军战京师，王继谟率部与之再战，阵亡。

王继烈　继谟二弟，字承我，明末将领。由邑庠生以军功赐授榆林卫锦衣千户。在任期间，清廉仁慈，军民感其恩，赠以万民伞。居乡以忠厚待人，喜施济，邑人称为"二活佛"。

王继旦（？—1644） 字兼我，继谟三弟。明后期将领。由邑庠生以军功授清水营守备，又升任火器营参将。崇祯十七年（1644），闯王李自成破宁武城，战殁。无嗣，妻郑氏削发为尼，改本宅为白衣庵。

尤世威（？—1643） 府谷县城人。明末将领。与兄世功、弟世禄并称"尤氏三雄"，以勇敢著称。天启七年（1627），任山海关中部副总兵。是年，宁远告警，世威随大帅满桂赴援，因力战城东有功而增爵受赐。崇祯二年（1629），擢升总兵官，镇守居庸（今北京市昌平区西北）、昌平（今北京市昌平区）。同年冬，京师戒严，命提兵五千防顺义。又命还镇防护诸陵。崇祯四年（1631）代宋伟为山海关总兵官，积功至左都督。崇祯十六年（1643）十月，李自成起义军攻破西安，传檄榆林招降。总兵王定恐惧，率所部精兵弃城而逃。当时，巡抚张凤翼未至，城中士马单弱，人心纷扰。布政司召集众将及家居将帅尤世威等，商议守城事宜，众人公推尤世威为主帅。尤世威率部拼死抵抗，死守七昼夜。后来，起义军挖地洞轰城，城遂破。数万起义军涌城而入，世威等率残部与起义军展开巷战，世威等被俘，并缚往西安。李自成坐秦王府欲降他们，世威等宁死不屈。自成怒而斩之。

尤世功（？—1612） 世威兄，亦说世威从弟。明末将领。才干出众，万历中武举，历任沈阳游击、总兵。天启元年（1621）三月，清军破沈阳，死于战，赠少保、左都督，赠世荫三级，再荫指挥佥事，世袭，赐祭葬，建祠曰"愍忠"。

尤世禄（？—1643） 世威弟，字定宇。明末将领。天启二年（1622）中武进士，历官至宁夏总兵，凡七任总兵之职，晋职少师，颇好文学。天启三年（1623），随兵部尚书孙承宗抗清，论功，祖大寿第一，尤世禄第二。天启七年（1627）五月，清兵围锦州，总兵满桂率副将尤世威等出城迎战，获胜。崇祯三年（1630），与祖大寿等攻克滦州。崇祯四年（1631）同曹文诏等破起义军于河曲有功。后辞官回家，与其兄世威抵抗李自成起义军一同殉难。其子捷官至蓟镇总兵，甲申年京城陷，率兵奔河南志图兴复，为叛兵所杀。

尤　岱（？—1643）　明代将领。由步卒起家，至山海关铁骑营参将。数有功，因冒犯了上官，弃职归乡。李自成起义军至，岱助尤世威坚守榆林城西门，城陷自杀。

尤翟文（？—1643）　世威从弟，字龙潭。明末将领，定边副将。勇敢善战，随从洪承畴、曹变蛟追闯王高迎祥，与起义军战于凤翔官井，斩首七百级。李自成的侄儿李过攻榆林城时，翟文与世威等同守。翟文守南门，力战于榆阳桥，殁于阵中。

尤继先　明后期将领，万历四年（1576）任大同副总兵。万历十八年（1590）大破蒙古火落赤部于洮河。以功进职，不久因病去职，后复起佥中军府事。万历二十一年（1593）冬为辽东总兵官。打败蒙古炒花部，再次因病去职。万历二十四年（1596）又起镇蓟州（今天津市蓟州区）。后遭弹劾罢官，卒于家。继先眇一目，习兵敢战，时称"独目将军"。在镇守固原、延绥时，继先谋略过人，敌不敢犯。又镇蓟辽九年，加少保。继先去世，军中咸向西祭之。

刘鸿声　府谷县镇羌堡（今新民）人，祖籍延安临城，字作林。明末将领。明朝世袭百户指挥，历官至高家堡游击。致仕后，好施予，严家训，为乡党所敬重，年七十卒。著有《爱菊园诗集》《兵燹后遗稿》等。

李梦桂　府谷县城人。由岁贡中嘉靖四十三年（1564）甲子科副榜。初授直隶龙门通判，以才敏称，升四川剑州知州。后任江西饶王府左长史。时套人不时入境，出资于县城小南门外凿一洞，额曰"洪济"。邑人常避寇于此，自嘉靖中以至明末王嘉胤、高有才之变，救人不可数计。阖邑德之，请入乡贤祠。

李继志　梦桂子，字绳叔。万历丁酉举人，除宿迁令，山东饥民

2000 余口入境，皆设法赈济，使之全活。历官两淮运同。

李国璋 继志长子，字经世。明朝将领。初为国学生，有鸿鹄之志，精通骑射，弱冠投笔从军。明崇祯九年（1636）因功升至黄甫营游击。国璋治军号令严明，日勤操练，兵民两相和揖，毋敢有恃伍侵陷事。国璋常与士卒同甘共苦，士兵畏而敬之。后升宁夏参将，屡建奇功。国璋去世后，明廷赠其"骠骑将军"。

李国瑞 继志次子。以岁贡除张秋通判，卓有政声，后升永平府同知，以宿望擢户部员外郎。《李氏家谱》云："梦桂后四代连由举贡，通籍在荒微，亦称'诗书世胄'。"

李国瑾 李继志三子，字玉衡。崇祯己卯（1639）举人，顺治丙戌（1646）会试副进士。由宁州学正升国子监典籍。因家贫无资买书，每日取国经史板摩要读之，手爪尽黑，久而为秦中名儒。时，豫中宋牧仲辈皆重之。尝居佛寺，每日一食。冬夜无火，与一老仆共披敝裘而坐，其贫穷如此，仍不失其操守。著有《石花鱼赋》《府谷八景》等诗篇。终大理司务。子日芬，号云根，康熙二十三年（1684）贡生，考授训导，未仕。

苏万元 府谷县城人，字泽我。由贡生任杭州府经历，以廉能擢余杭知县。崇祯间予告在籍，王嘉胤陷城，入其室。贼党郝太率众劫之，使从逆。万元唾骂。贼知志不可夺，乃缚之以索资。万元瞪目叱曰："吾为朝廷一廉吏，未尝作贼，安得资？有，亦安能媚贼耶！"贼怒，捆索堂室间，掘地无所获，乃交刺仆地。万元益骂不止，言毕气绝。城中方乱，其子呈书，年未冠，经营数昼夜，具一柳棺殓焉。万元目不少瞑，颜色如生，其气凛凛然若欲起立杀贼者。三院旌匾曰："两间正气。"

张一元 张一贞（？—1563） 张一元，府谷县黄甫堡人。明后期将领。素尚雄武，同弟一贞充蓟镇总旗。嘉靖四十二年（1563）十月破墙子岑战役中同弟阵亡。万历元年（1573）俱赠怀远将军。

张立位　府谷县墙头尧峁村人。崇祯时投孤山副将曹文诏营充兵，追王嘉胤至山西阳城，义军势甚众，不能取胜。曹文诏于是遣他受计打入义军，用亲戚关系迷惑王嘉胤。王倍加宠信，委任立位为帐前指挥。当初，王嘉胤攻陷黄甫镇，闻立位之姊张氏貌美，过尧峁村娶为妻。张氏闻立位至，传见责曰："吾之所以忍辱事贼者，以贼破我家，屠我亲族，欲伺便歼之，以图报大仇耳！汝何复投贼以辱我祖宗，使子孙无遗类耶！"张立位以实相告。张氏告知王国忠有叛王嘉胤之心，于是张立位见王国忠，三人合谋，将王嘉胤杀害。曹文诏表张立位为左卫协副将。张立位到任后，适套人犯边，张立位引兵由杀虎口与套人战，以兵少深入敌境，为敌人所困，身中数创，胁破肠出，仍负隅顽抗，遂以伤重卒。明廷赐赠龙虎将军、左卫副总兵。

杨春秀　字正华，明代拔贡生。曾任四川成都府通判。

僧昌禄　府谷县镇西人。生而灵慧。七岁即慕佛诵心经，一目数行。年20出家宝峰寺，拜东阳和尚为师。弘治时特托钵游方至陕西木瓜堡枣阳殿，具四载演讲佛法，人服其精，自叹灵根浅薄，不得透脱飞锡。至榆林遇元觉禅师，授以即心即佛。久之，又至伏牛山苦磨心性。后转徙北京、马鞍山。还至府邑，居千佛洞数载广行说法。万历二十一年（1593）季春初旬五日辞世。嘱其徒："死后，即异坐龛中，不必盖棺。"至乾隆二十四年（1759），犹见龛内危坐如故。是年夏，大风，窑倾塌，骨殖压倒。裔僧遂将洞口厚塞之，以当瘗葬云。

郝有誉　府谷县孤山南庄人，字飞英。明末从父避兵，寄居河曲城中。年十六补博士弟子员食廪饩。河曲城商人黄天德，是有誉父结拜朋友，黄天德病危时持千金至家，说："我死子幼，且不才，恐无以承家业。此所积金祈求藏你家，待我儿成立大事时予之，否则你自用之可也。"有誉父仍避嫌，同天德秘密埋于床下。不多时，有誉父亦病危，呼有誉嘱托黄天德遗言。后天德子长大果不成事，以至贫为隆冬卖薪。

有誉招呼此子说：“你不就是我父亲好友黄天德的儿子吗？怎么贫寒至此？”故赠十余金以慢慢观察他能否成事立业。后黄某改过自新，于是有誉告知其父临终遗言，一同与他挖掘藏金，可是没有挖到。有誉惊慌失措，呈说于河曲县令藏金一事，县令及随同人说：“若想匿藏，则不要说。你说了，是谨志父言孝道且行义。”后有誉亲自到埋藏金子的地方，具香案拜祝。然后挖掘至床前地中，找到了原封不动的千金。黄某再三想分半赠予有誉，有誉厉色却之，不接受赠金，只接受了从前所赠十余金。河曲令徐某因其孝义高尚，以匾旌之。

贾梦周（？—约 1640） 府谷县黄甫堡贾家寨人。明后期将领。有勇力，精骑射。天启时充密云镇兵丁，奋勇敢战，升右哨领旗，屡次出征，著有劳绩。崇祯十三年（1640），密云巡抚王继谟以功提升为阳河督标守备，屯守宣府口，义军攻陷宣府口战斗中牺牲。诏赠怀远将军。

徐光祚 府谷县城人。家贫，父亲常年体弱多病，常需药食供养，光祚竭力耕作侍奉。其父性情暴戾，经常唾骂、鞭笞，光祚婉容受之。祖母饮食起居，光祚竭意承欢，无少懈怠。乡里称其至孝。

翟应祥（？—1593） 府谷县黄甫堡人。少无赖，有勇力，所用铁铜重 50 斤，工骑射，发无不中。曾因罪被押太原监狱。应祥在狱中大呼道：“如果我被释放出去，这些草寇（指王嘉胤义军）不足以平。”看守小吏认为他说得很奇怪，告诉了上司。于是应祥被释放出狱。之后，他投官军进发大同，为随营校尉。应祥作战勇猛，所持铁铜旋转如风，所向披靡，屡建战功。时人称之为“铁铜大将军”。明思宗崇祯时历升至杀虎口副将，卒于官任上。

蔺普整 府谷县黄甫堡蔺家塔人。明代洪武初年举人。为人厚重，有谋略。初随军为参谋，有功绩，被授为山西保德州知州。保德州当明创立之始，城郭不完整，政教初兴，普整力加饬治，焕然一新，治绩显著。

　　蔺光元（？—1643）　府谷县黄甫堡人。明末将领。少精干，有勇力，胆略过人。初随阳河总督王继谟。崇祯时武举，效力阳河剿寇有功，补督标守备。屡战奋勇争先，所向皆捷，历升至江南金陵副总兵。崇祯十六年（1643）以病归，卒于家。

　　戴　辰（1529—1558）　府谷县孤山堡人。明朝将领。其先祖为直隶凤阳（今安徽凤阳县东）人，因随从太祖朱元璋征战有功，授正千户直隶山西太原右卫，后徙保德所，不久又调府谷镇羌堡，随军驻孤山堡。戴辰身材魁梧，抱忠仗义。嘉靖三十七年（1558）秋，蒙古族鞑靼大举侵犯延庆，花马池被围。延绥东路总兵官假传军令送达戴辰要求救援。戴辰知形势危急，于是回家告别父亲和妻子赵氏，率所属养士百余人，直抵前线。由于戴辰率军奋勇力战，直捣敌营，大破蒙古军。戴辰身受重伤，犹更勠力血战，大战四十余阵，第二天晚时因无援战死。蒙古军也因疑畏去，花马池围困遂解。戴辰时年二十九岁，后被明廷赠为明威将军。戴辰战死消息传来，赵氏号泣痛绝，匍匐痛哭离去，将辰入殓安放在军营。想起丈夫临战遗嘱，于是护送夫柩寄居砖井堡。两年后，其父去世。为维持一家生活，她四处奔波劳顿，千方百计千里迢迢护送戴辰父子灵柩回到孤山营。她先安葬了辰父，寄夫柩于翠峰寺（今孤山官员塔），发誓同室守灵。其子延春官至蓟镇总兵、山东备倭总兵。

　　戴延春　戴辰子，号步泉。以父戴辰荫授保德所正千户。万历七年（1579）迁大柏油堡守备。后升任石塘岭（今孤山境）参将、孤山副总兵。白马关之战，功绩第一，破升为蓟镇总兵。万历二十六年（1598）以平倭授都督佥事，镇守山东备倭总兵。万历三十年（1602）授骠骑将军，诰封两代镇守孤山。延春勇猛绝人，尤工于射，且文墨优裕。凡遇边情奏报，一挥立就，时称"马上露布"。其父戴辰忠烈牺牲，其母以节显一门，贤孝于时。其长子戴天宠为万历武进士，孤山堡中军，次子戴天职官至副总兵。

第八章

清

（1636—1911 年）

麻镇龙兴寺清代壁画

第一节 | 高有才抗清

1616 年，建州女真部首领努尔哈赤建立后金。1636 年，皇太极改国号为大清。1644 年，李自成大顺军攻占北京后，清军趁乱入关，顺治帝迁都北京，清军南下剿杀农民军，陆续灭掉南明小朝廷、大顺、大西等政权。经过 20 多年战争，基本上统一了全国。

清初，延绥参将王永强（又名王永疆）驻延安，刘登楼驻榆林。顺治五年（1648）十二月，大同总兵姜镶起兵反清，影响秦晋两省。王永强联合闲居在家的神木将官高有才等起兵响应，高有才奉令协防清水营、黄甫堡、三边城，会合山西保德州守备牛化麟，杀死守将徐效奇，攻克保德、府谷二城，转战陕北一带。次年一月，王永强、高有才攻破延安、榆林，占领 19 个州县，杀延安巡抚右都御史王正志、督粮户部郎中朱豫升、导员夏时芳等。二月，攻占神木，杀死兵备道夏廷印、同知杨文士、知县徐子龙、典史章德英等。不久，又攻克定边、花马池诸城。之后，高有才又出兵袭击富平，关中因之

清朝时期的府谷县

府州城水门（控远门）

大震，陕西巡抚黄尔信求助于镇守汉中的固山额真李国翰和平西王吴三桂。三月，与王、高军队大战于姜原，王、高兵败，王永强奔石浦川自缢。八月，高有才率兵500余人退至府谷。高有才过去当驿卒时，曾途经府谷城西高家湾村，骑马踏伤一高姓幼童，高姓族人将他揪于马下痛殴，高有才为此怀恨在心。此次高有才返回府谷途经高家湾村时，为报当年之仇，将高姓全家几乎杀绝，百姓闻之胆裂。高有才军队兵临府谷城后，知县刘宏达邀前明火器营千总蔺芳仁共同守城。刘、蔺知兵弱守城困难，于是诈降，在城头摇白旗请降。高有才疑有诈，在城西赵家石窑村扎营，派前哨分路入城。将近小西门时，守军火炮齐发，高有才军士死伤甚众。高有才率主力转攻北门，激战一昼夜，府州城破，蔺芳仁自尽，刘宏达被俘。高有才用刀威胁刘宏达投降，刘宏达至死大骂被杀，城内百姓纷纷逃亡。顺治六年（1649）八月，平西王吴三桂、固山额真李国翰率一万多名清兵包围府谷、保德二城。十月，大同姜镶兵败被杀，清军派吕朝京（保德人）入保德城劝降牛化麟，牛化麟杀死吕朝京，拒不投降，后被部下崔耀、杨振林等所杀。崔杨开城投降，保德城被清军占领，府谷成为一座孤城。清军采取围而不攻的战术，在府谷城外五虎山、围子梁、徐家墩等处安营扎寨，断绝了城内与外界所有道路，断水断粮。顺治七年（1650）十一月，清军炮轰府州城，此时，城内粮草俱尽，百姓趁机开东门迎官兵入城。高有才自知大势已去，从南门投河自尽，清军占领了府州城。

第二节 | 开放禁留地

清初，为了"联蒙抑汉"，同时避免蒙汉两族矛盾，清廷在陕蒙边界沿长城一线，东起府谷保河台，向西经神木、榆林、横山、靖边至定边的花马池，划出宽 50 里、长 1700 多里的缓冲地带，称"皇禁地"，俗称"禁留地"。在此，蒙人不得放牧，汉人不得耕种。同时，又在陕北沿边各县境内靠近"禁留地"的堡寨设卡驻军，以防边民出入其间，引发事端。府谷境内仍以明代所建的黄甫、清水、木瓜、孤山、镇羌 5 个堡寨为关卡。以北的古城、哈拉寨、大昌汗等地划为"禁留地"。

明清之际，在今新疆伊犁河一带兴起一支准噶尔蒙古族部落，到康熙时，在其首领噶尔丹的率领下已称霸中亚。其势力东至兴安岭，西到伊犁。他们时常南下侵城略地，抢夺人口，直接威胁到清王朝的统治。康熙二十九年（1690），噶尔丹从兴安岭南下直逼北京，康熙率军大败噶尔丹于乌兰布通草原。三十五年（1696）三月，康熙又率兵出独石口（今河北赤城），开始第二次亲征，一直将噶尔丹逼退至今蒙古乌兰巴托东南。三十六年（1697），为了彻底歼灭噶尔丹，康熙第三次亲征。是年二月初六日，康熙帝统率六师从北京出发。三十日，康熙从保德康家滩渡河进入府谷县，经控远门、南门驻跸府州城。康熙此次亲征，沿途考察边境形势和军民生活，出发时已谕示晋、陕、甘三省巡抚，一切费用由中央拨付，不得向地方摊派、骚扰百姓。康熙帝体察民情，在乘坐府谷刘氏艄公所驾渡船时，向其询问当地民情风俗，交谈甚欢，笑道"古渡远年传自宋，舟人今日仍姓刘"。当时风大浪涌，但刘氏驾船如履平地，为了嘉奖刘氏，康熙帝下令允许其后代在此摆渡并免其船税。三月初一，康熙帝登临府州城，祭拜文庙，御笔亲书"万世师表"。府谷知县朱持正将康熙御书制作匾额，悬挂于府州城文庙大成殿，以励后世学子。三月初三，康熙帝起驾驻跸府谷孤山堡。初四，经高寒岭驻跸府谷边家水口。初五，康熙从永兴入神木境，后抵榆林、宁夏。康熙一路西行，看到沿边陕北六县"地皆沙碛，难事耕耘，人多穴居，军民生计维艰"，而边墙外经过 50 多年休耕的"禁留地"则草木茂盛，土地肥沃，便有了

包头市走西口雕像

开放禁留地的想法。恰好这时鄂尔多斯右翼中旗（今鄂托克旗）贝勒松拉普面奏请开放边外"禁留地"，康熙令理藩院办理此事。康熙剿灭噶尔丹回到北京后，理藩院传出谕旨："有百姓愿出口外种田者，准其出口同种，勿令争斗……"于是，陕北沿边六县的地方官积极组织贫困民众进入"禁留地"，垦荒种田，府谷经济得到恢复和发展。

晋陕大批贫民进入"禁留地"垦荒耕种，引起了毗邻各旗牧民的不满。康熙五十八年（1719），鄂尔多斯贝勒达锡拉卜坦，以汉民种地若不定界，恐侵占牧地等，请求朝廷在"禁留地"内勘界加以限制，并规定租税，以免发生矛盾。清廷对此十分重视，于同年委派侍郎拉都浑，负责陕北沿边各县踏勘划界。规定在"禁留地"内，以边墙为起头，直北有沙者宽 30 里立界，无沙者宽 25 里立界，让汉民在此界内租种，并规定地户每年以牛 1 犋（可耕地 200 亩左右），由蒙古王爷征谷 1 石（约合250 斤），草 4 束，折银五钱四分。因在界址上竖牌标记，所以又称之为"界牌地"或"界地"。史学界称这一次的勘界线为"康熙线"。

尽管清廷对汉民进入"禁留地"实行了种种限制，但是，由于府谷、河曲、保德等县连年灾荒，人民生活十分贫困。而蒙古王爷也乐意让汉民垦种以增加收入，所以沿边汉民多次越界耕种。乾隆元年（1736），清廷派官员经实地踏勘，在汉民垦荒既成事实的基础上，于旧界（即康熙五十八年立牌定界的界址）外，再向北拓地二三十里，准许汉民照旧给租耕种。此外，又在新界的北部划出宽 10～15 里的地段，作为"禁闭地"，边上或立石碑、木牌，或垒敖包，以示界线，蒙汉民众均不得入内。史学界称第二次的勘界线为"乾隆线"。

由于清廷采取了上述有效措施，此后的 100 多年里再未发生蒙汉垦种矛盾。而这一段"禁闭地"也因长年未耕，草木腐败堆积，土地渐成黑色，人们又称其为"黑界地"。从康熙三十六年（1697）开发"禁留地"后，汉民每年春出秋归，人称"雁行客"，他们在这里三五人结伙而

进入伙盘地的汉民

居，这些临时居住点便称为"伙盘"，也称作"伙盘地"。当时府谷境内的伙盘地沿边墙共划分为5个部分：

黄甫口外伙盘地　在县东北边外，东界四道河，西界大岔，宽30里；南界大口边墙，北界古城，牌界长40里；其边墙东起保河台，西至羊圈沟外界。计伙盘地95处，租种中贝子地牛452觖。全年租银1131.25两，租糜452石。

清水口外伙盘地　在县北偏东边外，东界大岔川，西至石窑沟，宽40里，南界正口台边墙，北至哈拉寨，牌界长40里；其边墙东起旧城墩，西至斩贼墩。计伙盘地77处，租种中贝子地牛383觖半。全年租银767两，租糜383.5石。

木瓜口外伙盘地　在县北偏西边外，东界石窑沟，西界挂牌墕，宽40里；南界安家山边墙，北至姬家窑子，牌界长40里；其边墙东起大山墩，西至砖厂梁墩。计伙盘地60处，租种贝子地牛325觖半。全年租银

651 两，租糜 325.5 石。

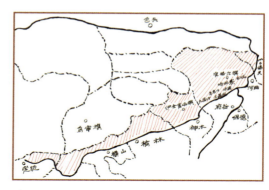

清末民初的伙盘地

孤山口外伙盘地 在县西北边外，东界挂牌塄，西至寺儿沟，宽 40 里；南界马厂村边墙，北至堡卜兔沟门；牌界长 30 里；边墙东起砖厂梁台，西至灭贼墩。计伙盘地 72 处，租种中贝子地牛 212 犋；租种郡王扎木阳地牛 146 犋。全年租银 206.44 两，租糜 186.6 石。

镇羌口外伙盘地 在县西边外，东界寺儿沟，西至吴湾接神木永兴口外，界宽 50 里，南界蛇沟峁边墙，北至他尔坝，牌界长 100 里；其边墙东起松树梁台，西至逼鲁墩。计伙盘地 145 处，租种郡王扎木阳地牛 706 犋半。全年租银 1110.75 两，租糜 623 石。

以上五堡口外共租蒙地计牛 2226 犋，每年交租银 3866.45 两，租糜 1971.1 石。

现在府谷境内从东到西，沿原垦种的地段，仍有不少村名为"伙盘"，如古城镇周家伙盘村、赵五家湾新伙盘村、庙沟门镇余家伙盘村、三道沟镇大伙盘沟、老高川镇丁家伙盘村、大昌汗镇林家伙盘村等，这些都是清代放垦而形成的村落。一些村庄的名称，也带有明显的蒙古文化痕迹，如古城镇的何杰敖包（蒙古语中的何杰，意为边际、边缘、边界；敖包，意为土石堆）、大昌汗镇的大昌汗（昌汗，蒙古语意为白色的沟）；庙沟门镇的哈达沟（哈达，蒙古语意为石头、岩石、峰、岩峰，哈达沟意为石沟）；老高川镇的拉麻峰（坟）（拉麻应为喇嘛，系藏语，对僧人的尊称，意为贤者；喇嘛坟，因曾埋藏过喇嘛故称）；等等。

第三节 | 回军在府谷

清朝中后期，受太平天国运动的影响，同治元年（1862）五月，陕甘回民变乱。同治六年（1867），清廷派左宗棠入陕镇压。由于清军战线过长，兵力有限，十一月，回民军由盐池出兵，经榆林、神木进入府谷北部。府谷知县郎鹤鸣闻回军入境，立即在全县设左、中、右、前、后5营，每营派一官一绅带领，又训练鸟枪手50人，由贡生苏梃带领。黄甫堡由游击荣光、贡生王汝翼防卫；天成寨由武生吴士英、贡生魏晋源防卫；红泥寨由甘肃候补同知王作堂防卫；木瓜园堡由千总吕柱防卫；柴家塔由前河南太康知县柴立本防卫；雄河寨由廪生杨蕴防卫。全县其余各寨堡均由民众放哨巡逻。回军见府谷防守严备，不战撤退。同治七年（1868）正月，马政和率回军数万攻榆林不克，转而连攻高家堡、解家堡、柏林堡，焚掠一空。二十日，破神木城，大肆烧杀，大火连烧数日不熄，神木城一片焦土，居民死难万余，文武官员全部被杀。与此同时，回军一部攻打镇羌堡，知县郎鹤鸣率兵将回军击退。闰四月，回军再次进入府谷，攻克镇羌堡，沿边攻克孤山镇、沙梁镇、哈拉寨、古城，由麻地沟直捣黄甫川堡，贡生王汝翼与游击荣光相约死守。由于黄甫堡驻军很少，荣光到河曲请援兵助防，交付黄甫堡空城与王汝翼。荣光刚渡黄河，回军突至，攻陷黄甫堡，汝翼遇害。之后，回军攻克清

百姓躲避战乱时开凿的石窨子

沙梁村全景（1989 年拍摄）

水堡，进围木瓜园堡。木瓜园堡千总吕柱与回军激战一昼夜，第二天早晨，回军攻破城堡，吕柱自刎而死。是时，鄂尔多斯准格尔旗固山贝子札那嘎尔迪率兵 100 余人驰援木瓜，在镇子口设疑兵，回军见山口旌旗蔽日，往来不绝，疑清军大兵至，立即撤退，沿途丢弃辎重、牲畜无数。十一月，回军又由故道进攻沙梁镇，沙梁士绅到准格尔旗请来蒙古兵屯兵于沙梁外。不久，蒙古兵与回军遭遇，回军一举斩杀蒙古兵 100 余人，占据沙梁、哈拉寨、古城等镇，大肆杀戮当地百姓，府谷北部一片凄惨。十二月，清廷调防剿总兵张曜自河曲渡河东路进剿，延绥镇总兵刘厚基西路进剿，征西将军金顺带兵三营来县会剿，回军数万人撤退。同治九年（1870）春二月，回军由鼠会川进攻沙梁镇，被沙梁镇营官陈允和、姜桂题击溃，由红市川退去。五月，回军由神木口外十八台地方进入府谷，复攻沙梁镇，在镇西北石保儿太庙宿营，沙梁镇营官陈允和、姜桂题乘夜劫营，杀回军 600 余人，俘虏 26 人，将其在沙梁镇枭首示众，回军撤退。同治十年（1871）四月，回军复攻沙梁镇，被中军统领宋庆、前军蒋东才和沙梁镇营官陈允和、姜桂题击溃，追击至沙梁镇以北新庙梁。此后，陕甘回军被清军镇压，回军再未进入府谷。

近5年的回军入境，对府谷的破坏十分惨重，沙梁、哈拉寨、古城、木瓜、麻地沟、黄甫、清水等集镇被烧掠一空，几成废墟。当地百姓有家难归，有的藏身于隐蔽的深沟中，40余日不敢生火做饭；有的躲在半崖的窨子里，被回军发现后，全家被烟熏致死。据王为垣《府谷乡土志》记载，5年中，府谷木瓜千总吕柱、兵勇靳联春、杨志凝等5人战死。乡勇和百姓1213人被杀或自杀，其中有328名妇女惧怕受辱自杀，或奋死反抗被杀。同治十一年（1872）九月，知县刘开第奏旨旌奖抚恤贡生王汝翼，廪生霍廷槐、甄之彦，附生阎九功、田广种、刘秉中、刘建业、樊维瀚、贾奋迕、苗咏堂、苏正甲，增生贾六一、医学王权13人为云骑尉，世袭。

第四节 │ 人口和村庄

明末清初，经过王嘉胤农民起义和高有才抗清等战乱纷争，府谷人口锐减，"半死于锋镝，半死于饥荒"，"数十里无人烟，平畴旷野，荆棘满目"。为了恢复和发展生产，清政府调整政策，奖励垦荒，下诏停止圈地。康熙五十一年（1712），颁布了"滋生人丁，永不加赋"的诏令。清雍正帝实施"摊丁入亩"等政策，给人民以休养生息之机会，这一时期，府谷人口增长很快。康熙年间，府谷约有28430人；乾隆四十年（1775），增为15984户、71283人；嘉庆十年（1805），为22176户、85414人；道光十九年（1839），为26234户，人口突破20万（204357人），达到解放前府谷人口数量的顶峰。宣统三年（1911）为21220户，人口降至 151708 人。清代府谷人口大起大落，变化较大，其人口增减与社会环境、自然灾害、战乱、疫病等密切相关。盛世时期，人口增长；而灾荒、战乱之年，人口死亡多，外流多，总量下降。

清朝实施里甲制，县下设里（都），里下分甲。里甲内百姓都要互相知保，不得隐藏户口，不得任意流迁。康熙元年（1662）前，府谷分 6 里（都）：大堡里、太平里、合河里、辑和里、丰衍里、宁镇里，每里 10 甲。康熙年间，裁丰衍、宁镇 2 里，仅存 4 里。乾隆年间，又以方位划分 4 乡、10 地方，辖 227 村。

清代康熙年间的里（都）甲大致分布如下：

大堡都 今武家庄镇东北部、田家寨镇东部、新民镇东部、碛塄北部、原傅家墕乡西部、孤山镇大部属大堡都范围。大堡都有十甲，依次为：

田家寨镇刘沙圪为大堡都一甲，代表姓王姓。原王姓有两支，一支已迁入原城关镇大沙沟，另一支现居住在黄甫镇红泥寨。田家寨镇冯庄则冯姓亦为大堡都一甲。

碛塄刘家峁、桃梁、沙坪和原傅家墕乡沙沟均为大堡都二甲，代表姓苏姓。现府谷街马道崖苏姓亦为大堡都二甲，麻镇、哈镇、清水、木瓜、海子庙等乡镇都有大堡都二甲苏姓。

大堡都三甲具体位置待考。现在府谷街官井张姓、前石畔张姓都为大堡都三甲。

田家寨镇南门为大堡都四甲，代表姓高姓。武家庄镇高庄则高姓、原城

大堡都二甲苏氏县城西关权成魁院

大堡都十甲府谷镇深塌郝家旧院

关镇高家湾高姓亦为大堡都四甲。

孤山镇孤山街、五里墩、刘家沙圪大堡都五甲，代表姓孤山街杨姓、五里墩刘姓、刘家沙圪刘姓。原城关镇念沟湾刘姓亦为大堡都五甲，与刘家沙圪刘姓同宗。原傅家塌杨兴庄杨姓亦为大堡都五甲。

新民镇桃峁、马营山大堡都六甲，代表姓张姓，温庄子张姓与之

同宗。木瓜镇董家沟、前梁董姓亦为大堡都六甲，麻镇韭菜塌董姓与之同宗。

原傅家塌乡张家畔大堡都七甲，代表姓王姓。原高石崖乡黑山张姓、原海子庙乡贺家梁刘姓、清水镇白家园子白姓均为大堡都七甲。

田家寨镇王家畔大堡都八甲，代表姓王姓。新民镇马如圪垯王姓，孤山镇郝家峁王姓，新民镇芦山王姓系从田家寨王家畔迁来。

碛塄柳坬大堡都九甲，代表姓刘姓。田家寨镇朱家峁、新民镇西山畔刘姓系从碛塄柳坬迁来。府谷街石畔刘姓亦为大堡都九甲。

原傅家塌乡狮子城、深塌大堡都十甲，代表姓杨姓，郝姓。新民镇新民街杨姓与狮子城杨姓同宗。孤山镇申家峁、刘家畔、郝家畔、红湾郝姓与深塌郝姓同宗。

太平都　原城关镇、高石崖乡、海子庙乡、傅家塌乡东部属太平都范围。太平都有十甲，依次是：

原高石崖乡贺家畔、西山寨太平都一甲，代表姓贺姓。

原城关镇城内村太平都二甲，代表姓闫姓、郝姓。原城关镇牛家沟太平都二甲，代表姓边姓。原高石崖乡西山太平都二甲，代表姓石姓。原傅家塌乡王家畔太平都二甲，代表姓王姓。从西山起，至原傅家塌乡王家畔，沿河都属太平都二甲。

原城关镇闫家坬、张家塔太平都三甲，代表姓为闫姓、尤姓。

原城关镇高家窨子和原高石崖乡闫家寨、班家塔、红圪垯闫姓均为太平都三甲。哈镇二道峁、清水镇小字淡姓亦为太平都三甲。

原海子庙乡寨峁、青阳塌太平都四甲，代表姓杨姓、张姓。麻镇陈

太平都四甲黄甫杨家川口族人祭祖

太平都五甲柴家塬柴氏旧居

庄陈姓、哈镇田家梁田姓亦为太平都四甲。

原高石崖乡柴家墕太平都五甲，代表姓柴姓。院家峁、桑元梁柴姓与其同宗。

原海子庙乡上王家墕村太平都六甲，代表姓王姓。高石崖乡高石崖村部分王姓与其同宗。此外，原城关镇前石畔村张姓、墙头冯家会傅姓亦均为太平都六甲。

原海子庙乡杨庄子、孙崖窑太平都七甲。代表姓刘姓、孙姓。该乡刘大庄、刘家峁刘姓与杨庄子刘姓同宗。府谷镇前石畔、孤山野芦沟孙姓系从原海子庙乡孙崖窑迁出。

原傅家墕乡乔家峁太平都八甲，代表姓武姓。

太平都九甲、十甲没有找到具体村庄，但县内有对应的氏族。田家寨张石畔村张姓太平都九甲，碛塄王家圪村王姓太平都十甲。

上合河都 今墙头、黄甫镇大部、麻镇长城内是明清上合河都所辖地。上合河都有十甲，依次是：

黄甫镇常王寨村上合河都一甲，代表姓王姓。

黄甫镇西王寨村上合河都二甲，代表姓王姓。原海子庙乡孙庄吴姓合河都二甲，哈镇雨芽塔、神树湾、桃卜梁吴姓与其同宗。

黄甫镇段寨村上合河都三甲，代表姓段姓。清末王三来云家族由山西河曲五门楼村迁入该村。

黄甫街上合河都四甲，代表姓李姓。

麻镇原魏家畔上合河都五甲，代表姓魏姓。

麻镇贾家湾村、柴官岔村和黄甫太家沟村上合河都六甲，代表姓贾家湾贾姓、柴官岔王姓、太家沟姬姓。

麻镇三里墩村、黄甫暖泉寨上合河都七甲，代表姓袁姓、周姓。

黄甫镇黄甫街上合河都八甲，代表姓刘姓，现已移居麻镇刘家坪、杨家峁。一街两甲，可能与人口多有关。

上合河都九甲墙头蔺家塌蔺氏宗祠

墙头尧峁、墙头村、蔺家塌、孙庄和黄甫镇山神堂上合河都九甲。代表姓尧峁张姓，墙头村谭姓、李姓，蔺家塌蔺姓，孙庄孙姓，山神堂史姓。麻镇韩家塌、玄梁塔蔺姓亦属上合河都九甲，系由墙头蔺家塌迁入。黄甫郑（雷）家沙塌郑氏，亦属上合河都九甲，清代迁入清水张潭家沟村。

黄甫镇大宽坪村、柏林峁村上合河都十甲，代表姓王姓。

黄甫镇王姓很多，红泥寨王姓大堡都一甲，西王寨王姓上合河都二甲，常王寨王姓上合河都一甲，大宽坪王姓上合河都十甲，石门子王姓太平都六甲，虽是同姓，但都甲不同。

下合河都 今碛塄沿黄河岸、武家庄镇沿黄河岸及其西部、原王家墩乡大部、田家寨镇西部、新民镇西部、神木马真、葛富属下合河都。下合河都有十甲，依次是：

神木盘塘下合河都一甲，代表姓郭姓。

神木马真镇苏家山、田家寨镇边家寨、武家庄镇刘家峁下合河都二甲，代表姓苏家山苏姓、边家寨边姓、刘家峁刘姓。新民镇新民村刘姓与刘家峁刘姓同宗。

原王家墩乡石槽坪下合河都三甲，代表姓王姓。原傅家塌乡红塌郝

下合河都六甲武家庄园子迅大庙

姓、碛塄折家河折姓亦为下合河都三甲。

原王家墩乡贺家堡、胡家圪属下合河都四甲，代表姓贺姓、胡姓。府谷镇贾家湾贾姓亦为下合河都四甲。

碛塄高尧峁村、郝家角村下合河都五甲，代表姓郝姓。孤山西庄郝姓与其同宗。

武家庄镇丰山村下合河都六甲，代表姓杨姓。武家庄镇李家渠王姓亦为合河都六甲。

碛塄碛塄村、杨家庄下合河都七甲，代表姓郭姓、李姓、杨姓。

武家庄贾家沟下合河都八甲，代表姓贾姓。

武家庄镇旧舍沟和原王家墩乡马连坪、白家峁下合河都九甲，代表姓旧舍沟杨姓，马连坪、白家峁白姓。

原王家墩乡白云乡村、王家墩村下合河都十甲，代表姓王姓、白姓。碛塄郝家寨亦为下合河都十甲。

辑和都　　清水镇、木瓜镇、黄甫镇西部、孤山镇东部、庙沟门镇南部属辑和都范围。辑和都四界最清楚，一个清水川，一个木瓜地。辑和都有十甲，依次是：

清水镇元峁、木瓜镇柳沟、任家老庄辑和都一甲，代表姓元峁郭姓，柳沟马姓、任家老庄任姓。

清水镇青春峁、徐庄辑和都二甲，代表姓青春峁靳姓、曹姓，徐庄徐姓。

庙沟门镇申家峁辑和都三甲，代表姓李姓。

木瓜镇红湾辑和都四甲，代表姓池姓。黄甫镇贾寨贾姓、李寨李姓亦为辑和都四甲。

原海子庙乡沙窑子辑和都五甲，代表姓秦姓。

孤山镇李家圪坨、大神堂、小神堂辑和都六甲，代表姓李家圪坨李姓，大神堂、小神堂白姓。三道沟镇口子村、庙沟门镇红花梁朱姓均为辑和

辑和都四甲黄甫李寨李氏祠堂

辑和都九甲黄甫庙梁魏氏家庙

都六甲。

清水镇赵寨村辑和都七甲，代表姓赵姓，本镇枣林峁赵姓与其同宗。此外，新民镇陈庄村严姓也属辑和都七甲，新民镇石家庄、七里庙和府谷镇石庙塔等村严姓均系陈庄村迁出。

清水镇清水街、木瓜镇大柳树塔辑和都八甲，代表姓清水街庄姓、大柳树塔赵姓。

黄甫镇魏寨、庙梁村辑和都九甲，代表姓魏姓、靳姓。原高石崖乡温李河、石庙塔和原傅家塔乡温圪崂、薛家塔温姓亦为辑和都九甲。

辑和都十甲具体位置待考。介于辑和都一甲到六甲在木瓜镇和清水镇西，七甲到九甲在清水川（九甲在庙梁、温家峁），辑和都十甲应在高石崖东山一带，但东山韩姓自称为合河都（一说为辑和都）一甲，可能是从其他地方迁来。

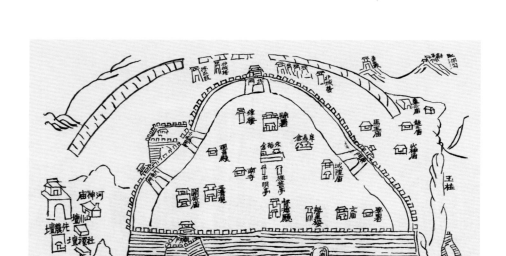

乾隆版《府谷县志》府谷县城图

户　口　清嘉庆年间，东乡黄甫、麻地沟、尖堡，共 4157 户，21306 人；南乡新马、马真、大堡、本城南关，共 3988 户，18468 人；西乡永兴、镇羌、孤山、木瓜，共 8087 户，36411 人；北乡清水，共 1571 户，8373 人；以上四乡，共 17803 户，84558 人。

清代，府谷还有驻军和许多外来商贩，交通驿铺连接神木、榆林和山西保德、太原。清初，府谷驻军 627 人，营马 120 匹。其中：黄甫川堡驻军 197 人，营马 80 匹。清水堡驻军 80 人，营马 10 匹。木瓜园堡驻军 100 人，营马 10 匹。孤山堡驻军 100 人，营马 10 匹。镇羌堡驻军 90 人。麻地沟驻军 60 人，营马 10 匹。乾隆年间，府谷有驿铺 5 处，即县城驿、石嘴头驿、孤山驿、镇羌驿和万家墩驿；每驿有铺司兵 5 人、递马 4 匹、马夫 2 人，由县署兵房管理。光绪三十四年（1908）撤驿。

乾隆年间（1736—1795），府谷以方位划为 4 乡，10 地方，辖 227 村

乡名	地方名	四界	所辖村庄			
东乡	尖堡地方，旧志为尖堡乡（32 个）	东：狄家畔 南：黄河畔 西：沙川 北：淡家寨	西梁村 韩家圪坨 刘家沟 暖泉沟 王家塌 灰耳寨 王家大庄 刘家峁	高柳树 阎家寨 沙窑子 红胶泥塌 杨家沙塌 柳林碛 石庙塌 石家山	尖堡村 刘家大庄 柏林店 高梁上 赵家墩 赵家寨 高家窑子 东花石峁	黑山村 杨家沟 天桥子 海子庙 刘家坪 上王家塌 磁窑沟 狄家畔
	黄甫地方，旧志为宽坪乡（49 个）	东：墙头 南：杨家川口 西：陈家圪坨 北：麻地沟边 　墙五堡	竺禄台 杨家沙塌 贾家湾 观音殿 小宽坪 刘家塌 陶家山 红泥寨 大泉沟 阎家塔 窑沟梁 大讪村	石家塌 石门子 片柴峁 胡家梁 麻地沟 坪伦墩 安子嘴塘 丁家梁 山神堂 韩家湾 蔺家塌 秦家寨	川口 刘家沟 尧峁村 墙头村 常王寨 柏林峁 暖泉寨 陈家圪坨 新芭州 魏家畔 马家塌 葬儿坪	大宽坪 蔺家嘴 宗常山 贾家寨 段家寨 冯家会 紫城寨 小讪村 陈家庄子 李家寨 界牌 柴官岔 杨家峁
南乡	马真地方，旧志为马真乡（22 个）	东：秦家坡 南：沙峁头 西：马真河 北：白家峁	马真村 白家峁 彩林 韩家塔 秦家坡 沙峁头	下刘家 小木村 葛富 上刘家 栏杆堡 郭家寨	合河村 漫塔 郭家会 申家沟 刘家寨	贺家堡 盘塘 阎家堡 乔家湾 枣林峁
	大堡地方，旧志为熟芝坪乡（13 个）	东：张家塌 南：园子讪 西：天圿村 北：见虎塌	碛塄村 马连坪 王家崖窑 郭家崖窑	杨家庄 石槽坪 刘家峁	郝家角 梨树塔 郝家小寨	园子讪 高家圿 傅家坪
	永兴地方，旧志为高崖乡（8 个）	东：来安寨 南：苏家圿 西：刘家大寨 北：碓白峁	来安寨 刘家大寨	贾家沟 刘家小寨	边家寨 李家沟	边家圪崂 陈家西圿

（续表）

乡名	地方名	四界	所辖村庄			
西乡	新马地方，旧志为新马乡（13个）	东：赵家石堡 南：崇塔村 西：齐家老庄 北：刘官儿畔	刘家峁 狮子城 朱家峁 高家老庄	官井村 柳洼里 赵家石堡	赵家石窑 齐家寨 西石峁	高家湾 苏家园 军寨山
	镇羌地方，旧志为永安乡（12个）	东：杨家军沟 南：高家南门 西：新庄子 北：龙王庙边墙	龙王庙 沙牛峁 胡家沟	碓白峁 刘家沙洼 刘家沟	守口墩 齐家畔 蔚家峁	新旺庄 边家校厂 万家墩
	孤山地方，旧志为大神堂乡（31个）	东：刘家沙圪 南：镇子峁 西：刘家窨子 北：正口子村边墙	正川口 高榆树梁 引正墩 陈家庄 白露墩 大神堂 中庄 石嘴头塘	郅家寨 单家圪崂 王家梁 双口墩 屯地村 小神堂 西庄 刘家水口	蔺家沟 吕家湾 野芦沟岔 山神墕 车家崖窑 岳家寨 张圈儿寨 刘家寨	黑石克儿 花沙塔 宋家新窑 野猪峁 尚家庄 李家洼 杨家畔
北乡	木瓜地方，旧志为桑林乡（18个）	东：翟家坪 南：李家河儿 西：下寺沟渠 北：太平墩边墙	王家梁 仓项峁 班家塔 王家沟 炭窑沟	柴家墕 西山寨 桑林坪 郝圪塔 台瓮沟	桑园梁 青阳墕 翟家寨 任家老庄	高石崖 董家沟 淡家寨 太平墩
	清水地方，旧志为水地乡（29个）	东：安家界牌 南：沙窑子 西：石盖子峁塘 北：古楼村边墙	郝家南峁 漫塔村 水草湾 白草圪塔 大墩墕 海红梁 南坪梁 青春峁	驼骨峁 石寨上 石山子 古楼上 楼儿圪塔 倪家峁 碑儿墕	官道墕 赵家墕头 双口墩 蒿儿墕 火把梁 孤圪塔 黄草梁	沙庄窝 庙梁村 新修墩 甘沟子 窨子沟 红谷地梁 雷家峁

第五节 | 经济社会

清康熙至光绪年间，杨许玉、郑居中等府谷知县劝课农耕，重视商贸，发展文教，府谷百业俱兴，成为秦、晋、蒙接壤地区重要的经济商贸中心。

清乾隆至光绪年间，郑居中、凌树棠等知县先后 6 次加固维修了府州城，修通了城内 6 街 12 巷，即万年街（万寿宫前）、仁义街（县署前）、亨利街（北门内）、名教街（文庙前）、儒林街（城隍庙前）、宣化街（南寺前）；百福巷、千祥巷、灵佑巷、文明巷、迎春巷、恒吉巷、二宫巷、观音巷、通达巷、丰登巷、太平巷、兴盛巷。乾隆四十六年（1781），知县麟书曾督示修整东门外石磴，凿平开宽至控远门外道，砌石阶以便居民临河汲水。同时为居民挑炭方便，将沿河山崖小路拓宽修平，直达小炭窑、石壑子、林园汇（今林英会）3 处窑口。

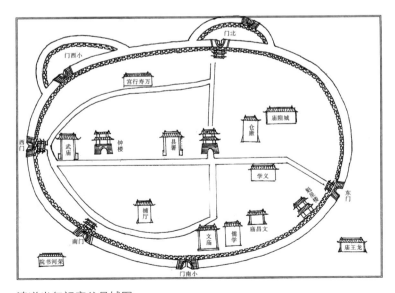

清道光年间府谷县城图

道光十三年（1833），知县崔虞龄往返麻地沟数次，见悬崖断岭、深沟险溪，道路崎岖难行。乃倡导士绅捐米捐田，用夫1.5万余人，凿山开路，裁弯取直，历时三月有余，修通县城川至麻地沟道路。此道成为府谷东乡大道，方便了商旅和百姓通行。

农　业　随着人口的增加，许多荒地被开垦，到了清末，府谷的耕地面积达到55.4万亩。粮食和其他农作物产量有了很大提高。粮食以糜子、谷子、豆类、马铃薯四大作物为主，其次是小麦、高粱、玉米、荞麦、红薯等，粮食生产基本上能达到自给。但是，由于耕地以山地、旱地为主，水地极少，加之传统落后的耕作方式，农业生产一直"靠天吃饭"，广种薄收。特别是全县绝大多数土地被少数人占有，农民没有或者只有很少的土地，生产积极性不高，从而阻碍了农业生产的发展。明清时期，由于军屯、民屯，大量土地被开垦，森林被砍伐，天然植被遭到破坏，导致水土流失加重，土壤肥力下降，府谷的生态环境严重恶化，特别是长城沿线草地破坏殆尽，土壤沙化，导致牧业枯竭，农业生产也难以为继。

航　运　清代，包头和绥远开始大规模开发，位于包头到山西碛口中间的府谷河段，成为黄河漕运的黄金水道。县境内有18个渡口，船运十分繁忙。每逢桃花水和秋水季节，沿岸舟楫林立，帮船顺流而下，昼夜不息。特别是县城刘家川渡口，地处水陆两路的交通枢

黄河航运

纽，内蒙古呼和浩特、包头一带的粮油、牲畜、皮毛、甘草、盐碱等由船筏运到此处，再由本地脚夫运到太原、神木、榆林等地，或经此停留后，船运到神木、兴县、佳县、吴堡、碛口等地。船筏北上时，又将内地的布匹、棉花、衣服、茶叶、烟、糖、酱、调味品、米面、铁器等运到内蒙古，当时人们用"一年四季流莺啭，百货如云瘦马驮"的诗句来描写府州城商贸的繁荣。

渡 口

大缠口渡 即汉君子津，对岸山西河曲县，河面约宽 3 里。《元和志》以为河宽 1 里，不通舟楫，误。至墙头 10 里，至县刘家川 135 里。陆路至墙头渡 15 里，至县 150 里，至黄甫堡 30 里。

墙头渡 古名河边会坪，对岸山西河曲县白沟营渡，河面约宽 3 里，至下渡冯家汇 17 里，至县刘家川 124 里。陆路至冯家汇 17 里，至县 80 里，至黄甫堡 20 里。

后冯家汇渡 对岸山西河曲县唐家会渡，河面约宽 4 里。《保德州志》："前明，冬春结冰，此地多设兵防守。"至下渡段家寨 10 里，至县刘家川 190 里。陆路至段家寨 5 里，至县 80 里，至黄甫堡 20 里。

段家寨渡 即焦家坪，对岸山西河曲县河汇渡。河面约宽 2 里，至下渡杨家川口 15 里，至县刘家川 98 里。陆路至杨家川口 15 里，至县 80 里，至黄甫堡 30 里。

以上 4 渡，河面平浅，冬月结冰，可利行走，无须舟楫。

杨家川口渡 对岸山西河曲县阳面渡，河面约宽 3 里，至下渡刘家川 83 里。陆路至县城南刘家川 70 里，至黄甫堡 25 里。黄甫川水迳韩家湾至此入河。

刘家川渡 陕甘进京要路，河迳县城南门外。夏月水涨，南门城根下上船，冬水落，河滩上船，约半里。对岸山西保德州东关渡，河面约宽 3 里。至下渡碛塄 40 里。

府谷天桥峡

　　碛塄渡　　对岸山西保德州花园子渡，河面约宽 3 里，至下渡郝家角 30 里，至县刘家川 40 里。陆路至郝家角 20 里，至县 40 里，至孤山堡 60 里，至木瓜堡 90 里。

　　郝家角渡　　对岸山西保德州韩家川渡，河面约宽 3 里，至下渡园子 辿 20 里，至县刘家川 70 里。陆路至园子辿 20 里，至县 60 里，至孤山 堡 70 里，至木瓜堡 100 里。

　　园子辿渡　　对岸山西保德州林遮峪渡，河面约宽 3 里，至下渡小深 沟 15 里，至县刘家川 90 里。陆路至小深沟 15 里，至县 80 里，至孤山 堡 80 里，至镇羌堡 110 里。西有狐桥沟水入河。

　　小深沟渡　　对岸山西保德州神山渡，河面约宽 3 里，至下渡枣林岇 15 里，至县刘家川 150 里。陆路至枣林岇 15 里，至县 95 里，至镇羌堡 120 里。

　　枣林岇渡　　对岸山西保德州冯家川渡，河面约宽 3 里，至下渡小木 5 里，至县刘家川 120 里。陆路至小木 5 里，至县 110 里，至镇羌堡 130 里。

　　小木渡　对岸山西兴县界，河面约宽 3 里，至下渡葛富 10 里，至县刘家川 125 里。陆路至葛富 10 里，至县 115 里，至镇羌堡 150 里。东有马家塌沟水入河。

　　葛富渡　对岸山西兴县北会渡，河面约宽 3 里，至下渡马真 5 里，至县刘家川 135 里。陆路至马真 10 里，至县 125 里，至镇羌堡 160 里。

　　马真渡　对岸山西兴县南会渡，河面约宽 3 里，至下渡合河 10 里，至县刘家川 145 里。陆路至合河 10 里，至县 135 里，至镇羌堡 160 里。东有苏家沟水入河。

　　合河渡　对岸山西兴县裴家川口渡，河分二道：东张黄影碛，西纷红碛，两边各长 1 里许，中隔石滩，约半里，河共约宽 5 里。至下渡盘

黄河摆渡

塘45里，至县刘家川155里。陆路至盘塘30里，至县145里，至镇羌堡150里。东有王家山沟水入河。

以下3渡，在神府交界处。

盘塘渡　对岸山西兴县黑峪口，河面约宽3里，至下渡采林30里，至县刘家川200里。陆路至采林40里，至县175里，至镇羌堡170里。

采林渡　对岸山西兴县界，河面约宽3里，至下渡沙峁头30里，至县刘家川230里。陆路至沙峁头30里，至县215里，至镇羌堡180里。西有大会沟水入河。

沙峁头渡　对岸山西兴县罗峪沟渡，河面约宽3里，至下河神木界约1里，即窟野川水入河处。至县刘家川260里。陆路至县245里，至镇羌堡210里，至神木天台山10里。

以上除大缠口渡，旧系河曲船外，其余墙头等17渡口船皆水手自办，并非官设，其水手亦无工食。刘家川水手一户12门，渡船3只，保德水手3家，渡船6只。作19日分拨，刘家川7日，保德12日，以保德专办贡鱼，故并河利归南岸也。碛塄、沙峁头二渡，县船4日，山西船6日，余俱各自拨渡，不分日期。

渔　业　黄河府谷段，盛产鲤、绵（鲶）、白鲢、鲫、钻鲨等鱼，尤以天桥石花鲤鱼和墙头绵（鲶）鱼品质最佳。天桥峡深谷幽，两岸所产石华草为鱼所食。天桥石花鲤鱼的特点是赤眼、金鳞，脊背上有一条红线，食之肥美，尤以开河（冰）鱼为上品，"冰鱼味胜饵烩"。清康熙年间，榆林知府谭吉璁在《谢府谷杨令惠石花鱼启》中写道："赤鳞似锦，色胜含桃；白腹如银，光摇浮竹。张骞仅从于天汉，甘英不喻于龙图。是曰石花，实生金鲤。香流玉钵，如烹岁芍之和；膏溢琼筵，似劈麒麟之脯。胯倾白雪，肥出蟹胥；羹泻红盘，芳宜雁翠。断葱以寸，叶影犹沉；旨酒且多，珠光欲泛。冰鳞三尺，叩不待于王延，盐豉九秋，情有同于张翰。翻怜竭泽，谁知渔父之寒；能谢老饕，自发大人之梦。既颂以祷，敢讽且规。"从元代开始，天桥石花鲤鱼被列为贡品。明代每年进贡皇室 140 尾，此为例贡。但文武将吏，率多谋求，遂副贡馈送，各名目加至 4000 尾。清代，例贡 140 尾，副贡 2360 尾，共 2500 尾。鱼贡给府谷、保德两县渔民带来了沉重负担，往往以一鱼之微而费一牛之价。《保德州志》有《冰鱼吟》："长河冻合鱼在泥，指脱层冰难觅一。去年徭重裤无著，今年捕急几无质。供得官家口滑脂，尘封甑釜嗟悬室。肥酥胜雪不自赏，招朋夸美会良集。醉卧堆红继兰烛，醒时还抱佳人瑟。君不见，敲扑声中态万千，肉飞魂绝天应泣。"反映了当时因鱼贡而带来的民困。过度的捕捞使天桥鲤鱼数量骤减，清代有人在天桥黄河河床上刻字："食我者不肥，卖我者不富"，水落时经常可以看到。

集　市　府谷集市贸易源远流长。唐代设府谷镇后，镇内就有集市。宋明时期，有了进一步发展。清康熙年间，府谷全县有集市 7 个。乾隆年间，撤清水营集，增加镇羌、碛塄、盘塘、园子沠，共计 10 个，集市内商号、货铺、场、坊、栈、店众多。宣统时，县城有商号 50 多户，较大商号为义和店、全成魁、恒元成 3 家。

清代，哈拉寨、古城、沙梁、麻地沟亦发展为蒙、汉交易的名镇，有大小边商百余家，有的深入蒙地开商号，设分店，办草（甘草）场，肩挑边客（小贩）数百人。当时交易的方式多系赊欠，向少定期，一方收欠尽讨尽交，一方需货尽取尽赊，辗转不绝，有至数十年不结一次账者，足见其时当地民风之淳朴，内地则不然。

清乾隆年间府谷 10 个集市为：县城刘家川集，每月逢一、六日，早在城，午在川。黄甫川集，在县东北 80 里，每月逢一日。木瓜园集，在县北 40 里，每月逢四、九日。孤山堡集，在县西 40 里，每月逢三日大集、八日小集。镇羌堡集，每月逢九日大集、四日小集。清水营集，在县东北 70 里，每月逢三日。盘塘集，每月逢二、六、九日，乾隆三十五年新设。碛塄集，每月逢四日。园子沠集，每月逢五日。石马川集，在

165

麻地沟老街

县西60里，每月逢三日。麻地沟边市，在县东北90里，黄甫川东北20里，又名黄甫市口，与蒙古互易处。每月逢十日集，其货则梭布、草缎等物，不易军器。蒙古至者则绒、毛、皮、牛、羊、兔、盐、木植等物，不以金。旧因茶税苦赔，商贾裹足。今茶税邀免，境称悦来，而土人亦多习蕃语，蒙古人颇知汉音。交易俱公平无扰，一应过往货物、牲畜等税，系杀虎口抽分衙门征收，县税止收市卖牲畜，归黄甫堡地方数内报销。黄甫之呆黄坪市，在黄甫堡北门外，明蒙民交易处，自市移麻地沟，此市遂废。

  粮　赋 府谷明代以前赋税沿革，无可稽考。清因明之旧，田赋方面无大变更，计分全县为太平、大堡、合河、辑和四里，统计民糜熟地一千零五十五顷五十四亩有奇，共额征本色粮一千三百零四石四斗二升八合三勺。除沙峁头被河水冲刷免征本色粮十石八斗五升三合外，实纳本色粮一千二百九十三石五斗七升五合三勺，再免正银十三两五钱六分六

厘，实纳民正银一千八百零二两六钱一分三厘，糜正银六百八十九两五钱
九分，遇闰增加正银四十五两六分八厘。税收主要分民地税银、畜税银、
牙税银（共牙行 5 名，每名征银 4 两）、典税银（共典商 36 名，每名征银
5 两）。

仓 廪 清康熙四十五年（1706），知县王缉修为储备粮饷，在县治
东曾建阜益仓一座；雍正七年（1729），知县萧家齐于县治南，用于储备
常年粮又建永裕仓一座；九年（1731），再建黄甫仓、清水仓、木瓜仓、
孤山仓、镇羌仓 5 座；十三年（1735），知县张苾又于县治西南建永丰仓
一座。以上粮仓虽经乾隆年间知县郑居中修补、扩建，但至咸丰、同治
时期多已名实俱废。

救 济 府谷清代设养济院、收养局，收养孤老、贫民和乞丐。据
记载，养济院"额设孤贫十五人，每年请领口粮、棉花银五十五两四
钱"，收养局"每年收养贫民三十人不等"，"每口每月给钱一百八十文，
小口减半"。另设漏泽园，作为贫民公墓。

第六节 | 文化教育

府谷学校教育始于何时，史无确切记载。唯雍正《府谷县志》卷八
有云："府谷学制，见于有元至正。"（《都仲良·重修庙学记》）表明元代
至正年间（1341—1368），县内学校教育已纳入国家统一管理，这是府谷
官方教育的最早记录，距今已有 600 多年历史。旧时学校有私塾、义学、
社学、庙学和书院等形式。义学为免费学堂，较大的一所在县城西关河
神庙内。社学为明清地方学校，50 家为一社，每社设一所，其中较大一
所设于县城西南城角，崇祯三年（1630），遭王嘉胤农民起义战火而废。

府州城阎家进士院

县城西关苏家贡元院

县城西关苏家『辅国雄才』匾额

后康熙年间，几次补建、复建于名宦乡贤祠内（康熙《府谷县志》卷一、卷二）。庙学，也称学宫、儒学，为宋元时所设，但规模陋隘。洪武十四年（1381）以后的数百年间，因为有多任知县重视教化，先后建成文庙大成殿、明伦堂，府谷文教初具规模，绵延不断。

清代，府谷经济的发展推动了文教的兴盛。明清时期，许多移民从山西、山东、河北等地来到府谷，带来了较为先进的文化。历任府谷知县大多数是进士、举人出身，多来自直隶、山西、山东、河南、江浙等文化之乡，他们学识渊博，十分重视发展地方文教事业，因而这一时期，府谷人才辈出。《延绥揽胜》记载："有清乾道之际，府谷文化水准居陕北第一。科甲联捷，人文蔚起。邑城有苏、杨、孙、阎四大家，世代簪缨，仕宦踵辉，其门楣有'祖孙进士''父子举人''辅国雄才'之匾额。各建宗祠，海内名家题赠褒赞，书法秀逸，允垂后人袷式者足多。此后接踵继起，有柴、王、韩、高、袁，表率士林，堪称拔萃。"

清康熙元年（1662），知县杨许玉补建了明代白质在弘治年间（1488—1505）创办的义学，广收贫寒子弟。他任府谷知县 10 年，旧志

府谷镇高粱上村张家贡元院

称其"性淡泊清正",每逢歉岁,常捐俸银,劝人乐输,煮粥赈救饥民,使百姓存活甚众。康熙四十一年(1702),知县王缉修将前知县"听鹤堂"扩建为5间,洁其窗扉,护以栏槛,植柳于庭,将所携李、杜、元、白、柳、欧诸集集存于此,更名为"告香书屋",成为府谷士儒雅聚读书之所。

雍正五年(1727),知县周会贤捐俸延师,在城内北街元帝庙创办义学。由于宋政和五年(1115)府谷曾被赐名"荣河",故将此义学取名为"荣河书院"。乾隆二十三年(1758),署知县张克明率官吏及绅士苏遇龙等合捐银300两,当铺生息,为书院补助。乾隆三十三年(1768),郑居中(安徽泾县人)任府谷知县,他在府谷为政13年,修葺了府谷、木瓜、清水等地城垣和义仓,旧志称其"知识渊博,为官清廉,办事干练,勤于政务,案无留牍"。在乾隆三十四年(1769),为了办学,知县郑居中几番考察,属意于大南门外,称"宛然形胜之地,俯察万里大河,逝者如斯;吐纳三晋云水,笔底波澜",十分有利于砥砺学子,昌明文风。于是,他捐献薪俸,带动士绅,在此兴建书院。先建正房3间、厢

荣河书院

武家庄镇园子训村武举匾额

房 6 间、厨房 1 间、门楼 1 间。资金缺口 30 余两，由生员苏天宠等捐款补齐。乾隆四十年（1775），联翩高中的举人韩鼎国、阎廷琳喜庆之余，添建台阶上 7 间，监生魏克敬慨建台阶下 10 间。阎廷琳侄子阎抢阁继而也倡捐书院。捐助之举，一时蔚成风气。书院延揽名师，成为府谷最大最好的学府。书院落成之日，郑居中在《新建荣河书院碑记》中写道"恍觉山增而高秀，河宽而润长"，其爱民重教之情，溢于言表。荣河书院以儒家思想教育生员，办学目的是"养成贤才，以供朝廷之用"。书院设有山长、教习，主持教学事务。首任山长阎廷琳（举人），继任有苏其沂（举人）、阎步阁（举人）、阎亮阁（进士）、阎煜阁（贡生）、杨嘉德（举人）、阎道行（举人）、苏梃（贡生）、张嵩年（贡生）、王为垣（贡生）、杨琛、尤董常等。

清代，除义学和书院外，县城和一些较大的村庄都设有私塾，形式有三：一为家塾，由富户独立创办，设馆于家中，聘师教授其子弟或亲友子弟；二为村塾，由众人合办，地址多用公产和寺庙；三为馆塾，由一些秀才、举人或有文化素养的商人创办。私塾按开办时间分为两种：一种是常年开设的，多为富户的家塾；另一种是季节性开设的，即农闲季节创办的，又称冬书房。清代，全县私塾普遍兴办，约有 90 所。在县城较为著名的有狮子房（狮子院）、城隍庙、五虎山（王为垣创办执教）、官井、前石畔（孙家大院）；在农村较为知名的私塾有麻镇甄家私塾、黄甫魏家私塾、木瓜袁家私塾、高石崖柴家私塾、清水赵家私塾、庙沟门刘家私塾、尧峁张家私塾、墙头刘家私塾、镇羌刘家私塾等。

光绪三十二年（1906），荣河书院改建为府谷县高等小学堂，设堂长1人、学监1人，负责教学管理工作。课程设置以"四书""五经"为主，还有修身、读经、文学、算术、历史、地理、格致（物理、化学的总称）、图画、体操9科。这是府谷第一个新式学堂，自此，新文化、新思想传入府谷。现今府谷县第一小学即由此传承发展而来。

清代，府谷共培养出进士15人，其中李国瑾、杨敔、高登陛、杨业、苏遇龙、阎抡阁、杨毓江、阎亮阁、苏棻、苏兰第、孙翔林、阎道行、杨翼孙为文进士，杜肇升、王时通为武进士；举人35人，其中吴有善、刘无邪、王国麟、王猷灿、王存育、王存肃、李兰、杨植、韩鼎国、阎廷琳、阎步阁、苏其沂、杨春苑、杨春荣、柴玉彬、杨嘉德、杨振孙、

清代私塾

王万协、白韶南、高诵先、王九思为文举人，王翰京、苏善达、苏荣河、李蕴采、焦元一、李述德、白光明、白日升、焦士鸿、方培基、殷锡纯、秦登祥、焦达雄、李维翰为武举人。

康熙年间，知县杨许玉倡导编纂了清康熙版《府谷县志》，根据现有资料，此为府谷现存最早的县志。该志共 8 卷 1 册，内容包括地理、建置、祠祀、田赋、官师、人物、杂志、艺文 8 个方面，约 35000 字。草本完成后，杨许玉升任太原府同知，后人将此志增补完成，为手抄本，现收藏于北京图书馆、科技馆、北京大学图书馆。乾隆四十二年（1777），郑居中主持编纂了八卷本《府谷县志》定稿并刊刻，清陕西巡抚毕沅为该志作序。该志未及大量印行，郑居中即奉调离任。乾隆四十五年（1780），麟书继任府谷知县，他对郑居中八卷本《府谷县志》重新编纂，削减了卷前序、凡例、纂修姓氏、县境诗图及星野、关隘、选举、漕屯、冢墓、纪事、方言、拾遗、艺文、荣河十景等篇章，增加了一些彰显自己政绩的文字，于乾隆四十八年（1783）以"宛泾郑居中重创，长白麟书纂成"的四卷本县志刊刻，通行于世。全书约 11 万字，收藏于陕西省图书馆、北京图书馆、首都图书馆、陕西师范大学图书馆。2013 年 11 月，由康文慧、马少甫点校，府谷县史志办整理的康熙本县志和郑居中八卷本县志，汇为《府谷县志两种》出版发行。

清代，杨敦著有《学山遗稿及诗集》6 卷，苏遇龙著有《德水全集》，孙翔林著有《木天清课诗赋集》2 卷，还有康熙帝及一些官员在府谷创作了许多诗文，如徐恒《桃洞披华》《榆塞长城》、郑居中《河心雄塞》《莲缠耸胜》、王泉鹤《长城》、秦克绳《府州城》、谭吉璁《神松歌送府谷令杨介璜之官》等，这些诗篇描写了府谷的山川河流、名胜古迹、社会风物、经济政治等，是府谷宝贵的文化遗产。

第七节 | 宗 教

　　清朝建立后，统治阶级出于稳定政权的需要，大力推行儒、佛、道三教，倡导民间修建庙宇，用宗教来教化民众，以达到长治久安，时称"明修长城清修庙"。

　　经过康熙、雍正、乾隆三代治理，中国出现了持续 130 多年的"康乾盛世"。经济发展，社会安定，人口增长，国力增强。府谷也出现了经济社会的又一个繁荣时期，寺庙的兴建和宗教文化的发展就是一个重要的体现。

　　清代，府谷几乎每个村子都建有小庙，但大多不知其宗教承袭。县城和一些较大的村社有许多较大的庙宇，儒、佛、道共居一处，人们求雨、求子、求医、占卜、祈福、消灾都就近朝拜。当时，士绅和百姓往往出于治疾求安、人财两旺的务实取向而修建庙宇。如果要协调阴阳两界，宣传因果报应，则建城隍庙；要多生子孙，则盖娘娘庙；要风调雨顺，则盖龙王庙和三官庙；要六畜平安，则盖马王庙和牛王庙；要多出几个文化人，就建文昌庙、魁星楼；要治病则盖药王庙；要救苦救难、永保平安则盖观音殿；要财源广进则盖财神庙；要修道保平安则建玉帝庙、吕祖庙……这种民众心态决定了布施的来源和用项，加之官府倡导，府谷城乡在这一时期兴建了许多庙宇。

　　随着寺庙财产的增加及其在民众中地位的上升，寺庙已不仅仅局限于宗教功能，同时也承担起了文化教育等社会功能。如府州城文庙，设官学、书院，对贫寒子弟进行启蒙教育，培养诸生参与科举考试。许多寺庙赈灾济贫、施药治病、护生戒杀、植树凿井、修桥补路、兴办义学，使寺庙的宗教文化得到了进一步的提升和发展。

　　府谷重商的传统把大大小小的庙会和集市有机地结合在一起，有

府州城观音楼

庙、有会、有集市，还有文娱活动。小到三五个村办会，大到十几个村办会，寺庙在人们的经济文化生活中起着很重要的作用。

根据清乾隆四十八年（1783）《府谷县志》记载，府谷城乡这一时期的主要祠堂和寺庙有 134 处。

县城 文庙、崇圣祠、名宦祠、忠孝祠、乡贤祠、节孝祠、文昌庙、魁星楼、明伦堂、折国公祠、社稷坛、风云雷雨山川坛、先农坛、关帝庙、厉坛、土地祠、狱神祠、龙王庙、风神祠、八腊祠、马王庙、河神庙、城隍庙、元帝庙、白衣庵、大觉寺、三清观、观音殿、二郎庙、财神庙（城内）。

县东北门外尖堡地方 大寺庙、圆通寺、玉皇楼、娘娘庙、北岳庙、东岳庙、文殊殿、龙峰寺、观音殿、龙王庙、河中寺。

县南门外新马地方 千佛洞、娘娘庙、关帝庙。

镇羌堡古佛楼

麻镇龙兴寺东院

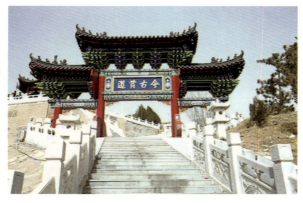

木瓜祖师庙

县西南大堡地方　海龙寺、玉泉寺、观音寺、胡桥寺、宝峰寺。

县南马真地方　西津寺、元帝庙、观音殿、净业庵。

县西门外新马地方　观音殿、海潮庵、净土庵、水神殿。

黄甫地方　龙泉寺、药师殿、地藏殿、文昌庙、祖师庙、娘娘庙、马王庙、城隍庙、观音殿、古楼寺、新楼阁、弥陀洞、仙相寺、观音殿（杨家川口）、观音殿（东门外）、元帝庙（陶家山）、火神庙、龙王庙、关帝庙、元帝庙（麻地沟）。

清水堡地方　元帝庙、三官庙、龙王庙、财神庙、城隍庙、清泉寺、观音殿、关帝庙（东门外）、马王庙、观音阁、娘娘庙、河神庙、关帝庙（五里塔）。

木瓜堡地方　城隍庙、玉皇楼、元帝庙、祖师庙、十王殿、三官庙、龙泉寺、华严庵、三教庙、关帝庙、龙王庙、千佛殿、石佛堂、娘娘庙、蟾海寺、水陆殿。

孤山堡地方 元帝庙、城隍庙、灵感庙、翠峰寺、观音殿、关帝庙（杨家畔）、文昌庙、魁星楼、龙泉寺、华严庵、三官庙、马王庙、无量殿、玉皇庙、龙泉寺、关帝庙（南门外）、河神庙、娘娘庙、关帝庙（在堡北门外双口墩）、观音殿（在堡西门外野猪峁）。

镇羌堡地方 城隍庙、移佛寺、新寺、白衣庵、三教殿、三官楼、观音寺、关帝庙、娘娘庙（南门外）、元帝庙、娘娘庙（北门外）、香炉寺、观音庙。

第八节 │ 政权机构及人物

清初政权机构沿袭明制，由知县总揽全县事务。下设吏、户、礼、兵、刑、工 6 房，书吏承办钱谷、户口、风教、驿传、司法各事宜，并设有壮、快、皂、捕各班差役，专供驱遣。同城有教谕、典史分驻，麻地沟还设有巡检等官吏。此外，还设有阴阳训术、医学训科、僧会司、道会司、仓大使等。

清代府谷历任知县统计表

姓名	籍贯	学历	任职时间
潘　虞	直隶庆都	贡生	顺治二年（1645）
刘宏达	直隶大兴	贡生	顺治年间
魏　震	山西榆次	进士	顺治七年（1650）
龚荣遇	江西南昌	进士	顺治十一年（1654）
杨许玉	浙江仁和	举人	顺治十八年（1661）

（续表）

姓名	籍贯	学历	任职时间
黄仲霖	江西金谿	举人	康熙十一年（1672）
胡 矿	直隶易州	进士	康熙十三年（1674）
唐文学	镶白旗	失考	康熙十三年（1674）
董之辅	正红旗	失考	康熙十四年（1675）
刘朝祚	正红旗	失考	康熙十五年（1676）
何汉英	正白旗	失考	康熙十七年（1678）
牛卿云	山西泽州	举人	康熙十九年（1680）
徐 恒	福建将乐	举人	康熙二十二年（1683）
张冲光	山西交城	进士	康熙二十四年（1685）
朱持正	直隶大兴	贡生	康熙二十六年（1687）
余 瑜	湖南湘潭	举人	康熙三十八年（1699）
王缉修	江苏太仓	副贡	康熙四十一年（1702）
江为标	福建闽县	举人	康熙五十二年（1713）
许 容	福建闽县	举人	康熙五十二年（1713）
金元宽	河南虞城	举人	康熙五十四年（1715）
周会贤	江西庐陵	举人	雍正四年（1726）
阚揆正	失考	失考	失考
萧家齐	贵州贵筑	举人	雍正七年（1729）
陈文尉	满洲	举人	失考
张 荩	安徽桐城	副贡	雍正十一年（1733）
沈逢尧	失考	失考	失考
张欲达	失考	失考	失考
陈师遵	浙江海盐	廪生	乾隆元年（1736）
张元林	失考	失考	失考
刘度昭	汉军正红旗	失考	乾隆三年（1738）
官殿对	江苏泰州	副贡	乾隆十年（1745）
李日瑞	直隶靖海	进士	乾隆十四年（1749）
张克明	失考	失考	乾隆二十三年（1758）
欧阳照	湖北江夏	进士	乾隆二十三年（1758）
谈恕行	失考	失考	乾隆二十三年（1758）
赵宪武	山东德州	贡生	乾隆二十四年（1759）

（续表）

姓名	籍贯	学历	任职时间
冯怀远	失考	失考	乾隆二十四年（1759）
郑　相	山西定襄	举人	乾隆二十四年（1759）
宋　绮	失考	失考	失考
杨东临	云南石屏	拔贡	乾隆三十二年（1767）
缪昆灿	失考	失考	失考
郑居中	安徽泾县	举人	乾隆三十三年（1768）
麟　书	正黄旗	失考	乾隆四十五年（1780）
宓元方	浙江海宁	副贡	乾隆四十八年（1783）
姚长发	江苏娄县	监生	乾隆五十二年（1787）
吴　瀚	浙江海盐	监生	乾隆五十三年（1788）
晁　升	江西贵溪	举人	乾隆五十七年（1792）
杨大坦	浙江杭县	失考	嘉庆六年（1801）
朱元炳	浙江仁和	举人	嘉庆八年（1803）
刘天笃	失考	失考	失考
赵　盼	顺天武清	举人	嘉庆十三年（1808）
程　云	失考	失考	失考
汪锡善	安徽怀宁	监生	嘉庆十七年（1812）
胡以谦	失考	失考	失考
蔡　群	浙江海清	拔贡	嘉庆十九年（1814）
易焕暄	失考	失考	失考
何绍衣	浙江仁和	监生	嘉庆二十三年（1818）
李雄鳌	失考	失考	失考
马　疏	甘肃安定	进士	道光四年（1824）
傅明阿	失考	失考	失考
刘　琼	四川云阳	失考	道光九年（1829）
段志伀	失考	失考	失考
崔虞龄	山西汾州	进士	道光十三年（1833）
童焕章	失考	失考	失考
沈云骧	江苏荆溪	进士	道光十七年（1837）
傅德谦	直隶临榆	举人	道光二十年（1840）
刘良驷	江西南丰	举人	道光二十一年（1841）

（续表）

姓名	籍贯	学历	任职时间
凌树棠	安徽定远	举人	道光二十四年（1844）
刘建中	江西新吴	举人	道光二十七年（1847）
吴善春	江西玉山	拔贡	道光二十九年（1849）
皇甫长庚	山西	失考	咸丰九年（1859）
王道全	湖北竹溪	优贡	同治元年（1862）
郎鹤鸣	直隶怀来	监生	同治四年（1865）
巴哈布	满洲正黄旗	失考	同治六年（1867）
郎鹤鸣	直隶怀来	监生	同治七年（1868）回任
彭会楫	湖南巴陵	失考	同治九年（1870）
刘开第	甘肃武威	进士	同治十年（1871）
宝　和	满洲正蓝旗	举人	同治十一年（1872）
边　吉	满洲正黄旗	举人	光绪元年（1875）
魏含忠	四川岷山	举人	光绪元年（1875）
焦忠善	直隶长垣	举人	光绪四年（1878）
石应韶	山西盂县	举人	光绪六年（1880）
任化一	山东齐河	副贡	光绪十年（1884）
陈爵之	浙江山阴	失考	光绪十一年（1885）
邹振铭	江西新建	举人	光绪十二年（1886）
费景范	江苏武进	失考	光绪十四年（1888）
胡海章	四川成都	举人	光绪十五年（1889）
鲁　沛	湖北江夏	失考	光绪十八年（1892）
何泽群	广东顺德	举人	光绪十八年（1892）
王　惠	甘肃高台	失考	光绪二十年（1894）
陈润灿	山东宁阳	进士	光绪二十二年（1896）
江云凤	湖北郧县	失考	光绪二十八年（1902）
马兆森	山东章丘	举人	光绪二十九年（1903）
徐兆兰	四川邛州	监生	光绪三十年（1904）
杨映霄	甘肃宁县	贡生	光绪三十一年（1905）
李裕勋	湖南	失考	宣统二年（1910）
林超章	福建侯官	举人	宣统三年（1911）

清代府谷进士统计表

姓名	字号	籍贯	原出身	某科进士	官职
李国瑾	玉衡	府谷镇城内村	明崇祯十二年己卯举人	顺治三年丙戌科副进士	宁州学正升国子监典籍
杨敩	字念斋号学山	县城西关	雍正十三年乙卯拔贡乾隆九年甲子举人	乾隆十年乙丑科	浙江新城县知县
高登陛	觐宸	府谷镇高家湾	乾隆九年甲子举人	乾隆十年乙丑科	山西沁源、翼城、文水、太谷知县
杨业	宋勋	府谷镇狮子城	雍正十三年乙卯举人	乾隆十三年戊辰科	山东东阿知县
苏遇龙	德水	县城西关	乾隆十二年丁卯举人	乾隆十七年壬申科	浙江龙泉县知县，江西德兴县知县
阎抡阁	字擢天号紫峰	府谷镇城内村	乾隆五十一年丙午举人	乾隆五十二年丁未科	直隶南宫、广东花县、增城知县，提升罗定州知州
杨毓江	字济川号作舟	县城西关	乾隆五十三年戊申举人	乾隆六十年乙卯恩科	户部主事，湖北施南府知府
阎亮阁	字翼天号龙峰	府谷镇城内村	乾隆六十年乙卯本省副榜嘉庆五年北闱副榜、九年甲子北闱举人	嘉庆十三年戊辰科	山西翼城县知县
苏榮	字信甫号临溪	府谷镇马道崖	嘉庆九年甲子举人	十六年辛未科	河南延津知县，海南琼山知县，升雷琼海防同知
苏兰第	香楣	县城西关	道光五年乙酉科举人	十三年癸巳科	湖北通山知县
孙翔林	梧喈	新民镇镇羌	道光十四年甲午科举人，十八年戊戌授翰林院庶吉士	十五年乙未科	翰林院编修
阎道行	子英	府谷镇	道光二十三年癸卯举人	同治元年壬戌科	钦点知县未仕
杨翼孙	字燕贻号小峰	县城西关	同治十二年癸酉科举人	光绪二年丙子科	特授凤翔府教授
杜肇升	失考	延安	失考	康熙六年丁未科武进士	镇羌堡守备
王时通	失考	黄甫镇	举人，科分失考	康熙五十四年乙未科殿试一甲第二名武进士	山西大同镇游击充御前头等侍卫

清代府谷举人统计表

姓名	字号	籍贯	某科举人	官职
吴有善	失考	府谷县	顺治五年戊子科	失考
刘无邪	失考	府谷镇	顺治十一年甲午科	失考
王国麟	失考	黄甫镇宽坪寨	顺治十七年庚子科	任长安教谕，两署长安知县
王猷灿	失考	府谷县	康熙五年丙午科	失考
王存育	失考	府谷县	康熙五年丙午科解元	失考
王存肃	失考	府谷县	康熙五年丙午科	失考
李兰	失考	府谷县	康熙四十四年乙酉科	失考
杨植	失考	府谷县	乾隆十二年丁卯科	失考
韩鼎国	失考	府谷县	乾隆三十六年辛卯科	环县训导
阎廷琳	玉山	府谷镇城内村	乾隆三十八年甲午科	鄜州学正
阎步阁	近天	府谷镇城内村	乾隆六十年乙卯科	失考
苏其沂	字鲁源 号麓和	府谷镇	嘉庆五年庚申科	靖边县训导
杨春苑	失考	府谷镇	道光八年戊子科	失考
杨春荣	失考	府谷镇	道光十二年壬辰科	失考
柴玉彬	温如	府谷镇柴家塌村	道光十四年甲午科	华阴县训导
杨嘉德	乙峰	府谷镇	道光十五年乙未科	未仕
杨振孙	字谷贻 号少峰	府谷镇	同治年已补行壬戌甲子科	未仕
王万协	中甫	府谷镇城内村	同治九年庚午兼补丁卯科	未仕
白韶南	琴轩	合河	光绪二十年甲午科	失考
高诵先	清丞	府谷镇高家湾村	光绪二十八年壬寅补行庚子辛丑恩正并科	奏留直隶补用知县
王九思	睿生	县城西关	光绪二十八年壬寅补行庚子辛丑恩正并科	奏留直隶补用知县
蔺光元	失考	黄甫镇	崇祯时武举	官至副总兵
王翰京	失考	黄甫镇红泥寨村	康熙四十四年乙酉科武举	洛川千总，响水堡守备计光武营游击
苏善达	失考	县城西关	乾隆四十二年丁酉科武举	失考
白光明	失考	合河	乾隆四十四年己亥科武举	失考
白日升	失考	府谷县	乾隆四十五年庚子科武举	失考

（续表）

姓名	字号	籍贯	某科举人	官职
苏荣河	失考	县城西关	乾隆五十一年丙午科武举	失考
李蕴采	失考	府谷县	乾隆五十七年壬子科武举	失考
焦元一	失考	马真	乾隆六十年乙卯科武举	湖北襄阳府守备
李述德	失考	黄甫镇	嘉庆二十三年戊寅科武举	失考
焦士鸿	失考	马真	道光十一年辛卯科武举	失考
方培基	失考	府谷县	道光十四年甲午科武举	失考
殷锡纯	失考	府谷镇柳林碛村	同治九年庚午补丁卯科武举	失考
秦登祥	失考	府谷镇	同治十二年癸酉科武举	失考
焦大雄	失考	马真	光绪元年己亥科武亚元	失考
李维翰	失考	武家庄镇园子辿村	光绪二十三年丁酉科武举	失考

清代府谷知县列传

刘宏达 直隶大兴人，由贡生任县事。自兵燹后，居民大半逃亡，十室九空。宏达设法招集流民，劝耕稼，立保甲，备亟辛勤。他爱民如子，有犯法者辄不忍加刑。顺治五年（1648），高有才之变，贼刃迫之降，不屈，引至城隍庙委曲诱之。宏达曰："汝辈值此兴王太平之日，方将为本县一笔勾决之人。我恨力不能杀汝，肯与汝鼠狗等群耶？"遂遇害。士民垂涕道之，且高其节，以为刘公笔直，匹唐段公笏云。

魏 震 山西榆次人。顺治乙丑进士，七年（1650）任县事。值高有才据城后，民多逃亡，诸务废弛。震初至，城堞、学校、衙署力加修葺，招聚百姓，劝令耕作，其贫无籽种者令富民称贷，人俱乐从。后升延绥城堡同知，山东济南府知府。

龚荣遇 字素若，江西南昌人。顺治壬辰进士，十一年（1654）任县事。自兵后，剧盗时逞。荣遇设法捕剿，四境安然。上司识其才，以本任兼摄神木粮厅篆。每赴神木，旬日不归，邑中耆童即跂足望焉。荣遇才识雄敏，守介法明，剔蠹厘奸，邑人德之，为立生祠。后，升行人司，迁擢固原道。

杨许玉 字介璜，浙江仁和人。由举人顺治十八年（1661）任县事。性淡泊，清正自持。歉岁尝自捐俸，劝人乐输，煮粥赈饥，存活甚众。设立义学，延师课训，塞畯得所成就。时淫雨城倾，又自捐俸倡修，绅民咸奋跃急公，不移时而工告竣。又县廨班库修补一新。历任十年，升太原府同知。

何汉英 字鄞侯，正白旗人。康熙十七年（1678）任县事。旧有捏报地一百五十顷有奇，世累官民。英至，慨然曰："府邑僻在极边，岁贡不及他邑什百之一。地既硗瘠，乃以一年而征三年，额外之加征，奚忍坐视流离？"赴省谒大宪，泣请题奏。钦准派部郎驰驿临县，讯据捏报情真，飞章入告，议准蠲免。部郎于公甚嘉奖。誉曰："使他人处此。既畏钦案难消，又虑上催迫期处分。旋及，朝完而毕命，累官犹涉，民累殊不可胜言，公真仁贤令也。"英政简刑清，寓催科于抚字，待属驭丁

役，俱慎肃有礼。去之日，人民勒石颂德。

王缉修　江南太仓人。由副贡康熙四十一年（1702）任县事。历职十年，洁己爱民，多惠政，卒于官。民为立德政坊，迎入名宦祠，尝于县东悬空寺门外石崖上镌有"河山千古事，忠孝一生心"十字，可想见其概。

许　容　河南虞城县人，由举人康熙五十四年（1715）任县事。才识明敏，民有争拘立为判决，设法甚严，吏役无敢少犯。学宫前奎楼倾圮，久未修整，容捐俸倡多士各输资建之。后升西安府知府，擢陕西按察使。犹慨县土瘠民穷，申革渔户之禁。士民感戴，于河神庙内为立长生禄位牌。历官甘肃等省巡抚。

张　苰　安徽桐城人。由副贡雍正十一年（1733）任县事。高家南门地方旧捏报升科粮十余石。苰至询实，详请豁免。又，旧境市平重轻不一，时有狡商任意多取。细加校正，四境画一遵行。出入无或肆其欺者，至约己绳下，兢兢自持，尤不失儒素风。

郑居中 安徽泾县人。由举人乾隆三十三年（1768）任县事。历职十余年，勤于政治，案无留牍。时值承平，边鄙无事，兴废补坠，靡事不举，如建修荣河书院，补木瓜、清水城垣，并详修县城与各仓，编纂县志以养以教，风俗为之丕变，人文于以蔚起，非幸致也。

麟　书 满洲正黄旗人。由举人于乾隆四十五年（1780）任县事。爱民如子，勤于公事。县城依山，路径逼仄，书修理东门外石磴，开凿宽平，以便行人。开宽控远门外道路，以便民临河汲水。又重修学宫、仓储，并修县志四卷，一时政教灿然备举。

马　疏 字经惟，号南园。甘肃安定人，以庶常散馆，道光四年（1824）任县事。性俭朴清勤，自励不受干谒，不畏强豪。凡讼理者，先反复诘其虚实，不轻允准，准则限日判结。摘奸发伏，无不适中其情伪。其先，蒙民涉讼，每多连累。疏至，常以片言质成而去，大宪知其能，历委鞫案。邻邑讼者，道路相望争就决焉。以故内外咸颂之曰"马青天"。在任五年，雨旸时若，岁稔民安，不知水旱之可虞。疏捐俸倡劝积谷两千五百余石，以为凶荒备。又，倡捐书院膏火，宾兴一千二百余千（串），发商生息，极意培养人才。优秀诸生，俱延揽入署，亲为讲解指授，后故有掇科第入词垣者。

崔虞龄 山西汾州人，以进士道光十三年（1833）任县事。性诚，为政识大体，不以察察为明。县境僻在边陲，民不知织、播、种之事，狃于故常，不明采集方法。虞龄甫下车，访民间疾苦，首以劝课农桑为急务，于试种稻棉诸农作物，躬亲巡视，不惮烦劳，后虽无大效果，亦可见关心民瘼之一斑。城北达麻地沟道路，向多崎岖，虞龄开凿险阻，俾成车路。至今每届秋末，徙杠舆梁依时而成，犹其善政之成例，是殆所谓"悃幅之吏，日计不足，而月计有余"者欤？历任五年调富平县。

刘建中 新吴人，由举人道光二十七年（1847）任县事。性沉静，狷介不苟，外严内荏。时值荒歉后，加意抚存。大小之狱，靡不悉心研核，必无枉纵而后已。每听讼，先令两造尽情陈说，凝神静听，审察其是非曲直，然后数言剖断，罔不平允，人咸颂之。其自撰官廨楹联有"民本无知当思养欲给求毋忘赤子，官非易作所贵平心听讼不愧青天"等语，可想见其概矣。

王道全 湖北竹溪人，由优贡同治元年（1862）任县事。性严明，律己驭下，不少宽假。听断公允，悉洽舆情。尤勇于去恶，地方无赖，每有借端凌践良善，诈财之举，道全访知，其尤著者尽法惩二三，此风遂戢。

刘开第 字梦星，甘肃武威人。同治壬戌进士，十年（1871）任县事。性刚毅，处事明敏。莅任兵燹后，疮痍未复，诸多棘手。开第条教详明，案无留牍。初至，讼案日七八十起或三五十起不等，不数月减至一二十起或三五起。皆由结束迅速，日久积案从此廓清。时提督宋庆大兵屯驻境内，有兵勇劫杀人于道者，开第亲诣军门，坐索逸犯，治之以法，于是境内肃然。又，亟亟以培植人才为务，捐俸延师，训诲诸生，每亲加课试，评定甲乙，率以为常。先是领用学款基金之商号，经回乱后大半停业，迨乱事甫定，查悉各商股东，多属山西富户，因之不避繁难，关传到县，按数劝赏。有某讼师冒充抵抗，开第觉其奸，先之以剀谕，继之以质斥，讼师惭而退。由是观望者次第缴纳，得复旧观。以故政声卓著，檄调醴泉。去官之日，万民扶老携幼，攀辕塞道，涕泣挽留，不克前进。公婉言劝谕，给以据情上闻，乃散去。归署后，俟至午夜始潜行。

宝　和 字春轩，满洲人，由举人同治十一年（1872）任县事。时地方元气犹未大复，和承开第余绩，一以宽抚之，廉而有恩，向日差徭陋规，酌量多为裁汰。百姓爱戴，不亚刘公。然在任仅年余，竟卒于官。哀悼之情，举境皆然。

胡海章 四川成都人，由举人光绪十五年（1889）任县事。甫下车，即禁绝士绅私谒。性刚直，有"董宣强项"之誉。听讼咸服其公，以故政平讼理，地方晏安。时官廨内外多半倾圮。海章于十七年，先修葺六房大堂，方将兴废补坠次第举行，惜于是冬卒于官。

陈润灿　字昆石，山东宁阳人，以进士光绪二十二年（1896）任县事。为人体识沉正，量宇淹通，以明体达用之学，出而为经世载物之猷。下车以来，凡养士临民、劝善惩恶、兴利除弊诸端无往而非实心实政。乾嘉时代，地方人才科第辈出。同光以还，日见零落。公极意提携，课训之余，优予膏奖，于是士风稍振。其临民也，一本除暴安良之旨，与端人正士接谈，靡不觉其蔼然可亲。若遇强梁，不少宽假。县治下游民情，素称犷悍。时碛塄村有杨大栋者，纠党扰害附近居民，明掠暗劫，案情累累，良善畏其报复，莫敢撄其锋。公访知，督饬丁役亲往捕获，治之以法，一方赖以安宁。其自撰官廨楹联曰"好讼终凶，见了官由你逞刁，总难逃这条小板；讲和甚好，到此地凭谁有理，也须花几个大钱"云云。又拟编十段道情歌，印发各乡，作为俚歌，为革除吸烟赌博种种陋俗，借收潜移默化之效，传流民间不啻口碑。公尤精医理，地方人士有求诊治者无不应手奏效，是亦仁心仁术之一端，未可以技艺目之。至其律己严谨，听断明敏，犹其小焉者也。二十八年六月，以乡试入闱。去官后，官大荔县知县，升乾州知州。

清代府谷武官列传

陈全忠　字乐愚，山东邹县人，由武举顺治十六年（1659）任清水堡守备。自兵燹之余，城垣颓倾，烟火寥落，营伍凋残，且渐有趋民为兵之势，地方病甚。忠至任，捐俸助工，以完城垣，设法募兵，鼓舞克尽厥心，训练不遗余力。苟遇给饷，一介不苟，持躬尤廉洁。在任并无分毫累民。后奉诏至简选宏才，以御西微。去堡，民德之，立碑记。

俞　亮　号崖庵，江都人。顺治十七年（1660），江南武乡试第一名。十八年武进士，除江西南昌水师守备。高帆巨舰，江径严整，升孤山营守备。堡自明亡后，人民逃散。亮初到，广为招徕，劝慰开垦，以安集之。捐资创建营署。又，堡西溪上得一方石，操练之暇，常与客呼童携酒，吟咏其上，俱自为记。尤工书法，有士风。康熙十四年（1675），朱龙之变，神木副将孙崇雅久蓄异志，为贼声援，迎贼入城，辱戮甚惨。遣人到营缴记，亮杀之，坚壁固守，差庚戌文进士弟京赴都请兵。寇平，升都督金事。十九年，升襄阳镇游击，贼迫堡城，亮妻自缢，垂死，家人救之苏。人重其节概。

杜肇升　延安人，杜文焕之后。清朝将领。康熙六年（1667）丁未科武进士，初任江南安庆卫守备，以将才调镇羌堡守备。遂安家于此。肇升甚抚恤兵丁，间或有兵民相争，必委婉劝释，民亦服其教，乐其无私也。多善政，操练之暇，喜读书吟咏。著有《马上吟诗草》。去世后，堡人立石以志颂。

海　德　满洲正白旗人，由二等侍卫乾隆十八年（1753）六月任黄甫堡游击。屡奉派西路出征，著有功勋。为人耿直公正，兵民有口角，务秉公劝释，从无偏庇情事。尤慈以待下，每遇兵有穷急，常为周济。兵丁亲丧及身故者，必差人祭奠经理。又助县兴立黄甫义学，至今绅士军民犹称颂之。

吕　柱（？—1868）　清朝将领。同治七年闰四月，回军攻入县境，复陷镇羌，攻克孤山堡、沙梁、古城，由麻地沟直捣黄甫堡，转克清水堡，进围木瓜园堡。木瓜园堡守将千总吕柱率军民坚守。发炮击杀数人，激战一昼夜，适遇大雨，炮火失灵。回军乘机攻入，千总吕柱自刎而死。

姜桂题　陈允和　桂题（1843—1922），字翰卿，安徽亳州人；允和，生卒籍贯无考，清代镇边将领。同治九年（1870）二月，回军犯境，杀掠百姓，屯沙梁营官姜桂题、陈允和率军追逐之，回军由红市儿川遁

去。五月，回军复来犯境，提督姜桂题、陈允和乘夜劫营，官兵奋勇争先，短兵相接，无不以一当百，杀伤六百余人。酋俘二十六人在沙梁镇被枭首示众。同治十年四月，回军又来犯，中军统领宋万命前军统领蒋东才分屯沙梁，营官陈允和与姜桂题等击之。于是官军大败回军于新庙梁。

清代府谷知名人物

王秉玠 府谷县黄甫堡人。清初将领。从藩入旗，授热河把总。康熙年间升御前侍卫，复授古北口卫千总，系正白旗王世俊佐下。

王国泰 府谷县黄甫红泥寨人。清朝将领。美姿仪，工骑射。年十七补邑博士弟子，常爱读唐人诗。后为"宁为百夫长，胜作一书生"句感动，弃读书，随父到四川清河营充兵丁。康熙辛卯（1711），四川起兵，国泰初任运粮河千总，以勤奋转运有功，升任湖广荆州卫守备，然

国泰性秉直，与当事者不合，触犯上司被罢官。清世宗知国泰性格，特召见，并授其荆州游击，未及到任，在京城去世。

王翰京　国泰弟。清朝将领。貌雄伟，有勇力，工射。康熙乙酉（1705），以武生中武举。初任洛川千总，历响水堡守备，升广武营游击。雍正七年（1729），从岳大将军西征，进兵哈密。抚士卒如子，奉军令守要卡，兼管驼只牲畜。敌数千夜袭，劫掠驼只，翰京率部出击，杀敌军无数，敌仓皇退却。一时翰京勇名冠诸军。后敌闻有"骆驼王大老爷"之名即遁。以功升任固原参将。雍正十三年（1735），凯旋回朝，受到雍正皇帝召见，升洮泯协副将。洮泯土司不服，翰京上任后，推诚结信，约束有司，土司都感恩诚服。乾隆元年（1736），驻防赤金，适逢大病，在官任上去世。

王时通　府谷县黄甫堡人。清代将领。初名佩玉，由行伍授河南开封府把总，拣选入都，升前门千总，赐名时通。康熙五十四年（1715），殿试中乙未科一甲第二名武进士，充二等侍卫，升山西大同镇游击。时大同知府以事褫官，让时通籍其家，时通一无所取。后卒于官，无私积，钦封怀远将军，并敕建坊一座，上题："熙世虎臣，榜眼及第。"

王国麟　府谷县黄甫宽坪寨人。少颖异，有大志。家贫力学。顺治庚子举人。任长安教谕。充四川同考官，所取皆蜀中名士。其学识为当时所钦重。两署长安知县，清勤供职，革弊兴利，民皆德之。卒于任。

王国扬　府谷县黄甫宽坪寨人。生而英敏不凡，倜傥负志节。年十七始入学，有学能文。清初为选拔第一，任福建县县丞。耿精忠叛清，欲诱之降，授以伪职。国扬不从，复以威劫之，终不屈。被闭之一室，绝粒不食死。逆服其义，谕国扬从人殓其尸。及事平，始扶枢归。

王显荣　府谷县黄甫红泥寨人。有学行，以岁贡任岐山训导。勤于课训，士风大振。升巩昌府教授。时士之从游者，皆知笃实行。卒于任。

王九思　字睿生。清孝廉。精医理，喜读《内经》《金匮》《伤寒论》诸书，对《伤寒论》几经笺注，尤具心得，阐发《内经》《金匮》精微。每遇奇疾大症庸医束手，经先生一诊，无不应手取效，而诊断胎脉更百不爽一，故人皆以儒医目之。

王　杰　府谷县黄甫红泥寨人。少好读书，慕杨溥学行，负笈从游。家贫薪水不给，日啖一食。夜燃柴苦读。以岁贡咸宁县训导，未赴任卒。

王　禄　府谷县黄甫红泥寨人。清代将领。为邑诸生。少有大志，工骑射。志在投笔从戎。清雍正七年（1729），随川陕总制岳钟琪西征有功，升广武营把总。后岳总制深器之，升禄为广武营千总与守备。与敌战中身中数枪，犹力战，不屈而死，时年三十岁。军中闻讯，莫不痛惜。后诏赠武略将军，赐祭葬银四百两，以千总荫子。

王万协　府谷县城人，字中甫。同治丁卯举人。性孝友颖敏，有操持，见书辄解。虽值穷乏，一介不苟，平生曾未经心家务，唯热心于民生利益之事。

王为垣 清末民初人，万协子，字掖臣。秉性纯厚，学识渊博，精通《周易》，当时人称"陕西文豪"。曾于五虎山、磁窑沟、玉帝楼、明伦堂等地设教，终身讲学。清光绪、宣统年间，荣河书院改为高等小学，他受聘担任教员，并协助办理校务。其时，正值新旧变革时期，为垣施教治学，大胆摒弃旧习，竭力和时代合拍。办理校务悉心尽力，登台讲授诲人不倦，颇得师生敬仰。民国十一年（1922），学生们为永志先生美德，立德教碑于县城南门外。为垣工于隶书，喜好研究术数，颇有心得。教学之余，勤于笔耕，著有《周易援象》《解易》《依韵释字略》《三字纬》《府谷乡土志》等书。

王汝翼（？—1868） 府谷县黄甫堡人，字明甫。岁贡生。品行端方，学识渊博，工书法，与黄甫游击荣光友善。同治七年（1868），回军进入府谷北境，他与游击荣光相约死守。同年闰四月初，侦探到回军进入边境，荣光到河曲请援兵，交付黄甫堡空城与汝翼。荣光刚渡过黄河，回军突至，城被回军攻陷，汝翼遇害。不久，回军离去。荣光返回城堡，抱汝翼尸体哭曰："幽冥之中，负此良友。"清廷赠汝翼云骑尉，世袭。

王金禄（1835—1897） 府谷县县城人，字斗山。少时求学于三晋名儒阎绍丕先生门下，后家贫辍学，从事实业，数年间竟成大贾，积钱十多万元，驰名遐迩。然而，金禄喜读书，好施舍，经商非其所好。本县书生刘学孔、吴乙臣学业拔萃，苦于向学无资，不得不辍学谋业。金禄及时解囊相助。后来二人双双赴考登科，金禄因之被时人誉为"济世之才"。县城人苏过义，为穷所逼，欲鬻妻以活命。金禄知之，立即助以款项，使苏过义夫妇未成破镜，且白头偕老。一次，金禄在县城黄河畔闲游，忽然隐约看见河面漂着一人随波逐流，急命水手捞出解救。经详问备细，方知该男孩系口外人，十四岁，失足落水。于是将其领回自家抚养，半年后又出资派人专程送返其家。王先生常以少时未能饱读经史为憾。四十岁时，便毅然聘请县城庠生张典在县川商号内设馆讲学。委人代办商务，自己悉心听讲，苦读深究，起早贪黑，三年如一日，后来发展到读书成癖。每遇不顺心事，或自己朗朗诵读，或命儿辈大声背诵，以此排忧自娱。金禄教子有方，两个儿子均科甲及第。清光绪二十三年（1897）十月去世，年六十二岁。

王曦世　府谷县黄甫红泥寨人，字帝载。岁贡生。少孤，事母以孝闻。性聪敏，精医术，视人疾如己疾。无论何色人称疾，即往不受谢，虽夜卧数起不嫌烦琐，以故时人称其医德，一时名重四乡。当他八旬寿辰，地方文武官咸造庐称祝，亦一时之荣也。年九十岁，一天早起自正衣冠，谓家人曰："吾将死矣！"遂瞑目。子六人，孙曾甚众，有拔萃掇武科者。

王翰轩　府谷县黄甫红泥寨人。庠生。精敏好德，家产富裕，喜施予。乡人有受惠多者，愿卖地以少为酬。轩曰："若有地，食尚不给，去地，何人自立耶？且我以有钱尽得若地，令若无地可耕，轻去其乡，祖宗茔墓，春秋失祀，予与有罪。"于是各还其地，并根据乡人家庭贫困情况给予周济。翰轩还在村中设立社学，令季子王瑞为社学长，择灵秀子弟一齐授业，不取乡人子弟分文学费，常常支付老师薪水和学生纸笔砚墨费用。当时，从学者三十余人，其中食饩者八人，明经五人，都是翰轩资助学业的成就。乡人称颂不已。

王恒元　府谷县城西关人，字尧阶。清末，府邑商界中一时闻人迭出，地方礼教与实业均赖以不坠，恒元即其中之一也。恒元生平事母待弟以孝友闻。恒元二子九思、九皋，先后以举人拔贡获选，寒门释褐，科第连登，人皆指为善之所报云。及至晚年，尤善办慈善事业，被称为"商界中之完人"。

王　衡（1881—1958）　府谷县麻镇人。清朝光绪秀才，人称王红先生。先后在内蒙古准格尔旗沙圪堵大石拉塔、马栅小占、府谷县墙头、清水马连圪垯和麻镇街授课讲学。先生品德高尚，弟子众多，在东乡享有美誉。

邓志敏 府谷县黄甫堡人，字健庵。有膂力，精骑射。十六岁入武学，屡科不第，退就农业为生。平生谨慎自持而喜为义举，乾隆二十三年（1758），因堡中义学修缮资财不足，将所置地三十余垧半价卖出捐献义学以备修缮费用。黄甫堡东有大缠坡，是山陕通衢道路，坡长且陡，每年暑月冬雪，苦无暂息之所，志敏于东西坡界山顶创立关帝庙一楹，茶坊二间，庙夫一人。在附近置地数十垧，俾有养膳，兼施茶水，以济往来行人。乾隆三十四年（1769），县学宫东西两庑年久坍塌，志敏呈禀请捐银二百两，亲自督工，重新修缮。尤笃于宗族，凡子侄有困乏者，常为周济。遇孤寡病残者，特意抚恤。卒年六十五岁。去世之日，乡党咸为悲恸。

孙翔林（？—1843） 府谷县镇羌人，字梧喈。自幼聪慧异常，人以神童目之。喜读书，能文章，县令甚为嘉赏。延入署内亲为训课，不数年，学业大进，道光十四年（1834）中甲午举人，道光十五年（1835）中乙未科进士，道光十八年（1838）以二甲点词林留馆，授翰林院编修，国史馆协修，道光二十三年（1843）卒于京寓。著有《木天清课诗赋集》等。

冯允中 府谷县清水堡人，清代将领。少名登阁，年少时旷达大度，胆略过人。常走河套，寄居叔父家。后自念非长久之计，欲赴榆充兵。至榆营，以军功授把总，历官至四川冕山营守备，在川陕总制岳钟琪帐下做事。后随年羹尧出征青海，屡立战功。曾路过府谷，本县官绅置酒款待，允中婉拒，声称王命在身，不敢叙乡情。乡人肃敬，皆称其有周亚夫之风。后允中以功升至陕西火器营参将。后升汉中营副将，转云南开化、湖广襄阳两镇总兵。后奉旨调四川成都提督管西大同总兵事，西大同系新设，人皆耕作为生。允中到任后，廉洁供职，爱兵如子，德威三军，为人称颂。其后代寄籍四川成都府，多显仕。

刘鹏声 府谷县镇羌人，祖籍延安临城，字程九，鸿声胞弟。清初将领。少时性格持重，行孝义，喜好读书，为乡人所器重。清初，以军功由千总升为镇羌堡守备。鹏声治军甚严，颇有将才，所部士卒对百姓秋毫无犯。在他戍边初期，时有边患，每次与敌交战，他都身先士卒，冲向敌阵，斩将杀卒，犹入无人之境，被夷人称为刘大刀。后边防安定，鹏声捐俸设立义学，培育出不少学识德行闻名乡里的人才。时值府谷灾荒，饥民比比皆是，鹏声除自己解囊相助外，还积极倡导本堡殷实之家开仓放粮，捐资筹钱，以解饥民之危，救活了不少饥民。年甫壮，以劳瘁，卒于官。遗子之翰，年九龄。妻孟氏苦节，抚孤成立，无疾卒，享年八十九岁。后堡官杜肇升以"节寿可风"，追恤其门。

刘永昌 府谷县城刘家川人。素有善行。高有才之变，夜间从东城跳下，有一赤面长人与一白发老妪扶持住永昌，竟没有摔死。他匍匐到李家洞，饥饿疲劳至极，忽得一大蔓菁，在洞中躲藏了两天两夜。家中十一口人被高有才杀害，其父下落不明。后永昌至兴县尹家遇父，并寻得一份货木营生。过了几年，永昌颇有些资财，回家即建刘家川之关帝、观音二庙。

刘尔琏 府谷县城人。嘉庆十三年（1808）夏某日傍晚，如厕偶见墙头遗弃一囊，拾视之，累累然，内充钱帖三百余千，值银三百余两。明日，尔琏于街衢中贴一知单，即有天兴德商号伙友来家寻觅，叩其数与所拾相符，遂慨然归赵。该号欲以百千为酬，尔琏坚辞不受，乃题"拾金不昧"匾额四字于门，以志其德。

刘时新 府谷县傅家墕人，字学孔，父浴川。以诗书世其家。时新长身鹤立，聪颖过人，能文章，工书法。清光绪十七年（1891）辛卯科本省乡试中式副榜，遵例就职，由吏部选用为安徽广德直隶州州判。在位四年，甚洽民情，上宪重视之，委办急赈。时新办理得法，全活者不可胜计，以异常劳绩保知县并加花翎同知衔。在任上病故，年仅三十九岁。时新知机识时，通达政体，经世有才，尚未尽展，时人惜之。

刘 杰 府谷县傅家墕人。邑庠生。居孤山口外之后沟门村，耕作为生。曾拾得白银六七百两，等到失主出现后如数归还，失主以百金相赠不受，后为立匾"拾金不昧"。

祁九功 府谷县黄甫堡人，字子崇。同治年间协助吴士英办团练，防范回民侵扰有功。堡民难忘，立功德碑志其事。

李 清 清初府谷县黄甫堡李家寨人。生性慈善，在蒙边经商信用昭著，颇为蒙人所敬慕，所携去之布匹货物尽数可销。发家后，对于地方各种慈善事业无不尽力提倡，时人称李善人。

李 谡 府谷县黄甫堡人，黄甫堡监边千总李一桂次子。少倜傥，有大志。性乐善好施，笃于孝友。雍正七年（1729），清廷进兵巴里坤，一桂病，谡代父出征。从征八年，卧雪荷戈，从无懈怠。族弟李蒙家贫，谡抚其长大并为其完婚。李蒙死后，其一子二女均由谡抚养，乡人赞其德义高尚。县令欧阳照知谡事迹，举荐其为乡饮耆宾。

李天春 生于清末，府谷县麻地沟人。出身豪门，却向来不吝财钱，常仗义疏财，接济贫困。每遇乡里无粮者或婚丧大事无力筹办者，皆量力资助，不图报答。大边口至古城的便道是当时本地到后套的必经通道，但河道无桥，每年开春时节，冰解水寒，行人无不为涉水过河所苦。他便捐资在河上架设木桥，往来行人赞不绝口。道光十三年（1833）禀请捐钱七百千，以其利息助乡间孤贫养家糊口。又捐钱五百千，以其利息用作文武童院经费。诸如此事，天春终生所为不知其数。天春终生喜好行善，因之，乡党父老对其敬重之至，受益百姓更是感恩戴德。

杜武勋 出生在镇羌堡，肇升长子。清代将领。武勋身材魁伟，少有大志，年十八为廪生。后念先世多以武功显赫，遂投笔从戎。果以军功历官至云南鹤丽镇标中营游击。武勋从军当值以来，夙兴夜寐，因劳累过度，终卒于官任上。清廷奉部文照阵亡例，赠恤，其灵柩返回镇羌堡安葬。

苏 鹏 县川人。由监生考授县丞职，后以年老未就选。性最孝，事母杨，勤顾养。迫于家计，远方服贾，常具方物省候。兄弟间亦极友于，至老无间言，多隐德。南关逼临黄河，恒苦水患。鹏于前、后输建两桥。邻族间有急者，辄周恤，无德色。有争讼，务委曲解劝，人服其公正。妻杨氏，亦极孝，尽妇道。凡处妯娌，待仆下，俱和慈，有贤声，乡里籍籍称之。

苏克生 府谷县城人，字稚滨。好读书，有文名。入学虽早，但屡科不第。康熙二年（1663）以岁贡谒监考天下贡元，除州同知。未仕卒。

苏　雅 府谷县城人，字秀双。生而灵异，丰姿秀美。少有文名，年十六应县试第一名，以母忧未院试。后又第一名，补博士弟子员食廪饩，苦志读书，肄业长安书院，为关中名士。待人忠厚，不苟言笑，屡院试第一。年甫四十卒。

苏　毅 府谷县城人，字公双。六岁失慈，事继母至孝。选授沔阳县训导。甫莅任，见学署荒凉，即有志修葺，后积俸百金，悉捐修理学宫焕然一新。年七十一告归，又四年卒。

苏　藩 县川人，字潮馨。少孤，为人诚恳，家贫到自己日食一餐，但竭力让继母美味不绝。乾隆三十年（1765），旌表建坊入祠。子天秀，庠生；天龙，国学生。

苏遇龙（1725—?） 县川人，字德水。少聪敏绝伦，方四岁，母亲即教之读书写字。及长，工书法，勤问学，淹贯宏通，名声大噪。乾隆十二年（1747）肄业关中书院，与韩城状元王杰同受知于陈榕门相国。明年，举于乡。戊辰，馆京师少宰程海岩署。时翰林大考，先是钦命《四极四和赋》，皆不识出、何书可解。掌院首辅张文和代奏请圣训，因改《竹泉春雨赋》，考后翰林院仍查不著。遇龙与其同年曰："此出《周髀经》东西南北之极，以子午卯酉为和，商子告周公云然。"于是一时称为秦博士，时年二十三岁。壬申进士，殿试二甲。寻授浙江龙泉县知县。本经术以为治，不求闻达，而士庶爱戴。癸未，丁父忧，期满调任江西德兴县。庚寅秋，抵任，亦以治龙泉者治之。越六年坐事，免官。后数年卒。

苏　棨（1783—? ）　府谷县城人，字信甫，号临溪。清嘉庆九年（1804）甲子举人，嘉庆十六年（1811）辛未科进士。初任河南阌乡、延津知县，守父丧后补广东琼山知县，后升任雷琼海防同知。卒于官。历任豫粤，前后俱有能名。性敏达，勤干，不少懈，尤有异人者，以富家子作吏而最能体察民间疾苦。

苏其沂　县川人，字鲁源，号簏和。嘉庆庚申举人。自幼从阎廷琳学，姿禀少拙，而嗜学异，常忘食忘寝，面壁以冥索者屡日。一旦豁然有悟，曰："道在斯矣！"于是文思大进。凡所传习，多有心得。廷琳尝曰："其沂之鲁，参（曾参）之鲁也。"廷琳殁，继讲习者难得其人，所以请其沂继任。其沂本所得廷琳薪传，以为后学津梁，随事诱掖，语焉必详。山右邻境之士亦多负笈来学，经其指授皆克有成。当时谓廷琳之道，其沂传之云。

苏　梴　府谷县城人，字子长。岁贡生，同治乙丑年恩贡。幼聪慧，勤问学，善属文，有昌黎之风。未弱冠即成名人。当回民犯境时，知县郎鹤鸣因梴素有老将军之誉，让梴督练鸟枪手五十人防城。梴亦深谋竭虑，严密防守。回民退，褒奖以教谕，本班先用。不久，掌管荣河书院。战火中书院损毁严重，梴发愤振兴，恢复原貌。人文蔚起，苏梴贡献较大。年七十六，卒于家。

苏兰第　府谷县城人，字香楣，棨之堂叔。素有大志，性挥霍，荡产倾家不少惜，以故落魄离乡，流寓京邸，发奋自勤，于道光癸巳成进士，任湖北通山县知县。因未及时征收赋税免职。

吴廷瑜　府谷县西关人，字玉轩。生平好行善事。顺治四年（1647），高有才之变，廷瑜父封楚因索粮不与，与兄长廷璠、少弟正七俱遇害。廷璠子方八岁，流落不知踪迹。廷瑜时年十九岁，痛父兄之非命，念宗绪之一脉，乃于神木寻获负归，奉养寡嫂，抚恤孤侄，乡人德之。

吴士英 府谷县黄甫堡人。武生，勇毅精干，有胆略，多权术。同治七年（1868），回军犯府谷北山一带。知县郎鹤鸣倡办团练，命令各堡镇士绅拒敌。于是县城中设有左、中、右、前、后五营，每营派一官一绅带领。又练鸟枪手五十人，由贡生苏梃带领。当时堡人推士英为团长，与贡生魏晋源守天成寨。士英谋划甚详，防御严密。回民终不能破寨，堡人感恩戴德，立双义碑以志不忘。

吴道南 府谷县城人，字子衢。自幼耳聪心慧，好读书，悟道最早。家素清贫，兼学岐黄术，颇有得。卖药不讨偿，疗疾不索谢，是以屡空，且间有不举火之时，而坦然自若不为忧。子懋寅、承寅俱勤学食廪饩，不满四十相继卒，遗诸孙尚幼，家益落，道南不以境累心，安贫乐道，有颜子箪瓢陋巷风度，士林咸倾慕之。死之日，同学代买棺殓葬焉。

吴乾元 府谷人，字乙臣。以拔贡分发山西直隶州州判。因办理赈务时救活饥民甚众，保知县并援例加花翎同知衔。宣统三年（1911）十月，府谷哥老会侵害百姓，在此危难时刻，杨琼、吴乾元挺身而出，为

百姓除患。翌日，百姓倾城隆重庆贺，立功德碑以志其德。

杨白隽 府谷县黄甫杨家川口人，字眉公，号玉溪先生，顺治二年拔贡，庠生。处幼勤学，酷爱诗书，少登选拔除授县佐，初任北直内黄，次任江西临川。居官清正，不以官卑屈节、阿谀逢迎，以故不获见容，于当途年未五旬而致仕也。退居林泉，清操益厉，日事吟咏，手不释卷。尤喜草书，笔翰如流。

杨　溥 府谷县黄甫杨家川口人，字天如。少时即以圣贤自期，忠厚待人。入学以后，留心钻研理学，以致废寝忘食，深有所得。设教于村，两河从游者甚众。以敦行孝悌为先务，而学以成之，一时所就如王翰岳、杨文藻、王杰等皆为积学力行之士。溥素有威重，寡言笑，人无敢慢。乡里有争构者，就请他评断，人皆畏服。以岁贡授训导。未仕卒。

杨　业 生活于清乾隆年间，府谷县傅家墕狮子城人，字宋勋。少时聪颖过人，外传六岁时就过目成诵，乡人以神童誉之。后悉心勤学，年十八举进士。以文名，同榜称为"杨无敌"。出任山东泰安府东阿知

县。乾隆二十二年（1757），山东发生特大洪水灾害，依山湖、南望湖之水涨溢，山岸一片汪洋。百姓的生命财产损失惨重。杨业奉旨疏河治水，水患遂除。本来两湖都不在东阿境内，但朝廷因其办事勤敏，精于治水，特委他治理。杨业在东阿任内数年间，颇有政绩。卸任后，东阿百姓自发为其伐石颂德。后授汉中教授，汉中郡守素知杨业学裕品端，聘为汉南书院兼训多士。杨业一秉白鹿洞规条，汉中士风大振。俸满后道府皆欲保举令复膺民社任，杨业以疾辞，卒于家，终年五十四岁。

杨　敦　府谷县城西关人，字念斋，号学山。性敏谨，勤问学。雍正十三年（1735）乙卯拔贡，乾隆九年（1744）甲子举人，乾隆十年（1745）乙丑科进士。曾任浙江新城知县十二年，以疾告归卒。著有《学山遗稿》及《学山诗集》等。

杨毓江　府谷县城西关人，杨敦孙，字济川，号作舟。乾隆五十三年（1788）戊申举人，乾隆六十年（1795）乙卯进士。由户部主事升郎中，补授湖北施南府知府。毓江天资爽朗，性纯孝，九岁失怙，事母三十年，至孝。道光十五年（1835）奉旨入祀乡贤祠。

杨嘉德　府谷县城西关人，毓江次子，字乙峰。道光十五年（1835）乙未科举人，为文近古体，又平日常阅读书籍，不多作文，以故年近五十始登科第。嘉德自幼聪颖，随父读书，积学宏富，还常博览群书，手不释卷。大学士王鼎重之，延为子师。嘉德性纯洁，寡嗜欲，学问尤深，横逆不校，尤笃于孝友。年六十四病故。

杨翼孙　府谷县城西关人，毓江孙，嘉德仲子，字燕贻，号小峰。同治癸酉（1873）举人，光绪丙子（1876）进士。特授凤翔府教授。性和易，积学优裕，涵养纯粹，有"望俨即温"之态度。与胞弟举人振孙俱以文著，家贫，教书糊口。回军犯境时，避乱居城，无教学处，恶岁及砚田，有夜寄宿、日一餐之苦，而犹勤学不辍，洵可谓忧道不忧贫者矣。乱平，取科第，任凤翔府教授，所教学生，凡考列前茅者，均出私囊奖之。计在任十年所成就者甚众，府学训导常际盛，经其指导亦登科第。年六十一卒于官。子琛、珩皆克负荷，恂恂有儒士风。

杨　琮　字瑞臣，府谷县城西关人。先辈曾中八代科甲。杨琮熟读经史，博学广闻，长游四方，志气远大。甫弱冠已远近驰名，识者以为将来公辅之器。光绪二十三年（1897）丁酉科选拔贡生，朝考后就职山西直隶州州判，后弃职返里。

张世忠（？—1645）　府谷县黄甫堡人。明末清初将领。少有大志，充密云镇兵丁，随征有功，升密云守备。因兵哗革职留用。崇祯十三年（1640），巡抚王继谟以镇压农民起义有功，复提其为守备。后转任密云本营游击。崇祯十七年（1644）李自成起义军攻陷京师后，以兵败弃职归家。顺治二年（1645）出任石塘路参将，战死。

张嵩年　府谷县哈拉寨川野麻湾人，字镇甫。父射斗，精于医。嵩年少时应童子试、县试皆第一，补博士弟子员，学使甚器重之。自是以能文章名于时，踵门求学者络绎不绝。嵩年多设教于孤山及县川，前后三十年，门下士拔萃及登科者不在少数。士林景仰，为一泰斗。晚年成贡生，主讲荣河书院。四方求学者无虚日。生平手不释卷，研究《左氏春秋》，不乐仕进，终老于西川之沙梁，耕田而食，享年八十二岁。

张正行　字中翁，府谷县尧峁村人。乾隆二十九年（1764）甲申科贡生，乾隆四十八年（1783）春任乾州（今乾县）训导，乾隆五十三年（1788）归乡，主持修建祠堂、纂修家谱，倡办私塾，为地方文教做出了很大贡献。

张得中　府谷县城官井人，字子舆。清庠生。素喜涉猎医书，晚年遂以医学著名，其术喜用重剂，长于进攻，颇为一般人所称道，惟家资殷富，不以医术为生，故求诊颇难耳。

高登陛　府谷县府谷镇高家湾人，字觐宸。少孤贫，至食糠秕。勤学苦读以中进士。历任山西沁源、翼城、文水、太谷诸县知县。登陛执法严明，办案有方，在沁源任职九年，以疾辞官告归。临行，沁源百姓涕泪相送，不忍分手。

高诵先 府谷县府谷镇高家湾人，字清丞。由廪生中式光绪壬寅（1902）补行，庚子辛丑恩正科举人。旋由举人考入北洋法政学校肄业。毕业后复经文法官考试试验合格，先后以县知事法官分发山西，曾充山西阳曲初级检察厅检察官、太原地方审判厅推事等职。清丞幼嗜文学，生有异才，平素喜读前四史、唐宋八家文学，李杜诗歌濡染既深，故下笔即卓然成家。法律知识与经验尤为宏富。民国八、九年间，绥陕划界案起，地方人士以君法学湛深而笔墨又能副之，金推君以沿边六县公民代表资格拟稿向中枢及参众两院力争，结果公理果战胜强权，陕北各县仍得隶属陕省而多年讼争不决之绥陕划界纠纷予以彻底解决，此固陕北各界人民抗争之力然。年不满花甲而卒。

柴 兰（1773—1826） 府谷县木瓜堡柴家塲人，字芳斋。年十二即佐父理家务，而以闲从师读，则斐然能文章。二十一岁入邑庠，旋以高等食廪饩。性沉毅端严，重礼法，笃伦理。以道光丙戌（1826）卒，年五十三岁。又二十五年，以子立本官延津、太康县知县，赠文林郎。

柴立本 生活于清朝嘉庆、道光年间，柴兰子，字道村。少聪颖，道光十七年（1837）丁酉拔贡。道光十八年（1838）参加朝考，以知县用。分发河南，历任灵宝、延津、太康等县知县，多有政绩。在任太康县令期间，曾因奉朝廷命令总领修补黄河缺口而获重奖。离任时，购置大量图书返籍。自归籍，除为群众行医治病外，凡遇地方一切兴利除弊事，无不极意成全。种种急功之务，更仆难数。

阎抡阁 府谷县城人，字擢天，号紫峰。天资聪颖，勤学上进，乾隆五十一年（1786）中举人，乾隆五十二年（1787）中进士。初任直隶南宫县知县，守父丧三年后任广东增城及花县知县。因政绩卓著，调补南海。在任三年，提升罗定州知州。后告归在籍。晚慕王阳明学行，意颇专注，喜施予，常帮助邻里渡过生活难关。倡捐书院，生息出资修文昌祠，种种疏财以行德之事不一而足。有四子。长子道凝，贡生；次子道生，庠生；三子道法，道光五年（1825）乙酉科贡生；四子道修，庠生。

阎廷琳 府谷县城人，字玉山。乾隆三十八年（1773）甲午科举人。曾主讲荣河书院近二十年。任鄜州学正，以老告归，寻卒。弟兄四人，俱有文名。学优养深惟廷琳为最。远近争以子弟相付托。廷琳亦以师道自立，勤训诲，善引诱，以故从游而学成者，或以明经进，或以拔萃选，取科掇第登甲榜者有六人之多，一时有进士模之号。

阎步阁 府谷县城人，廷琳伯兄廷瑜子，字近天，号东峰。幼秉英姿，峻巍表异，好读书，寡嗜欲。有山峙渊渟之度。从叔廷琳学，中乾隆乙卯举人。主讲荣河书院，多所成就，不独邑中桃李尽属其门，而邻封异域沾化雨而坐春风者亦不乏人。卒年七十三。葬之日，山陕门人同为诔文以纪盛德，并立遗教牌以志不忘焉。

阎煜阁 府谷县城人，廷琳子，号谷峰。恩贡生。诗礼亲承，不尚口耳。章句之学，潜心苦索，务得真诠，学问深纯，品重乡曲。公请主讲荣河书院，以为多士矜式。煜阁性谨恪行，端表正，遵先人遗规，训课讲解语必尽其精，戒矜夸，不轻许可，务使学归有用。邑人称之谓"父博于文，子约以礼"，盖前后媲美云。

阎亮阁 府谷县城人，字翼天，号龙峰。清乾隆六十年（1795）乙卯本省副榜。嘉庆五年（1800）庚申顺天副榜，嘉庆九年（1804）甲子顺天举人，嘉庆十三年（1808）戊辰科进士。授翼城县知县，历任九年，有官清民安之颂。守父丧回籍，并开始主持荣河书院的讲学教授各事。后以疾卒。道光十四年（1834）奉旨入祀乡贤祠。

阎道行 府谷县城人，字子英。道光癸卯（1843）举人，同治壬戌（1862）进士，钦点即用知县。签掣福建未仕。年七十三以讲席终。幼聪慧见书辄解。以矜式多士长荣河。未久，又长神木之文兴，并长保德之

莲峰等书院。而道行亦以成裁后进为己任，勤启迪，善诱导。两河人士多所造就。

能　惟　府谷县府谷镇赵家石窑村人。号静一禅师。十二岁入千佛洞为僧，诵佛经兼读儒书，俱能迎刃而解。及长，虔修佛法，皈依三宝。尤能整顿教规。其徒曾有不守清规者，密令其自出，告白辞退不忍妨害其名誉。对心经尤能领悟。练达人情，对于洞中往来诸人，尤善应付与招待。又雅好文学，慷慨仗义。曾自动捐本县中学大洋五百元。

傅维新　府谷县墙头冯家会人。居家孝友，有学行。以岁贡初任清源县县丞。清慎奉职，勤于政治。年六十告休，优游林下，时与族党相欢集，咸称有"二疏"风（汉宣帝时疏广与侄子疏爱散尽家财资助穷人，鼓励子孙安分守己，辛勤耕读）。

韩登瀛　府谷县木瓜人。幼颖敏，喜读书。顺治八年（1651），以恩贡被任命为河南开封府新郑县知县。上任后，劳心于公务，从政清廉，办事公平。新郑县地处交通要道，过往使者、兵士络绎不绝，给当地百姓带来很大负担。特别是繁重的差役使老百姓叫苦不迭。登瀛深为民苦所急，极力拯救，以至捐俸禄和变卖家产以济民困，一时美名传遍新郑城邑。上任两年后，以年老抱病告归。离别之日，新郑百姓倾城送别，攀辕塞道，洒泪告别。年七十而卒。

蔺芳仁（？—1648）　府谷县黄甫堡人。明末清初将领。以兵丁随征有功，授火器营千总。芳仁有谋略，敢战。明亡弃职归家，不求仕进。顺治五年（1648），时值高有才反清，前哨及府谷知县惊慌失措，知芳仁有谋略，请与知县刘宏达共御高军。芳仁慨然赴县，知兵弱不能敌，遂用火炮于南西两门内暗伏，用诈降计引高军入门击之。有才知芳仁在城内，未战请降，疑有诈。遂于赵石窑扎营，使前哨分道入城。将入门，清军火炮齐发，高军死伤甚众。有才大怒，率众由北门攻入，芳仁见事败，遂自尽于学宫前孙家拐角。

第九章

中华民国

（1912 年 1 月 1 日——
1949 年 9 月 30 日）

麻镇中山中心学校校门

第一节 | 辛亥革命后的府谷

1911 年 10 月 10 日，武昌革命党人起义，推翻了湖北的清政权，全国各地纷纷响应。10 月 22 日，陕西同盟会武装起义，光复了西安，成立了以井勿幕等人为首的"秦陇复汉军政府"，张凤翙为秦陇复汉军大统领。11 月 22 日，榆林洪汉军起义，杨昆山被推举为秦陇复汉军洪汉军榆林分统，榆林光复，他委派了光复后的各县新县长，并且安民布告全城。布告表明了起义的目的，第一次在陕北历史上宣布建立民主之国家政权。

民国时期府谷后街"秦晋咽喉"牌楼

民国十二年府谷县各界欢送蒋正南县长旧照

　　府谷等县纷纷拥护榆林洪汉军的起义。1911 年 12 月 26 日，榆林洪汉军管带陈天才携带印信和革命军布告进入府谷，他与当地哥老会首领孙占彪、阮玉秀、张应成等人合作，动员当地"哥弟"数十人，光复了府谷县城。但是，府谷哥老会将县城作为自己的码头，私征税款，招收弟兵，威胁官绅供应勒索饷银 9 万两，扣押清廷知县林超章、山西州判杨琮（府谷籍）、山西知县吴乾元（府谷籍）等，县内人心惶惶。县城民众激于义愤，手持刀棒抢回林超章等人，击毙陈天才、张应成等人。1912 年春，河套安抚使裴廷藩巡行至府谷，筹建民国县政府。裴带兵镇压了府谷的哥老会，杀死了孙占彪和阮玉秀等人，府谷新知事阎廷杰整顿秩序，安抚百姓，府谷逐渐安定。

民国元年（1912），府谷县政府成立，县署设在府州城。知县先改知事，后称县长。六房废除，先设财政、教育实业诸科，各置科长1人，科员2人。设县长1人，秘书1人，科长1人，指导员4人，督学3人，技士1人，一等科员6人，二等科员5人，三等科员5人，事务员11人，雇员9人，工役9人。又设合作主任1人，合作室三级指导员2人，卫生助理员1人，动员委员会助理秘书1人。

民国三年（1914），复改为第一、二、三等科，裁科长各留科员1人。又设承审员专办理司法，警察所维持公安，学务局督理学校，财政局管理地方财务。至所属各堡镇仍沿绅士乡约牌头旧治。后将第三科归并于第一科，二科仍旧，学务局改称劝学所，警察所改称警务处，财政局仍旧。迨北伐告成后，县署改组，县政府除各科仍旧外，复设财务、教育、公安、建设四局。全县乡镇共划分7区，各设区长、乡长、闾长等职。嗣又裁局并科，财务、教育、建设均归县政府设股办理。公安局先归并保卫团，后均裁撤。增设卫生股，各股均设助理员。保卫团丁改编为政警队。民国二十三年（1934），区制改为联保制，全县共编为二十三联保。民国二十八年（1939），缩编为十四联保。民国二十九年（1940），又缩编为七镇（特区西津镇在外），即荣贵、天平、花坞、松翠、凤凰、连城、君子等。镇公所各设镇长1人，干事1人，事务员1人，镇丁5人。保办公处各设保长1人，保干事1人（兼充），保丁1人（由自卫队丁调充）。至是县政府除旧有教育、民政、财务各科外，民国二十八年（1939），增设禁烟、兵役两科。民国三十年（1941），改为民、财、教三科。民国三十一年（1942），复增设粮政科，合作指导室。民国三十二年（1943），改为一、二、三、四等科及合作指导室。

县政府附属机关

财务委员会　民国二十九年（1940）11 月成立，负责办理地方财政审核及出纳事宜，每届年终即行改组。财务委员会在前永裕仓旧址改建办公。本会设主任委员 1 人，副主任委员 1 人，委员 12 人，委员兼审核主任 1 人，委员兼出纳主任 1 人，另用事务员 1 人，书记 2 人。

设计考核委员会　民国三十二年（1943）8 月成立。设计考核委员会附设县政府内办公，为实行行政三联制度，采取分层考核办法成立本会。设主任委员 1 人，由县长兼任。副主任委员 1 人，由秘书兼任。委员 6 人，由一二三科科长、合作指导室主任、司法承审员等兼任。又设文书主任 2 人。

教育款产保管委员会及各分支会　民国三十二年（1943）7 月间先后成立，负责办理全县教育款产保管及出纳事宜。教育款产保管委员会在财务委员会内办公，设主任委员 1 人，委员 9 人。又于君子、凤凰、连城、天平、松翠、花坞 6 镇，各设分会 1 所，黄甫、清水、木瓜 3 地各设支会 1 所。其分支会均设主任委员 1 人，并设委员 5～7 人。

文献委员会　民国三十二年（1943）8 月成立，负责办理征集、保存本县境内一切有关文献材料，并古物事宜。文献委员会在县城南门外千佛洞内办公，设委员长 1 人，委员 8 人，书记 1 人。

体育运动协会　民国三十年（1941）成立，县长高克恭任会长，日常管理工作由教育部门负责。

农业推广所　民国三十二年（1943）9 月成立，负责办理推广农业事宜。农业推广所在县政府内办公，设主任 1 人，指导员 1 人，助理指导员 1 人。

粮政科　民国三十一年（1942），成立粮政科，管理征收粮食事宜，下设沙墕、孤山、镇羌粮仓 3 座，城内又增设义仓 1 座。

司 法 县司法仍由县长兼理，并沿承审员旧制，在民国三十年（1941）前仅设承审员 1 人，检验吏 1 人。后添设军法承审员 1 人，书记 1 人，录事 2 人，执达员 1 人，公丁 1 人。民国三十二年（1943），又增设司法警察 4 人。新监狱亦未成立，仍沿用旧看守所，设所官 1 人，医士 1 人，主任看守 2 人，看守 4 人，所丁 1 人。

警 察 县警察创始于清光绪末年。初设警察公所，所长由县长兼摄，在县川观音殿办公，招警丁 10 人，专负巡逻市街，维持治安职责，所需经费由商号按月捐助，规模甚形简陋。民元后，警察公所改为警察事务所，扩充警士至 20 人，设警务长 1 人。所长仍由县长兼理，移至西关外关帝庙办公，并在街上分设岗位。经费除由商号依照旧规定补助外，不足之数概由地方筹给之。旋，警务长改为警佐，下设巡官，警士亦略有扩充。民国十六年（1927），改为公安局，局长由省政府民政厅委任，警士扩充至 30 人。日常除担任侦巡工作外，必要时派往各乡镇捕剿匪类，至重要市镇酌设警察分驻所，而实力亦增雄厚。民国二十二年（1933）后，裁局并科，改为政务警察队，在县政府办公，复设警佐室，有警士 20 余人。县川设警察派出所，专负侦缉巡逻之责。

民国时期的府谷警察

保　卫　府谷县编组游击队，计一中队，共辖两分队。民国四年（1915），改编警备队，计一中队一分队。民国八年（1919）后，改编为陕北保卫行团第十二、十三两队，各重要乡镇亦有民团组织，捍卫地方。民国二十二年（1933）后，改编保卫团，设正副团总，团总由县长兼理，计辖第一、二两队，后将保卫团改编为陕北保安队一分队，随调赴榆林服务。

自卫队　"七七"抗战军兴后，本县依照社训规程，组织社训队，积极从事训练民众工作。民国二十九年（1940），改为国民兵团。民国三十年（1941），改组自卫队，总队长由县长兼理，下设大队，附训导员、书记等职。统计全县武装自卫队1500人，壮丁队14000余人。

兵役科　"七七"抗战军兴后，县政府特设兵役科，专办兵役事务。1937年，奉令征拨保安队丁15人，送交榆林。民国二十八年（1939）2月，征送陆军八十六师兵185人，又征送骑三师徒步团兵92人。12月，征送八十六师兵70人。1942年，征送骑六师兵271人，至民国三十二年（1943）共计征壮丁768人。

军　防　民元后，军防区域略有变更。哈拉寨、沙梁、镇羌、古城、麻地沟为重要据点。至于大汕、水寨寺、沙窑子、县川、碛塄、高尧峁、马真、盘塘、沙峁头为沿黄河军防据点。因驻防国军不敷分布，时由地方团队酌为配备补充。1919年至1933年，府谷县驻军为八十六师所属部队。至民国二十三年（1934），军队增加，各重要军防据点筑有坚固碉堡。七七事变后，因战事演变，晋绥相继沦陷，府谷县成为国防前线重要壁垒，而抗战军队进攻退守，均以府谷为根据地。除常川驻守之二十二军外，复增加马占山之挺进军，何柱国之骑二军分驻境内，而哈拉寨、麻地沟、黄甫、沙梁、镇羌、孤山、木瓜、清水、高尧峁、沙窑子、大汕、碛塄等处，为军防据点，驻防军队之众为历史未有。

选　举　民国三年（1914），民国政府在府谷设立"参事会"，进行议员选举。当时规定：凡年满 20 岁有选举权，23 岁有被选举权，候选人须经 500 人签名，并登记公告，否则不能入选。选举的程序是：户长会议选出甲长，保民大会选出保长，乡（镇）长大会选出乡（镇）长，报请县政府委任。乡、保副职由正职具保推荐。县议会选出正副议长，报省民政厅委任。经过较为严格的选举，府谷选出了议员 10 多名，推荐一名任议长，成立了正式的民主代议机构。议员中有乡贤、教师、中医等社会贤达，他们都愿意为本县的建设发展出谋划策，有的甚至对知事、分统等军政委员进行监督批评。参事会在府谷出现，百姓有了选举权和被选举权，开了历朝历代之先河，是府谷历史上的一件大事，此为府谷社会的一大进步。

辛亥革命后，民国政府为了改变愚昧落后的习俗，颁布了剪辫、易服和废止缠足等法令，强令男子剪掉辫子，女子停止缠足，用新式礼服代替过去的翎顶礼服，还废除了有损人格的跪拜礼，代之以文明简单的鞠躬握手礼；取消"老爷""大人"之类的称谓，代之以"先生""君"等平等的称呼。清末廪生杨芝林创办了"天足会"，反对妇女缠足，反对男人剃发留辫，他率先在家中禁止缠足，又积极倡导女子接受教育，自刻字母表，邀请邻里女童在他家学习新文化。在政府倡导和社会各界有识之士的支持下，府谷民众开始接受外部的新思想、新文化，封建落后的社会习俗逐渐得到改变。

剪辫子

民国时期府谷历任知事（县长）统计表

姓名	籍贯	学历或毕业学校	任职时间
阎廷杰	陕西神木	清廪生	民国元年（1912）
苏宝侠	陕西韩城	失考	民国二年（1913）9月
李惟人	河南巩县	清举人	民国三年（1914）9月
王殿楹	山东高苑	清廪生	民国四年（1915）12月
杨光谋	陕西蒲城	失考	民国五年（1916）9月
张作霖	山西解县	失考	民国七年（1918）6月
孙士彦	山西兴县	失考	民国八年（1919）4月
李荣庆	河南叶县	失考	民国九年（1920）2月
杨光谋	陕西蒲城	失考	民国十年（1921）4月回任
蒋正南	湖南长沙	法政学校毕业	民国十一年（1922）5月
贾垣	河南洛阳	法政学校毕业	民国十二年（1923）5月
余宝滋	陕西安康	清副贡	民国十三年（1924）2月
严用琛	湖北黄冈	清举人	民国十三年（1924）4月
田龙飞	陕西长安	失考	民国十四年（1925）1月
贺弼	湖南安化	清举人	民国十四年（1925）2月
刘继南	河南巩县	法政学校毕业	民国十五年（1926）3月
白中雄	陕西榆林	失考	民国十五年（1926）10月
郭允升	甘肃宁县	师范学校毕业	民国十七年（1928）2月
周郁文	安徽无为	清廪生	民国十七年（1928）9月
赵壁	陕西长安	日本农业大学毕业	民国十九年（1930）1月
杨炳勋	陕西华阴	清举人	民国十九年（1930）10月
胡子毅	山西虞卿	日本法政学校毕业	民国二十年（1931）1月
史仰宋	陕西肤施	法政学校毕业	民国二十年（1931）4月
陈毅永	陕西礼泉	失考	民国二十二年（1933）3月
许伯章	陕西泾阳	失考	民国二十二年（1933）8月
陈琯	陕西沔县	上海公学毕业	民国二十三年（1934）6月
王恭礼	浙江黄岩	陆军炮科毕业	民国二十四年（1935）9月
吕师铭	浙江永康	中国大学毕业	民国二十五年（1936）10月
邱象峰	安徽合肥	失考	民国二十七年（1938）5月
张宪权	辽宁庄河	东北大学毕业	民国二十九年（1940）1月
吴雄章	江苏宜兴	上海大学毕业	民国二十九年（1940）11月
高克恭	甘肃古浪	失考	民国三十年（1941）7月
王俊让	陕西绥德	失考	民国三十三年（1944）
诸承恩	浙江吴兴	失考	民国三十五年（1946）

第二节 | 国民党组织的建立和主要活动

民国十六年（1927），国民党党部在陕北建立，井岳秀任榆林县党部书记。是年 7 月，共产党员李精予、严念祖、张子栋等人协助国民党府谷县长白中雄建立中国国民党府谷县党部，机关设在县城文庙崇圣、文昌两祠内。县党部内设书记、干事、助理干事、秘书、录事等，书记由白中雄兼任。下设区党部、区分部，均设书记、委员。当时县党部实权掌握在共产党员手中。1927 年，蒋介石发动"四一二"反革命政变，国共第一次合作破裂。从民国十七年（1928）6 月起，府谷国民党县长郭允升主持"清党"，李精予、高仰先等共产党员秘密出走。十八年（1929），国民党县党部逮捕了中共府谷县委书记严念祖。同年，国民党陕西省党部派员来县整顿党务，成立府神党务指导员筹备处，王敬轩任筹备委员，着手发展右派分子入党。

民国十三年（1924）5 月，国民党在广州的黄埔创办中国国民党陆军军官学校，史称黄埔军校。府谷刘天鸣（城内人）在 20 世纪 20 年代初就外出

民国时期黄河两岸的府谷、保德县城

到太原、北京、上海、武汉等地求学，他认为家乡闭塞落后的主要原因是缺乏人才。刘天鸣从武汉军校毕业后回到家乡，四处联系，先后将府谷王烈、焦浩桐、杨怀英、苏建民、刘维新、温哲、张万全、韩子佩8人及榆林其他县8人介绍给于右任，进入黄埔军校第四期学习。刘天鸣后来在黄埔军校长安王曲七分校任职时，又亲自回榆林招收了100多名黄埔学员，为家乡培养了一批军政人才。黄埔五期（武汉分校）府谷籍学员有郝枝荣，六期有赵铸，七期有孙友雄。

民国十九年（1930）春，国民党县党部逮捕了共产党员景仰山（县委书记，后叛变）、刘世英、苏建勋。以后，五次"围剿"神府苏区，几乎全部占领神府根据地。民国二十年（1931）成立"党务指导员办事处"，设指导员、干事、秘书、录事等，办公地址设在文庙文昌祠。民国二十四年（1935）8月21日，国民党陕北肃反分会委派赵涛来府专事党务，组织成立"肃反委员会"，国民党员人数渐增，并成立县党部直属第一、第二、第三区分部。民国二十六年（1937）成立"反共抗日同盟会"。抗战爆发后，国民党县党部将保甲人员大部吸收入党，党员增至1000多人。民国

文昌祠（国民党县党部办公地址）

二十七年（1938）成立"自由保障委员会""地方自治促进会""绥靖工作委员会"等防共、反共组织。民国二十九年（1940），国民党党务指导员办事处改为国民党府谷县党部，指导员改称为书记长。7 月，成立"党务计划委员会"。1942 年，县党部将所领导的县农会、商会、教育会、宣传委员会等民众团体移交县政府。

农会在县城内，设理事 5 人，候补理事 2 人，监事 3 人，候补监事 1 人。农会于民国二年（1913）成立。民国十三年（1924）停办，民国十四年（1925）另组劝业所，办理苗圃及农事试验场。至民国十六年（1927），改设农民协会。民国十七年（1928）仍改为农会。民国二十年（1931）春，依照新颁《农会法》改组县农会，辖区农会 6 处，乡农会 35 处。民国三十二年（1943），复依照《非常时期人民团体组织法》组织县农会，并于荣贵、天平、松翠、花坞、连城、凤凰、君子 7 镇各设乡农会一处。

商会在西关观音殿内办公，设理事 5 人，互推常务理事 1 人，监事 3 人，互推常务监事 1 人，候补理事 2 人，候补监事 1 人，书记 2 人。商会于民国元年（1912）成立，设在西关，并于哈拉寨、木瓜各设分会。民国十六年（1927）以前，均为会长、会董制。旋奉令改为商民协会。民国十七年（1928），仍改为商会，并于哈拉寨、木瓜、清水、黄甫、麻地沟、古城、沙梁、孤山、镇羌、碛塄、马真、盘塘等处分设事务所。至民国二十年（1931），改为委员制，设执行委员 13 人，监察委员 5 人，并由执委中互推 5 人为监委，互推 1 人为常务委员。常委中互推 1 人为主席。民国三十二年（1943），依照新颁《非常时期人民团体组织法》改组，嗣后每届一年，依照规定改组一次。

府谷向无工会，先于民国二十七年（1938）成立煤炭业职业工会，继于民国三十一年（1942）复成立民船业职业工会。煤炭业职业工会，设在柳林碛村；民船业职业工会，设在西关。各设理事 5 人，候补理事 2

人，监事 3 人，候补监事 1 人。

教育会设理事 5 人，候补理事 2 人，监事 3 人，候补监事 1 人。会址在县城内。教育会前于民国八年（1919）成立，原设常务干事 1 人，干事 4 人，候补干事 2 人，后经迭次改组，仍属大同小异。民国三十二年（1943），复依新颁《非常时期人民团体组织法》改组。嗣后每届一年，依照规定改组一次。

宣传委员会附属县党部内办公，设主任委员 1 人，副主任委员 1 人，委员 9 人，总干事 1 人，并分总务、编撰、指导 3 组。又依各镇行政区域，划为宣传区队，各设区队长 1 人。每区队设 3 个分队，由各镇中心学校或保国民学校校长、教员兼充，受宣传委员会之指导，分担定期或不定期之乡村宣传。此外，亦作为民众听讲之用。

民国三十二年（1943），全县共建立了 14 个区党部，52 个区分部，国民党员 1342 人。民国三十三年（1944）6 月，县党部专设"战区补给委员会"。7 月，成立"自卫队"。民国三十四年（1945）成立"党政特别小组"，国民党府谷县党、政、军一切行动都要通过特别小组方可执行，时有国民党员 1300 人。民国三十五年（1946），"国民党府谷县非常时期党、政、军、团工作队"成立，时有区党部 14 个，区分部 65 个，党小组 125 个，党员 1289 人。民国三十六年（1947）七月初四日，府谷县城第一次解放，国民党县党部流亡哈拉寨一带，当时全县有国民党员 1180 人，其中有 820 人游离党外。9 月上旬，县党部随蒙古军返回县城。十二月初七，解放军占领府谷县城，国民党县党部流亡麻地沟、哈拉寨。在人民解放军的沉重打击下，其大部分军政人员或死或起义投诚，到初八，国民党县党部及城乡基层组织土崩瓦解。

国民党组织统治府谷期间，采取了整顿税务、改革币制、发展教育，开展"国民经济建设运动"等一系列措施，同时团结社会各界抗日，使府谷经济和社会事业有了一定发展。

国民党府谷县党部历任书记统计表

姓　名	籍贯	任职起始时间及职务
王敬轩	失考	筹建县党部
刘汉斌	府谷刘家沟	筹建县党部
赵　涛	失考	1923 年来府谷成立县党部，并任县党部书记
王俊让	绥德	县党部书记
王继权	失考	县党部书记
梁起宇	府谷黄甫	第六届县党部书记
菅继本	清涧县	1935 年任县党部书记
曹亚华	横山县	1938 年任县党部书记
郭天锡	府谷县城	1940—1947 年任县党部书记

民国时期国民党军政人物及地方名人统计表

姓名	生活时代	籍贯	曾任职务
王九皋	1866—1946	府谷镇	山东省高等法院代理院长
袁宝善	1881—1933	木瓜	陕西省两任省议员，一任省参事，米脂县代县长
邢连科	1882.5—1965.2	哈拉寨	为马占山驻地建筑的能工巧匠
王寿田	1884—1954	府谷镇	国民府谷县商会会长
马占山	1885.11—1950.11	河北	东北挺进军司令（抗战时期驻哈拉寨）
甄树雄	1886—1926	麻地沟	晋、陕、内蒙古接壤区哥老会龙头
柴振清	1890—？	高石崖	米脂县县长
张登阁	1893—1946	高石崖	张家口抗日同盟军第一师师长
张道新	1896—1937	海子庙	陕西 23 县督察委员
刘天鸣	1899—1968	府谷镇	宁县代县长
王秉衡	失考	府谷镇	山东省法院院长
张万全	1903—1932	黄甫	抗日荣获蒋介石嘉奖
李恭如	1903—？	府谷镇	府谷县自卫团团长
郭逢浩	1903—1966	哈拉寨	凤凰镇镇长
王　佐	1904—1992	黄甫	凤凰镇镇长
邬青云	1904—？	大岔	内蒙古第八战区骑兵挺进第四纵队少将司令，1949 年 9 月 19 日起义

（续表）

姓名	生活时代	籍贯	曾任职务
韩子佩	1904—1950	府谷镇	国民党陕西第八区专员兼保安司令
王厚明	1905—1983	麻地沟	君子镇镇长
苏建民	1907—1939	高石崖	团长
郭昌浩	1908—1989	哈拉寨	中校团级军官
慕新亚	1910—1981	辽宁	驻哈拉寨挺进军师长
王子平	1911—?	傅家塔	中校军需主任，1949 年 9 月 19 日起义
孙友雄	1913—1940	麻地沟	民国上尉连长
祁觉民	1915—2004	黄甫	国民党参议院副院长
魏尚礼	1915—1950	麻地沟	国民党中统驻绥远站副站长
边恒彦	20 世纪	新民	府谷县自卫大队队长
胡瀛	20 世纪	府谷镇	国民党西安城防司令
段宝珊	20 世纪	黄甫	国民党骑兵第六师十八团团长
王伟		黄甫	临河县党部书记
王九功		府谷镇	府谷县议员
王树彪		武家庄	朝邑县县长
孙如金		府谷镇	榆林中学校长
孙继权		府谷镇	在三原县开设摄影馆
刘文浩		新民	陕西省政府谘议
刘汉斌		刘大庄	定边县党部书记
张敞		府谷镇	甘泉县县长
李玉溥		府谷镇	旅长，1949 年 9 月 19 日起义
杨珩		府谷镇	临镇县县佐
杨怀瑛		碛塄	团长
杨杰丞		府谷镇	游击副司令
苏椿瑞		府谷镇	酷嗜程朱之学，设馆于官井庙中
吴子屏		府谷镇	中校团副
段振铭		黄甫	骑兵旅副旅长
段振纲		黄甫	骑兵旅团长
胡仁		府谷镇	长于绘画、雕塑术
柴屺		高石崖	中校教官
袁世长		木瓜	陕西省长会署谘议

第三节 | 共产党组织的建立和主要活动

1926 年 8 月，李精予（又名李维勤，绥德人）受中共绥德地方执行委员会的派遣来到府谷，以教员的公开身份在府谷县南门第一高级小学（以下简称"南高"）任教，开展府谷地下党的创建工作。月底，府谷南高党的特别支部成立，李精予任支部书记，高仰先、曹桂芳、刘应成为委员。

1927 年 6 月，在府谷五虎山玉帝楼召开党员会议，到会的共产党员有刘子安、柴培桂、严念祖、李青云、苏铭鼎、刘世英、孙计一、张子栋、李来宾、郭天锡、赵宋贤等。会议选举产生了府谷县第一个共产党支部——南高党支部。张子栋任支部书记，柴培桂任组织委员，李来宾任宣传委员。会议布置了今后工作任务：掌握教育界领导权，派党员到农村任教，发展党员，建立党的组织；重点介绍学生入党；扩大各种群众组织，如"自救会""农协会"等；暑假派学生返乡发展党员，建立党的基层组织。南高党支部成立后，积极开展工作。首先，张子栋、李精予等以教员身份协助国民党在府谷成立了国民党县党部。吸收地下党员在县党部工作，有的还担任重要工作。当时国民党县党部的权力实际掌握在共产党员手中，这为进一步开展党的工作创造了有利条件。南高支部还组织了"天足会"和"读书会"，宣传妇女解放，灌输新思想，培养积极分子入党。同时，在农村积极组织"农协会"，进行清算贪官污吏账目和抗粮、抗捐、抗租斗争。

1927 年下半年，在外上学的学生相继毕业回来，多数通过南高党支部安排到各学校任教，党的力量壮大。12 月，李精予遵照上级指示，与柴培桂等在南高秘密成立了中共府谷县委。严念祖任县委书记，柴培桂任副书记兼青年团书记，郭天锡任组织部长，刘子安任宣传部长，苏建

南高窑洞（1927 年 12 月，中共府谷县委在此成立）

勋、赵同芝任县委委员。县委成立后，首先领导了抓县教育界领导权的斗争。刘子安（共产党员）任教育局局长，选聘共产党员或拥护革命的知识分子担任了 5 所高小的校长、教员。5 所高小成为府谷地下共产党组织开展革命活动的主要阵地。

1927 年，大革命失败后，国民党的"反共""清党"运动波及府谷。1928 年 6 月上旬，李精予、高仰先等秘密离开府谷。1929 年 7 月，陕北特委派白乐亭（又名白明善，清涧人，时为陕西省委巡视员）来府谷工作。他以教员身份在南高任教，和严念祖等组织进步师生，发动了反对征收"斗捐税"等一系列斗争。由于大规模的反牙税斗争，引起国民党的警觉，国民党县党部便密令逮捕白乐亭、严念祖等。白乐亭在党组织和群众掩护下安全转移到榆林。1930 年 2 月，陕北特委又派景仰山（又名景宪瑞）来府任县委书记，张辛余（又名张德生，榆林人）任组织部长，李来宾任宣传部长，孙伯功任青年团书记，柴培桂、刘世英、韩锋、

府谷早期革命旧址

赵希贤任委员。其间，党领导教育界取得了"索薪"斗争的胜利，并派共产党员苏铭鼎、刘世英、李回春（女）到木瓜高小任教，郭应华、李利春（女）、刘秉钧到城关女子高小任教，刘建勋、苏子秀到青春岇小学任教，苏子儒到青阳塌小学任教，高宏轩到盘塘小学任教，由此，党的活动进一步从城市发展到农村。不久，木瓜党支部（韩锋任书记）、青春岇党支部（刘建勋任书记）、盘塘党支部（孙计一任书记）、西王寨党支部（赵宋贤任书记）以及长沟、青阳塌等村的党支部陆续建立起来，党员发展到百余人。1930 年春，柴镜川向榆林井岳秀告发府谷地下党的活动情况，景仰山、刘世英、苏铭鼎等被捕。刘子安、李来宾、郭应华、李利春等转移太原，杨岐山、孙计一、郝阳、苏子清等到了内蒙古，高宏轩等隐蔽农村。府谷县共产党的活动再度转入低潮。

1931 年 1 月，陕北特委派鲁学曾（又名鲁贲，横山人）来府谷恢复了府谷县委。鲁学曾任县委书记，赵宋贤任组织部长，吴乃贤任青年团书记，柴培桂任宣传部长。县委恢复后，工作中心由城镇转入农村，在农村秘密发展党员。是年 8 月，因党内出现叛徒，致使府谷县委又遭破坏。鲁学曾离开府谷向南转移，基层党组织又处于瘫痪状态。1932 年 10 月下旬，陕北特委巡视员杨国栋在赵寨村主持会议，恢复府谷县委。赵希贤任县委书记，机关设在县城。12 月，7 个区委得到恢复。是时，县委委员韩锋因在内蒙古领导"百川堡兵变"失败而返回府谷。先后到碛塄、木瓜、庙沟门、青阳塄、青春峁等地发展党员，整顿和恢复党的基层组织。

1933 年 7 月，陕北特委在佳县高起家圪埚召开会议，研究在陕北全面开展游击战争，建立革命根据地。会议决定在神府建立中国工农红军陕北游击队第三支队，开辟神府革命根据地。此后，陕北特委多次派人组织活动。11 月 7 日，红三支队在神木的松树峰村成立，时有队员 20 多人。

1934 年 6 月，神木县委派贺伟等 4 人，与韩锋一起来府谷开展武装斗争。他们先后在白草塄路上截击提款委员，圪针塔杀恶霸，青春峁除税官，清水村斗地主，在群众中点燃革命烈火，游击队员发展到 10 多人。后来又在点素敖包的老爷庙打退敌人 1 个加强连，缴获 3 匹马、数支枪。9 月间，红三团成立后，将府谷游击队改编为中国工农红军陕北游击队第七支队。神府地区武装斗争的胜利发展，鼓舞了人民群众的革命积极性。许多群众主动要求红军去开辟他们的村庄，不少青年农民坚决要求"随红军"。到 1934 年秋，神府地区游击区域已发展到南抵秃尾河下游两岸，东北延伸到府谷县城附近和孤山以南地区，西北逼近高家堡周围和神木城南一带，形成长 100 多公里、宽 50 余公里的革命根据地，在根据地内普遍建立了基层党团组织和革命政权，时有党支部 52 个，党员 700 多人。

1934 年 9 月到 11 月，国民党军队对神府根据地发动了第一次军事"围剿"。10 月初，红三团突破敌人两个营的包围圈，直入府谷地区与红七支队会合。这时，红七支队已开辟了南到孤山，北至麻地沟，西抵庙沟门、镇羌，东接府谷县城的一小块根据地。府谷有 7 个区，均建立有区委和苏维埃政权。1935 年 3 月，陕北特委派张润民来府，在木瓜榆家坪召开了千人大会。会上成立了府谷县苏维埃政府，王巨武任主席。

1935 年初，蒋介石发动了对陕北革命根据地的第二次"围剿"，神府苏区被列为"围剿"重点。在神木城内设立"剿共司令部"，由国民党八十六师二五八旅旅长刘润民担任总司令，调动 3 个团、1 个骑兵营和一些地方民团共 5000 人，分别由府谷、佳县分进合击，"围剿"神府苏区；在黄河东岸保德到临县一带则由晋军布防封锁。战术上修堡筑垒，合并村庄，编设保甲，胁迫自首。

在军事"围剿"和政治瓦解的严峻形势下，神府苏区党的主要负责人受"左"倾错误的影响，对基本形势作了错误的估计，对反"围剿"斗争在思想、组织和行动上都没有做充分准备，离开游击战争的战略战术，企图集中兵力硬拼，结果反"围剿"接连失利，大部分根据地沦陷，府谷地下党组织全遭破坏。

1935 年 9 月，神府工委恢复。工委及时派干部到各地联系失去关系的党员，恢复组织。到年底，党的组织和群众组织基本得到恢复。10 月，党中央和中央红军长征到达陕北后，为了加强对西北革命根据地的领导，决定成立陕北、陕甘两个省委和关中、三边和神府 3 个特委，直属中央领导。11 月 25 日，中共西北中央局决定杨和亭任神府特委书记，张江全任宣传部长，张汉武任团特委书记，谢绍安任红三团团长。12 月 10 日，中央在瓦窑堡祁家湾召开会议，其中讨论了神府特区的工作。杨和亭、张江全列席了会议。毛泽东在会上阐述了建立抗日民族统一战线的战略策略。毛泽东指出：神府虽然不大，但这个地区很重要，是抗日前线。那里的形势很紧张，斗争很艰苦。去神府的同志一定要把党员组织起来，动员一切力量建立统一战线，不要被困难所吓倒，只要坚持下去就会胜利。会后，贾拓夫又多次和杨和亭等谈了去神府的工作任务和方法。刘志丹对神府红军如何坚持斗争、王首道对保卫工作分别作了指示。刘志丹还派部队护送杨和亭等人到神府。

1936 年 1 月初，杨和亭等同志（谢绍安途中牺牲）到达神府后，在神木罗家墕召开工委扩大会议，传达了中央关于成立神府特委的决定及有关重要指示，报告了中央红军和红十五军团粉碎敌人对陕北第三次"围剿"的喜讯。会议决定，军事上主要找敌人弱点打，优待俘虏；解散合并了的村庄，把赤卫队等群众组织恢复起来；加强对国民党军和国民党统治区的工作；清查反革命，搞好肃反工作等。2 月，特委决定成立神府东北办事处，为神府特区临时政权。3 月，刘志丹、宋任穷率领红二十八军东征进入神府，苏区恢复。4 月 15 日，在杨家沟举行神府特区第一次工农兵代表大会，撤销神府东北办事处，选举成立神府特区抗日人民革命委员会，主席乔钟灵、副主席王聚英、刘兰亭。5 月上旬，特委派杨孝先、刘起程（瘸老刘）、贾丕谋到府谷开展工作。下旬，在白家峁会议上宣布正式恢复府谷县委，县委书记为杨孝先，县委机关设在白家峁。县委恢复后的中心工作是开展土地革命斗争，恢复和发展基层党组织，组建区、乡政权。不久，5 个区委得到了恢复。即一区王家墩、武家庄，二区隐寨子，三区桃梁，六区镇羌，七区

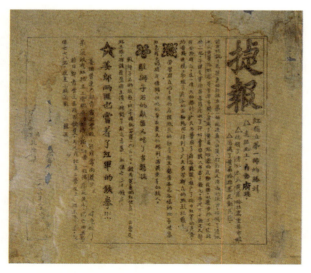

红军独立第一师捷报（1936 年 9 月 6 日）

王沙峁。10 月，杨孝先调回神府特委，李旺淮调任府谷县委书记，郝仲深任组织部长，杨沛琛任宣传部长，丁怀明任职工部长，杨文胜任团委书记，王守清任秘书。

1937 年 5 月间，神府特委派乔钟灵、刘长亮、李旺淮、贾丕谋等赴延安参加党的全国代表会议。会议期间，林伯渠代表党中央接见了神府特委的全体代表。林伯渠对神府党组织团结群众、艰苦奋斗，使神府这块革命根据地能够在极端艰难的情况下保存下来，并取得牵制打击敌人的重大胜利，给予很高的评价。指出，神府特区是陕甘宁边区的前哨阵地，它保卫了陕甘宁边区，保卫了党中央。

1937 年 7 月 7 日，抗日战争全面爆发，国共第二次合作，府谷大部分区域划归国民党管辖，只有南部地区一小块（白云乡一带）划为神府革命根据地。后几经努力，于 1938 年 3 月共产党在府谷北部地区开辟了

苏家新院德福堂（1948 年 1 月后，中共府谷县委、府谷县人民政府办公地址）

4个区，建立了府谷县委，归晋绥边区党委领导。府谷大部分地区直到1947年底，一直为国民党统治区域，共产党不断开展武装斗争。1947年7月成立中共府谷县工作委员会。11月，恢复了中共府谷县委并正式成立了府谷县人民政府。县委书记白志明，县长杨沛琛，机关设在王家坬。1948年1月，府谷全境解放，春节前，县委、县政府机关迁到县城马道崖苏家新院。

早期加入中国共产党及参加党的革命活动人物统计表

姓名	生卒时间	籍贯	入党或者参加革命活动
王玉山	1892—1935	木瓜	1934年参加红军七支队
刘起成	1894—?	木瓜	
苏子发	1898—1968	海子庙	1927年加入中国共产党
赵宋贤	1901—1975	清水	1927年加入中国共产党
王巨武	1903—1987	海子庙	1934年府谷县苏维埃政府主席
李来宾	1905—1939	府谷镇	1930年加入中国共产党
李维勤	1905—1939	绥德	1926年受绥德地委指派来府开展党的工作
刘世英	1906—1934	府谷镇	1927年加入中国共产党
孙计一	1907—1994	府谷镇	1926年加入中国共产党
刘建勋	1907—1984	木瓜	1927年加入中国共产党
杨岐山	1907—1941	傅家墕	1930年在孤山学校做地下工作
张国继	1907—1935	府谷镇	1929年加入中国共产党
高宏轩	1907—1936	武家庄	1928年加入中国共产党
杨子华	1908—1945	孤山	1930年参加革命工作
柴培桂	1908—1973	高石崖	1927年府谷县南高党支部创建人之一
苏子秀	1910—1982	府谷镇	1927年加入中国共产党
王文厚	1911—1935	镇羌	1935年淳化县委书记
徐子鋆	1913—1939	府谷镇	1927年加入中国共产党
杨忠	1917—?	碛塄	1935年参加红三团
刘应成		府谷镇	1926年加入中国共产党
曹桂芳		黄甫	1926年加入中国共产党

民国时期中共府谷县委历任书记统计表

组织名称	领导者			任职起讫时间
	职务	姓名	籍贯	
中共府谷特别支部	书记	李维勤	绥德	1926.9—1926.12
中共府谷南高支部	书记	张子栋	府谷	1927.6—1927.12
中共府谷县委	书记	严念祖	府谷	1927.12—1930.2
中共府谷县委	书记	景仰山	米脂	1930.2—1930.12
中共府谷县委	书记	鲁学曾	横山	1931.1—1931.8
中共府谷工委	书记	赵希贤	府谷	1932.10—1935.4
中共府谷县委	书记	呼子文	神木	1935.5—1935.6
中共府谷县委	书记	刘志清	府谷	1936.2—1936.5
中共府谷县委	书记	杨孝先	神木	1936.5—1936.10
中共府谷县委	书记	李旺淮	神木	1936.10—1937.7
中共府谷工委				1937.7—1938.8
中共府谷县委	书记	刘海银	神木	1938.8—1938.10
中共府谷县委	书记	康佩武	府谷	1938.10—1939.2
中共府谷工委	书记	赵希贤	府谷	1947.7—1947.11
中共府谷县委	书记	白志明	清涧	1947.11—1948.8
中共府谷县委	书记	杨沔琛	府谷	1948.8—1949.5

第四节 | 府谷抗战

民国二十七年（1938），晋绥沦陷后，府谷在抗战中地位之重要不亚于潼关，潼关是陕东门户，而府谷则为陕甘宁青四省之大西北门户。

民国二十七年（1938）2 月下旬，日军侦察机由东北方向飞至府、保两县上空，盘旋数周后，向原方向飞回。28 日上午 7 时，有 5 架日军轰炸机从东北方向飞来，在府保县城两岸投弹 20 余枚，府谷街市炸

日军攻占保德、府谷新闻稿件

毁民房 20 余间，两岸炸死炸伤多人，群众不知所措，纷纷逃亡。下午 4 时，保德县长丁梓逃往府谷。黄昏时分，日军以骑兵为先导，该军二十六师团黑田旅团的竹内联队1000 余人侵占了保德城。

3 月 1 日早晨①，日军在保德城头用 4 门大炮向府谷县城狂轰，10 多艘大船载日伪军 600 人向府谷强渡。于马连坞尖岸口强行登陆。当时只有国民党二十二军八十六师五一二团驻防府谷，团长张子英因公赴榆林，由团副章洛书、营长张博学指挥战斗。张博学将一个营的兵力部署在小河川以东，李躬如游击队部署在小河川以西的高家湾、贾家湾沿河地带。调外防常振明营扼守城北 5 里处的高家窖子。日军登岸后，即与国民党军队接火，李躬如无援，将部队撤退至山上王家畔、赵家石堡一带。马连坞尖河防军也逐渐不支，伤亡逾半，只得向后撤退。日军尾追至前大路、新窑渠、阎家圪、徐家墩、西梁村，被驻守高家窖子的常振明营截击，于是退回县城，放火烧杀。霎时，府谷街市火焰腾空，乌烟蔽日。下午 5 时，日军渡河撤回保德县城。此次日军侵占府谷，共烧毁民房 400 余间，屠杀百姓 38 人。张子英团长在榆林闻警星夜返防。路经神木时，借调驻神木罗团高耀璧营，赴府增援。5 日晨，府谷国民党驻军由张子英督战，渡河还击日军。此时，日军大部已向宁武方向撤退，保德城中只留一小部分。国民党军队渡河后，在城南坡与日军激战。高耀璧营迂回占领保德县城，将日军

---

① 根据民国版《府谷县志》以及日军侵占保德、府谷新闻报道，日军袭击府谷时间应为 1938 年 3 月 1 日。

驻地包围，迅速解决战斗。击毙日军30余人，其中有指挥官1人，伤百余人，俘虏2人（其中一人叫增三农岁，系早稻田大学毕业生，后被转送重庆），获轻机枪2挺，步枪50支及各种卫生器材、弹药、辎重。17日下午4时，2000余日军重新占领保德县城，隔河炮轰府谷县城川民房，企图渡河，被国民党驻军扼要阻击。辗转数日，日军料不可渡，19日遂将保德城付之一炬。20日放火烧毁保德东关，撤离保德。

日军渡河袭击府谷

日军焚烧府谷县城

27日，保德、河曲、偏关3县为府谷县国民党驻军收复。

民国二十七年（1938）7月，二十二军高双成军长侦悉绥包敌伪有进窥府保计划，决定先发制人，以攻为守，命令五一六团团长张云衢指挥步骑各营进攻柴磴、昭君坟等处。此时，敌人调集步骑炮各部共2000余人，飞机2架，进据保德，企图渡河侵占府谷，以泄前愤。经我驻军营长杨仲璜组织民众武力，配合军队竭力防御，严阵以待，日军终未得逞，盘踞数日仓皇遁去。张团长率队进抵展旦召后，攻克柴磴召。连日进攻柴磴、昭君坟，激战5次，互有伤亡。虽未将该两地克复，但敌已闻风丧胆，整年未敢南犯，伊盟、陕北咸赖以宁。县川绅民以驻军防敌

日军攻占府谷麻地沟新闻稿件

有方并维持地方秩序辛苦异常，筹给慰劳费 5000 元表示感谢。

民国二十七年（1938）9 月 29 日上午 10 时，从东北方向飞来日军轰炸机 3 架，在府谷城关投弹 9 枚，炸毁民房 40 余间，伤亡 3 人。11 月 21 日上午 8 时，日军一架飞机在哈拉寨投弹 9 枚，毁民房 20 间，炸死 2 人。

民国二十七年（1938）2 月 28 日，日本关东军后宫师团黑田旅团约万人与伪军李守信部三四千人攻陷河曲县城。3 月上旬，日军在河曲休整后，渡过黄河，向府谷大小汕方向进兵，准备占领麻地沟、墙头、哈拉寨，从北进攻府谷县城。日军刚过黄河进入小汕沟马圈圪崂，埋伏于山上的国民党骑二军何柱国部队枪炮齐发，毙敌 30 余人。日军发现被包围后，派 7 架飞机狂轰小汕，何柱国守军全部阵亡，壮烈殉国。日军占领小汕后，在墙头徐家梁村枪杀史、李两村民，直扑墙头村。墙头村保长王虎定带领张福栓、李锁柱、谭应马、李秉衡 4 位村民冒死出村与日军交涉。村民约定，如 5 人被害，其妻儿老小由全村人共同抚养。日军一方面因恶战后十分疲惫，同时更惧怕骑二军埋伏，便匆匆在大墙边上放火烧了 7 间民房后返回河曲县城，墙头村百姓始得保全。3 月下旬，日军从河曲撤退。9 月初，国民政府北路军总司令傅作义率部进驻河曲，召集邓宝珊、马占山、何柱国、南汉宸、罗贵波、续范亭等人举行"河曲会议"，积极抗日。日军十分气恼，疯狂反扑，从 9 月下旬至次年 4

月，多次派飞机轰炸河曲，河曲上千间民房被毁，军民伤亡惨重，与河曲县城一河相隔的府谷墙头村亦无法避祸，村中房屋多处被炸，村民亦有伤亡。

民国二十八年（1939）1 月 8 日上午 9 时半，日军一架飞机由西北方向飞来，在县城西关投弹 3 枚，炸死国民党骑三师士兵 1 人。13 日上午 10 时，日军轰炸机 10 架由东南方向飞来在哈拉寨投弹 50 枚，炸死 5 人，毁民房 85 间。2 月 10 日，日军飞机 1 架在哈拉寨投弹数枚，炸死 2 人，伤 3 人。

日军在保德县城黄河岸边拍摄的照片

民国二十九年（1940）2 月 2 日上午 11 时，日机 12 架在府谷城关投弹 80 枚，炸死 33 人，伤 50 人，毁民房 600 间。6 日上午 10 时，日机 9 架在府谷城关投弹 60 枚，炸死 5 人，伤 10 人，毁民房 50 间。7 日，日军轰炸机 10 架，在哈拉寨投弹 70 枚，炸死 7 人，伤 11 人，毁民房 170 余间。至抗日战争结束，日军对府谷空袭共 109 次，炸死炸伤 174 人，毁民房 1300 余间。

第五节 │ 东北挺进军在河防线上的抗日活动

马占山

马占山（1885—1950），吉林省怀德人，行伍出身。他曾担任东北边防军骑兵师师长和黑河警备司令兼步兵第三旅旅长。民国二十年（1931）九一八事变发生后，马占山出任黑龙江省政府代理主席。他于当年11月，激于爱国义愤，在齐齐哈尔江桥率部抗日，打响了中国军队武装抗日的第一枪。民国二十六年（1937）8月，马占山组建了东北挺进军，与日军多次激战。10月，东北挺进军骑三师（井得泉部）先期进驻蒙、陕交界的府谷县哈拉寨（今哈镇）。次年5月，挺进军总部也移驻哈拉寨，马占山将军开始了他在府谷近8年的战斗生涯。

东北挺进军驻防哈拉寨不久，晋西北的河曲、偏关、保德等地相继沦陷，战火即将蔓延到陕北。民国二十七年（1938）3月16日晚，马占山避实就虚，率部暗渡黄河，趁敌不备，攻克河口镇。17日晨，又收复了托克托，迫使伪蒙古骑四团官兵反正。挺进军骑六师师长刘桂五又指挥一个支队，于当天拂晓进袭萨县，一度占领了车站，破坏了部分铁路，并焚毁了仓库。4月1日，马部再分兵两路，进袭武川等地，使敌人惊恐不安。中旬，日军调兵遣将，将马部包围于大青山一带。马部鏖战八昼夜，突出奇兵，再次攻占托克托，迫使进袭偏关、保德之敌撤回应援。后来，终因双方力量悬殊，马部退回哈拉寨，重新布防整顿。

由于挺进军多次主动出击，袭扰日军在绥远的后方基地，加之高双成部的积极抵抗，使日伪军处于腹背受挫、进退两难的境地。日伪军深感立足不稳，遂将侵陕部队撤出，回援托克托与萨县一带，一些沦陷县旗次第光复。

当归绥、包头沦陷后，伊盟形势骤然紧张。挺进军大部驻扎于伊盟，负有双重使命：一方面要阻击进犯之敌，或主动出击黄河以北盘踞之敌；另一方面还必须遏制伊盟上层王公集团中一些人的投降企图。

民国二十七年（1938）12 月 18 日，马占山率部向树林召附近的伪军发动凌厉的攻势。双方激战竟日，将敌人追击至康王府。接着智取康王府，将依附日军的康王擒获，后来押往重庆处理。

民国三十年（1941）8 月 4 日，马占山在榆林就任黑龙江省政府主席。马占山驻防哈拉寨时，在榆林设立了办事处，经常往返于府谷与榆林之间，与二十二军及其他友军往来密切。有一次到红石峡游览，书写了"还我河山"四字，镌刻于峡中石崖上，抒发抗敌救国豪情，石刻至今犹存。马占山还主持挺进军总部编纂了《挺进军抗日历程》一书。他在扉页上题书"还我河山"四字，其中，"河"字中的"口"字未封口。人问其意，他慨然陈词："目下倭寇猖獗，国土残缺，他日驱敌出境，打回东北，方能关口。"

民国二十七年至三十四年（1938—1945）期间，挺进军纵横驰骋，与敌人浴血苦战，前后大小战斗 30 多次。据其中 18 次战斗的不完全统计，为国捐躯的将士近千人。为了永远缅怀阵亡将士的伟大精神和不朽功勋，庄马将军主持，在哈拉寨建造了将士塔和忠烈祠。将士塔全名为"东北挺进军抗日阵亡将士纪念塔"，位于哈拉寨西湾半山腰。忠烈祠位于将士塔东南，是祭奠阵亡将士的祠堂。祠内供台就山而凿，供奉东北挺进军骑兵第六师中将师长刘桂五等 300 多个牌位。祠前建一八角亭，亭中竖一通四棱石碑，北向刻有傅作义将军的隶书题词：浩气长存；

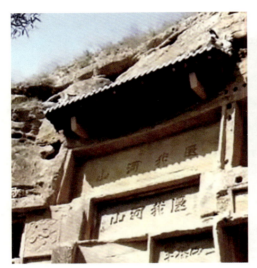

榆林红石峡马占山"还我河山"石刻

东北挺进军抗日阵亡将士纪念塔

忠烈祠

东向是邓宝珊将军题联:"碧血有痕留战垒,青山无语拜碑亭";西向是马占山部下慕新亚、吕纪化、郭殿丞、王鼎三等人合署题联:"飒爽英姿铁马金戈一梦,峥嵘片石边风塞月千秋";南向是马占山将军撰写的忠烈祠碑文。马占山将军驻防哈拉寨期间,协助、支持地方修河堤,开办纸坊、油坊、军鞋厂,办育婴堂、建学校和秀芳图书楼,推动了地方经济和文教事业的发展，深得民心。哈拉寨百姓在镇中心为马占山将军竖立了马将军德政碑，以纪念马将军对哈拉寨的贡献。

秀芳图书楼

民国二十八年（1939）9月，马占山在从西安返府谷途中，因意外枪伤，到延安治疗。中共中央派王康博医生精心手术，不久康复。马占山在延安期间，毛泽东主席亲自主持欢迎宴会，高度赞扬了马占山将军的抗日精神："抗日是一件大事，要始终如一抗战到底。马将军八年前在黑龙江首先抗日，那时红军在南方即致电热烈支持。八年之前，红军与马将军则已成为抗日同志，我们相信马将军一定抗战到底。我们要和马将军一道，和全国抗战的人一道，我们真诚地欢迎那些始终如一、抗战到底的民族英雄。他们为中华民族解放而奋斗到底，我们就欢迎到底。马将军年逾半百，仍在抗战的最前线与敌周旋，这种精神值得全国钦佩。"[1]马占山对毛泽东主席和延安各界表示由衷感谢，并十分钦佩延安军民艰苦奋斗精神，表示一定要抗战到底，奋斗到底！

民国三十四年（1945）8月18日，挺进军撤离哈拉寨，镇上百姓成群结队前去送行，马占山将军和他们依依惜别。

民国三十七年（1948）末，马占山响应我党号召，参与了和平解放北平的工作。新中国成立后，寓居北京。1950年11月19日因患肺癌去世。

---

[1] 摘自2021年9月2日人民政协网《感召的力量——共产党人与马占山》，作者马志伟。

第六节 │ 府谷解放

民国三十六年（1947），春夏青黄不接时，府谷县国统区饥民展开了向国民党政府和地方"要粮食，要饭吃"的斗争，国民党组织武装镇压。

同年7月，晋绥边区第二分区派李全超为团长、赵希贤为副团长的解放府谷随军工作团进入府谷。不久，解放军兴（兴县）岚（岚县）支队遵照晋绥分局指示，随即西渡黄河也进入府谷。在工作团的配合下，解放了府谷花坞镇（镇公所驻地在今碛塄高尧峁村），成立了中共府谷县工作委员会和府谷县临时政府，赵希贤任工委书记兼代县长，冯太春任副书记。在晋绥工作团的协助下，工作委员会首先组建了府谷县民兵游击队，约100人，由高向民、张继功负责（后由张喜岗负责）。主要是维护社会治安，同时配合正规军作战。

8月中旬，解放军三十四团和民兵游击队，向县城发起进攻。从8月16日开始，县城内的国民党党政机关陆续向北撤离。18日下午，府谷县县长诸承恩弃城退往高梁村，后逃往哈拉寨。19日下午，三十四团开进县城，受到群众的热烈欢迎，府谷县城首次解放。

诸承恩虽败退撤出县城，但在黄甫、麻地沟、古城等地还有一定势力，逃至哈拉寨后，探知府谷县城的解放军、民兵游击队已全部撤出，便于9月初，偷偷回到县城。诸承恩多次电告晋陕绥边区总司令邓宝珊，请求派兵驻防府谷，邓命令内蒙古准格尔旗保安司令奇致中部驻防府谷。9月上旬，奇致中派葛副团长率200名步兵、50名骑兵进入府谷。

9月，以白志明为团长、杨沛琛为副团长的陕甘宁边区工作团，奉西北局命令进入府谷。9月下旬，解放军三十四团和民兵游击队再次逼近府谷县城，自卫队闻讯后不战而溃，驻扎县城的蒙古军也拔营逃至尖

王家垯革命旧址（1947 年，府谷县人民政府在此成立）

堡子村。诸承恩组织了 500 多人的民众自卫总队，对抗人民武装解放府谷。经过几次战斗，诸承恩率自卫队又逃到哈拉寨。

11 月中旬，府谷工委在王家垯村召开了党、政、军负责人会议。会议遵照西北局指示，撤销了两个工作团，恢复了中共府谷县委员会并正式成立了府谷县人民政府。白志明任县委书记，杨沛琛任县长，会议为府谷的全境解放做了充分准备。

解放军三十四团在木瓜榆家坪经过休整后，在游击队的配合下，从木瓜向西挺进，扫清了庙沟门、沙梁的自卫队，向南转战石马川，歼灭了石马川守敌。

蒙古军、自卫队连连失利，诸承恩感到政局难稳，派人前去十里长滩，请求朱五美的杂牌军增援府谷。民国三十七年（1948）元月 6 日，朱五美令其参谋率 200 多人前来府谷驻防。第二天，该部向解放区花坞镇进犯，与解放军游击队一接火，便溃败下来。8 日，长滩来电告急，杂牌军匆匆逃回。

民国三十七年（1948）元月16日，晋绥军区三十一团（原为神府支队，后改编为晋绥军区三十一团）的两个营，七八百人，在刘籍甫团长、刘崇宗政委的率领下，奉命从神木出发，挺进府谷。途经镇羌（今新民），消灭了当地民团一个连，俘虏自卫队23人，镇羌解放。部队抵孤山后，派出侦察部队前往木瓜和县城附近侦察。17日，三十一团绕木瓜向县城逼近，三十四团也由南向县城运动，对县城形成包围，准备全歼县城守敌。诸承恩得悉后，立即召开了府谷县党、政、军紧急碰头会，商讨了逃离路线。下午6时许，诸承恩率自卫队和文职人员200多人，星夜弃城北逃。至此，府谷县城第二次解放。

三十一团探实府谷县城守敌已全部北逃，决定不入县城，尾追残敌。元月17日当天星夜抵黄甫，解放了黄甫。18日黎明，抵麻地沟（今麻镇），10时左右，攻破了敌外围防线。到中午2时许，终于打垮了国民党准格尔旗保安司令部盘踞在麻地沟的黄文庭、郝德明二团和地方民团、自卫队，麻地沟解放。

与此同时，绥蒙军区副司令员姚喆的野战骑兵第三旅，晋绥二分区四十、四十一团，神池游击队、偏关支前队、河曲与五寨的警卫连近万人，长驱直入府谷境内。朱五美惊慌失措，节节败退。元月15日晨，朱五美保安团一营由马栅退至七里沟时，与绥蒙骑兵遭遇，被击退。上午10时许，百余敌军正向十里长滩西北方向逃窜，骑兵一部两股向山上急追，残敌满山乱跑，纷纷缴械投降。朱五美直属机枪连全部被歼灭。朱五美惊慌失措，化装成老百姓，光着脚，带着小老婆向北川逃去。姚喆率部又挥戈古城，全歼溃逃的黄、郝二团残部及自卫队。17日下午，蒙古警备师一部自麻地沟退至古城，也被绥蒙骑兵消灭，古城遂告解放。姚喆司令员又率部向哈拉寨、五字湾进击，并解放了这些地方。

民国三十七年（1948）元月18日，府谷全境解放。春节前，中共府谷县委员会、府谷县人民政府机关由王家圪移驻府谷县城。

第七节 ｜ 河府县

　　河府县是民国三十六年（1947）至民国三十七年（1948）晋绥边区在晋陕蒙交界处设立的一个过渡性党政组织。河府县取"河曲""府谷"二县各一字而得名。辖区主要包括府谷的麻地沟、古城、墙头，山西河曲的十里长滩、马栅，绥远准格尔旗的蒙汉游击区，总面积 954 平方公里。

　　民国二十九年（1940）河曲县解放后，国民党伪县长朱五美率残部在十里长滩设立伪河曲县政府，与隔河相望的解放区河曲县政府形成对峙。朱五美盘踞十里长滩期间，对内盘剥民众，残酷统治，还经常东渡黄河，进入河曲解放区烧杀抢掠，无恶不作。

　　民国三十六年（1947）底，为巩固和扩大解放区，晋绥边区开始筹划解放榆林、伊盟地区。为便于联络，在府谷墙头王家沟村成立河府县临时政府，利用村民刘二占荣、王三蛮、王云房屋和窑洞开展工作。因当时属于保密机关，史料甚少，具体组织机构及活动情况不详。

河府县河曲西口古渡

河府县组织机构统计表

县委		人民政府	
书记	李锦明 1948年5月后，先后由赵展山、李占林接任	县长	赵展山 1948年5月后，先后由张强、姚体信接任
组织部长	张锡股	公安局长	薛 斌
武委会主任	薛占祥	民政局长	姚启胜
妇联主任	孙齐珍	邮政局负责人	张巨月
一区委书记	李 靠	一区（坪伦墩）区长	刘继邦
二区委书记	崔文敬	二区（古城）区长	张俊信
三区委书记	武根牛	三区（十里长滩）区长	贾培荣
蒙汉游击区区委书记	白庆元	麻镇市市长	王富才

民国三十六年（1947），府谷归晋绥分局一地委（辖兴县、神木、神府等5县）管辖，河曲归二地委（辖保德、五寨、河曲等6县）管辖。府谷全境解放后，民国三十七年（1948）2月，为了二地委到榆林有个出口，晋绥分局将在晋陕蒙交界处河曲县四区（十里长滩），府谷县麻地沟、古城、墙头，以及准格尔旗南部解放区划出来，成立河府县，驻地麻地沟，下设三区一市，即一区坪伦墩、二区古城、三区十里长滩，一市麻镇。县政府驻地在麻地沟街魏尚礼院，麻地沟市政府驻地在麻地沟完小。同时，成立蒙汉游击区，归河府县委管辖。

河府县设立后，李锦明任县委书记，赵展山任代县长。县委设组织部、武装委员会、妇联，下辖三个区委员会和蒙汉游击区。人民政府设公安局、民政局、邮政局，下辖三区一市。

民国三十七年（1948），为了便于工作，府谷划归二地委管辖。9月，撤销河府县，府谷属地麻地沟、古城、墙头划归府谷县辖，设为第八区（麻镇区），河曲属地十里长滩划归河曲县第四区（后划归内蒙古），原准格尔旗属地划归准格尔旗第六达庆牌。10月25日，晋绥边区撤走，府

河府县第三区十里长滩烈士塔

谷划归陕甘宁边区。

　　河府县设立期间，县委、县政府组织干部群众投身解放，赈济灾民，发展生产，兴办教育，为解放战争全面胜利以及辖区群众生产生活改善做出了很大贡献。

　　河府县设立期间，是一个天灾不断、战乱不断的时期。民国三十五年（1946）大旱，民国三十六年（1947）先旱后涝，民国三十七年（1948）又大旱，加之国民党残余势力的残酷剥削和侵扰破坏，辖区百姓生活十分困难，不少人被迫背井离乡而走口外，去往内蒙古谋生。民国三十七年（1948）2月河府县成立后，县政府组织古城、麻地沟、墙头的军民到准格尔旗杨家湾大地主奇致中家运粮，赈济灾民，支援前线。同时大力开展生产自救，通过开展拓荒运动，增加粮食产量，解决吃饭问题，通过种植棉花、办纺织厂、开染坊解决穿衣问题。同年3月，在麻镇成立河府贸易公司，主要经营百货、土布、粮食等，职工30多人。

教育方面，当时一市三区除十里长滩外均设有学校。规模较大的有麻地沟的中山中心学校、黄甫真武庙的第二保中山国民学校、墙头观音庙的第四保中山国民学校、古城街第十保中山国民学校等。民国三十七年（1948）9月，河府县成立麻地沟完小，校长何佩道，学生160多人。

第八节 │ 经济社会

农　业　民国十七年（1928），陕西发生了历史上最严重的旱灾，"地无余湿，屋鲜尽藏，赤地千里，泉枯河瘦"，"殷实之家，举室啼饥；中下各户，引颈待毙"。饥民以树皮、草根为食，饿死逃亡者甚众。民国十八年（1929）7月，陕北救灾会委托杜斌丞到陕北拨赈高粱、玉米60万斤，分配到各县救灾，府谷分配到高粱8451斤、玉米19288斤。民国三十二年（1943），府谷大旱，6、7月又遭雹灾，天平、荣贵两镇有47人饿死；民国三十五年（1946），春旱，夏禾均枯死，秋粮无法下种，乡民逃亡者甚多。民国三十七年（1948），大旱，青苗干死者甚多。

由于社会变迁、人口增减、战乱以及自然灾害的影响，民国时期，农业用地时多时少。民国三十二年（1943），全县共有田地43.67万亩，其中山坡地417765亩，水浇地13230亩（水井303眼），草原地18900亩。农民50525人，每人平均占有8.64亩。1949年，全县共有耕地150.07万亩，其中水浇地2.1万亩，旱地147.97万亩。农业人口98165人，每人平均占有15.3亩。1949年，全县粮播面积127.49万亩，总产20225吨。主要为高粱、谷子、糜子、小麦、薯类、豆类、杂粮。此外，县川盛产甘蓝及莲花白、白菘、芜菁，最负时誉，肥硕松嫩可口。

清末陕北驻军较多，这些来自各地的清兵，大多是"双枪将"，一手持火枪，一手持烟枪。官府衙役中也有吸食鸦片者，民以吏为师，许多人竟将吸食鸦片当作时尚。原先，大烟土由直隶、山西、湖北购进，售价很高，所以陕北农村便有人开始种植罂粟，效益比种植粮食高数倍。民国初年，苛捐杂税愈来愈多，人们广种罂粟，售出鸦片缴纳捐税，府谷是当时重要的罂粟种植地区。民国政府建立后，陕西开始严禁种植罂粟，省政府制定《禁种烟苗告示条列》，每 10 户一张，遍贴全省所有村镇，并派遣委员分赴各地办理禁种烟苗事宜。民国五年（1916），杨光谋任府谷知事，他在这年夏天带领禁烟稽查员和军警多人乘船到马真，在彩林村大会沟，查出村民贺侯小种植大烟苗，随即拘捕，后又驱使贺侯小服侍随行人员洗脸、吃饭，饭后将贺侯小就地枪毙。贺的妻子遭此变故，悲痛万分，遂抱子投河以示抗议，幸被邻居救起免难。这一期间，宜川、怀远等地发生了农民打死铲烟队员等事件，陕北禁烟活动逐渐失败。民国六年（1917），陕西省政府为了扭转税收减少，经济崩溃的局面，又允许农民大种罂粟，派专员到榆林、神木、府谷大肆宣传官府允许种烟，这样，府谷等地罂粟种植又死灰复燃，大量良田种植罂粟，尤以木瓜园堡所产罂粟最为有名，其馥郁香烈，名曰"木瓜货"。人们争相吸食鸦片，许多人倾家荡产，贫困人口越来越多。

手工业 民国期间，府谷手工业产品渐精，门类逐步扩大，城乡遍布"五窑"（瓷窑、砖瓦窑、砂锅窑、石灰窑、小煤窑）、"六铺"（木匠铺、铁匠铺、银匠铺、裁缝铺、皮匠铺、鞋铺）和"七坊"（油坊、酒坊、碾磨坊、豆腐坊、醋酱坊、毯坊、染坊）。1943 年，全县有木匠 279 人。这些坊铺和窑场，大多依附农业，由个人经营，经营方式有三种：一是手工业者招收一两名学徒，个人经营；二是手工业者联合开业，雇请一些帮手，三五人、二三十人不等；三是由富户集资开办，雇佣劳力，从中牟利。其共同特点是：前店后铺，生产、销售结合，规模较小。此外，墙头、古城、麻地沟等地有许多芦编匠人，全县还有纺线织布作坊

120 多家，毡匠、口袋匠、石匠、油画匠、纸扎匠、香匠、炮匠等手工业者也很多。民国时期，民间已有土法炼铁。

粮食加工业 历代府谷民间碾米磨面用的全是府谷本地产的石碾石磨和从外地购买的纱底面罗，以人力、畜力为动力加工，可谓"村村有碾磨，户户自加工，有钱人使骡马，穷苦人人推拉"。清末至民国初，县川、麻地沟、哈拉寨、孤山等较大集镇始有专业磨坊，专门从事碾米、磨面业务。据资料记载，当时有磨坊 5 处，从业者 22 人，年产量10 万斤左右，产值 8000 余元。

榨油业 府谷盛产黄芥、胡麻、臭芥等油籽作物。清末，全县有油坊 30 多家，经营者多为富户，设备私有，主要分布在哈拉寨、清水、黄甫、麻地沟、沙梁等地，从业人员 300 多人，年产量 30 吨左右。民国年间，油坊数量大增，全县较大的村庄几乎都有油坊，有 700 余座，从业人员 3000 多人，年产量 150 吨左右，所产食油主要供本县居民食用和照明，少量销往外地。

民国时期的油坊

食品加工业 府谷醋、酱酿造，有300多年的历史。所用原料，醋以米、高粱为主，酱以豆、麦、盐为主。酿造和经营方式大多为农户自酿自用，专门开办醋酱坊从事商业经营的很少。清末及民国初年，全县醋酱作坊仅有六七家，从业者30多人，年产量10万多斤，产值9000多元，分布在县城、哈拉寨、麻地沟等地。清至民国时期，杂货铺自制糕点，应市销售。

酿酒业 府谷酿酒历史悠久，所用原料多以高粱、大麦、曲、糠为主。蒸酒有两种形式，一种是民间烤小径酒，以高粱、小黄米、大麦为原料，糠麸为曲，发酵后蒸滴出酒；另一种是开办专业酿造作坊，县内著名的有清水、木瓜、新民马茹圪垯、县城西关等地的酿造作坊，皆因有优质泉水而闻名全县，尤以清水麻姓的白酒和木瓜李宝其、白旺蒸的高度酒（65°左右）而著名。解放前，本县酒坊时兴时衰，从未间断，规模一般不大。全县有酿酒作坊十余家，年生产白酒50吨左右，大部

民国时期的缸坊

分在本县销售，少部分销往邻县。本县群众喜欢喝米酒，每遇春节，大部分农户自做米酒，以糯米（软黄米）和少许大麦（或玉米）曲为原料，倒入少许白酒，放在热炕头缸半个月左右，然后磨细，加水熬热即可饮用，俗称"黄酒"。

纺织缝纫业　民国时期，人们的衣着用布主要是用本地绒毛、皮张、龙骨等土特产品与河北、河南客商兑换，另外依靠农村妇女土纺土织的粗布。民国三十二年（1943），全县有纺线作坊120家。到1949年，全县有织布快机36架，轮线机8架，纺线妇女919人，织布妇女40人，全年共织土布246匹，主要分布在麻地沟、孤山、高尧峁、县川等地。解放前，本县农民的衣着主要为农村妇女自己缝制，工具为尺、剪、针及熨斗。民国时期，始有专门的缝纫店、

民国时期的织布机

铺，由来料加工到生产成衣。三十二年（1943）全县共有缝纫铺5家，从业人员25人。

造纸及印刷业　民国三十年（1941），府谷商人曾在高家湾创办"功茂恒纸坊"一所，从业者12人，主要生产麻纸。民国三十四年（1945），城关镇居民张培贵从太原市引进石印技术，在县城开办了府谷县文宝斋石印局，印刷广告、布告等。

陶瓷业　府谷陶土储量丰富，且开发较早，制陶艺精，陶瓷产品久负盛名。古时，人们就依山崖、凿洞穴、安轮盘、手拨转、捏泥成型，

土窑焙烧。海子庙磁窑沟就是以烧制瓷器而得名的村庄，早在唐宋时期已盛产瓷器。民国时期，府谷陶瓷业兴盛，仅海子庙、老高川两地就有窑场 20 多个，产量每年达 5 万余件，销路很广，除本地销售外，还远销内蒙古、山西等地。

民国时期的瓷窑

皮革业　府谷的畜牧业历史悠久，但由于交通不便，大部分皮张是就地加工、就地销售。一般牛、驴、骡、马皮多加工成皮料，供制光面皮靴、光面皮鞋和皮底布鞋以及车马挽具等；山羊皮和绵羊皮多加工成皮袄、皮裤等。民国期间，府谷军政机关很多，皮棉军装需求猛增。县城、麻地沟、哈拉寨、孤山等集镇上都有皮坊和靴铺，生产皮靴、皮袄、皮裤等。较为出名的有县城柴德生的"德风隆"鞋铺和郭治秀的"郭记"鞋铺，另外还有"张皮坊""阎皮坊""高皮坊"等专门熟皮子、制皮衣的店铺。

织毯业　清同治六年（1867），宁夏邢、唐两位回族织毯师傅留在了哈拉寨，在当地人的资助下，办起了地毯

民国时期手工织毯

作坊并招收了苏二、程二毛仁、李安和 3 个徒弟。民国年间，许多军政官员和富绅争相购买地毯，哈拉寨的织毯业发展很快，产品在秦、晋、蒙毗邻地区闻名遐迩，为府谷和内蒙古、山西培养出了许多织毯艺人。

煤炭开采　府谷煤炭资源丰富，历史上早已为人所知。根据古遗址和古墓葬中发现的煤炭推知，早在 3000 多年前，府谷先民就已开始使用煤。元明时期，全县有柳林碛、沙窑子、阳圪、丈八崖等小煤窑，产量不大，只能供本地居民使用，其他乡村虽有开采，但采煤点不固定，大多是哪里好采哪里采，未形成正规煤窑矿井。民国期间，小煤窑增多，仍为民办、民采、民用，部分销往兴县、佳县等地。

化学工业　始于明清时期，当时民间已开始制造火药和熬制食盐、硝碱等。民国时期，开始出现硫铁矿的开采和硫黄块的生产。

建筑材料业　府谷黏土矿、石灰石、砂子等建筑材料分布广，储量丰富。开山打石、烧砖瓦、烧石灰，起始久远。据古遗址证明，秦汉时期就有少量砖瓦生产，明清时始产石灰。民国时期，全县有砖瓦厂、石灰厂 20 多个，多属个体兴办，规模不大。

商业贸易　民国期间，随着手工业的发展，府谷各种商号货铺、坊、栈、店相继出现。民国元年至二十年（1912—1931）府谷有商户 60 多家，其中最大的有两家：一是王兴德，东家阎毛吞，掌柜柴龙，有流动资金 50 万元；二是恒元永，东家王九如，掌柜李兰、王元、高奴，有流动资金 30 万元，买卖扩展到 5 省 9 市，内蒙古 7 旗 25 县。民国时期，内蒙古的甘草、盐、碱等经府谷商行转销山西、天津、河南和陕西关中等地，油料经府谷油坊加工后转销碛口、山西太原等地，皮毛经府谷边市转销京、津等口岸，本县土龙骨外销天津、河南等地，煤炭、瓷器、柳编制品主要销往吴堡、佳县、神木、兴县沿河村镇，食油主要销往碛口、鞋靴、挽具、地毯、首饰、砂锅、海红子主要销往内蒙古，碛口的梭布、铁锅经府谷销往内蒙古，京津日用百货经府谷转销内蒙古等地，从而形成了以府谷为中心的贸易网络。

清末民初府谷商号专营油、布者甚多，油商 30 多家，布商 10 多家。到了民国中期，因资本少，销路不畅，许多商号转为油、盐、粮、布杂货铺，一些商户变成了街头小贩。民国二十六年至三十二年（1937—1943），全县有商店、行商、负贩、摊贩共 687 户，其中挂牌商号 207 户，从业人员 1592 人。主要集中于县城川、麻地沟、哈拉寨、孤山、镇羌、木瓜等集镇。县城街道两旁店铺林立，主要商号有"义和店""大成德""吉祥店""月裕成""永和玉""三盛昌""德厚成""礼义成""集义源""永和元""瑞生祥"等货铺；"重生魁""集义源""中和堂""广庆恒""益龄堂""正中永"等药铺；"长顺高""福兴恒""王兴德""恒元永""全记"等染坊；"恒胜永""新华号""万元录""庆生源""李万祥"等书店；"玉珍楼饭庄"和"郭肉铺"等。从业人员 600 多人，资本总额银洋 40 万元。

麻地沟是县境内一个大集镇，清末民初最为兴盛。民国十三年（1924）《府谷乡土志》记载："本境市镇向以麻地沟为最，今则十不及其一二。"时有居民万余人，是陕北一带重要的商品集散地之一。民国后期，由于日军侵占了绥远、山西等地，当地许多富户到麻地沟避难，加之，东北挺进军进驻哈拉寨，军需大增，麻地沟商贸再度兴隆，仅挂牌商

麻地沟南阁楼

号就有 30 多家,主要有"广和永""义盛源""天协源""吉义公""丰盛高""义信亨""复德成""阜元兴""义和永""德义生""复义兴""三义堂""义兴隆""广丰源""百草堂""双胜栈""恒义堂""德义源"等,从业人员 540 多人,资本总额银洋 24 万元。当地人"南有重庆,北有麻镇"的赞誉即由此而来。

哈拉寨是县内又一较大集镇,至民国十三年(1924)有商号 20 多家。主要挂牌商号有"恒元成""恒元义""恒生泉""义聚成""全和成""义泰兴""广顺成""广盛美""元生远""全成魁""福和成""义生元""吉庆源""三和恒""永茂成""德盛全"等,从业人员 270 余人,资本总额银洋 10 万元。

孤山有商号 40 多家,其中挂牌商号有"公茂生""二合堂""同升聚""聚义堂""增泰堂""天顺成""天义成""公义和""福胜公""同和店""禄善堂""双和永""惠民堂""三合成"等,从业者 130 多人,资本总额银洋 11 万元。

民国时期,府谷集市发展到 13 个,县川乃首善之区,市镇向以麻地沟为最,市集在逢十日。次则哈拉寨,次古城,次沙梁,俱为巨镇。县川市每逢一、六日集。黄甫市每逢一日集。清水旧无市集,民国三十一年(1942)公议立市,定以每月逢三日。木瓜园市每逢四、九日集。孤山市每逢三、八日集。镇羌市每逢九日集。碛塄市每逢四日集。盘塘市每逢三、六、九日集。园子讪每逢五日集。石马川每逢三日集。口外之古城市集逢九日,哈拉寨市集逢八日,沙梁市集逢七日,此三镇俱与蒙古人互易处。民国三十二年(1943),全县集市每月单个累计交易51 次。府谷有两个大的古会,即县城河神庙会和木匠窑子骡马大会。县城河神庙会在每年七月初一至初三举办,府谷、保德、河曲、兴县、神木、佳县沿河村民、船工纷纷前来赶会,也有河北、河南、内蒙古等地远路客商,每次赶会人数约 5000 人,交易牲畜千头以上。老高川木匠窑

民国时期集市

子骡马大会在每年农历九月二十五至二十七日举办，此地有一灵感爷庙，内蒙古、神木、府谷等多方民众前来朝拜灵感爷，同时买卖牲畜和皮毛，赶会人数多达5000左右，交易牲畜3000头以上。

供销合作商业 民国三十年（1941）2月，基督教会在西关成立了福音合作社，优待教友消费，由内地教会管理。同年，国民党府谷县政府设立合作指导室，发展镇、保产销合作社，到民国三十二年（1943），镇合作社成立了7个，保社2个，乡村合作社58个。另有油盐碱专营合作社1个，于民国三十一年（1942）11月成立，翌年停办。

县城建设 民国时期，府谷县城位于半山之上，街道狭窄，房屋破旧，城区占地面积不足1平方公里。县城关仅有居民2000多人，陆续由城内向西关移居，东起关帝庙，西至官井沟逐渐商贾聚集，店铺毗连，形成一条小街，俗称后街。随着居民的增多，另又由观音殿起，经秦家

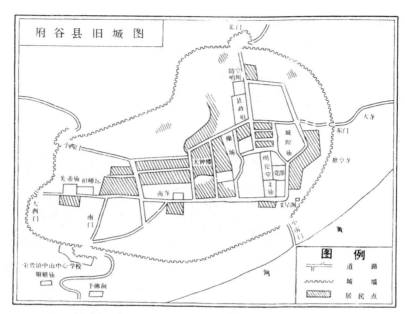

民国时期府谷县城图

洞至马道崖，形成二道街。

交通运输　清代和民国时期，府谷交通以县城为中心，有 3 条大道和 3 条小道向外辐射。

北大道　一条自县城旧城，经温家峁、黄甫、麻地沟，至古城出境，进入内蒙古境内，全长 70 公里；另一条自县城旧城，经温家峁、清水，至哈拉寨，越长城达鄂尔多斯贝子境，境内长 60 公里。

以上两条道路，曾是蒙汉人民往来的重要通道，亦是战争时进兵和输送物资的道路。

西大道　一条自县城旧城，经石嘴头、木瓜至边墙，全长 42.5 公里；第二条自县城旧城，经孤山、五里墩、花沙塔、庙塔至正口村边墙止，全长 45 公里，出口达鄂尔多斯郡王旗境，亦是蒙汉人民往来的要道；第三条自县城旧城，向西出后街即为前大路，路南为黄河滩，路北仅有几家小店和民宅，经高石崖、孤山、野芦沟、镇羌，至万家墩止，全长 50 公里，入神木境内，是县城通往榆林直至省城的通道。

五堡大道 自孤山堡至木瓜堡，全长 20 公里，自木瓜堡至清水堡 15 公里，自清水堡至黄甫堡 5 公里，自黄甫堡至麻地沟 10 公里。

北小路 自清水堡至麻地沟，全长 15 公里。

西北小路 自木瓜堡至野芦沟岔，全长 20 公里；自孤山堡经李家岔至田家寨，全长 15 公里。

又西北小路 自镇羌堡经板墩塌、山神塌、张家峁、青春峁、胡家梁至麻地沟，全长 78 公里，自野芦沟岔经上寺沟、刘家畔、雷家梁、白家园子至麻地沟，全长 46 公里。

民国期间，府谷航道及渡口与清代相同。

邮　政 民国二年（1913），设邮政代办所，隶属于陕西省邮政局。邮路只有府谷至保德、府谷至榆林两条，邮点有孤山、镇羌、神木、高家堡。通邮地方有：本县的哈拉寨、麻地沟、黄甫、古城、大汕、孤山、县城西关；外县的准旗那公镇（沙圪堵）、纳林、神山、德胜西，河曲县十里长滩、马栅，绥远东胜。

民国二年（1913），府谷开始经办平常信件和挂号信件，但业务量很小。民国二十六年（1937），东北挺进军进驻哈拉寨，在府谷县设军邮局，定期为部队传递军报、信件，并捎办民间书信。民国三十四年（1945），抗战胜利后，陕西邮政局将府谷、孤山堡、哈拉寨 3 处邮政代办所暂拨甘宁青邮政局代管。

电　报 民国二十六年（1937），交通部在府谷设立无线电台，开始办理电报业务，电报电路通达神木、榆林、安边、洛川。与此同时，府谷驻军在前石畔、马占山部队在哈拉寨也设军用电台，供部队通信。

电　话 民国三十二年（1943），驻榆林国民党军二十二军为了军事通信需要，从榆林架设单线连接单机电话线，经神木至府谷、东胜，并在府谷设军用电话局，配十门交换箱一部，驻府二五八旅为了便于黄河沿岸防守，分别在黄甫、麻地沟、哈拉寨、碛塄、高尧峁设单线电话，形成军事通信网。

金　融　民国初年，府谷无专门金融机构，仅在县署财务部门设有掌管专员，另在市面上有几家私人财东开设的钱庄、当铺，如恒元永、义和泉等。民国十九年（1930），井岳秀开办陕北地方实业银行，并任董事长，府谷县朱新山为董事会、监事会成员。1932年，陕北地方实业银行在府谷设立办事处，主要办理存贷款业务。

粮　赋　民国建元后，赋粮折银，细粮每石折银二两八钱，又合银洋四元二角，共计合洋五千四百七十八元五角九分八厘八毫六丝。糜粮每石折银六钱，又合银洋一元五角，共计合洋七百一十二元一角三分一厘一毫一丝一忽。自二十二年糜粮一石折合增洋二元七角，共合洋一千二百八十一元八角三分五厘九毫九丝九忽。又有营地（知银不知粮），共纳银三十七两七钱六分，先以银洋一元五角折合，自二十二年亦增加，以二元七角折合，洋共计一百零一元九角五分二厘，丁银一千八百一十六两七钱六分九厘，原先亦以每两一元五角折合，银圆共二千七百二十五元一角五分三厘五毫。自二十二年变更，以二元七角增加，折合洋四千九百零五元二角七分六厘三毫。至课税方约分于次：（1）契税。民元后，每元征正税四分。自二十二年，复增附税一分，共五分。二十四年至三十年，正税增至五分，附税增至二分五厘，共七分五厘。三十一年至三十二年，正税增至一角，附税五分共一角五分。（2）畜屠税。民元后，改为招商包办。每年无定额，每年额数多少以投标决定。每只羊征税二角，猪征税八角。自二十八年，奉令改归县政府派员征收，不再招商包办矣。三十一年，每只羊征税三元，猪征税九元。三十二年，每只羊增至六元，猪增至十八元。（3）营业牌照税。向饭馆、屠行、牙行征收，以千分之一为比例征收，由县政府办理。

第九节 │ 人口和行政区划

民国时期，府谷人口较前下降。民国十三年（1924），有 152792 人。十七年（1928）、十八年（1929），天大旱，百姓生活无着，卖儿卖女，四散逃荒。十九年（1930）遭水灾、蝗灾，二十年（1931）鼠疫流行，人口死亡严重。至二十四年（1935），全县人口减为 114620 人，比十三年（1924）下降 25%，平均每年减少 3470 人。二十六年（1937），有 28460 户（住户 27810 户，特户 650 户），146184 人（住户 145008 人，特户 1176 人）。抗日战争和解放战争时期，因受战争影响，死亡人口较多，加之人口外流和区划变更，到全国解放前夕的 1949 年 7 月，全县人口降为 82859 人，较民国二十四年（1935）下降 27.7%，平均每年减少 2269 人。

明长城府谷麻镇段

府谷县民国时期部分年份户口人数统计表（不含客籍）

年份	户数	人口	年份	户数	人口
民国十三年（1924）	21953	152792	民国三十一年（1942）	…	101641
民国二十四年（1935）	19497	114620	民国三十二年（1943）	…	112716
民国二十六年（1937）	28460	146184	民国三十三年（1944）	15466	116358
民国二十七年（1938）	…	135720	民国三十五年（1946）	15920	115694
民国二十八年（1939）	…	127071	民国三十六年（1947）	…	约125000
民国二十九年（1940）	…	114112	民国三十七年（1948）	…	约130000
民国三十年（1941）	…	101531	民国三十八年（1949）	19953	82859

根据民国版《府谷县志》1945 年统计，县城川及四乡五口外土著客籍等汉户共 21220 户，共 151780 人，男 81823 人，女 69957 人。县城川，土著 984 户，7584 人，客籍 372 户，2964 人。东乡尖堡地方，土著 1325 户，8454 人，客籍 23 户，159 人。黄甫地方，土著 1387 户，9220 人，客籍 67 户，467 人。南乡马真地方，土著 1243 户，6913 人，客籍 52 户，481 人。大堡地方，土著 1198 户，9312 人，客籍 48 户，325 人。永兴地方，土著 893 户，5536 人，客籍无。西乡新马地方，土著 1165 户，8534 人，客籍 89 户，798 人。镇羌地方，土著 1132 户，8720 人，客籍 66 户，558 人。孤山地方，土著 1122 户，7712 人，客籍 33 户，253 人。北乡木瓜地方，土著 1275 户，9324 人，客籍 27 户，198 人。清水地方，土著 1193 户，9493 人，客籍 42 户，343 人。黄甫口外，土著 1552 户，11912 人，客籍 94 户，751 人。清水口外，土著 1595 户，11584 人，客籍 142 户，834 人。木瓜口外，土著 1256 户，9582 人，客籍 29 户，147 人。孤山口外，土著 1525 户，9217 人，客籍 72 户，554 人。镇羌口外，土著 1868 户，10173 人，客籍 94 户，690 人。

行政区划 民国初年，沿用清制，长城内仍旧；长城外，界地内（含界地）增设古城、哈拉寨、羌和、沙梁、他儿坝、界地 6 地方。全县

明长城府谷庙沟门段

凡 16 地方，辖 938 村。分别为：

长城内境地　尖堡地方辖 51 村，黄甫地方辖 59 村，马真地方辖 43 村，大堡地方辖 50 村，永兴地方辖 13 村，新马地方辖 3 村，镇羌地方辖 52 村，木瓜地方辖 34 村。

长城外境地　古城地方辖 94 村，哈拉寨地方辖 68 村，羌和地方辖 60 村，沙梁地方辖 75 村，他儿坝地方辖 144 村，界地辖 45 村，孤山地方辖 53 村，清水地方辖 56 村。

民国十八年（1929）改为区乡制。全县分 7 区，区下设乡，乡下有间，间下有邻。

民国二十二年（1933），中国共产党创建神府革命根据地，开展游击斗争。国民党为了加强统治，推行"寓兵于农""联防""连坐"政策，撤销区制，实施保甲制。全县编为 23 联保，辖 110 保、1600 甲。"户必归甲，甲必归保"。

联保名称及所辖地域：

尖堡联保　城关、海子庙、高石崖一带。

黄甫联保　黄甫一带。

麻地沟联保　麻地沟、墙头一带。

盘塘联保　盘塘一带。

古城联保　古城一带。

清水联保　清水一带。

羌和联保　赵五家湾一带。

哈拉寨联保　哈拉寨、大岔一带。

崇道联保　高石崖西部。

木瓜联保　木瓜一带。

信义联保　庙沟门、三道沟和内蒙古准格尔旗羊市塔一带。

镇羌联保　镇羌、田家寨一带。

连谷联保　大昌汗、老高川一带。

礼智联保　哈拉寨、准格尔旗五字湾一带。

孤山联保　孤山一带。

天平联保　孤山、庙沟门、三道沟一带。

大堡联保　碛塄、武家庄一带。

永兴联保　田家寨、永兴一带。

马真联保　马真一带。

新马联保　傅家墕、碛塄一带。

永安联保　城关镇一带。

白云乡联保　王家墩一带。

城内联保　旧县城内。

民国二十八年（1939），全县缩编为14联保。

民国二十九年（1940），全县改划为8镇（其中西津镇为中国共产党所控制），镇下设保、甲，直至解放前夕，所辖区域见下表。

1940年府谷县各镇保甲情况统计表

镇名	所辖地域	镇公所驻地	保数	甲数
荣贵镇	城关、高石崖、海子庙一带	官井村	9	155
君子镇	麻地沟、古城、黄甫、墙头一带	麻地沟	11	215
凤凰镇	哈拉寨、大岔、清水一带	哈拉寨	8	152
天平镇	孤山、高石崖、木瓜一带	孤山	10	206
松翠镇	镇羌、田家寨、永兴一带	镇羌	6	122
花坞镇	傅家墕、碛塄、武家庄一带	高尧峁	7	160
连城镇	大昌汗、老高川、三道沟、庙沟门、赵五家湾一带	沙梁	9	139
西津镇	马真一带	马真		

第十节 | 教 育

辛亥革命后，人们突破了几千年封建思想的桎梏，开始接受自由、平等、科学、民主等新思想、新文化。

府谷自清末创设学堂，教谕一职即行裁撤。民国二年（1913），初设学务局学董。五年（1916）改劝学所，设所长。民国十三年（1924）9月，改教育局，设局长。民国二十二年（1933）5月，裁局并科，在县政府设教育股，继改教育科。政府颁布了一系列新的办学法令，并

中山中心学校木瓜分校校门

出资兴建官学；民间乡绅贤达也创办私学和贫民小学，兴学重教蔚然成风。民国四年（1915），改学堂为学校，到民国九年（1920）全县有小学8所。中国共产党领导的神府革命根据地于1933年创建，1937年成立神府县亦有正规学校成立。据1940年统计，全县有小学46所，学生1420人。到民国三十六年（1947），全县有公、私立完全小学19所，学生2426人，学校设备十分简陋，且多分布在县城集镇和平川村堡之中。

民国三十年（1941）春，府谷中学筹建委员会成立，王鹤亭任招生委员会主任委员。是年9月，府谷中学诞生，校址设在原第一模范小学。高伟任校长，孙计一任副校长兼总务主任，聘请张紫露（绥德人）任教导主任，招生40人，分设2个班，学制3年。课程设置国语、数学、物理、化学、生物、卫生、博物、历史、地理、英语、公民、体育、音乐、劳作、图画、童子军等。每学年每科总授课时为64课时。经费使用教育款，并有保德"义成德"商号杨全知捐款1万银圆。后因师资、经费困难，于民国三十一年（1942）停办。三十四年（1945）9 月，府谷中学再次成立。其间保德县"协义兴"马继祖妻杨玉梅（女，府谷人）捐款 3000 银圆，杨全知又捐款 1000 银圆，段宝珊捐军衣 200 套资助办学。陕西省教育厅将府谷中学备案后，发给高伟校长委任状，孙计一为事务主任，严述先为教导主任。教师有刘天民、

府谷中学校门（摄于 20 世纪 80 年代）

杨献丞、王仲和、白映玺、柴皋等，设 4 个班，学生 99 人。三十六年（1947），国民党政权崩溃，府谷中学再次停办。

民国期间，府谷的教育事业有了很大的发展，培育出了一大批优秀的人才：孙如金（府谷第一名大学生，后任榆林中学校长）；高克亭（山东省委书记）、季达（原名李焕章，国务院机关事务局局长）、赵铸（中共山东鲁南区委书记）、刘素菲（刘澜涛夫人、西北局书记处第一办公室主任）、舒林（原名苏启龙，中共中央马恩列斯著作编译局马恩室主任，定稿员）、杨清（中国现代心理学家）等。

民国时期教育官员统计表

职别	姓名	号别	学历或毕业学校	任职时间
学务局学董	柴振清	镜荃	清拔贡	民国二年 11 月
劝学所所长	甄作藩	竹辰	榆林中学毕业	民国五年
	高 峋	嶙生	清例贡	民国六年 9 月
	王宗彝	鼎卿	山西法政毕业	民国九年
	高诵先	清臣	清举人，保定法政毕业，分发山西任用知事	民国十一年 2 月
	张道新	鼎初	山西法政毕业	民国十二年 8 月
教育局局长	杨 琛	献丞	陕西优级师范毕业	民国十三年 2 月
	刘席珍	聘之	陕西完全师范毕业	民国十四年 6 月
	严念祖	述先	绥德第四师范毕业	民国十六年 8 月
	杨 琛	同上	同上	民国十七年 7 月
	刘履泰	子安	绥远师范学校毕业	民国十八年 9 月
	高伟	韦人	北京中国大学毕业	民国二十年 3 月
	王九思	睿生	清举人，保定法政毕业	民国二十年 11 月
	王宗彝	同上	同上	民国二十一年 5 月
	尤清之	天乙	山西第一师范学校毕业	民国二十一年 11 月

民国时期学校教育统计表

镇别	学校名称	校址	教职员数	学生数 男	学生数 女	班级	岁入经费（元）
荣贵镇	中山中心学校	县川南门外	7	112		高级三班、初级四班	17100
	中山中心学校西关分校	县川官井村海潮庵	7	91	34	高级一班、初级四班	13572
	第四保中山国民学校	县川前石畔	1	25		2	360
	第五保中山国民学校	赵家石窑	1	32		2	1500
	第六保中山国民学校	柳林碛	1	25		2	1500
	第七保中山国民学校	王家墕	1	30		2	1500
	第八保中山国民学校	磁窑沟	1	26		2	1500
	第九保中山国民学校	赵家寨	1	21		2	1500
君子镇	中山中心学校	麻地沟	6	141	16	高级一班、初级四班	13572
	中山中心学校黄甫分校	黄甫	4	45		高级一班、初级二班	13572
	第一保中山国民学校	李家寨	1	28		2	1500
	第二保中山国民学校	宗常山	1	28		2	1500
	第三保中山国民学校	韩家湾	1	29		2	1500
	第四保中山国民学校	墙头村	1	27		2	1500
	第五保中山国民学校	三里墩	1	22		2	1500
	第七保中山国民学校	杜家墕	1	20		2	1500
	第八保中山国民学校	蔺家坪	1	32		2	1500
	第九保中山国民学校	徐生儿梁	1	28		2	1500
	第十保中山国民学校	古城街	2	57	5	2	2520
	第十一保中山国民学校	戏楼沟	1	41		2	1500
凤凰镇	中山中心学校	哈拉寨街	4	90	21	高级一班、初级三班	13572
	第一保中山国民学校	温家峁村	1	33		2	1500
	第二保中山国民学校	元峁村	1	29		2	1500
	第三保中山国民学校	清水街	2	43	13	2	1520
	第四保中山国民学校	青春峁	1	26		2	1500
	第五保中山国民学校	阴尔崖	1	25	5	2	1500
	第六保中山国民学校	陈家圪堵	1	21		1	1500
	第八保中山国民学校	柏草峁	1	19	2	2	1500
天平镇	中山中心学校	孤山东关关帝庙	5	63	11	高级二班、初级二班	13572
	中山中心学校木瓜分校	木瓜城内	3	53		高级二班、初级二班	13572

（续表）

镇别	学校名称	校址	学生数		班级	岁入经费（元）
			男	女		
天平镇	第一保中山国民学校	桑园梁	1	11		1	1500
	第二保中山国民学校	董家沟	1	19		2	1500
	第五保中山国民学校	圪针畔	1	25		2	1500
	第六保中山国民学校	柏树沟	1	25		2	1500
	第九保中山国民学校	陈家庄	1	26		2	1500
连城镇	第一保中山国民学校	赵五家湾	1	15	5	2	1500
	第二保中山国民学校	窨子沟	1	18		2	1500
	第三保中山国民学校	沙梁街	1	18	8	2	1500
	第四保中山国民学校	红渠	1	19		2	1500
	第五保中山国民学校	张明沟	1	17		2	1500
	第六保中山国民学校	小子沟	1	17	5	2	1500
	第六保中山国民学校蛇口峁分校	蛇口峁	1	20		2	1500
	第七保中山国民学校	青龙寺	1	20		2	1500
	第八保中山国民学校	大昌汗沟	1	19		2	1500
	第九保中山国民学校	他儿坝	1	21		2	1500
松翠镇	中山中心学校	镇羌城内	4	55	33	高级一班、初级二班	13572
	第一保中山国民学校	新城川	1	22	10	2	1500
	第二保中山国民学校	孙家墕	1	28		2	1500
	第三保中山国民学校	高家南门	1	11	1	2	1500
	第四保中山国民学校	胡家沟	1	22	3	2	1500
	第五保中山国民学校	武家坡	1	15	2	1	1500
	第六保中山国民学校	小寨	1	26	4	2	1500
花坞镇	第一保中山国民学校	深墕	1	17		1	1500
	第二保中山国民学校	白家圪	1	23		2	1500
	第三保中山国民学校	柳圪	1	23		2	1500
	第四保中山国民学校	高尧峁	2	33	13	2	1500
	第四保中山国民学校碛塄分校	碛塄街	1	35	18	2	2520
	第五保中山国民学校	见虎墕	1	17		2	1500
	第六保中山国民学校	郭家峁	1	16		1	1500
	第七保中山国民学校	泉子村	1	20		1	1500
	合计 61 校		96	1933	215	134	

民国时期府谷县中学以上毕业生统计表

姓名	号别	住址	就读院校
高诵先	清臣	高家湾	保定北洋法政学堂毕业
王九思	睿生	县西关	同上
王九皋	鹤亭	同上	北京法律专门大学毕业
王秉衡	季权	同上	陕西省法政讲习所毕业
杨琛	献臣	县西关	陕西省师范优级选科博物科毕业
杨珩	佩臣	同上	陕西高等学堂实习高中毕业
刘席珍	聘之	刘家大庄	陕西省师范初级完全科毕业
刘文清	仲连	镇羌	陕西高等巡警学堂毕业
王圻	次郊	柳林碛	山西法政学校毕业
甄作藩	竹臣	麻地沟	同上
王宗彝	鼎卿	柳林碛	同上
汤树勋	伯功	县西关	同上
吴之屏	翰青	同上	同上
王树标	建轩	李家渠	同上
张道新	鼎初	高粱上	同上
张登阁	相辰	黑山村	北京中国公学大学部政治经济科毕业
孙如金	丽生	西关前石畔	山西省立第一中学校毕业，国立北京工业大学毕业
刘步衢	天民	县西关	山西公立工业专门学校甲化本科毕业，北京世界语专门学校师范部毕业，中央军事政治学校第六期步兵科毕业
高伟	韦人	高家湾	北平中国大学法律系毕业
孙荫沂	浴之	镇羌	国立北平大学法学院政治经济系毕业
王九畴	寿田	县西关	中央政治分校毕业，北平中国大学毕业
郝维垣		木瓜	北平民国大学毕业
王滋桐		柳林碛	国立西北联合大学毕业
杨清		郝家深墕	云南大学毕业，中央大学研究院教育心理学系毕业
王宝麟		县西关	北平铁路大学
杨渊		郝家深墕	榆林中学高中部毕业，西北公学院毕业
李映海		赵家石窑	榆林中学高中部毕业，西北大学教育学院毕业
白映玺	尔玉	镇羌	山西农林专门学校农本科毕业
乔学明	静庵	盘塘	同上

（续表）

姓名	号别	住址	就读院校
刘邦彦	子俊	高梁沟	陕西第一师范学校毕业
杨树屏	仲藩	县西关	山西国民师范学校毕业
尤清之	天乙	张家塔	山西第一师范学校毕业
李逢唐	值斋	乏骚胡湾	绥远师范学校毕业，山西党政学院毕业
李暹唐		同上	绥远师范学校毕业
刘履泰	子安	东贺家畔	同上
李福义	子仁	松花沟	同上
王懋德	宣三	武家坡	陕西第四师范学校毕业
严念祖	述先	陈家庄	同上
杨津		狮子城	同上
梁启宇	栋如	黄甫	同上
柴咸	化生	柴家塌	省立榆林中学高中部毕业，国立西北师范学院毕业
王曾谟		县西关	省立榆林中学高中部毕业，武功农林学院修业。重庆复旦大学肄业
边恒彦	子俊	边家寨	山西并州大学政治科毕业
郭培麟	天锡	县西关	陕北联合县立榆林中学毕业，上海大学肄业
高杰	俊甫	高家湾	山西商业专门学校交通管理科毕业
柴屺	孺瞻	柴家塌	天津南开中学校高中毕业
李玉溥	躬如	县城	山西公立工业专门学校甲化本科毕业
李玉鸿	来宾	同上	同上
赵宋儒	希贤	赵家寨	同上
王文华	君实	西关	榆林道地方自治讲学（习）所毕业，山西地方自治讲习所毕业
李如裕	子宽	同上	榆林道地方自治讲学（习）所毕业
韩子仁	静山	县城	山西省立第一中学校毕业
魏赓仪	尚礼	麻地沟	同上
张敞	叔宏	县西关官井	同上
张政	季仁	同上	同上
郭瑞麟	孔昭	县西关	同上
高士林	森甫	县城	北京商业专门学校铁道科毕业
韩邦秀		坪伦墩	同上
王佐	精一	魏家寨	绥远省立职业中学校毕业

（续表）

姓名	号别	住址	就读院校
张 景	仰山	磁窑沟	同上
王 镇	克定	麻地沟	山西学兵团毕业，山西斌业专门学校毕业
黄丕章	守斌	孤山	陕北联合县立榆林中学毕业
杨 湜	清庵	狮子城	同上
王树藩		盘塘	同上
苏家许	希洵	县城	同上
苏启明	东生	郭家峁	同上
王茂林	集生	半塔	同上
郝 晹	晴轩	庙沟门	同上
郝 晙	子明	同上	同上
孙计一	伯勤	前石畔	同上
孙钟慧	晶秋	同上	同上
赵 铸		赵家寨	山西铭义忠（中）学校毕业
苏一苇		县西关	同上
牛兆濂	让泉	哈拉寨	同上
王 纲	宪民	累沟	北平内政部高等警官学校毕业
杨 蔚	文轩	碛塄	山西并州大学法科毕业
王井麟		县西关	省立榆林中学高中部毕业
柴 崟	东晹	柴家塝	同上
柴 枭		同上	同上
苏建勋	铭鼎	县西关	国民革命军第二集团军陕西省中山学院农民运动班毕业
李青云	步平	孤山	同上
刘世英	俊甫	县西关	同上
柴培桂	希燕	苍贺峁	同上
苏启贤	子发	郭家峁	同上
杨岐山	凤鸣	元妥子	同上
刘永兴	子隆	县城	同上
高道峰	临溪	县城	同上
高 卓		高家湾	同上
张鸣盛	子和	尧峁村	绥远省立第一中学校毕业
牛兆溪		哈拉寨	绥远正风中学毕业
王 炜	季光	同上	绥远省立第二中学校毕业，中央西北干部训练团党训班毕业

（续表）

姓名	号别	住址	就读院校
王浩		小南川	绥远省立第二中学校毕业
周政	培森	四道河	同上
曹元才		黄甫	同上
王槐		同上	同上
蔺培业		荒地梁	同上
陈耀		清水	同上
李盛林		沙梁	绥远中山学院毕业
李玉涵		县城	绥远中山学院初中部毕业
王铭鼎	树芳	柳林碛	山西省立教育学院附属中学毕业
王铭璋		柳林碛	国立绥远中学校毕业
魏振荣		庙梁上	国立第四中学毕业
刘海清		智字段	绥远省立第二中学校毕业
王之平		傅家墕	绥远省立师范学校毕业
张万全	圣举	常王寨	广东黄埔军官学校第四期毕业
苏建民		桑园梁	同上
杨怀瑛	玉亭	杨家庄	同上
韩子佩	玉山	县城	同上
焦浩同	瀚然	马真	同上
王烈		同上	同上
刘维新		盘塘	同上
温哲	明甫	乱柴沟	同上
孙友雄	光远	麻地沟	中央陆军军官学校第九期骑兵科毕业
柴鼎	彝孙	柴家墕	省立榆林中学高中部毕业，中央陆军军官学校第十六期步兵科毕业，中央陆军军官学校第三校补训毕业
乔学牲		盘塘	中央陆军军官学校第十六期毕业
柴浩	汉生	院家峁	山西北方军官学校骑兵科毕业
白配金	冠五	合河	同上
王书修	儒堂	盘塘	山西北方军官学校炮兵科毕业
孙映淮		镇羌	中央陆军军官学校第七分校毕业
韩旭		县城	同上
严效祖	又如	陈家庄	同上
白有祯		镇羌	同上

（续表）

姓名	号别	住址	就读院校
孙连城		前石畔	同上
苏建国		桑园梁	陆军第十三军军事学校毕业
韩良玉	昆山	庄子梁	国民革命军第二集团军驻陕总司令部中山军事学校毕业
郝炳文		县西关	同上
韩维凯	肃武	县城	同上
张得科	进之	黑山村	同上
王文光	显甫	县西关	同上
王铭盘	自新	柳林碛	同上
王凤来	岐山	县城	同上
祁觉民		黄甫	南京中央大学
刘淑贞		前石畔	榆林师范学校毕业
杨西云		狮子城	同上
杨焕云		同上	同上
吴赓凤		县西关	同上
孙玉梅		镇羌	同上
李燕语		县西关	同上
袁毓英		木瓜	同上
韩佩英		县城	同上
张国柱	子栋	张家圪凸	太原清华中学校毕业
袁维汉		木瓜	太原成成中学校毕业
张治国	定九	县西关	同上
郝辅汉	星芒	县西关	山西国民师范学校毕业
张国秀		西关前石畔	太原友仁中学毕业
李万庆		县西关	同上
徐芝鏊		同上	同上
奏景伯		县西关秦家洞	同上
三德科	仲禾	盘塘	太原平民中学毕业
胡瀛	海峰	同上	榆林职业中学高中部毕业，中央干部特别训练班毕业
杨洲	茂汀		省立榆林中学初中部毕业
杨淑		同上	同上
杨彪		同上	同上
刘万厚	德坤	水口	同上

（续表）

姓名	号别	住址	就读院校
柴 岱	宗生	柴家塌	同上
柴 丰	公亨	同上	同上
柴 谦	益吾	同上	同上
王 焘	耀青	李家渠	山西工业专门学校毕业
柴 津		苍贺峁	省立榆林中学高中部毕业
柴如璧		高石崖	省立榆林中学高中部毕业
王德轩	恕之	盘塘	太原云山高中毕业
柴 复	更生	柴家塌	北平市立中学校毕业
王丕照		柳林碛	省立榆林中学初中部毕业
王丕廉		同上	同上
王锡麟		县西关	同上
黄丕文		孤山	同上
严耀祖		陈家庄	同上
严绍祖		同上	同上
刘玉海		刘家大庄	同上
阎增孝		官井	同上
阎育杰		同上	同上
高 明		县城	同上
高 佩		高家湾	同上
黄鹏程		孤山	同上
苏玉厚		见虎塌	同上
杨生秀		孤山	同上
陈兆祥		木瓜	北平华北国医学院毕业
任子茂	蔚林	榆家坪	山西省立教育学院附属中学毕业
尤祖启		张家塔	中央干部特别训练班毕业，榆林职业中学校毕业
杨树萱	北堂	县西关	同上
苏 伟	伯奇	郭家峁	同上
阎 忠		阎家圪	同上
王 珩		柳林碛	同上
胡明亮	光耀	县西关	省立榆林职业中学校高中部毕业
苏会琛		县城	榆林职业中学校初中部毕业
王 瑞	辑五	魏家寨	同上

（续表）

姓名	号别	住址	就读院校
杨纯仁		狮子城	省立榆林中学初中部毕业
李时锋		木瓜	绥远省立第一中学校毕业
樊好智		黄甫	包头三民第二中学校毕业
白登榜		小木	省立榆林中学校毕业
李增寿		孤山	同上
杨启源		沙梁	同上
郝守业		庙沟门	榆林职业中学校初中部毕业
苏体贤		县西关	同上
杨江		狮子城	同上
王守先		县城	同上
李守巍	尧天	李家坬	同上
胡伟	杰人	县西关	榆林单级师范学校毕业
高桂华		镇羌	同上
孙仰曾	伯高	同上	同上
杨文彦		同上	同上
王尚本	立清	上王家墕	同上
刘继熙	光远	刘家小寨	同上
王鸣皋		永兴	同上
贺立本	道生	采林村	同上
王慎修		盘塘	同上
王景立		同上	兴县中学毕业
王振堂		同上	同上
吴乃贤		县城	榆绥区保甲基干人员训练所毕业
阎秉孝		同上	同上
王益麟		县西关	省立榆林中学校初中毕业
刘尔耆		傅家墕	同上
王铭砚		柳林碛	榆林职业中学初中部毕业
王铭琴		同上	同上
孙如金	丽生	县城西关	北京国立工业专门学校毕业
杨清	天诚	深墕	重庆中央大学研究院毕业
孙友雄	光远	麻地沟	黄埔军校第九期骑兵科毕业

第十一节 ｜ 文化艺术

　　明清时期，文化艺术工作由礼房掌管。民国时期由县教育科统管，民国十五年（1926），府谷设立图书馆，后因经费困难、图书短缺而停办。民国三十一年（1942）4月，府谷开办民众图书馆、阅览室，9月，将图书馆改为教育馆，除办理图书阅览外，还开展扫盲活动。民国三十二年（1943）8月，府谷成立文献委员会，负责征集县内文献资料和文物。

　　社　火　民国时期，府谷的民间艺术得到了很大的发展。府谷的民间社火起源于西汉，发展于唐宋，兴盛于明、清、民国。具有代表性的活动有：九曲秧歌（转九曲黄河阵）、彩灯秧歌（担灯）、龙灯、舞狮、高跷、抬阁、挠阁、旱船、竹马、大头人、独龙杠、二鬼打架、哑老背妻、送闺女、拉碌碡、霸王鞭、西洋游千、垒火笼等，社火活动以元宵节最盛。岁时旧历正月，城川与保德分期结社，赛会大闹高抬社火，有"西游记""桃花山""戏牡丹""醉酒""折桂"等名色。届期灯烛辉煌，

社
火

花炮火光彻宵，仕女云集，游观者杂沓通衢，颇极一时之盛，大有太平年的景象。

戏 剧 二人台是府谷广为流传的民间艺术，随汉民出口外垦边而流行。其源于何时，艺术界争论很多。二人台《打后套》一剧中唱道："大清国出真龙，乾隆爷爷把基登，登基后出了戏一宗，这宗戏出在山西凤凰城。"乾隆 1736 年登基，由此可知，二人台起源于清乾隆年间，距今已有 280 多年的历史。二人台是晋陕蒙冀接壤区多种文化融合而成的民间艺术，其产生和发展，吸纳了蒙古族的四胡、长调、民歌，陕北民歌、宗教音乐、山曲，晋西北戏曲、民歌，河北戏曲、

二人台

民歌等诸多文化元素，历经四省区各个旗县、乡村一代又一代二人台艺人创作磨合而成，是这些地区共有的文化艺术财富。

二人台的发展经历了"打坐腔""打玩艺儿""风搅雪""打软包""业余剧团"和"专业剧团" 6 个阶段。二人台由民歌发展而来，最初也是最简单的形式称为"山曲儿"，群众即兴创作，随意对唱，不拘形式。后来有梅、四胡伴奏，空闲时间或村中庙会，人们围坐演唱，尽欢而散，此为"打坐腔"。"打玩艺儿"的名称来源于"社火玩艺儿"，凡带音乐的表演形式如道情、二人台、八音会等俗称"打玩艺儿"。清咸丰至同治年间（1851—1874），府谷丁怀义、丁荷包银、蔺铁、孙银鱼、王宝儿等艺人，在逢年过节，古会社火，迎亲送葬时为群众演唱，其表演形式就是"打玩艺儿"，很受麻地沟、黄甫及内蒙古后套百姓欢迎。二人台与道情

同台穿插演出，人称"风搅雪"，这是二人台第一次登上戏曲舞台。清末民初，府谷贺二蛇、李保儿、周板头、张埃宾（艺名吹塌天）、范贵仲、范二仓、丁兰双、丁兰成、丁三成、丁田成、丁俊女、王里儿、苏三根、苏应祥、白百家保等艺人结伙搭班，经常在麻地沟、古城、墙头、山西河曲、内蒙古准格尔旗一带与其他二人台"玩艺儿班"和道情"玩艺儿"等同台演出，就是"风搅雪"的表演形式。"打软包"是由班主领班，艺人搭班组成的职业性演出班子。民国年间，府谷"丁家兄妹窝儿班"，丁喜才父子与哈拉寨杨氏父子搭班演出10多年，都称"打软包"，当时誉满秦晋蒙黄河两岸。这一时期，府谷知名的二人台艺人有丁喜才、郭玉林、苏厚、苏凌、武守贞、党四女、杨臭小、赵二存来、苏风歧、杨怀银、柴根儿等，代表性剧目有《走西口》《小放牛》《牧牛》《探病》《卖菜》《刘海砍樵》《钉缸》《卖碗》《闹元宵》《姑嫂挑菜》《刘家庄》《小寡妇上坟》《借冠子》《顶灯》等；清唱剧目有《惊五更》《洛阳桥》《进兰房》《走太原》《蒙汉调》《劝世人》《偷红鞋》《十爱》《要女婿》等。二人台牌曲有70多种，最有特色的有《尼姑思凡》《闹元宵》《闹红火》《万年欢》《对莲花》《正衣牌子》《丝鸾带》《八音杭盖》《喜临门》《巫山顶》《绣荷包》等。

民国期间，府谷传统剧种除二人台外，还有晋剧、道情等，群众都十分喜爱。府谷与山西河曲、保德以河为邻，县境城乡都有唱神戏、还愿戏的习俗，常请晋剧戏班来演出，久而久之，群众逐渐迷上了晋剧。清同治年间，黄甫西王寨艺人王三开领办戏班，演唱晋剧和北路梆子，以后王三开之子王秋堂、孙王虎儿继续领办戏班。这一时期，府谷赵起世、袁鸡换也领办了晋剧戏班。道情源于唐代，是以唱为主的一种曲艺，用渔鼓和简板伴奏，原为道士演唱道教故事，后来用一般民间故事作为题材，与各地民歌相融合。初时多为群众农闲时自乐演唱。民国年间，受山西五寨、神池、右玉等地道情的影响，县境麻地沟、赵寨、黄甫、

中共神府特委会机关报《新神府报》（1936 年 7 月 15 日第六期）

墙头等地亦先后成立道情戏班，在乡村庙会上演出，很受群众欢迎。

报　刊　1936 年，中共神府特委创办《新神府报》（主编贺立本），此为府谷创刊最早的报纸。

电　影　1947 年，县城马家沟放映电影《新闻记录》，这是府谷电影放映之始。

方　志　民国期间，府谷编纂了两部质量很高的地方志，即民国版《府谷县志》和《府谷县乡土志》。

民国版《府谷县志》分卷首、地理、民社、政治、食货、官师、人物、艺文、抗战、大事记、丛录，共 11 卷 12 册，约 40 万字。为石印本，收藏于西安市文物局、陕西省图书馆、陕西师范大学、南开大学、府谷县图书馆。此志在民国三十年到三十四年（1941—1945）由甘肃古浪高克恭和陕西绥德王俊让前后两任县长主持编纂，聘请县内颇有名气、还乡养老的王九皋（北京法律专门大学毕业，曾任山东省高等法院院长）

为总编辑，张登阁（中国大学政治经济系毕业，曾任河南安阳县县长）、柴振清（清拔贡，曾任陕西米脂县县长）、郭天锡（上海大学肄业）、边恒彦（山西并州大学政治科毕业）等30人，分别担任编辑、采访工作。编修时处于抗战时期，经费困难，社会各方捐款资助52万元，成书于民国三十四年（1945）。

此志和本县其他旧志相比较，其特点一是在食货志中附有多种图表，对本县农业、工业、商业、金融、物价有不少记载；二是时代、政治气息浓厚。府谷自古为边陲要地，是陕西北部门户，抗日战争时期是最前线。志中记载了府谷县抗日对全局、对大西北、对稳定伊盟内外的关系和驻防府谷境内的陆军二十二军、东北挺进军之抗日经过、民众参战、助战及县府抗日设施等史实资料。该志对本县抗战前共产党领导农民打土豪，杀劣绅，推翻国民党反动统治及国民党"反共""剿共"的行动也有一定的记述。三是给本县旧志中诬为大逆不道的明末农民起义领袖王嘉胤和抗清的高有才翻了前案，较为公允。编者认为明末"王嘉胤痛社会之黑暗，秉天下兴亡，匹夫有责之任，持铁铜起而与恶浊环境奋斗"的英雄业绩不应埋没。他一呼百应，明军招剿无效，施诡计暗杀，他是民族的精英，更不应以匪首目之。"高有才以前明遗臣，眷怀故国，暗与山西之姜镶（明大同总兵）、姜建勋（汾阳总兵）、牛化麟（保德州守备）、王永疆（三边参将）、沈育麟（神木守备）联成一气，徐图恢复，永为民族之光。厥后，虽姜镶遇害，王永疆自杀，有志未遂，然尚能提兵500坚守孤城7个月之久，牵制吴三桂、李国翰等清室大军一万以上，嗣因弹尽粮绝投河自尽，终不屈服"，可与文天祥、史可法并论。时任陕西省政府主席熊斌、东北挺进军总司令兼黑龙江省政府主席马占山、晋陕绥边区总司令邓宝珊、陆军二十二军军长高双成等人为本志写了序言。全国著名书法家于右任、寇遐为本志题签。

《府谷县乡土志》共4卷4册。卷一有历史、政绩录、兴利、听讼、去害、兵事录；卷二有耆旧录、事业、学问；卷三有人类、氏族、宗教、实业、地理、方向、四界、分区、古迹、祠庙、坊表、桥梁、市镇、学堂；卷四有山、水、道路、物产、动物、植物、矿物、矿物制造、商务。全书为抄本，约 8 万字，该志由本县清末贡生王为垣编纂。王为垣身历两朝，不入官场，在官学、私塾执教数十年，此志经他多年劳苦收集资料，执笔于幽室青灯，数易其稿，在光绪末年成书。由于是私人所编，成书后没有付印行世，只藏于自己书室。该志在建置沿革、历史人物、兵事活动等方面记述详细，而且为了便于后人查阅原文，在许多段落的末尾标出了重要史实的摘引书目。民国十三年（1924），署理府谷县知事的湖北黄冈举人严用琛付抄，并在志书封面上加盖了府谷县印，书尾签名盖章。现收藏于陕西省图书馆。

民国时期，王为垣还编纂了《周易援象解易》《依韵识字略》《家里考》《修身讲义》《国文讲义》；王九思编纂了《大本论》《乐道年》；王九皋编纂了《民事判决书拾萃》，柴振清编撰了《古泉汇》，杨清等人编著了《教育心理学大观》。

书画艺术 民国以前，以书写取人，一般学人不敢轻于此道，学校也重视书法练习，加之本县历来不少人酷爱书法，佼佼者代代有人，出现了不少书法名家。民末以来，府谷书坛执牛耳者当推傅寿昆和王铭鼎。傅寿昆用笔遒劲，字体结构严整，王铭鼎的书法造诣较深，尤擅长于楷书和隶书，其字迹或浑厚挺拔、开阔雄伟，或圆润秀美、为人称道。

民国时期，府谷画坛仍萧瑟如故，即有能者亦无法施其技，只好以画庙、家户炕围和木制家具为业，题材多系山水、花卉、鸟兽等。画技以工笔为主，也有工笔、写意兼具者。此时画坛有名者当数杨湜。他的山水、花鸟、草木等风景画工整逼真，富有情趣。

府谷雕塑历史悠久，工艺精湛，造型美观大方，富有神韵。民国以前，流行于民间。各类建筑如庙宇、府第、富户宅院，日用家具等雕刻

哈拉寨葛家梁龙王庙

墙头尧峁张家楼院影壁

艺术品遍及城乡，主要有石雕、砖雕、泥塑、木刻等，如墓地中的石人、石马、石狮、石羊、墓志等，房屋花卉、屋脊、飞檐、挑头、人物、照壁等，佛龛、暖阁、门窗木刻等。

府谷农村几乎家家有人会刺绣。民国时期，人们的衣服、帽子、鞋、袜都绣有各种花鸟虫鱼图案，有些人制作的门帘、枕头、耳套、桌围、兜肚、荷包、烟袋、围脖、鞋也要刺绣装饰。

民国时期，府谷纸扎艺人很多，几乎乡乡都有。纸扎工艺品主要有阴宅、纸骡、纸马、纸鹤、引魂幡、花篮花圈、花灯、水船装饰等，阴宅、纸骡、纸马、纸鹤、引魂幡为迷信用品，但工艺精细，尤其是阴宅工艺令人叫绝。阴宅大都是豪华住宅，正房为二层或三层楼房，正房两侧为东西厢房。院子一般为四合院，院外有花园。屋内、院中家具、交通工具应有尽有，工艺精湛，造型逼真。

墙头尧渠楼院木雕

第十二节 │ 医疗卫生

府谷地处偏远，旧时医疗卫生事业十分落后。清代，县内无卫生管理机构和专业医疗机构。每当夏秋季节，伤寒、痢疾等普遍流行，重者全家、全村感染。由于缺医少药，患病死亡率很高，群众人均寿命较短。道光元年（1821），县内仅赵芳友、王国品、段自千3人年龄超90岁，官府恩赏其七品顶戴；陈大正等21人年龄超80岁，官府恩赏其八品顶戴，王梅等42人年龄超70岁，官府恩赏其九品顶戴。历史上，府谷是瘟病和霍乱的重灾区。据民国版《府谷县志》记载："光绪四年（1878）春，大疫，斗米钱二千四百文，人相食，死亡载道。"又载："光绪二十八年（1902）七月，大疫，症为虎列拉（霍乱），全县死亡近千数，城关尤甚。道路行人断绝凡四十日。"此外，天花、肺结核（俗称痨病）、麻疹等传染病及地方性甲状腺肿大、氟中毒症的发病率也很高，给县内人民的健康造成极大的危害。民国二十五年（1936），县政府始设卫生股。二十八年（1939），由耶稣教会设立府保医院，从事诊疗，方便了群众治病。

民国时期，府谷有坐堂和游散民间中医百余人，较有影响的民间中医有三大世医家族，即以柴家塔村老中医柴叔平为代表的柴氏世医家族，以黄甫乡太家沟村李杰、李来通为代表的李氏世医家族，以高石崖乡红花村人胡杰为代表的胡氏世医家族。这三大家族对祖传中医学代代相传、延续不衰，闻名乡里的医生辈辈皆有。民国时期，县城人王九思擅长中医，喜读《金匮要略》《伤寒论》，对医理、药方的论述、理解甚深，诊病除疾屡见奇效；张子舆善治内科传染病，他经营的药品极重视质量，颇受群众信赖；余二精于脉理，通晓六经传变；张季仁、张有常、杨候四、王三毛、柴五等老中医，治病临床经验丰富，疗效亦好。在乡间，名中医有李本仁、贺文禄、张怀魁、陈海、胡俊、刘平、杨果、杨溥、刘顺会、刘惠民、王仲、张友华、郝权晓、张二、陈二海、赵学铭、柴在、张百川、刘三毛、马润等。

解放前，民间疾病多以土法治疗，有拔火罐、按摩、针灸、放十指、热敷、焦炭水洗头、熬草药、用土单验方等。由于医家认知有限，治疗手段简单，仅能处理少数常见病，如给初生儿挑风、给患者割

民国时期的药铺

羊毛疔以及医治头疼脑热等小病，遇有疑难重症，往往束手无策。自民国二十三年（1934）以来，引进西医，兴办诊所，医疗条件相对改善。但因集中于城镇，乡村仍然缺医少药，百姓仍不得不依靠庸医、游医治病，甚至祈求于神灵消灾保平安。

清末，全县私人开业的药铺有 9 家，民国年间最多时有 38 家。

重生魁药铺 系县城人胡四先生清咸丰年间创办于县城（今县食品公司对面），时有房舍 10 间，从业药工 4 人。胡四过世后，先后由胡柱兴、胡儒、胡明月继营。民国五年（1916），胡柱兴在碛塄街设分号"义生长"药店，房舍 18 间，从业者 9 人。二十五年（1936），迁并回"重生魁"。

益龄堂药店 由名中医柴叔平领柴仲博的本钱，于民国九年（1920）

在县城（即现在冷库院内）创办。时有铺舍3间，从业者3人。民国十二年（1923）停办。

胡文光诊疗所 民国二十三年（1934），胡文光在西安防疫训练班毕业后，回府谷在县城西关开办西医诊疗所，从此府谷县有了西医西药，后因胡出外任职，诊疗所仅开办一年就停业。

府谷县清代、民国部分中医药铺（堂、店、房、社）统计表

药铺名称	地址	始业时间	从业人数	铺舍数	停业时间	主办人员
重生魁药铺	县城西关	1851年	4	10	1951年	胡四及胡天柱等
贺银财药铺	王家墩 贺家堡	1862年	2	3	1958年	贺银财、贺文录
郝万宝药铺	碛塄 郝家角	1875年	1	1	1957年	郝万宝及子郝权小
保元堂药铺	县城西关	1906年	4	3	1938年	胡杰
源裕张药铺	古城街	1906年	1	3	1956年	张怀魁、张登科
中和堂药铺	县城	1912年	1	1	1930年	张子舆、张权宏
惠民堂药铺	孤山街	1912年	2	2	1947年	刘金顺、刘惠民、刘仲西
杨果药铺	武家庄 丰山村	1912年	1	1	1969年	杨果
中正永药铺	县城西关	1924年	10	9	1938年	孙子保
忠义堂药铺	孤山街	1930年	2	3	1945年	王仲
义生长药铺	县城关前街	1932年	4	3	1945年	胡桂兴、张长有
仁济药房	县城关前街	1932年	2	2	1949年	王华章
仁和堂药铺	木瓜街	1933年	5	9	1942年	孙裕之、朱板仁
常盛药铺	麻地沟街	1937年	2	2	1940年	阎志忠
挺进军军医处	哈拉寨街	1938年	1	1	1947年	白玉山（军医）
源兴茂药铺	县城西关	1945年	1	2	1947年	张二
瑞元隆药铺	县城西关	1946年	1	2	1947年	王先生
普生堂药铺	碛塄 高尧峁	1945年	2	2	1947年	郝治祥
杨秃子药铺	麻地沟街	1941年	2	1	1947年	杨秃子
同义恒药铺	县城关后街	清朝前期	2	1	1932年	田大先生
恒春堂药铺	县城	光绪年间	2	2	1949年	刘已西

（续表）

药铺名称	地址	始业时间	从业人数	铺舍数	停业时间	主办人员
府谷药社	县城西关	1948 年	3	3	1950 年并入县医院	张寿山
永盛药房	县城西关	1948 年	2	3	1956 年合营	孙继昆
集义源药铺	县城西关	1862 年	12	13	1946 年	徐先生及子徐黄牛、孙徐子衡
武义拴药铺	王家墩 泉子村	1862 年	2	3	1958 年	武义拴、武常德
仁德堂药铺	黄甫街	1875 年	1	1	清末	李杰父亲、傅三代
王门药铺	古城街	1911 年	1	1	1956 年	王 门
刘平药铺	木瓜街	1912 年	1	1	1920 年	刘 平
吉庆堂药铺	孤山街	1912 年	1	5	1947 年	米先生、刘茂
益龄堂药铺	县城西关	1920 年	3	3	1923 年	柴叔平
广庆恒药铺	县城西关	1930 年	15	15	1947 年	陈四庆兄弟二人
胡文光诊所	县城西关	1934 年	1	1	1935 年	胡文光
同济堂药铺	木瓜街	1936 年	2	7	1952 年	郝映清、杨华
张二仁药铺	麻地沟街	1946 年	2	2	1958 年合营	张二仁
百草堂药铺	麻地沟街	1936 年	5	7	1956 年合营	杜地增
永兴药店	县城西关	1948 年	2	2	1956 年合营	刘秉珠
同庆堂药铺	县城西关	1949 年	3	4	1956 年合营	王德、陈义
义聚堂药铺	县城西关	1949 年	3	4	1956 年合营	张文郁、马安良、赵文生

第十三节 | 风 俗

府谷习俗醇厚，民皆畏法，士亦敦礼，词讼稀少，盗贼敛迹，为北地易治之区。自昔重节孝尚廉耻，妇女无事不出里閈（hàn），不游观赛会，虽地瘠民贫，而男不出赘，女不鬻（yù）媵（yìng）（做妾），专以稼穑为务，厌奢侈嗜勤俭，故在民元前外人之来此土者，欲觅一娱情之处而不可得。盖骎骎乎犹有古风焉。民国则不然矣，郑声披靡，伤风败俗之事层见叠出，盖亦世道人心之大变，或为乱极思治之先声欤！至地接边荒，民尚武略，秦俗皆然，府谷尤甚。

礼 节

冠 生子三日，亲戚各以麦面稻米等馈送，主人开筵酬谢，客皆妇孺，名曰洗三。周月亲戚用银物打造虎头、铃儿等件馈送，主人仍设筵款待，男女客皆有，名曰过满月。百日复设筵请诸戚，畅饮竟日，名曰过百岁。始剃胎发，亦有生子难存，不剃胎发为取吉利者。至12岁生日，复请亲戚宴会，名曰开锁。至16岁，子已成丁，始命名、议婚焉。

婚 订婚时，男家先送钗环，名押婚。及笄，则先纳聘，次问名，再遣媒，具酒肴至女家请期，名曰探话。至期具白面大卷十二、猪首一，或羊夹一送女家，名催妆。鼓乐引导，路遇树、石、街头，须粘方寸红纸，名曰喜帖。婿不亲迎，请亲戚中男女各二三人至女家迎亲，归拜天地，未下轿时男将女发梳通，挽成髻，簪以冠，名为上头，取结发之意。灯烛达旦，女曰新人，男曰新郎。新人所住之屋曰丈房。丈房内新人所坐对面之墙壁上粘贴红纸条，书曰"喜神在此"。桌上点长命灯三日，夜不许吹灭。晚间新人与新郎饮和合酒，名吃宵夜。此时亲朋满堂，令新郎新娘挽肩合拜，名曰鸳鸯拜。再令其说情话，开玩笑，名曰说令子。厥明男女谒家庙，拜高堂及伯叔娣姒之属，名曰正大小。是日，亲朋送贺仪，女亲送蒸馍、扁食不等或具酒筵名团圆饭。亲客皆馈钗环帕带或金钱，名放拜礼。酬客毕，新郎偕新妇同归女家，名曰回门。明日，女家引婿谒家庙，拜高堂如正大小仪，设席宴亲戚，陪五日为止，复偕新妇归。新妇拜翁姑、伯叔妯及嫂与诸姊妹，各以鞋一双为见仪，是日入厨修妇道。贫寒家不能如礼以娶者，间以幼女送男家养之，名曰童养。亦有以男赘女家者，名招婿，但少有耳。又婚配最重妆奁，至有贫士因此不得良配者。

丧 终之夕即具棺大殓，次夕城中设位城隍庙，乡外村庄则设在龙王庙或土地祠，奠以香烛纸供哭泣而迊，谓之送行纸。三日成服，即开吊。主人须以白细布为帽，馈送亲友、办事诸人戴之，名曰孝帽。是日开吊，又名曰接三。每七日必以虞祭之礼奠于柩前，或做佛事七七而止。百日小祥，大祥及礼皆然。出殡之晚在大门前烧离门纸，大小皆跪拜号哭。次日去门前数十步哭，三日又再远门数十步哭，家长手持纸钱银锡烧之乃回。既葬三日，复丧祭于墓侧，名曰复三，并祀土神。丧葬中礼仪，如父母辈亡故，孝子向亲友讣告时，需对年长者磕头跪请。凡向亡灵前烧纸致礼，不论长幼，孝子则应随其身后陪礼。此俗农村较甚。

祭 缙绅家有事则祭于家庙，士庶人多于寝室供神主祭之，至元宵、清明，孟秋望、孟冬朔、冬至则皆祭于茔墓前。

祭祖

家政 家有家长，主持一家或一族之政。在礼教严肃时代，子弟如有轨外行动，则请家长以家法绳之。或罚跪堂前，或重责手掌，或由家族送交官署惩办，所以家法严者子弟率由法规，不敢为非做盗。虽缙绅与士庶不同，但家各有规，颇足以戒子弟而儆刁风。而农家尤以此为最要，今则荡然无存矣。家政一废，上下不相儆戒，所以作奸犯科者多也。故君子观于家政之废弛，恒不胜履霜坚冰之虑焉。

生活习惯 衣分单、夹、棉、皮，食有三盘一席（八碗十六碟为席），住尚坎主巽门。服尚蓝色，故单棉衣皆以粗蓝布为之，用绸缎者，除礼服外，服者甚少。皮衣裳全以白色绵羊皮为之，用黑山羊皮者少。农人至冬后，以服不脱面皮裘者为最普通，至着其他狐裘贵重等服者百无一二。地近蒙边，俗尚吃肉。但食羊肉者为最普通，猪肉次之，牛肉更次之。虽地临河近，然鱼肉不易常食。面食有莜面、豆面与白面之分，谷食有黄米、小米之别。食小米与黄米为最普通，食白米者甚少。住宅有窑房与瓦房之异。窑又有土窑与石窑之别。城关市镇多住砖瓦房，乡村多住土窑。砖瓦房院有子午门与坎主巽门之分，院内房屋最讲究四大四小，颇与后天八卦之方位相合。道学之理及于阴阳二宅，可见当年道学之普及于人间者深也。

交　往 府谷人热情好客，礼仪简朴，不善交际。亲朋见面不握手，不行礼，只以笑脸相迎。问语多为"在哪来？""庄户好不好？""吃饭了没？"若遇生客，以谦恭为礼不娴寒暄，但端水递烟殷勤备至。送客时主、客互说"再来！""你来吧！"等语。

城乡居民于夏、秋晚间有端碗串门吃饭的习惯，边吃边说，饭毕即归。冬季夜晚，相知相厚的还围坐促膝漫话，俗称"叨啦"，也称"打塌嘴"。其中以见多识广者为主说天地，道古今，兴尽方散。

凡宴尊客，主人离席旁坐侑食，子弟执壶在侧斟酒，以示恭敬。麻地沟、黄甫等地曾有客散时，将大门关闭，置一大碗酒于桌上，劝饮毕方开门相送，现此风已失。但宴客时尊请长者居首已成惯例。故席前凡放置豆菜（黄豆或绿色豆）即为首席座。开宴由首席先举杯、举筷，同桌方可动箸。而婚娶筵席，第一席必先请老驰家（即父辈的舅家）入位，其余各席按辈数、身份或职业搭配安座。近半酣先由父母逐一向亲朋敬酒，随后新婚夫妇再一一相敬。在过第一个年节时，新婚夫妇需向父母、岳父母及其近亲长辈拜年，而父母等长辈视经济情况及关系疏密，多寡不等给以拜年钱。

在靠近内蒙古的古城、麻镇、哈镇、庙沟门、老高川、大昌汗等乡镇。受蒙古族风俗影响，款待宾客时，还有唱酒曲助兴的习惯。酒曲形式多样，一般两句或四句为一段，内容多是见景生情，视客人身份即兴编词；曲调自由、活泼、优美，类似"蛮汉调"，朗朗上口，动听悦耳。开席后主人捧杯向全体客人唱一曲敬酒（多数是向客人逐一唱曲敬酒），客人应一饮而尽，如有会唱者也唱一曲回敬。酒过三巡，不会唱曲的客人可选择划拳、打杠子、猜火柴棒等伴酒，渲染红火气氛。如此反复直至酒足饭饱，最后由主人唱一曲，每人喝一盅收场酒结束。

所居左邻右舍的交往，无论城乡均极力和悦相处，如遇婚丧大事则尽心相助，届时更要送帖恭请。关系密切者，平日如吃好的饭食，则以给小孩或老人送一碗品尝。

岁时娱乐

正 月 元旦夙兴烧苍术，以石炭烧醋于院内，名曰打醋坛。又陈肴馔酒果于庭院。五日，谓之破五，夙兴扫室中尘垢，盛于筐内，做妇人纸偶一个，负以米面纸囊，送至门外，焚香放花爆而还，谓之送五穷。是日饱食，谓之填五穷。六日，夙兴炒黑豆，散于屋角，谓之爆六甲，余藏之以备二月二日用。七日，为人日，养鸡鸭者晨起视风色迟早，以便养雏，早风早收雏，晚风晚收雏。八日，晚以面为盏，燃灯祀星为顺星。十日，名鼠嫁女，是夜家人灭烛早睡，恐惊鼠致害百谷，啮衣裳。十五日，上元节，天官诞辰，俗尤重视。二十日，用灰在院内撒圆圈，名为打灰窖。午食米面蒸食，不食清粥，夜用米面作灯盏，或作人物捧盏，名曰仓官。凡有窗处点一二盏为小填仓。二十五日，如二十日事为老填仓。又，二日不开仓，喜进财忌出财。

二 月 初二日，俗名开庙门，龙神起封。用羊以祭之，又以灰围宅舍，避邪虫，谓之围蚰蜒。晨起用元旦节所献神前之馎（bó）饦（白面为围圈，中插以枣为一小瓣，由一瓣联合数瓣或十余瓣而成），并正月六日所炒便之黑豆，老幼于黎明食之，谓咬苍蝇。或食豆面，或食麻饼，谓之骑龙头。

清 明 是日，妇女多架秋千为戏，到晚多哭死者于城头上。七月十五日与十月初一日皆同，因此二日为鬼节。

三 月 三日为上巳之辰。预折柳条，于黎明时用条鞭打宅舍中之墙壁与窗门角插于屋上以驱毒虫。士女于是日多踏青郊外。谷雨日贴压蝎符于壁上，并书咒曰：谷雨日，谷开晨，奉请谷雨大将军，茶三杯，酒四巡，送蝎千里化为尘。

四 月 八日为浴佛辰。僧尼庵院做佛事，街市散豆结缘。

五 月 五日为端阳节。晨起即饮雄黄酒，吃粽子。二十五日乡村各荐牲龙王庙。二十八日荐牲城隍庙，名曰领牲。

佛事活动

七 月 十五日为麻谷节，祀祖如清明。夙兴折取麻、谷之秀者各一枝，奉垂于门外，上午以面食及香楮之物送郊外。此日士女盛游。

八 月 中秋节以糖与面作月饼，亲友相互馈送。

九 月 重阳登高，至日家家设看果祀祖，并上坟祭祖，焚纸锡钱以炭垒作火笼于坟前。

十二月 初八日为腊八节，以黍米和红枣做饭，祀神祇，合家旋食之。又农家五更起食，谓早食兆来年早收。二十三日，薄暮设果饼饴糖祀灶神。用糖意在泥神口，祝曰：勿以恶事诉上帝。二十四日，阴阳家言：此后数日诸神朝天，百无禁忌，故民间于是日嫁娶甚多，名为赶乱乇娶。除夕守岁，余如元宵张灯等类，俗皆略同。

第十四节 | 宗 教

府谷庙宇大多建于明、清两代。民国时期，境内较大的寺庙有 70 余座，僧人 400 余人。一些大的寺庙置有香火田（庙产），设有方丈（主持僧）、监院（总管内务）、知客（接待）、司库（保管）等，也有些小寺院只住和尚一两人。住寺和尚剃度后，由官府发给证明身份的文件，即"度牒"。他们每日除念经、打坐、修行外，遇民间有丧葬时常被延请设坛拜忏，佛教对百姓影响甚为广泛、深刻。

民国时期，五虎山、海子庙磁尧沟、黄甫石家塔有几处道教寺观，住有道士。除五虎山外，其余均为信奉正一派的不出家道士，俗称"火居道士"或"俗家道士"，可娶妻生子，成家立业。其法事为斋、醮、祭、祷等。

民国九年（1920），由山西汾阳基督教公理会（属美国）派史直生、朗尽全来本县传教。民国十三年（1924），牧师裴万铎（美国人）亦来本县，当时入教者达百余人，会址设在二道街，这是府谷基督教会的鼎盛时期。1936年，基督教会消失。1938年，日军侵占山西保德县，焚烧掠杀，该县基督教会迁至府谷，会址设在前桥东观音殿对面，牧师系挪威人任子清（中国名），其间曾于二道街创设过"府保医院"（教会办）。民国三十三年（1944）任牧师回国后，府谷基督教会再次消失。

寺庙、祠堂

府谷各镇寺庙、祠堂如下。荣贵镇：

文　庙　在县治南，正殿五间，东西庑五间，前为戟门，门前泮池跨以石桥，桥前为棂星门，门上为大牌楼，东西角门各一。明洪武十四年，知县齐翔建，清乾隆三十四年两庑倾圮，黄甫武生邓志敏慨然捐资

五虎山

重修，焕然一新，嗣因大成殿棂星门牌楼俱风沙侵剥，知县郑居中捐俸油漆。后于光绪二年至八年，知县魏含忠、石应韶督同士绅柴立本等捐款续修。

名宦祠 在文庙戟门外偏东，明知县秦絃、刘源，清知县王缉修等建修。

忠义祠 二间，在文庙门外，乡贤祠西，清乾隆七年刘孔昭建，祀宋麟府路都监张岊、朱昭，明靖节登州总兵张国材、张守登，石塘将军张国戜及在籍靖节知县苏万元，生员高运馨、高运熙、杨继礼、徐祥光等。

乡贤祠 在文庙戟门外偏西，祀明王府长史李梦桂、成都府经历刘塘、黔江知县李公翰、清知府杨毓江、知县阎亮阁等。

折公祠 五间，在文庙门外偏东，祀宋开国公折克行、刺史折嗣伦等 14 人，从祀东峞指挥朱祥等 7 人，西峞太原总管王禀等 48 人，清乾

隆时知县郑居中建。

节孝祠 三间，在明伦堂偏西，清雍正六年周会贤建，又二间在文庙西，光绪八年地方士绅筹修。

忠烈祠 二间，在文庙门外偏西，内原名忠义祠。民国二十九年因奉令祀抗战殉难将士于忠烈祠，乃改为此名。

明伦堂 五间，东西两斋舍各五间，在文庙后。

魁星阁 一在文庙外偏东，清康熙时知县许容重修；一在南门外小学校前，乾隆四十年知县郑居中倡建。

关岳庙 在大西门内，清顺治时知县魏震重修，乾隆十二年知县宫殿对修葺，并新建追封三代公后殿三楹。

土地祠 一在县署大门内偏东，清顺治十二年知县龚荣遇建，乾隆三十八年知县郑居中重修；一在县西街三清观内。

城隍庙 在县治东，清康熙六十一年知县金元宽修。乾隆二十五年，

府州城城隍庙

知县郑相捐俸倡率阖邑绅民重修，宏整可观。

元帝庙 即玄帝殿，在县署后，明正德己卯年署县事典史齐聪重修。

白衣庵 在县城东，清顺治十二年知县龚荣遇重修。

大觉寺 在县城南，清乾隆八年知县刘度昭重修。

观音殿 一在县城西街口，明万历丁未年知县金鸣凤建；一在海子庙沟，清雍正五年，释氏法宁、法顺重修。

三清观 在县城西，清康熙六十一年知县许容重修。

二郎庙 在县城中街大钟楼西，清乾隆二十九年知县郑相重修。

财神庙 一在县城武庙东，清雍正甲寅年阖邑士庶公同重修；一在县西关财神庙沟，清光绪时阖邑士庶重修。

大寺庙 在县城东门外，清康熙四十八年阖邑士庶重修。

悬空寺 在县城东门外，明万历年修，清康熙二十六年知县徐廷弼重修。

龙王庙 一在县城东门外，清康熙二十二年知县牛卿云重修；一在县北海子庙沟，明成化十五年训导杨成重修；一在县西官井村；一在县东磁窑沟。

风神庙 在龙王庙内，清乾隆四十年知县郑居中建。

八蜡庙 在龙王庙内，清乾隆四十年知县郑居中建。

火神庙 祀荧惑，原在东门外，后移城内南寺后。

灵感庙 三间，旧在县城南门外，明知县柳联芳建，清乾隆三十四年知县郑居中移建东门外，其故址拓建荣河书院，即民国时期南门小学校。

马王庙 在县城东门外大寺西，明万历七年，邑人赵自有等公修。

漏泽园 祀文昌及关帝，在县北门外，清乾隆二十年知县李日瑞捐立石碑。

千佛洞 在县城南门外控远门内东石壁，明初苏氏始建。明万历

马家沟关帝庙

二十四年邑人李逢春等重修，后累增修。

关帝庙　在县南关后桥东，清康熙年刘永昌建，乾隆二十七年新建乐楼，光绪年地方绅商重修。

圣母庙　在县城南门外控远门内西石坡，清乾隆八年知县刘度昭重修。

河神庙　一在县西关石山上，清康熙初年邑人苏观生捐基新建，乾隆十二年邑人苏藩、苏仁、苏鹏修葺；一在城西石峁，乾隆十八年苏鹏重修。

观音殿　在县西关苏孝子牌楼北。

海潮庵　在县西一里许官井村东，清康熙壬辰年知县王缉修重修。

东岳庙　在方台山。

圣母庙　在五虎山，明万历四十八年知县范学颜重修。

玉帝楼　在五虎山，清康熙十四年，阖邑士庶公修。

西山村檀香寺

海子庙龙峰寺

黄甫大庙

檀香寺　在府谷镇西山村。

水寨寺　在县东十七里黄河中，明洪化时重修。

文殊殿　在海子庙沟，清康熙三十七年生员王三捷、吴培德创修。

龙峰寺　在海子庙沟，清康熙二十三年知县田璋、王泰重修。

花坞镇：

海龙寺　在大堡地西山上，清康熙五十九年阖社众姓重修。

玉泉寺　在大堡地刘家园子，清隆四年生员刘敏政等重修。

观音寺　在大堡地，清康熙年阖社众姓修建。

天圸寺　在大堡天圸村，清康熙年阖社重修。

胡桥寺　在大堡地胡桥沟，清乾隆十九年阖社众姓重修。

宝峰寺　在大堡地，明弘治九年知县白尔心重修。

净土庵　在新马地卢家山。

水神殿　在新马地，清康熙五十五年邑人边大宣等重修。

墙头祥云寺（观音庙）

西津镇：

西津寺 在马真沙石山。

元帝庙 在马真小木村。

观音殿 在马真合河村，清乾隆十一年知县宫殿对重修。

净业庵 在马真合河村，清乾隆二十三年知县李曰瑞重修。

太子殿 在马真东山上。

君子镇：

龙泉寺　药师殿　地藏殿　文昌庙　祖师庙　娘娘庙　马王庙
以上七寺庙俱在黄甫堡城内西山。

古楼寺 在黄甫堡中街。

新楼阁 在黄甫堡后街。

弥陀洞 在黄甫堡西门外。

真武庙 在宗常山上。

清水东门外观音殿

哈拉寨灵杰寺

木瓜城隍庙

仙相寺 在红泥寨山顶，三面皆绝壁深沟，东有小径。旧为寨，清贡生王翰堂、增生王轩、廪生王翰岳等改建为寺。

清宁寺 在李家寨。

观音殿 一在黄甫堡东门外，一在黄甫堡南30里杨家川口。

元帝庙 在陶家山。

火神庙 在黄甫堡北门外。

龙王庙 在黄甫堡北门外。

龙王庙 在麻地沟，清乾隆三十六年僧人广锡募化重修。

关帝庙 在麻地沟。

文昌庙 在麻地沟。

元帝庙 在麻地沟东大口洞。

智通寺 在麻地沟犁辕山。

祥云寺（观音庙） 在墙头村。

圣母庙　在古城。

凤凰镇：

元帝庙　一在清水堡旧城内，一在清水堡旧城东门楼。

三官庙　在清水堡西。

玉皇阁　在清水堡西。

龙王庙　在清水堡旧城内。

财神庙　在清水堡旧城内。

城隍庙　在清水堡旧城内，明万历二十四年训导卢保邦重修。

清泉寺　在清水堡北门外，明崇祯元年千户靳吾君重修。

观音殿　在清水堡东门外东山。

马王庙　在清水堡东门外。

观音阁　在清水堡东门外。

娘娘庙　在清水堡东门外。

河神庙　在清水堡东门外。

云阳寺　在西王寨。

关帝庙　一在清水堡东门外，清乾隆丁卯年知县宫殿对重修；一在清水堡西十五里红塔。

苏武庙　在清水堡北旧芭州城。

灵杰寺　即大庙，在哈拉寨沙坪梁。

圣母庙　在哈拉寨沙坪梁。

马王庙　在哈拉寨沙坪梁。

地藏殿　在哈拉寨沙坪梁。

牛王庙　在哈拉寨沙坪梁。

河神庙　一在哈拉寨惠家沟口，一在哈拉寨后源头。

西云寺　在哈拉寨西仓房梁。

龙王庙　在哈拉寨葛家梁。

木瓜玉皇楼

孤山关帝庙

镇羌观音寺

天平镇：

城隍庙　在木瓜城北山上，明崇祯元年民人姬梦周等重修。

玉皇楼　在木瓜堡，清康熙元年阖堡士庶重修。

元帝庙　在木瓜堡，清康熙庚寅年阖堡士庶重修。

十王殿　在木瓜堡，清雍正二年阖堡士庶重修。

三官庙　在木瓜堡，清雍正十年官民重修。

龙泉寺　在木瓜堡，清雍正乙卯年邑人高世华、高世富等修。

华严庵　三教殿　关帝庙　龙王庙

以上四寺庙俱在木瓜堡西门外。

千佛殿　在木瓜堡，清康熙四十七年阖堡官民重修。

石佛堂　在木瓜堡南，明张克敬、张克敏等建。

祖师庙　在木瓜堡城外西北山上。

娘娘庙　禅海寺　水陆殿

以上三寺庙俱在木瓜堡南门外南山，破坏已久，仅存原水陆殿门

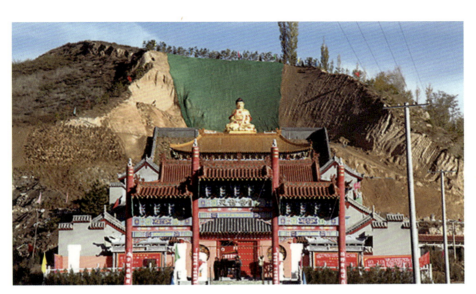

老高川木匠窑子灵感庙

外五塔。

关帝庙 一在木瓜堡南桥儿沟；一在孤山堡南门外，明隆庆三年堡官牛秉忠重修；一在孤山堡北门外双墩口；一在孤山堡西杨家畔宝珠山（内有明县令白尔心像，今已颓废）。

元帝庙 在孤山堡城内，明天启六年副总兵任中英重修。

城隍庙 在孤山堡城内西街，清康熙四十三年重修。

灵感庙 在孤山堡城内中街。

翠峰寺 在孤山堡中街，今废。

观音殿 一在孤山堡南门外南山，一在孤山堡西门外野猪峁。

文昌庙 在孤山堡城中街。

魁星阁 在孤山堡城东角。

龙泉寺 在孤山堡北门外。

华严庵 在孤山堡北门外，清康熙三十七年戒僧满泰募化重修。

三官庙 在孤山堡北门外。

马王庙　在孤山堡北门外。

无量殿　在孤山堡北门外。

玉皇庙　在孤山堡南门外。

龙泉寺　在孤山堡南门外，清康熙三十九年，戒僧满泰募化重修。

河神庙　在孤山堡南，南当川。

娘娘庙　在孤山堡北门外王家梁。

松翠镇：

城隍庙　移佛寺　新寺　白衣庵

以上四寺庙俱在镇羌堡东街。

三孝殿　三官楼　观音寺

以上三寺庙俱在镇羌堡中街。

关帝庙　娘娘庙　元帝庙

以上三寺庙俱在镇羌堡南门外。

娘娘庙　在镇羌堡东门外守口墩。

香楼寺　在田家寨，明万历二十七年，邑人田子朝等重修。

观音庙　在冯家沟，楼台殿阁，颇有可观。

连城镇：

石峡庙　在石峡沟。

观音寺　在安家山。

关帝庙　在沙梁街。

大佛寺　在大昌汗沟。

灵感庙　在木匠窑子。

关帝庙　在老高川。

青龙寺　在三道沟口。

第十五节 | 走口外

　　清代是中国人口发展史上的一个重要时期。清初，经过康、雍、乾三世，社会经济得到了恢复和发展，到乾隆时期，全国人口突破 3 亿，人地矛盾尖锐，大量内地贫民迫于生活压力走西口、下南洋和闯关东，成为三大移民浪潮。

　　根据史学界的定论，"口"是明代隆庆以后在长城沿线开设的汉族与少数民族"互市"关口，所以人们便把长城以南称"口里"，长城以北称"口外"，从"口里"穿越长城进入"口外"大多要经过某个"口子"，因此人们便将明清时期河北、山西、陕北等地百姓到内蒙古的逃难、经商、垦荒等活动称为"走口外""跑口外"。清光绪年间，二人台《走西口》在长城内外广为传唱，"走西口"成了"走口外""跑口外"的代名词。长城沿线有许多口子，如九门口、古北口、喜峰口、独石口、张

走口外

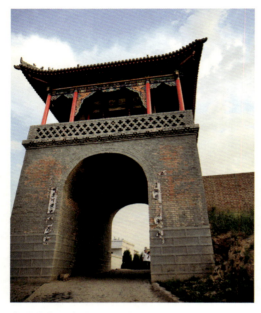

麻地沟玄天庙（北口子）

家口、新平口、得胜口、杀虎口、麻地口、神木口……仅山西新平口至陕西神木口1080公里的长城线上就有39"口"。"走西口"是一个特有的历史和文化名词，西口亦是泛指。每个地方都有走口外最为捷径的路线，都有穿越长城最近的口子。

康熙三十六年（1697），康熙在征剿噶尔丹后开放"禁留地"，史称"放边"。这样，"沿线数县百姓岁岁春间出口，皆往鄂尔多斯地方耕种"，此为清代府谷、神木、河曲、保德、偏关等县百姓走口外之始。雍正时期，清廷实行"借地养民"政策，每逢灾年，允许内地灾民前往口外蒙地开垦荒地谋生。在清廷的默许下，"走口外"的人越来越多，出现第一次高潮。康熙三十六年（1697）到光绪三十二年（1906）的200多年里，由于清廷实行关津制，在县内交通要道设立巡检，盘查行人，无路引者不得放行，严禁百姓任意流迁，府谷人走口外基本上没有突破明长城以北50～60华里的范围。清光绪二十六年（1900），八国联军侵占北京后，西方列强强迫清政府签订不平等的《辛丑条约》，支付各国"赔款"白银四亿五千万两，史称"庚子赔款"。光绪三十一年（1905），清廷采纳了山西巡抚岑春煊在开垦蒙地押荒银中筹款的建议，任命兵部侍郎贻谷为督办蒙旗垦务大臣，在鄂尔多斯设移民局，沿边各地设分局，开放蒙地。这次放垦引发陕北和晋西北大批汉民北迁，深入内蒙古河套、包头、绥远等地，形成历史上第二次走口外的高潮。

　　光绪三十一年（1905），清廷放垦后，准格尔旗垦务分局开始办理放垦事宜，将原来"黑界地"按仁、义、礼、智、信分为五段，"仁""义"两段由山西河曲县放垦，"礼""智""信"三段（今准格尔旗五字湾、羊市塔、他儿坝一带）由府谷放垦。府谷县在古城、哈拉寨、沙梁设垦务处，专门负责放垦及移民事宜，这是府谷人这一时期走口外的三个大口，逐渐发展为商贸大镇。民国时期，清廷的一系列限制汉民迁徙蒙地的政策彻底废止，而内蒙古河套地区的水利灌溉设施已很完备，千里沃野，急需大量有耕作经验的劳动力。此时，府谷人口达 15 万，贫瘠的土地无法承载巨大的人口压力，加之民国十七年（1928）、十八年（1929）、二十八年（1939）、三十二年（1943）、三十五年（1946）、三十六年（1947）、三十七年（1948）府谷多次发生旱灾，1947 年，孤山房塔村饿死 5 人，一户死绝。时有歌谣："房塔沟里河水流，穷人光景怎到头，年轻后生走口外，父母妻儿命难留。"1948 年，府谷因病、饿

古城春秋楼

黄甫李家大院

黄甫孙家楼院

海子庙磁窑沟张家大院

死 3000 人。百姓无法生存，走口外逃亡者甚众。民国时期是府谷人走口外的第三次高峰，也是最高峰。民国十三年（1924），府谷有 152792 人；1949 年 7 月，全县人口降为 82859 人，较 1924 年下降了 45.8%。走口外成为府谷人口减少的一个重要原因。

府谷人走口外主要有沿黄河、黄甫川、清水川、沙梁川、牸牛川的

5 条主要线路，分别为：

黄甫、墙头、海子庙等黄河沿岸村庄的百姓由黄河右岸山道经小
辿、大辿，过巴楞沟到古城，进入蒙地。

从府谷县城出发，经沙墕、石庙墕、高粱村、尖堡子、赵寨、黄
甫、麻地沟、古城、沙圪堵、纳林、秦家塔、任三窑子、叮铃沙坡、乌

兰沟、坝梁、马场壕、红召、朗素营子、三眼井、王连成塔、沙蒿塔、水泉湾、新民堡，从树林召过黄河进入包头，由包头西去后套，或东到绥远。此线路是府谷、保德人走口外的主要线路。

沿清水川经大岔，由哈拉寨进入蒙地，经二里半、五字湾，由五字湾分为两路：东北向由大昌汗沟、二道包、石窑沟、阴榆树塔、杨家湾、沙圪堵；西北向沿大石拉沟经羊市塔、头道柳、四道柳、铧尖、神山到东胜，或在头道柳分路后，经暖水川、敖包梁、榆树壕、盐店至树林召。

沿沙梁川经沙梁村进入蒙地，经羊市塔、纳林庙、川掌、西坝梁、西湾兔沟、纳日松、头道柳，由头道柳分路后，去东胜或树林召。

沿牸牛川由大昌汗石岩塔村进入蒙地，经三界塔至头道柳。

走口外推动了内蒙古的开发和蒙汉之间的交流。如民国初年，准格尔旗沙圪堵村仅有几户人家，20多人。民国八年（1919），那森达赖开始修建沙圪堵街道，盖起两排院落和铺面，并规定凡外来经商者免税。府谷哈拉寨商人邬贵生开办了第一个商号"天聚源"，之后，府谷、河曲等地商人陆续到此开设商铺，沙圪堵逐渐发展为准格尔旗第一大镇，解放后成为旗政府驻地。府谷墙头村在民国初是一个600多人的大村，由于人多地少，大多耕地为荒沙地，民国十八年，村民王感应举家迁往内蒙古五原县王感应圪堵村（以王感应人名命名的村名）。内蒙古的许多村名都是按当时垦荒者人名而命名，如"王在阳圪蛋""马二圪梁""牛四拉圪堵"。一代又一代走口外的府谷人，在内蒙古各地娶妻生子，垦荒种地，从而推动了内蒙古的开发。根据有关资料统计，现在内蒙古鄂尔多斯、巴彦淖尔、包头等地府谷籍居民有150多万，都为走口外府谷人的后代。府谷城乡现在仍有许多清代、民国时期的民居，工艺精湛，规模宏大，如黄甫的李家大院、魏家大院、孙家大院、麻镇耕读居、墙头楼院、海子庙磁窑沟张家大院等，这些民居都是府谷过去走口外的人们致富返乡后修建的。磁窑沟张家大院砖雕门额刻有"南基""北益"四字，体现了当时人们把走口外创业作为发家致富的重要途径。

走口外还加快了蒙汉文化的融合，现在内蒙古许多地方，特别是包头、鄂尔多斯、巴彦淖尔等地，其方言、饮食、民俗、艺术等方面都与府谷极为相近，民间往来也十分频繁。走口外孕育了独具艺术魅力的国家非物质文化遗产保护项目——漫瀚调（蒙汉调）。鄂尔多斯民歌《漫瀚调调从哪来》唱道："大清朝的圣旨开垦的风，刮来了种地的伙计汉族人。蒙古人的土地汉族人的工，同吃一股股泉水好交情。灌一壶烧酒炖一锅荤，打一黑夜平伙弹一黑夜琴。地掌柜的丝弦地伙计的音，蒙古曲汉唱稀罕死个人。蒙古调调好听汉话话妙，蒙汉人民把她叫蒙汉调。蒙汉调好听蒙汉人民编，嘴对嘴唱了多少年……"

第十六节 | 人 物

王九皋（1866—1946） 府谷县城人，清末拔贡，出身于富门"恒元成"商户。早年勤奋学习，曾任山东省高等法院审判庭庭长、高等法院代理院长。离职后，回到府谷，担任过府谷县文献委员会主任。

杨 琛（1878—1954） 字献丞，号仲山，府谷县城人，出身读书世家，自幼好学，恪守家规，晚清秀才。民国初年入陕西优级师范，毕业后，看到本县教育无人问津，遂摒弃对富贵名利的追逐，毅然返乡，从事教育。曾写《告府谷同胞书》，力陈兴办教育于国于民之利，劝说百姓送子入学，热心支持教育。一时间，城乡子弟入学者倍增。

先生知识渊博，国文、历史、英文、数学诸科目，均能执教。讲授别有风采，学生听讲如醉如痴。先生治学，尤为严谨，向来注重实效。在县教育科长任期内，任用校长，聘请教员，唯才是举，以德为能，对徒有虚名、缺乏务实精神的人，概不聘用。

先生终生不图名，不逐利，耿直廉洁，两袖清风，竭诚致力于本县教育事业，兢兢业业。其间，除登台执教外还先后担任过府谷高等学堂校长、劝学所长、县教育科长等职达40年之久，为近现代本县教育界公认的元老和受人仰慕的社会贤达。自民国以来，本县初、高级知识分子多受教于门下。其中不少学生先后参加了革命，有的成为党的高级干部。赵宋儒、高克亭、高仰先、韩锋等中共早期人物均为先生学生。全国解放后，先生已年逾七旬，白发飘飘，却老当益壮，继续登台执教，时人莫不钦佩。

1954年，先生染疾病故，享年77岁。府谷县人民政府为先生举行隆重的追悼大会，县城群众倾城参加，省、地有关单位和领导送挽凭吊。

袁宝善（1881—1933） 府谷县木瓜人，字庆三。初跟随姐姐、父亲学习，20岁入郡庠，后入榆林中学，又由陕西省巡警学堂保送到北京高等巡警学堂肄业。生性旷达，善交游，参加过辛亥革命。民国初年，为陕西省两任省议员，一任省参事。任第一届省议员闭会回籍，接办本县第一高小。后来，被选为国民议会代表，任陆军八十六师司令部谘议、米脂县代理县长等职。回木瓜堡后任区长。他平生不蓄资财，两袖清风，工书画，尤长于山水花卉。1933年病故，终年52岁。

邢连科（1882—1965） 府谷县哈拉寨人。自幼刻苦用功，学得祖传木工手艺，15岁时就开始领队施工，是当时享誉府谷、内蒙古等地的木匠。马占山将军的部队驻防哈拉寨后，修建烈士纪念塔，其中一座六柱八角全木凉亭即为邢连科所建，当时在府谷及周边仅此一人有这项技术。之后又由他主持施工修建了哈拉寨大礼堂、秀芳图书楼等建筑。

王寿田（1884—1954） 县川人，大学文化。在北京上大学期间加入中国共产党，曾任中共河北省定县县委书记。后因父亲牵挂，回到府谷，历任南高教务长、县参议长、县商会会长。又任驻哈拉寨的东北挺进军

民国时期的府谷县城远眺

内挂"黄边"（中校军法官）。曾邀请马占山将军回府谷县川视察抗日战事及商务活动 40 多日。1947 年到甘肃武威隐居，任运输队长。1952 年由府谷县公安局押回府谷。1954 年病故。

马占山（1885—1950） 祖籍河北丰润，生于吉林怀德，字秀芳。绿林出身，精骑射。1907 年入奉军第六骑兵旅。1929 年任黑龙江省骑兵总指挥。1930 年任黑河警备司令兼黑龙江省陆军步兵第三旅旅长。1931 年任黑龙江省代主席兼军事总指挥，是年 11 月，打响中国武装抗日第一枪的江桥抗战。1932 年 2 月日军攻占哈尔滨后，就任伪黑龙江省长、伪满洲国军政部长，4 月在黑龙江反正，通电抗日。后因日军围攻，退入苏联境内。1933 年绕道回国任国民政府军委委员。1936 年参与西安事变。1937 年 8 月于大同就任东北挺进军总司令，10 月转战至府谷县哈拉寨驻防。1940 年任黑龙江省主席，省府设于哈拉寨。在哈拉寨期间，扩建学校，修建中山堂、秀芳图书楼、育婴堂等，修了抗日烈士纪念塔和忠烈祠。1945 年撤离哈拉寨。1946 年任东北保安副司令长官。1949 年 1 月协同傅作义、邓宝珊宣布起义。新中国成立后寓居北京，1950 年 11 月 29 日病逝。

甄树雄（1886—1926） 府谷县麻地沟人。出身于边客（与蒙人交易的商贾）世家。民国初年就读于太原政法大学，毕业后与麻地沟大户魏氏创办麻地沟小学，组织民团武装以保地方平安。曾将谎报灾情加重当地赋税的黑笔文人韩氏纸塑街头公厕。他虽生性刚烈，但信奉佛教，与妻皈依佛门，分别为黎元山智通寺和胡家梁娘娘庙的佛教居士，扩建了智通寺。后在伊盟加入哥老会担任龙头老大。因冲撞了各旗王爷和牧主的利益，1926 年被准格尔旗纳森达赖的次子奇子俊诱骗至山西河曲县城，杀害于张氏商号。

郭天锡（1890—1950） 府谷县城人，大学文化。出身于富户。早年就读于北京中国大学接受新思想，在校加入中国共产党。大学毕业后回家乡宣传马列主义，被国民党抓捕，监禁于榆林监狱。其父以重金保释。1936 年参加中统，曾任国民党府谷县党部秘书、党务计划委员。1940 年至 1947 年任县党部书记。1950 年在包头市以历史反革命罪被镇压。

柴振清（1890—?） 府谷县高石崖柴家塌人，又名柴进川。辛亥革命后，曾主持府谷县政府政务。民国时期任米脂县县长。在米脂离任后回府谷后河川，营造农田庄园。1945 年鼓动府谷中学学生闹学潮，声讨时任府谷粮贸处主任茅子农拖欠农民缴纳公购粮应付粮款的行为。

王玉山（1892—1935） 府谷县木瓜人，原名善宝，韩锋的舅父。行医谋生。1934 年参加七支队，随军为伤病员治病，深受伤病员爱戴。1935 年 3 月，国民党军营长杨向元进驻木瓜，"围剿"红军。玉山去王家梁村照料家属，被塌头沟朱班人发觉后告密，被捕后壮烈牺牲。

张登阁（1893—1946） 府谷县高石崖黑山村人，字相臣，晚清秀才。民国初年于榆林殖边学堂（榆林中学）毕业后，先后就读于北京中国大学政治经济系、保定讲武堂炮科。讲武堂毕业后返回府谷，筹建了民团并任府谷民团团长。任职不久，因与当地官绅不睦，便弃职出走河南，任国民革命军高桂滋部炮兵营长。一年后因故返回陕西，出任佳县、米脂、绥德、清涧、吴堡 5 县禁烟局局长，后改任府谷县建设局局长。因怒打侵吞教育经费的府谷县教育局局长吴某和贪赃枉法的县警察局局长苏某，被县政府刑讯关押。后越狱转赴河南开封，面见冯玉祥将军。见面后，受冯将军赏识，随即任河南安阳县（一等县）县长。后调任林县（三等县）县长不久，辞职并返回府谷，出任府谷县财政局局长。后被免职，又投河北方振武部队，参加了著名的喜峰口抗日战役。方振武和吉鸿昌在张家口创建抗日同盟军，出任同盟军第一师师长，参加了恢复察北重镇多伦战役。抗日同盟军物资经费奇缺时，毁家解囊，捐赠3000 余元。同盟军被蒋介石解散后，和其他将领被扣于国民党北平行营宋哲元总部。不久被遣回府谷。国民党十九路军将领蒋光鼐、蔡廷锴在福州成立反蒋抗日的福建人民政府时，立即驰电声援。在府谷县城每次的抗日活动中，均书写标语，发表演说。

抗战前夕，曾多次掩护中共地下党员。中共高级干部南汉宸先后两次在他家避难。抗战爆发后，将其 18 岁的儿子送往抗日前线，后壮烈牺牲。1946 年 1 月去世。

刘起成（1894—? ） 府谷县木瓜人，人称瘸老刘。1931 年参加革命，1935 年在神木与国民党军作战致残后仍坚持革命。1936 年任府谷苏维埃政府主席。解放后在内蒙古伊盟东胜烈士陵园工作。

张道新（1896—1937 ） 府谷县海子庙高粱村人。山西法政学校毕业后，录用为县长，未赴任。1923 年 8 月后，历任府谷县劝学所所长、陕北 23 县督察委员等职。

苏子发（1898—1968 ） 原名苏启贤，府谷县海子庙人。1925 年 12 月在榆林中学加入中国国民党。1927 年 5 月在西安中山学院加入中国共产党，同时脱离了国民党。1928年10月，受党组织委派在北京参加了国民党军队，并承担地下工作。直到1932年2月由于部队打散而脱离军队，回家从事教育工作。

1934年11月在府谷参加了红三团，先后短暂担任过团政委、团长等职务。1935年9月，随部队在神木县起事失败后被国民党逮捕入狱。后由其四哥苏东生（榆林职业学校后勤委员）保释出狱。1936年2月返乡继续从事教育工作。1937年9月在山西参加八路军，曾任教导员和指导员。1941年2月请假回家，重返教坛。

曾任清水学校、黄甫学校校长。在黄甫学校期间加入国民党三青团。1965年被定性为历史反革命分子。1968年病逝。

刘天鸣（1899—1968） 府谷县人，原名步衢，又名天民。1923年考入北京世界语专科学校学习。1924年在上海经刘文蔚（神木人）介绍加入中国共产党。1926年入武汉军事政治学校。后任国民革命军第二集团军第一路军参谋长、抗日同盟军六十八师参谋长。1935年，经陕西爱国民主人士杜斌丞推荐，在甘肃庆阳西峰镇专员公署任三科科长，并临时代理宁县县长，结识了东北军何柱国军长，又由何介绍认识了张学良。1936年，在西安向张学良面呈了自己的《抗日意见书》，为张赏识，参加了著名的逼蒋抗日救国活动。1947年，在西安担任王曲军校七分校招考委员，并亲自到榆林招收100多名学生，为家乡培养了一批救国人才。新中国成立后，先后在神木干校、榆林中学任教。1950年，经贾拓夫推荐，到陕西省人民政府办公厅工作。1956年任省人民委员会参事室参事，同时被选为省政协委员。1968年在"文化大革命"中被迫害致死。粉碎"四人帮"后平反昭雪。

赵宋贤（1901—1975） 府谷县清水人，中共党员。1920年前在南高上学。1927年6月参加五虎山玉帝楼12人党员会议，后自首。20世纪50年代曾在碛塄、赵寨、麻镇等地任教。

赵希贤（1901—1980） 府谷县清水人，又名赵宋儒，化名子义，中共党员。1917 年 1 月入南高。1924 年太原甲种工业学校毕业，先后在府谷南高、模范小学、民众小学任教员。1932 年 10 月，任中共府谷县委书记。1934 年创建、领导中国工农红军陕北游击队第七支队，任命韩锋为队长。1935 年春，七支队编入红三团，任红三团参谋长。府谷苏区沦陷后，带领红三团、十一支队到山西兴县打游击，不幸被捕。1937 年七七事变后被释出狱，到晋绥边委工作，12 月，中共河曲县委成立，任县委书记，后任五寨县委书记、岢岚县县长等职。

1947 年 7 月，解放大西北时，随军到府谷，任晋绥分区工作团副团长，兼府谷县工委书记。后任榆林专署副专员，西北地区工业部处长、副局长，中央地方工业部主任、副局长等职。1957 年，当选为轻工业部机关党委书记。1959 年受到打击迫害，1960 年被降职到山西省交通厅任副厅长。"文化大革命"期间离休回到老家。1980 年 8 月 18 日因病去世。

王巨武（1903—1987） 府谷县海子庙人，又名王金虎。1932 年加入中国共产党。1934 年参加陕北游击队七支队，1935 年 3 月中共府谷县委在木瓜榆家坪召开千人大会，成立府谷县革命委员会，王巨武当选为府谷县苏维埃政府主席。1938 年中共府谷县委成立后，任组织部长兼西南区书记。1939 年府谷县委被破坏后，同赵希贤到山西河曲、五寨、岢岚等地创建地下党组织。1947 年随部队回府谷，历任土改工作队队长，新民区、孤山区区委书记，县政府采购局副局长。1957 年退职，1987 年病逝。

李恭如（1903—? ） 府谷县城人。早年在府谷南高任教，后到内蒙古河套与其他客商联手开发河套。抗日战争爆发后，回府谷组织地方武装，自封营长、团长。后与驻晋西北的贺龙部队配合抗日，任一二〇师绥蒙游击队长。日军从保德北渡黄河进犯府谷时，他率军在贾家湾英勇阻击。

张万全（1903—1932） 府谷县黄甫常王寨人，字圣举。少游学绥远，后入广东黄埔军官学校。毕业后，慨然从军，数年之间，屡立战功，擢升营长。1932年日军侵犯上海，慷慨誓师，鼓励队伍与日军血战40余日，屡挫敌锋，威名大震。当年秋被调往湖北"围剿"红军，卒于军中，时年29岁。1933年，其长兄万祥运其柩回籍，葬之。

郭逢浩（1903—1966） 府谷县哈镇人，原名郭问樵。1928年任哈拉寨乡长。1930年跟随国民党军队段宝珊团长前往陕西定边县，出任定边县盐池总经理。1932年辞去盐池总经理，又被委任为哈拉寨联保主任。1937年出任哈拉寨镇镇长直至1945年。马占山将军进驻哈拉寨后，受马将军爱国抗日思想的影响，积极投身抗日救亡运动。

1937年乌兰夫所在部队驻守哈拉寨，他为部队筹备了大量军需粮

草。1940 年 10 月，乌兰夫和两位共产党人来哈拉寨寻求保护，他带领他们到老家黄花梁躲避，直到与地下党接上头后，他又亲自骑驴护送乌兰夫到河曲县李来宾（地下党员）家。

日本投降后，出任府谷县自卫营营长，后辞去营长职务，投靠国民党邬青云部队，驻守内蒙古临河狼山镇。1949 年邬青云率全师官兵在绥远省包头和平起义，整编后划归中国人民解放军二十三兵团一〇八师三十二团。1951 年秋赴朝参战。1952 年转业回乡。

王　佐（1904—1992）　府谷县黄甫魏寨人。绥远省立职业中学毕业后到包头小学任教。后弃教回府谷从政，曾任国民党府谷十三分部书记、凤凰镇（哈拉寨）镇长，与时任此地的东北挺进军军长马占山交往甚密。抗日战争爆发后，送其亲弟弟王杰赴延安抗大投身革命。1947 年，因

"通共"之嫌，携妻室夜走河套，任狼山县份子地农场学校校长。1949年内蒙古和平解放后离职，在小台子村务农。1992年病逝。

邬青云（1904—?） 府谷县大岔邬家沙塔人，又名邬四儿，字履平。民国十一年（1922）家中惨遭悍匪劫掠，家道中落，誓以复仇雪耻为己任，慨然从军。先后任排长、连长，后被陕北镇守使井岳秀器重，任八十六师骑兵第二营营长。民国二十六年（1937）奉令移防东胜。民国二十八年（1939）冬，日军又犯河西，青云率队先迎，奈以军需不济，不得已而请命伪投日军，以谋待机杀敌。民国三十年（1941）夺日军枪支马匹，安全返临河，被第八战区副司令长官傅作义收编为骑兵挺进第四总队，任少将司令，驻防达拉特旗之瓦窑地。青云为人严于律己，宽以待人，尤以驭下严明恩威素著，所驻各地秋毫无犯。民国三十八年（1949）9月19日在绥远省签字起义。

韩子佩（1904—1950） 府谷县府谷镇人。先后在县南高、山西省立第一中学学习，后入黄埔军校，1926年腊月毕业。1927年正月到西安中山学院政治处任大队长。后回到府谷，被聘为西关女子小学教员，并兼任府谷县"天足会"会长。1928年后任八十四师高桂滋部机枪连连长、榆林保安团团长等职务。1948年1月当选为"国大"代表出席国民党代表大会，并任国民党陕西第八区（大荔专区）专员兼保安司令。大荔第二次解放后，他率主力部队撤退到华岳庙驻守，妄图凭险而负隅顽抗。解放军智取华山后，他被人民政府关押。1950年以反革命罪被镇压。

王厚明（1905—1983） 府谷县麻地沟双墩村人，大学文化。从小读私塾、府谷县城南高，后自学中学课程考入西北联大。上大学期间（1938年）去山西加入共产党员续范亭领导的山西牺盟会决死一纵队岢岚支队，投身于抗日战争。其间加入中国共产党。在军中历任排长、连长、营长、支队参谋长等职。1940年在惨烈的"五一"反扫荡中率军杀开血路，冲出重围，荣获八路军一二〇师颁发的"五一"奖章。

1942 年只身回麻镇探亲，目睹当地屡遭散兵游勇、土匪贼寇抢劫惨状，便再未返回部队。利用随身携带的"自来德"手枪为武器，招募自家兄弟及家丁、长工、短工数十人组成家乡护卫队。后加入国民党，任保长、联保主任、君子镇（麻镇）镇长。在任期间，创办了蔺家坪国民小学，动员百姓为驻哈拉寨的抗日挺进军补员和筹集军饷。不畏地方强暴，打压邪恶势力，果断处决了十恶不赦的匪首大眼刘。还在灾荒年从口外（内蒙古河套）亲自押运粮食回家乡赈济百姓。

1949 年在麻镇小学教书。1950 年以历史反革命分子入狱。1968 年获释后还乡务农。1983 年因病去世。

李来宾（1905—1939） 府谷县城人，字玉鸿。先读私塾，后入县南高，毕业后，考入太原第一中学。在太原上学期间，一边读书，一边积极参加学校的各种进步活动，并秘密加入中国共产党。1928 年毕业，返回家乡，被聘为府谷县建设局局长。利用这一公开身份，继续进行各种公开的和秘密的革命活动，不久被解聘。1930 年，又到太原进行党的地下活动，不幸被捕入狱。1937 年国共合作，获释出狱，随即被派往八路军一二〇师第八支队任支队长。1939 年不幸去世，时年 34 岁。

李维勤（1905—1939） 绥德县人，又名李精予，中共党员。1925 年冬在绥德四师上学，并兼任平民学校教师。四师毕业后，由李子洲资助，经杨明轩介绍赴上海大学求学。因生活困难等原因，不到一年便返回陕北。1926 年 8 月被中共绥德地委派来府谷开展党的工作。他以教员身份在府谷南高立足，首先秘密发展曹桂芳等人入党，并组建了中共府谷特别支部，任支部干事会书记。不久又奉调回绥德女校教学。1938 年在延安中学任国文教员。1939 年因病去世。

刘世英（1906—1934） 府谷县城人，字俊甫。1925 年毕业于南高。1926 年考入绥德第四师范学校，同年参加革命。1927 年加入中国共产党，同年转入西安中山军事学院农运专业班。1928 年在府谷第二模范女子小学任教员，在县川初级小学任校长。1929 年初，与孙计一、高克亭、高宏轩、杨岐山一起去太原，同组织接上关系，并与杨岐山入并州中学，做党的印刷工作。当年"七一"散发传单，杨岐山同志被捕，判刑 5 年。他与孙计一、高宏轩三名同志得到消息后及时转移，因无职业掩护，又返回府谷。先后任盘塘第五高级小学教员、校长和共产党地下党支部书记，木瓜高级小学校长，县川女子小学校长。在教学期间，他积极宣传马列主义和革命真理，坚持用新思想和新文化教育、陶冶学生，并积极建立和发展党的地下组织。1934 年 10 月，被国民党当局逮捕，在严刑拷打面前，他大义凛然、坚贞不屈。后壮烈牺牲，年仅 28 岁。

张子栋（1906—1931） 府谷县前石畔村人，又名国柱，字子栋。中国共产党府谷地下组织创建人之一。1923 年，在山西太原求学期间加入中国共产党。1927 年回到府谷南高任教，以教学工作为掩护，积极开展革命活动，培养革命青年。6 月底联络县城共产党员，在城外五虎山玉帝楼召开会议，成立了中共南高支部，当选为书记，共产党活动逐渐扩展到镇羌、木瓜、麻地沟等农村。南高支部成立后，和严念祖帮助国民党组建了县党部，协助负责人开展工作，成立了"天足会""读书会"等组织，宣传解放妇女，破除封建礼教的新思想。

当时，因县政府屡屡拖欠教师微薄的工薪，他组织教师进行"索薪"斗争，组织师生和群众进行打"盐厘"的抗税斗争，都取得了胜利。因教学和党务工作繁忙，积劳成疾。在病床上，仍与一些同志联系，研究和部署工作。他嘱咐家人，在他死后将党组织材料装入罐子中，与他一起埋于地下。1931 年秋病逝，时年 26 岁。

段宝珊（1906—1968） 府谷县黄甫段寨人。精枪术，百步之外，目力所至，枪发必中。国民革命军第二集团军骑兵第一团团长段振铭之叔，曾任该团连长。1933 年振铭殉职，宝珊兼领其众。后被陕北镇守使井岳秀提升为营长。1937 年抗战军兴，任骑兵独立大队少校大队长，骑兵营营长。绥、包相继失陷，伊盟吃紧，又被任为伊东游击骑兵第五支队队长，移防东胜新城一带。日军以步骑数千配合飞机、战车犯境，宝珊沉着应战，将敌击退。1943 年骑兵第六师成立，因功升任骑兵十八团团长，先驻沙圪堵，后又移防神木之大小堡当。不久又调防横山。所到之处，号令严明，军民相安。

1949 年 9 月 19 日，与邬青云、陈秉义等 39 人在绥远省银行包头分行礼堂举行了起义协定签字仪式，宣告正式起义。后任中国人民解放军西北军区独立四师骑兵团团长。

郝子君（1906—1984） 府谷县碛塄人。1934 年参加革命，同年加入中国共产党。曾任村党支部书记，赤卫队政治指导员，区委书记，县苏维埃政府秘书、巡视员，游击队三支队副班长，保安二队股长、副科长、科长。1947 年任中国人民解放军四军十一师供给部审计主任、师供给部副政治委员。新中国成立后历任甘肃省酒泉市高台县委书记，酒泉地委常委、纪律检查委员会书记，安西县委第一书记，张掖地委监察组组长。1975 年离休。

赵 镈（1906—1941） 府谷县清水人。中国共产党早期党员。1921 年到县城高小读书，1923 年毕业，去山西汾阳铭义中学上学。在汾阳上学期间，结交了教员和学生中的不少革命分子，大力宣传新文化、新思想。在他的影响下，本地学生赵希贤、赵宋贤等成为宣传革命的骨干分子，积极投身于反帝反封建的革命斗争。1926 年，在铭义中学加入中国共产党，并于同年在该校毕业后，受党组织派遣，到黄埔军校学习。在黄埔军校学习期间，任共产党支部书记，在校部和团部党组织的领导下，积极组织共产党员和进步学员展开斗争。

1927 年大革命失败后，遵照党的指示，去北平、天津一带从事党的地下工作。其间曾两次被捕，先后坐牢 7 年。1936 年，同难友们一起经党组织营救出狱。1940 年 3 月，调任中共鲁南区党委书记兼鲁南军区政

治委员。当时，正值日本帝国主义侵略我国腹地，蒋介石连续掀起第一、二次反共高潮的严峻关头，鲁南革命根据地新开辟不久，外受日伪军队的重重包围，内有国民党军队和土匪的捣乱破坏，情况极为复杂。而他却知难而进，拖着在监狱中被长期折磨的病体，冲破敌人的层层封锁，历尽艰难险阻，长途跋涉到达鲁南。与罗荣桓同志领导的八路军一一五师紧密配合，依靠鲁南地区的党组织和人民群众建立了鲁南地区党的领

导机构，统一了各地的抗日群众组织，成立了鲁南各界人民抗日救国会，建立了地方武装领导机构，壮大了抗日武装队伍。还按照"三三制"的原则，建立了专区、县的各级民主政权，从而使鲁南根据地得到了巩固和发展，并为以后斗争的胜利和鲁南的完全解放奠定了坚实的基础。

1941 年 10 月 27 日，国民党军对我鲁南区党委所在地银厂村突然袭击。当时，区委全员已经冲出重围，但发现中央的机密文件没有带出，他当机立断，让同志们撤走，自己只身返回原地销毁文件，保住了党的机密，而他却不幸被捕。在敌人审讯时，他没有暴露自己的身份，一口咬定自己是营部文书。后被叛徒告密，他堂堂正正地公开了自己的身份，正告敌人："我是赵铸，中国共产党党员，告诉你们，抗日光荣，卖国有罪！"敌人则设宴劝降，诱以高官厚禄，遭他严词拒绝。11 月 19 日深夜，被押出村外杀害。

孙计一（1907—1994） 府谷县城西关前石畔村人，字伯勤。1921 年入南高，1924 年考入榆林中学，1926 年加入中国共产党，曾多次参与、发动学潮。毕业后，回乡担任第五高级小学校长，建立中共党支部。

先后吸收王兆相、王恩惠、贺道新、杨文谟等学生入党。1929 年冬，因参加教育局"索薪"斗争被关押近一个月。被释后，和高克亭、刘世英、高宏轩、杨岐山一同去太原，在省委书记汪铭（神木人）领导下从事地下斗争。后因叛徒出卖，党组织遭破坏，返回府谷，先后在南高任教，在第四高级小学、女子高级小学任校长。1934 年中秋节后，府谷县委再遭破坏，苏铭鼎、刘世英、孙钟惠等被捕，刘世英牺牲。孙计一获悉后，经包头、绥远、大同转移到太原，未找到党组织。1940 年后，先后在府谷、绥远陕坝师范、巴盟师范等校任教。1961 年离职后，居住在包头。解放前，他曾参与修路、赈济等社会公益事业，编修过民国《府谷县志》。

刘建勋（1907—1984）　府谷县木瓜小沟子村人。1923 年南高毕业后考入榆林中学，与赵希贤散传单、贴标语，被警方发现追踪，潜逃回府谷。1927 年上半年加入共产党，被派往青春峁学校任教，兼青春峁中共党支部书记，发展徐六十九、赵展山等为党员。6 月，参加府谷五虎山玉帝楼 12 人党员会议。后因徐被捕泄密，刘建勋等 7 人随后被捕，转榆林，严刑拷打而自首。出狱后从医至终。

苏建民（1907—1939）　府谷县高石崖桑园梁人，字更生。1926 年黄埔军校第四期步科毕业后，即参加战斗，1937 年被任为十三军第八十九师补充旅第二团团长，1938 年编入四十五师二六五团，任团长，后改编为一三三团任上校团长。生平治军谨严，每奉上令，雷厉风行，对经济尤能公开，为部属所爱戴，故于训练作战均成绩显著。1939 年 5 月率部队在晋西作战，因积劳过度，遂患呕血之疾。以秉性真率，病中犹不忘治事。延至 7 月 1 日卒于西安，年仅 32 岁。葬于省南翠华山之阳。

严念祖（1907—1950）　府谷县新民人，字述先，早期中共党员。绥德四师毕业后，在府谷南高教学。1926 年冬，校长尤清之（尤天乙）被罢免后，接任校长。1927 年，一批外出学习毕业生回到府谷，进入南高任教；6 月底，和其他 11 名同志在五虎山玉帝楼秘密集会，成立中共南高支部；8 月，出任县教育局局长；12 月下旬，在南高成立了中共府谷县委，当选为第一任县委书记（至 1930 年 2 月）。1945 年至 1947 年再任县教育局局长。后变节。1950 年，于内蒙古包头固阳被镇压。

张国继（1907—1935）　府谷县府谷镇张家圪堵村人，又名张根儿。1921 年，在县城孙二牛私塾房里读书。1923 年，弃学回家，随父跑河路生意。1929 年，被国民党二十二军吴汉卿的部队抓了壮丁当步兵。在部队接受共产党地下组织的教育和影响。1931 年，被国民党清除出二十二军。此后，干起了河路生意，同时在河路工人中组织力量，建立地方革命武装。

1934 年 9 月初，和一些河路工人参加了陕北工农红军游击队第七支队，并任七支队队长。1935 年春，配合红三团在府谷县城附近的高梁村袭击了保安大队苏保山一个连，以偷袭和火攻相结合，打得敌军狼狈逃窜。1935 年 2 月 28 日，去木瓜执行任务，不幸被俘，后被杀害于榆林城，时年 28 岁。

杨岐山（1907—1941）　府谷县傅家墕人，又名杨凤鸣，化名杨青山，中共党员。曾在本地私塾、县南高、绥德四师、西安中山军事学院学习。1928 年秋，回到府谷任小学教员。因参加教育界寒假的"索薪"斗争，于 1929 年被捕，坐牢一个月后获释。1930 年，受组织派遣，同孙计一、刘世英、高宏轩 3 人一道去太原，被安排到并州中学，以读书为名，和刘世英两人一起做党的地下印刷工作。在"七一"期间散发传单，被国民党逮捕入狱，3 个月后获释。出狱后，回到府谷，在孤山小学教书，并继续从事党的地下工作。1932 年，受党组织派遣，到木瓜区委任书记。1933 年任府谷县委宣传部长。1935 年，府谷县委遭到破坏，他又转到内蒙古进行革命活动，积极开创革命根据地。1938 年春，与大青山抗日游击队的杨植霖取得了联系，先后任托和清（托县、和林格尔县、清水河县）工作委员会书记和托和清县县长。1941 年 4 月，带领游击队员 20 余人，从大青山下来征集给养，因伪保长闫扣告密，被北的力兔的保甲团兵 20 余人、古城警署的伪警长邢喜太带领的警察和自卫团兵十几人包围，在突围中中弹牺牲。

高宏轩（1907—1936） 府谷县武家庄庄子坪村人，又名高红全，化名子平，字愈钧。1920 年起先后在府谷南高、榆林中学读书。1928 年秋，在榆林中学加入中国共产党。同年 10 月因闹学潮被开除学籍，返回家乡，在府谷盘塘第五高级小学当教员。

1929 年 3 月，经太原党组织介绍到太原美术专门学校上学，1929 年 7 月 1 日，太原党组织秘密举行庆祝中国共产党成立活动。由于叛徒告密，太原党组织的几名负责同志当场被捕。他为了避开敌人的追捕，又返回了府谷，在南高任教员，并秘密担任了府谷第六区（盘塘）区委书记。1934 年 4 月，调任府谷县委宣传部长。1935 年，国民党对神府苏区开始了第二次围剿，府谷县共产党组织遭到破坏，再次被迫回到家乡，冒着生命危险在府谷县城附近开展党的工作。1936 年 6 月 29 日，他到赵石尧开会，不幸与国民党伪营长高景明的队伍相遇，被高景明队伍中的一个共产党叛徒认出，随即被高景明枪杀，时年 29 岁。

韩是今（1907—2005） 府谷县木瓜人，又名韩锋，中共党员。1928 年榆林职业中学肄业，先后在府谷四区李家沟党支部、木瓜区委工作，后被选为县委候补委员，多次巡视县辖的七区委会和基层各支部。1934 年，创建了中国工农红军陕北游击队第七支队，任队长兼政委。1937 年在桃力民地区组织抗日自卫军，任参谋长，开展抗日工作。1940 年受组织派遣到延安中央党校学习。1941 年到延长油厂（军工第五厂）任经理、科长。1946 年调往伊盟三段地任伊西工委书记，其间参加了保卫延安的战斗。1950 年绥远省和平解放后，任乌盟盟委书记、骑兵四师政委。1952 年任内蒙古自治区交通厅副厅长。1955 年到中央党校学习。之后历任内蒙古自治区党委工业部副部长，交通厅厅长，内蒙古革委会工交办公室顾问，自治区人民检察院检察长、党组书记。1984 年 4 月离休。2005 年去世，享年 98 岁。

杨子华（1908—1945） 府谷县孤山人，中共党员。1930 年参加革命工作。1933 年任内蒙古临河四区区委书记兼组织部长，同年任临河县委委员。抗日战争时期，创建了伊盟桃力民抗日根据地，任伊盟鄂杭二旗工委书记、绥西特委组织部长。1942 年任延安民族学院总务处长，同年被选送到中央党校一部学习 3 年。1945 年 12 月 7 日去世。12 月 19 日中央党报《解放日报》上刊登了他去世的消息，同时中央组织部为他立碑，对他的一生给予高度评价。

杨孝先（1908—1993） 神木县人，中共党员。1936 年 5 月至 1936 年 10 月、1949 年 6 月至 1951 年任中共府谷县委员会书记。曾任神木县一区区委书记、神府县某区区委书记、神府六区（万镇）区长、山西省岚县抗联主任、中共府谷县委副书记等职。1951 年调新疆，历任和田地委组织部长，自治区手工业生产联合社副主任，轻工业管理局党组成员、副书记兼副局长，自治区手工业管理局副局长。

郭昌浩（1908—1989） 府谷县哈拉寨人。1930 年，在府谷县政府第一科任文书、科长，并兼任府谷县商会副会长。抗日战争期间参加蒙古抗日游击军，后在伊盟警备司令部担任秘书、主任（军衔为中校，正团级）。其间曾手书王九皋所撰马占山将军"德政碑"碑文，得到马占山将军的赏识。1949 年起义。1950 年在内蒙古军区军政干部学习团学习、工作。1951 年因病转业到地方。1989 年病逝于呼和浩特市。

柴培桂（1908—1973） 府谷县高石崖人，又名柴希彦。在南高上学期间，加入中国共产党。后在李子洲任校长的绥德省立第四师范学校上学。1927 年 6 月中旬，从四师毕业后回到府谷，6 月底参加了在五虎山玉帝楼召开的第一次党员会议，成立了府谷第一个共产党支部——南门第一高等小学支部，任组织委员。1928 年 4 月中旬，代表府谷党组织出席了在绥德西川苗家坪（今属子洲县）召开的中共陕北第一次代表会议。1929 年 8 月，与中共陕北特委派来的白乐亭（白明善）、严念祖等组织进步师生和运输工人抗征"斗捐税"。1931 年 10 月初，再次与陕北特委杨国栋等联络，在赵寨村赵希贤家里秘密召开会议，恢复已破坏了的中共府谷县委。

柴汉生（1908—1968） 府谷县高石崖柴家塌人，中共党员。先后就读于榆林中学、山西太原北方军官学校。1931 年参加革命，当年在执行任务中不幸被捕，在狱中受尽酷刑，但始终坚持革命气节，坚贞不屈。1933 年 6 月被营救出狱。历任八路军一二〇师绥蒙游击队参谋长、大队长、营长、副团长、副官处长、总务科长、办事处处长等职。1937 年曾在延安抗大、中央党校学习。参加了著名的"百团大战"，获得"百团大战"奖章。新中国成立后，历任青海省贸易公司经理，西北土产公司经理，西北贸易公司副经理，新疆维吾尔自治区商业厅副厅长，自治区农副产品采购厅、城市服务厅、第二商业厅、商业厅党委书记兼厅长，自治区人民委员会财贸办公室副主任。"文革"期间受到摧残迫害，1968 年 7 月去世。1978 年 9 月，新疆维吾尔自治区党委为他平反昭雪。

郝仲山（1909—1976） 府谷县碛塄人。16 岁投身革命，曾任神木县第八区赤卫军大队长，乡苏维埃主席，第七区区委委员，神木县五、七、十三区特务队长，府谷县游击队指导员。抗日战争时期，曾任府谷县独立营、神府县独立师连队指导员，一二〇师教导团学员，警六团连队指导员，三营代教导员兼营分支书记，政治处政工股股长，组织股副股长兼团分支书记，山西省河曲县独立营政委兼党总支书记，神木县保安大队政委等职。解放战争时期，先后任神府支队政委，晋绥十分区农会主席，县农会委员，山西省汾城县委委员兼武装部部长等职。新中国成立后，历任四川省西康区庐山县委书记、西南天府煤矿党委副书记、重庆丝纺厂党委书记、四川省煤炭工业厅机关党委副书记、四川省委社教工作团副团长等职。

苏子秀（1910—1982） 县川人，早期中共党员。曾在南高上学。1927 年 6 月，参加五虎山玉帝楼 12 人党员会议，后在青春峁、县川西关女子小学等校教学。1930 年春，在女子小学与刘世英同时被捕，后自首。出狱后，先后在木瓜、哈拉寨、高石崖等地教学，直至解放后。

梁士堂（1910—?） 神木县人，中共党员。1944 年 6 月至 1945 年 8 月任神府县抗日人民政府县长。1945 年 9 月至 1948 年 10 月任神府县政府县长。1948 年 11 月至 1949 年 9 月任中共神府县委员会书记。1958 年 6 月至 12 月任中共府谷县第四届委员会第一书记。

慕新亚（1910—1981） 辽宁省锦县双阳店人，满族，原名汤慕伊，字吉平。毕业于东北讲武堂第十期。历任伪蒙古军第一军第三师第七团团长，东北挺进军骑兵旅第五旅旅长、暂编第二十七师师长、骑兵五师师长。1938 年随马占山进驻府谷哈拉寨直到抗战胜利。1949 年任国民党第一〇四军第三十九师师长，北平起义后该军改编为中国人民解放军第三十九军，继续担任师长。1950 年赴朝参战。晚年离伍从医，在京开办王骨门诊。

王子平（1911—?） 府谷县傅家墕人，又名王军吾，初师文化。17 岁考入府谷县立义务师范，毕业后到孤山、哈拉寨小学任教。1931 年经刘天鸣介绍到山西平定陆军第十一师（张学良部）当兵，因发生兵变，回到府谷。1932 年又经同学介绍到内蒙古准格尔旗参加了新军，在第四营任营部书记长，后因兵变，随营长韩宇春到绥包一带，认识了中共绥西地委组织部部长吉合（1955 年授少将军衔）。受绥西地委重托，曾先后两次给狱中的王若飞同志传递书信。时隔不久被敌发现，为躲避包头警备司令部追捕，于 1934 年到百灵庙参加了蒙旗保安队。1936 年，参加了"百灵庙暴动"。暴动失败后，又回到归绥韩宇春的准旗驻绥办事处，组建起"准格尔旗护路保商团"并任上尉参谋。归绥沦陷后，与韩宇春率部杀了2名日本兵后，又返回府谷哈拉寨，投靠东北挺进军马占山将军。部队被暂编为骑兵第三旅，建制归属傅作义将军领导。1940年春，韩宇春被迫害致死，他经人担保，回到府谷。因受韩静山、边子俊的迫害，于1947年到内蒙古包头就职于奇景峰的鄂旗驻包头办事处，任业务部主任。1949年参加了绥远"九一九"起义。后任乌兰察布盟、伊克昭盟造纸原料公司副经理、伊盟建设处畜牧科副科长、东胜县农牧科副科长。1958年被定为历史反革命。1980年获得平反，被安排在东胜市水利局，享受副县级离休干部待遇。1982年当选东胜市第一届政协委员。

王文厚（1911—1935） 府谷县新民乡燕渠村人，原名王厚小。1927年考入府谷县南高，1930年考入榆林省立六中。在读书期间，积极学习传播马克思列宁主义，寻求救国救民的真理。1931年3月，被国民党抓捕入狱，后被国民党的一个副官温效礼（府谷县石庙塔人）营救出狱，并给其当了秘书。1932年春节后，随温副官一起去三边开展工作，后来又去了庆阳府。1933年考入西安新城军官学校，1934年结业后分配到地方工作。1935年在任淳耀县委书记时被错杀。1984年府谷县组织部门对他的生平、简历以及家庭情况等进行了详细调查、核实，确认他为烈士。

高克亭（1911—1998） 府谷县城人，中共党员。1922年入南高读书，追求进步。毕业后，先后到榆林、太原等地求学。1929年7月，加入中国共产党，先后任山西省太谷县铭贤中学党支部书记、中共山西特委交通员、山西革命互济会党团书记。在校期间，他秘密发展党员，积极开展活动。1931年8月下旬，因叛徒出卖，不幸被捕。面对敌人严刑拷打，他始终忠贞不屈，积极开展党组织活动，并任狱中党支部书记。1937年七七事变爆发后，经党组织营救出狱。1938年到延安工作，同年8月到山东工作，先后任鲁东南特委书记兼军区政委、鲁中区党委宣传部长、组织部长、区党委副书记等职务。新中国成立后，任山东省副省长。1958 年 10 月调到青海省，先后任副省长、省委副书记、书记等职。"文革"期间遭受迫害。党的十一届三中全会后，历任山东省委书记（当时设有第一书记）、省政协主席、顾委主任等职。系中共八大代表，全国人大第三、第六、第七届代表。

高仰先（1911—2002） 府谷县高家湾人，中共党员。1926 年，在南高上学时入党，任中共府谷特别支部干事。1927 年冬，因叛徒出卖，不幸被捕。获释后，回府谷第二平民小学任教。后又两次被捕，均获释。1936 年回到苏区保安县搞部队工作。1937 年在中央党校学习，后任中山图书馆馆长。1938 年至 1945 年，历任陕西省委组织部干部科科长兼西安市委宣传部长，交通厅科长，关中地委统战部副部长，晋绥分局生活部、社会部部长，神府调查科科长，晋绥分局公安总局审讯科科长。1945 年调为蒙古，历任内蒙古自治区公安厅代理厅长，绥东公安分局局长，绥南保安处处长，永和县委书记，绥远社会部部长，陕坝地委副书记，吉宁地委书记。1952 年调天津市，先后任天津市工业部副部长，天津市委副秘书长。1983 年离休。

贾丕谋（1911—1997） 府谷县武家庄人，中共党员。从 8 岁开始上冬学、私塾，后参加"农民协会"。1928 年入府谷县南高，参加了"学生自治会"。1938 年考入榆林中学，参加了"同乡会"。1934 年中学毕业后任红三团三连指导员。1935 年任府、葭、榆三支队政委。1936 年任神府特区苏维埃政府保卫局执行部长、府谷县保卫局局长。1937 年 5 月，以神府苏区代表出席了延安全国苏区党代表大会，6 月到中央党校学习。后历任晋西北警备团组织股长、党总支书记，和林、右玉、凉城中心县委书记，独二旅民运科长，晋绥分区支队代理主任，陕甘宁边区联防司令部秘书、政治部组织科长，西北军区警备团政治部主任，十九兵团特务团政治部主任，新疆中苏石油公司人事处党委副书记，哈密矿务局副局长。1983 年离休。

孙友雄（1913—1940） 府谷县麻地沟人，字光远。民国上尉连长。1927年府谷县第三高级小学毕业，考入官费绥远省立中山学院。1934年又在黄埔军校第九期骑兵科毕业。旋奉军政部令，到陆军三十八军服务、见习。因勤俭耐劳，忠勇诚朴，受到长官器重。1936年西安事变后，转赴南京任装甲兵团警戒排排长。1937年卢沟桥事变后，任陆军二〇〇师辎重营二连上尉连长。杀敌报国，屡立战功，转战于湘鄂之间。1940年1月参加广西昆仑关战役，率连队为阵地输送弹药时，在马岭圩公路侧不幸中弹殉职，时年28岁。

赵展山（1913—1988） 府谷县清水人。1930年投身革命，积极从事党的武装斗争，是中国工农红军陕北游击队第七支队创始人之一。土地革命时期，曾任区巡视员、游击队指导员等职。抗日战争时期，历任中共晋绥边区区委书记，河曲县公安局局长、县长、县委书记等职。解放战争时期，任五寨地委组织部部长、地委副书记。新中国成立后，先后任内蒙古平地泉地委书记、乌兰察布盟盟委书记、内蒙古自治区石化厅厅长、呼和浩特市委第一书记、内蒙古自治区政协副主席。1988年在呼和浩特病逝。

徐子銮（1913—1939） 府谷县城人，中共党员。1928年中共党小组建立后，为了传播革命思想，秘密开展党的地下革命活动，他将自家徐氏济益源药铺作为中共府谷地下党联络站。通过济益源商号与周边的保德、河曲、岢岚、五寨、神池及准格尔旗等地下党组织联络。曾先后负责过山西保德、河曲、岢岚、五寨、神池一带区（乡）团委工作。

1939年农历腊月二十六，日军12架轰炸机投弹80多枚轰炸府谷县城。当时，他和张双格乘船去山西保德发送传单，在返回刘家川渡口河岸时，不幸被炸弹残片击中头部牺牲，时年26岁。

刘素菲（1914—1967） 女，府谷县城人，原名刘淑贞，中共党员，刘澜涛夫人。1938年初，在中共绥德特委参与妇女运动的领导工作。同年3月，陕甘宁边区各界妇女联合会成立，任宣传部部长。1944年，被选为中共七大候补代表。1945年4月至6月作为晋察冀代表团成员参加中共七大。1946年秋，随中央局机关转移到河北省阜平县，任中央局组织部科长。后参加了土地改革和整党运动，曾任中共中央华北局组织部处长、华北妇女联合会委员、中共北京市委组织部副部长等职。1960年冬调到西安，任中共中央西北局书记处第一办公室主任，当选为第三届全国人大代表。1966年"文化大革命"开始不久，遭到诬陷和残酷迫害。1967年12月31日去世。1979年，中共中央为她平反昭雪，恢复名誉。

张悦民（1914—1999） 府谷县高石崖高梁村人，又名张彦。1929年4月，在南高上学期间加入中国共产党，投身学生运动、农民运动。1932年到内蒙古河套地区从事兵运工作。1938年7月到延安，在延安军政大学中训班学习。1939年6月，受党中央派遣，赴内蒙古开辟大青山革命根据地，因中途受阻，改道河套地区。新中国成立后，历任团参谋长、处长、场长等职。1955年，被授予中校军衔，后转行政13级。"文革"中受到迫害。1975年离休。1999年去世。

贺道新（1914—1981） 神木县人，中共党员。1933年参加红军游击队，曾任红三支队中队指导员。1934年9月红三支队改编为红三团后，曾任指导员、团部参谋。1936年6月任独立第三营政委，1938年任河防司令部教导员。1951年1月至1955年2月任府谷县委副书记。1955年3月至1958年6月任府谷县委书记，1958年7月至1966年5月任府谷县委书记处书记、副书记。1972年至1981年任神木县革委会副主任、县委副书记。

祁觉民（1915—2004） 府谷县黄甫人，又名祁福厚，国民党党员，大学文化。从南京中央大学毕业后参政，曾任绥远省党部书记，中统驻绥远省站站长。1948年绥远省解放前夕，蒋介石派专机接其由归绥市（今呼和浩特市）直飞台湾。2004年在台北病故。

杨　清（1915—1983）　字天诚，府谷县傅家墕深墕村人。中国现代心理学家。南高毕业后考入榆林中学。1936 年毕业后就读于辅仁大学、燕京大学和西南联合大学。1940 年联大毕业获学士学位，在校期间曾获文科檀香山奖学金。1943 年毕业于重庆中央大学研究院，获心理学硕士学位，师承著名心理学家潘菽教授。

1943 年 9 月至 1950 年 7 月，先后在四川白沙女子师范学院、南昌中正大学、重庆大学和西北大学任心理学讲师、副教授、教授。1950 年 9 月到长春东北师范大学任教，两任东北师大教育系主任。并任过《中国大百科全书·心理学》编委、心理学分支副主编，中国心理学会理事，吉林省和长春市心理学会理事长、长春市政协常委、长春市一至三届人民代表，民盟吉林省委员会委员、宣传部副部长，民盟东北师大支部主任委员等职。

1957 年被划成"右派"降职为资料员后，除从事劳动外，还翻译了大量英、俄、德、法诸语的西方心理学文献资料。1962 年在东北师大开设了"现代西方心理学流派"课程，并编写了《现代西方心理学主要派别》一书。1981 年出版专著《心理学概论》。1975 年返回东北师大工作，

  在坚持授课的同时，还抱病主编《简明心理学辞典》，并着手翻译《认知心理学》。前者未及出版，后者尚未竣稿，因病于 1983 年 6 月 3 日去世。

  杨教授博闻强记，有深厚的古汉语基础，通晓英、俄、德、法等多种外语。知识渊博，学贯中西，治学严谨，教学认真，学而不厌，诲人不倦，克己奉公，乐于助人，明辨是非，守正不阿。处逆境而胸怀坦荡，勤勤恳恳，一丝不苟，终其一生从不敷衍懈怠。

魏尚礼（1915—1950）　府谷县麻镇人，乳名魏二仁。国民党党员，大学文化。曾与甄氏家族创办麻地沟学校并任校长。1945年父亲魏三财主过世后，赴包头入天德恒商号，经时任国民党绥远省党部书记祁觉民的推荐，任中统驻绥远省站副站长。包头解放后被捕押送到五原，1950年自缢于狱中。

刘　玺（1916—?）　府谷县府谷镇人。1937年参加革命，新中国成立后曾在沈阳铝镁设计院、东北局政治部工作（地级）。

季　达（1916—1995）　府谷县城人，原名李焕章，中共党员。1937年在榆林职业中学读书时，因控告学校压制学生运动被校方勒令退学，9月到达延安，先后在陕北公学、抗大学习。1938年8月起先后任鲁迅师范学校、陕甘宁边区党校教员，延安市委报总编辑，陕甘宁边区第二师范学校教导主任、地方干部训练班主任等职。抗战胜利后，入中央党校学习。1946年秋奉命率队到吕梁地区参加土改工作。1948年至1949年10月，先后担任晋南区党委委员、晋绥分局干部科科长等职务。新中国成立后，调北京工作，历任中央内务部人事处处长、地政司和社会司副司长、食品局副局长、办公厅副主任、国家房产管理局副局长等职务。"文化大革命"期间遭受迫害。1978年恢复工作，先后任国务院机关事务管理局副局长、局长。1985年12月离休后，担任了全国机关事务工作协会特邀理事、国家机关房地产研究会顾问、北京市房地产及住宅研究会顾问等职。

张　甫（1916—?）　府谷县府谷镇人。1936年参加革命，新中国时期曾任湖北省宜宾地委书记。

杨　忠（1917—?）　府谷县碛塄人，又名沛济，中共党员，初中文化。1935年3月参加神府红三团（1936年改编为红军独立二师）。1937年8月东渡黄河，北上抗日，归一二〇师（后改编为警备六团）。1938

年 5 月，在山西雁北马鞍山与日军作战中身负重伤（后定为三等甲级残疾军人），年底伤愈归队后任青年干事、副指导员等职。1939 年 6 月参加延安学习并从事无线电报务工作，先后任无线电报务员、主任、通信参谋、科长。抗美援朝时赴朝鲜，在三十七军任通信科长。回国后历任河北省军区通信处副处长、邢台军分区副部长等职。1965 年提前离职休养。

郭树山（1917—?） 府谷县武家庄人。1936 年参加革命，新中国成立后曾任西安市张家堡干校主任（副师级）。

贾培荣（1917—2003） 府谷县碛塄人，又名郝明珠，中共党员。1936 年 7 月参加工作，历任神府县七、八、九区团委书记，一、三区区委书记。1937 年 10 月调一二○师东渡抗日。后受组织派遣，返回神府县哈拉寨改编伪团长李功如组织的游击支队，并任支队政治部民运科长兼二中队指导员。之后又被组织派往山西省河曲县开展地下工作，任河曲县一、二、五区区委书记。1939 年冬河曲县委组织游击大队，任第一大队队长，参加了晋绥事变、反顽固斗争。河曲解放后，曾任河曲县委常委、社会部部长、武装部部长、公安局局长兼自卫总队队长、二专区公安处处长。1954 年调到西安，历任建工部西北工程管理总局处长、经理，陕西省建工厅建材局局长，建工部西北给排水设计院党委书记兼院长，陕西省建委后勤组副组长，陕西省建材局党组副书记、副局长。1983 年离休。

严文俊（1918—?） 府谷县孤山人，中共党员，大学学历。1936 年春考入榆林职业中学，半工半读。七七事变后，以职中学生会代表的身份，参加榆林学界双周抗日救国座谈会和榆林各界抗敌后援会活动，同时兼任榆中、职中、女师三校学生会校刊《烽火》的编辑。1938 年 1 月到延安，先后在陕北公学、抗日军政大学、延安马列学院学习，历任抗日军政大学职工大队区队长、中国工人学校一队队长，陕甘宁边区总工会文教部科长、工会干部训练班主任。1943 年参加延安整风学习后调任陕甘宁边区政府民政厅科员、绥德地委统战部秘书。解放战争时期，任榆横特委秘书、绥德地委大众报社社长。1949年3月调延安筹备成立西北总工会，并任筹委会委员、西北局职工运动委员会委员。新中国成立后，任西北总工会秘书长、文教部长兼西北工人报社社长。1952年作为中国工会代表团成员到苏联参加十月革命节庆祝活动，并到黑海海滨索契疗养。1953年后，历任西北工会干部学校党委副书记、副校长，陕西省工业交通干部学校校长，陕西省人民委员会副秘书长兼机关党委书记，陕西省革委会外事组长、秘书组长，陕西省总工会副主任，陕西省政协副秘书长，陕西省委统战部副部长兼陕西省政协联谊会理事，陕西省工运学会顾问，陕西省机关事务工作协会顾问，陕西省经济干部学院校友会副会长等职。

苏一夫（1918—2011） 府谷县大昌汗人，原籍县城马道崖新院，曾用名苏昀，中共党员。17岁在府谷县南高读书，18岁考入榆林职业中学，半工半读两年毕业。1938年1月到延安陕北公学第一期学习，后转入抗日军政大学第四期学习。先后在八路军一二〇师、东北民主联军、第四野战军任职，曾参加了辽沈、平津两大战役。1955年被授予上校军衔、二级独立自由勋章和二级解放勋章。后历任广东省军区湛江军分区政委，广东省军区守备十师政委，国防部第七研究院（海军舰艇研究院）政治部主任、副院长。1983年离休。1993年经中央组织部批文，享受国家机关副部级待遇。2011年10月15日在北京去世，享年93岁。

杨沛琛（1918—2012） 府谷县碛塄人，曾用名杨连科，中共党员。1934年加入少先队并任中队长，抄写宣传标语、站岗放哨、传送鸡毛信等。1936年4月到府谷三区工作，先后在团县委、神府特委宣传部、府谷县委宣传部、神府特委组织部、富县盐运工作团、绥德特委组织部、佳县县委组织部、米脂县政府、绥德专署、榆横专署工作。1947年8月任府谷县政府县长，后任县委书记。1949年7月任榆林地委秘书长，

1952 年 11 月任副书记，1953 年 4 月任书记。1955 年 3 月任陕西省林业厅副厅长、党组书记（1958 年 1 月省农业、林业两厅合并后任副厅长、党组副书记）。1959 年 12 月任陕西省农业机械局局长、党组书记。1960 年 5 月任陕西省林业厅厅长、党组书记，11 月任榆林地委书记。在"文化大革命"期间被审查。"文革"后，先在宝鸡市工作，后任陕西省高级人民法院院长、党组书记，中共陕西省顾问委员会常委等职。1990 年离休。系中共十二大代表，陕西省第三、第四届党代表、省委委员，陕西省第一、第五届人大代表。

张　瑀（1919—2015）　府谷县海子庙人，中共党员，高小文化。1934 年参加赤卫队，1937 年参加八路军一二〇师。1949 年成都解放后，转业到地方。1958 年起历任成都东城区区长，工业局局长，成都化学工业研究所所长、书记。1978 年任四川制药厂党委书记、医药管理局顾问。1983 年离休。

王　杰（1920—?）　府谷县黄甫人，又名王有才，出身于黄甫魏寨首富王氏家族。早年在当地读私塾。1937 年与兄王佐密商投身革命，几经周旋，1938 年清明节奔赴延安抗大学习，毕业后到国统区河北徐水做地下工作。抗战胜利后调华北野战军某师任政治部主任。新中国成立后历任天津一九八师政委、抗美援朝某部团政委、天津城防司令部政治部主任、河北承德军分区政委、河北省军区后勤部部长。转业后任河北省财政厅厅长。20 世纪 80 年代离休。

刘　茜（1920—1990）　府谷县府谷镇人，中共党员，出身于府谷县刘家川富户。早年就读于府谷南高，青年时期奔赴延安抗大投身革命，后从军于东北林彪部下。历任部队营长、团长，东北局工交厅政治处处长，国务院外事对朝事务公务员，辽宁大学党委书记等职。1985 年离职休养。1990 年病逝。

郝文凯（1920—?）　府谷县碛塄人，又名二赖。1934 年参加革命，军内任团政委工作多年。1960 年转业后到上海任工业研究院专科学校校长（副厅级）。

舒　林（1920—1981）　府谷县清水人，原名苏启苍，中共党员。1937 年 7 月赴延安进入陕北公学学习。1938 年 4 月被党组织派往新疆新军营俄文班学习。1940 年初，随全营撤回延安，被分配到中央军委担任俄文翻译和教学工作。1945 年 11 月奔赴东北，历任铁路部门组织科长、干部科长、翻译处长，东北局外事秘书、翻译处副处长，抚顺 301 厂副厂长等职。1955 年 5 月调北京，任中共中央马恩列斯著作编译局马恩室主任、定稿员。组织编译出版了《马恩全集》第一、二、三、四卷。1957 年被下放到山西省委党校工作，后被遣送到山西省保德县农村插队"改造"。其间，常为群众治病，被群众誉为插队医生。1979 年 11 月调回北京原单位工作。1981 年 7 月 8 日因心脏病突发去世。

杨喜全（1923—?）　府谷县王家墩人，初中文化。1935 年 10 月参加府谷县三区游击队。曾在陕北独立师红三团四连、一二〇师、绥蒙军区骑兵旅任战士、班长、排长、连长、营参谋长等。1952 年起，历任内蒙古军区转建大队中队长，内蒙古土默特旗兵役局副局长，丰镇县人武部部长，乌兰察布军分区副参谋长、副司令员。1981 年 5 月离休。

陈智亮（1924—2017）　山西省保德县人，中共党员。1945 年秋从晋绥边区二中师范班毕业，先后在中共中央晋绥分局八路军一二〇师、雁北军区、五寨军分区、独立五团从事机要工作。1947 年初调保德县武委会，任第二区民兵大队长。同年调入府谷县，历任区长、县青委主任、中共榆林地委青委委员。新中国成立之初，任中共榆林地委青委副书记、团地委书记。1952 年后任定边县县长、书记。1956 年任地委候补委员。1961 年（神府分县）任府谷县委书记。"文化大革命"期间遭批判、劳改。1970 年任清涧县革委会第一副主任、党的核心小组副组长，后任地区钢铁厂筹建处主任、党支部书记，横山县革委会主任、县委书记，神木县委顾问。1976 年任中共榆林地委委员，随即任地委副书记。1983 年退居二线，任地委顾问。晚年致力于陕北地方史的研究考证工作，著有《榆林史话》，1989 年出版。1991 年离休。2017 年去世。

郝文广（1924—2004） 府谷县孤山人，中共党员。1937 年在内蒙古伊克昭盟桃力民由杨子华介绍参加革命。1940 年春赴延安民族文化促进会工作，接受革命教育。1944 年秋离校，三边地委分配他到城川工委工作。1945 年日本投降后，根据中央的批示精神，由刘起程带路，从贺家堡出发进入府谷国统区，待机向伊盟准格尔旗推进。在刘起程的帮助下，他发动木瓜、孤山等地青年组建了游击队，活动在县城及一些村镇，配合晋绥二分区部队解放府谷。1947 年秋季，二分区部队解放沙梁镇，挺进到准格尔旗羊市塔镇。他带领游击小分队配合府谷县三大队抗击了蒙古军的一个骑兵连，打退了敌人 3 次进犯羊市塔的企图。根据上级党委指示，在府谷牛乜梁召开了会议，决定组建准达工委，组成准达游击队。他率游击队离开府谷进入伊盟地区，开始解放准、达两旗。1950 年，准达游击队进入达旗，进行了整编。原达旗国民党保安师，整编后改称伊盟第七支队，郝文广兼任政委。解放后曾任伊克昭盟盟委书记等职。

陈秉义（？—1954） 府谷县清水人，字永昌，国民党将领。18 岁给匪首赵青山当护兵，1929 年升为连长，1933 年归附孙殿英的国民四十一军。1935 年，率众到神木南乡归附了苏区红军。1936 年，又率部离开苏区，去榆林投靠国民党二十二军，被编入伊东游击纵队第四支队，任支队长。1938 年，率部北过黄河进入萨县境内，破坏日军交通，袭击日军据点，遭日军包围，伤亡甚众，后进入大青山抗日。日本投降后任国民党先遣军纵队第一支队司令（后部队改编为骑兵十一旅，任旅长）。1949 年 9 月 19 日，率先在绥远起义协定书上签字，并通电全国。起义后陈部被改编为中国人民解放军二十三兵团骑兵第四师独立旅。1950 年任该师副师长。1951 年秋率部赴朝参战，归国后转业到河北省水利厅任参事。1954 年病故于包头。

白志明 清涧县人。1947 年 9 月受陕甘宁边区指派，与杨沛琛等来府谷，配合晋绥分区指导解放府谷的工作。是年 10 月任中共府谷县委书记，组建党的组织和政府机构，为解放府谷做准备。解放后历任延安地委书记、陕西省民政厅厅长等职。

段振铭（？—1933） 府谷县黄甫段寨人。曾任国民革命军第二集团军骑兵师第一团团长、陕西警备骑兵旅副旅长。1933 年殉职。

王秉衡 府谷县城人，生于 19 世纪 90 年代，卒于 20 世纪 50 年代，人称王五先生。出身于府谷名门王氏家族。曾任山东省法院院长，离职后受聘为准格尔旗神山西官府文书。

胡 瀛 府谷县城人，生于 19 世纪 90 年代，卒于 20 世纪 70 年代，又名胡海峰。青年时跟随韩子佩在榆林参加国民军，历任陕西军统调查科长、西安城防司令。1949 年到了台湾，曾执行军务驻日本、中国澳门、中国香港等地。退伍后曾任台湾彰化县警长和地方多个商号的董事长。

边恒彦 府谷县新民镇边家寨人，字子俊。高小毕业后考入太原并州大学政治科，毕业后加入中统，参加国民革命军，曾任团副、团长。1933 年转业。历任太原绥靖公署中校副官、山西民政科员、太原白话周报社编辑。1947 年府谷解放前夕，任府谷县国民党自卫大队大队长。

袁世长 府谷县木瓜堡人，字子仁。23 岁入郡庠。多才多艺，农商都擅长。历任县保卫团团总、县议会议员、县教育会会长、县财政委员会委员、陕西省长公署谘议等职。任事辛勤，功在乡里，故政府奖给七等文虎章并免子弟入小学费。省长褒曰"保卫桑梓"，督军褒曰"勤劳丕著"，民众赠有万人伞旗。时木瓜城西门、南门均建有功德碑。卒年75 岁。

王九功 字次言。曾任本县议会议员。喜好音律，以研究国音原理为要务，对各种乐器如二三弦、胡琴、月琴、扬琴、风琴等都能精通掌握，被本县谷音新剧团聘为音乐队队长，领导后起之学界青年练习音律，颇为地方人士所称赞。

苏椿瑞　县川人，字欣荣。清名进士德水曾孙。由廪生历充本县高小教员及私塾教师。性耿直，安贫乐道，不求闻达，专以培养人才为己任。县孝廉王九思、拔贡王九皋皆其高弟。至义利关头，非己有一分不取。晚年酷嗜程朱之学，设馆于县川之官井庙。专以道学启发后进，并自励焉，对世俗过眼荣华淡如水，生平以结交显宦出入公门为最可耻之事。故居县城 30 年足迹未履衙署，人以此重之，子弟都能继其志。

胡　仁　府谷县城西关人。自幼即擅长绘画、雕刻、塑像诸术，对塑像尤为精通。十四五岁在本县高小肄业时，常取黄河澄水胶泥捏塑各种神像，胡眉生动，颇能得其神韵。后赴山西汾阳考入铭义中学，肄业，被同学陈志禧（精神病者）杀害。

孙继权　府谷县城西关前石畔人，字伯衡。高小毕业后赴长安、太原、北平等处专门研究新旧画学，刻苦数年，其术大进，遂对毛笔、水笔、铅笔各画无不精妙入微，兼长摄影画像诸术。曾在三原开设摄影馆兼画像。

段振纲　府谷县黄甫段寨人。曾任陕西警备骑兵旅第一团团长。

杨杰丞　府谷县城人。曾任军事委员会第一游击总司令部第四游击司令部副司令。

李玉溥　府谷县城人。曾任北路军蒙兵第一路第一旅旅长、晋绥挺进军第三支队队长。

杨怀瑛　府谷县碛塄杨家庄人。曾任陆军第三十七师第一〇〇团团长。

刘文浩　府谷县镇羌人。曾任河南国民第二军独立营长，陕西省政府谘议。

吴子屏　府谷县府谷镇人。曾任国民革命军第二集团军骑兵师第二团第三营营长，陕西警备骑兵旅第一团中校团副。

柴　屺　府谷县高石崖柴家塄人。曾任国民党唐山市党部委员、实业部天津畜牧检验局秘书、陆军军官学校第七分校中校教官、军事委员会西安办公厅第四处秘书、三原县教育局长。

孙如金　府谷县城西关人，字丽生。其父德铭以农业起家，年70才生的他。从小敦厚朴实，7岁外出就学。高小毕业后考入山西第一中学，后又升入北京国立工业专门学校。毕业后，在北京的陕北同乡见他学有渊源，咸拟在绥远一带集股组织一皮革公司，推他任董事，嗣因时局不靖，事遂中止。旋赴上海、汉口等处考察实业，尤多心得。是年秋间省亲旋里，适遇省议员初选，他应选来榆，受聘为榆林中学数理教员，提议在该校附设职业一科。后因兼任榆林中学校长职务，经营诸端煞费苦心，以致积劳成疾，在榆溘然长逝，时年32岁，教育界莫不伤悼。

附　录

府谷老城

一、旧志选录

唐故河东郡卫府君墓志铭并序

公讳嘉进，周文王之裔也，康州之列也，卫灵公之叶也。远祖因官家于太原，故今为太原人也。曾祖讳□，祖讳□，父讳陵，皆代称其美世应贤，桂玉相和，兰菊杂茂。止扰令问令望，咸襃列于史牒，其余莫得一一而名焉。公信义芳谥，勤俭治家，嗣叶庆宣，纯素清白。礼以检迹，乐以涛心，放旷丘菌，高尚其事。享年六十有四，以宝历二年十月五日寝疾，奄终于私第。其嗣子曰庭俊、次曰庭晏、庭林、庭旻、庭炭等，悉能裕父"孝友贞俭，以取公器，他日独立"之所训也。以其年十一月廿七日，权殡药金庄东二里近先莹，礼也。夫人陇西李氏，亦□唐百代之枝也，禀天冗和，生知孝慈，含德之厚，与坤体合。执笄助祭四十余载，宗族以穆，长幼以叙，享龄五十有七，然寿未遐也。因□君子礼不夜哭，吞悲成噎，以大和二年正月二日，奄从风烛而用窆繐帏。其孤等追慕□绝，昊天罔极，卜兆有吉，礼至迁祔。以其年八月壬申，反葬于府谷镇北廿里端政烽之左麓，原之礼也。犹惧人世陵谷之不我期也，故不敢不志，乃□血于他山之石。词曰：

天然令族兮哲人挺生，勤俭治家兮惟忠惟贞，交不谄黩兮以义以诚，高尚其事兮菌林放情，天胡不祐兮早谢休明，福胡不遐兮享寿遽倾，苍茫千古兮孰之云旌，赖我孝子兮发扬音英。

时岁次戊申八月甲寅朔十九日壬申刊建

宋故府州宗君墓志铭并序

乡贡进士王慎修撰

乡贡进士安俊书

乡贡进士苏霖篆额

徇利而忘义者，人之常情也。或能治产而不私诸己，处俗而语多及善，亦君子之徒欤！宗君实得之矣！君讳延英，字遵贤，其先本洛阳人。曾祖讳行德，严毅有武力。建隆初，为府州威远第一指挥使，因家焉，今遂为府谷人。祖汉杰，力农不仕。考讳重矩，和谨公直，精于吏事，占籍军司孔目官。

君自幼荏介，然少与群儿戏。既长，衣食七百余指，伏腊之供，上下均一。闺门雍睦，同里称之。常诚子弟曰："富贵贫贱，本天也，而由人乎哉？但出孝入悌，勤事耕稼，温饱当足尔，慎勿他求！"遇暇，多游州庠乡校间，勉励青衿若父师之教。君有马癖，尤善别良驽，虽伯乐在前，必从其说矣。向因夏国纳款，始议和市、通商。郡官委君往定博买协中之式，西人咸听约束，无敢增损其价。后屡载缯帛茶货，市贺兰之牛、紫河之马，岁且千数，利或倍蓰，未常于群小计锥刀之末。每听逢掖谈古今治乱，神竦意悦，终日忘倦。倘使夙习吾道，取青紫易于拾芥，孰量其远到哉！

元丰五年四月十有二日疾，终于家，得寿八十一。以五月十六日葬于州北谷家里北平侧，从吉卜也。君娶马氏、李氏、赵氏，皆附焉。三男，曰文中，早夭。曰文□，醇厚温谦，以有易无，肯堂者也。曰文蔚，今更名度。三女，长归里民张安，次适客将陶英，次嫁故殿直男姚明。五孙男，方佩觿就训。三孙女，尚□。度即李氏所生，业进士，三随丰州贡版，泣告余曰："生无禄，以逮亲没，不能美其所為，岂人子耶？愿得铭于石。"故直书其辞云：利也取之而不污，语也惟善则汲诸。刻斯铭于坚石，知君子之墓欤。镌者景福！

宋故修武郎知麟州建宁寨兼本地分巡检及汉蕃私市张公墓志铭并序

免解进士孙觉民撰
修武郎麟州静塞城兵马都监王禹臣书
武翼郎雅州兵马都监兼营经县尉王舜臣篆额
武功大夫果州刺史河东第十三将折可致填讳

张氏世家府州，县曰"府谷"，邦乡素号巨族。后世子孙各以功名奋立取美，仕建奇勋，或统帅方面而总兵权，或列镇要藩而安民社，任军政莅城寨者不可胜数。自国家兴师以来，一切兵机计画之谋，边防便宜之务，悉付张氏昆季。由是疆场绥静，羌戎慑伏，外弭跳梁之患，内宽盱食之忧。在朝公卿更相为庆，咸谓"得人"，诜诜之盛，未有伦拟。

至修武公尤蹈前规，未尝少替，乃所谓善嗣续者欤！

公讳括，字存中。曾祖讳义政，赠左清道率府率。祖讳秘，累赠左监门卫上将军。父讳世京，赠武节大夫。母贾氏，赠太安人，生三子，公其长也。幼负大志，不群于俗。尝慨然曰："大丈夫处世，当以功名自显，龌龊隐忍，吾弗为也。"于是挺然特立，锐意从事，欲成厥志。以元祐六年隶本路经略司效用籍。绍圣元符之间，夏贼数寇鄜延，朝廷命将徂征，以牵其势。是时，统制军马张公，知府州折防御屡帅王师，深入虏庭。公每预行，凡遇敌常先奋身，鼓勇士气，连获甲士四人，俘馘以献帅间，闻于朝。用是补充三班借差，累因军功劳绩，迁至西头供奉官。政和三年，会改官制，换秉义郎。两因酬奖，迁修武郎。自登仕版，战功居多。一任河东第十一将队将，两任第十三将部将，所至有声，仍得众心。前后列将咸器其材。凡军中之政，事无巨细，一委办焉。及领兵出塞，分部伍，明号令，乘机应变，所向奔溃，而卒收战胜之名。当途权贵闻其能，以此故多荐者。元符二年，进筑宁边、弥川、太和等堡寨，擢公董役，所部之役不劳不扰，工首就绪，数被茶、药、银，合采之赐有加。政和四年，经略钱公奏公知麟州静羌寨。至是，曾未逾月，弊者以振，坏者以新。尝谓同僚曰："夏贼素恃狡猂，况今扰攘之际，居是职者苟恬然自安，不留心于急务，万一寇至，顿兵城下，窥伺吾垒，临事欲保无虞，不可得矣。"自是日加其勤，开间道创限隔，居民安堵，至今便之。宣和二年，经略张公又奏知建宁寨。到任未几，以当年七月初六日忽感疾，终于所任之公舍，享年五十有五。娶王氏，封孺人。子男二人，长曰洙，次曰泳，皆好学能文，将有所立焉。女一人，适东义郎府州宁边寨监押王稷臣。公赋性刚直，湛静有谋，言笑以时，动作中礼，厚愿人也。凡所友者，无不爱其智谋，以为今之士大夫罕能及之。惜乎，天不与寿，不得展尽底蕴，亦可悲也夫。卜以宣和五年七月初十日，归葬于先父大夫之茔。一日，公子洙不远数舍，惠然见临，徐谓予曰："吾父葬期有日，然而平昔之志，吾友素知之矣。"乃出示行状以请。曰："愿有纪也。"乃为之论，次而系之以铭。铭曰：

> 伟哉张氏，族盛且显。世多哲人，公行弥善。嗟嗟修武，
> 温温其德。行纯而正，志刚以直。不厉而严，不勇而武。
> 从容有谋，故莫予悔。呜呼令德，宜锡尔寿。匪天之耆，
> 庆贻厥后。先人之阡，其宝奕奕。作此铭诗，永纪幽石。

　　按：此碑额篆"宋故修武郎知麟州建宁寨兼本地分巡检及汉蕃私市墓志铭"，乃宣和时所刻，其年月款识俱存。文九百十余字，撰者孙觉民，书者王禹臣，字体悉全，宛然可见。今在府谷折氏祠中，其碑旁镌杨嘉德跋云：是石出于县北二十里高梁之田中。道光戊戌耕者得之，生员赵步云拭观其文，系宋宣和间邑故修武郎张公墓中物，迄今历七百余年。虽张公裔孙无纪，而公之系阀赖是石可考。且宋时官制及我邑故迹亦藉以略见一二。铭志之重也如是。廪生吴化南商之同学辇致折公祠中，非仅表微，亦文献之一征乎。噫，以宋人之墓志而一旦获之，于今亦奇矣哉。但《通志》《府谷志》人物门俱不载其人，则其名之湮不彰也久矣。而《关中金石记》各书亦不载此篇碑铭，岂非埋藏于田中，人皆莫得而见之耶？今幸石刻俱存，而其人之姓名亦与之俱著，故特登之以补人物之缺云。

宋故武功大夫河东第二将折公墓志铭

华阳范圭书撰

公讳可存，字嗣良，府州之折也。惟折氏远有世序，茅土相绍，垂三百年，代不乏贤豪。公为人刚直不挠，倜傥有大节，尝慨然起功名之念，耻骄而羞富贵，笃学喜士，敏于为政，名重缙绅间，果公家一代之奇才也。曾祖简州团练使赠崇信军节度使，讳惟忠，曾祖妣刘氏，彭城郡夫人。祖果州团练使，赠太尉，讳继闵；祖刘氏，云安郡夫人；慕容氏，齐安郡夫人；郭氏，咸安郡夫人。考秦州观察使赠少师，讳克行，谥曰"武恭"；妣王氏，秦国夫人。公以武恭荫补入仕，为右班殿直，俄迁左侍禁。官制行，改忠训郎，充经略司准备差使。公之仲兄，今节制承宣公也。时为统制官，辟公主管机宜文字。夏人女崖来扰我边，西陲不宁者十有五年。女崖，酋之桀黠者，伺吾虚实，洞察无遗，边民苦之。朝廷立赏御逐，统制命公率所部捕之，众不满百。公设奇谋，以伏兵生获女崖，遂奠西土。功奏，迁秉义郎，阁门祗候，升第四副将。宣和初元，王师伐夏，公有斩获绩，升门宣赞舍人。方腊之叛，用第四将，从军诸人藉才互以推公。公遂兼率三将兵，奋然先登，士皆用命。腊贼就擒，迁武节大夫。班师过国门，奉御笔"捕草寇江"。不逾月，继获，迁武功大夫。张孝纯帅太原，辟河东第二将。雁门索援，公受命不宿，曰："固吾事也。"即驻兵崞县，城陷，被质应州。丙午岁，自应间道而南也。季秋四日，终于中山府北寨，享年三十一。庚戌十月四日，葬于府州西天平山武恭公域之东。公娶吉州刺史张世景之女，封安人。一子彦深，保义郎，景亡。女一人，许适蜀文忠公曾孙范圭。圭尝闻公之来中山，盖今太安人张氏，乃公所生母，尚在并门，公欲趋并拜母，无何，数不少延，寿止于斯，哀哉！忠孝两不得尽，在公为深憾矣。于其葬也，圭受命于承宜公，而为之铭。铭曰：

> 既冠而仕，仕已有声。女崖巨猾，举不再征。
> 俘腊取江，势若建瓴。雁门之役，为将治兵。
> 受命不宿，怀忠允勤。间道自南，忆母在并。
> 公乎云亡，天道杳冥。谁为痛惜，昭昭斯铭。

御祭黄河文

明·兵部侍郎　冯　清

明正德十三年十月初六日，皇帝西巡至唐家会河岸，致祭曰：钟灵坎德，功配坤元。土地蒙灌溉之休，物类借润泽之利。故兹渡口，惟尔司寄，朕西巡狩，适经此地，泛泛扬舟，青龙驾翼，招招舟子，元旗导御，往过来续，神功助济。备兹牲醴，阴飨朕祭。故告。

边漕疏

明·倪　岳

今关陕所需，皆山西河南所给。而三方之地，俱近黄河。其间虽有三门、祈津、龙门之险，然昔汉唐粮饷由此而通。即今盐船米筏，往来无滞。且以今户部所计，山西米豆，必令运贮榆林及保德州县诸仓。河南米豆，必令运贮关卫及陕州诸仓。其诸州卫地，皆濒河可通舟楫。踵往古故迹而行，免当今陆运之害。公私之利，奚啻万万也。况今河道当潼关之北数千里，接连渭河，可通陕西及凤翔、巩昌。渭河西流数千里，接连洛河，可通延安，及北，上源可通边堡。渭河西流三百余里，接连泾河，可通庆阳。又龙门之上，旧有小河，径通延绥。倘加修浚，必可行舟。此宜简命水部之臣，示以必行之意，相度地势，按求古迹。某处避险，可以陆运。某处可立仓，以备倒运。某处可造船，以备装运。淤塞悉加导涤，漕河务在疏通，毋惮一时之劳，而失永久之利。如是则不但三方之困可纾，虽四方之物无不可致矣。

整饬边备疏

明·王 复

延绥东至黄河岸府谷堡，西止定边营，接宁夏花马池，东西萦纡二千余里。内多险隘，境外临边，无有屏障，止藉墩台城堡为守备。旧城堡二十五处，参差不齐，烽火不接。北面沿边一带，墩台稀疏空阔，难以瞭望。臣等计议，府谷等十九堡，俱系极边要地，必增置挪移，庶几可守。府谷堡移出芭州旧城，东村堡移出高寒岭，响水堡移出黑河山，土门堡移出十顷坪，大兔鹘堡移出响铃塔，白洛城堡移出砖营儿，塞门堡移出务柳庄。不惟东西对直捷径，而水草亦各便利。内高家堡至双山堡、榆林城、宁塞营、安边营、定边营相去隔远，合于各该交界地名崖寺子、三眼泉、柳树涧、瓦札梁，各添哨堡一座，就于邻近营堡，量摘官军哨守。又于安边营起，每二十里筑墩台一座，共二十四座，连接庆阳。定边营起，每二十里筑墩台一座，共十座，连接环县。俱于附近官军量拨守瞭。北面沿边一带空远者，各添墩台一座，共三十四座，随其形势，广其规制。庶几台稠密，营堡联络，而缓急易于策应矣。

重修庙学记

明·本学训导　都仲良

　　府谷学，洪武十四年知县齐翔建，维时继兵燹后，规制极陋隘。驯致天顺庚辰年，会东鲁古单秦公，由名进士职风纪知是邑，谒庙叹曰："自我国家文教几百年于兹，令庙学仍前圮隘，将何以表重道崇儒之盛？"多方措置，召工简役，振作有方。首建大成殿五间，重檐高邃，庙貌绝伦。塑圣像面阳，配哲分侍于侧，绘饰如法。次建明伦堂三间，两斋如之。举历年疏陋之态，为一旦新美之观。复于县治前创造鼓楼，四面三间，亦皆重檐，巍耸壮观。边城谋将及庑，公蒙擢去。后贺侯昭由西安照磨，在郡有声，擢膺是邑。为储材办费，亲为工匠指画经始，于成化十一年夏落成。于次年暮秋遂建东西庑各五间，延袤五丈奇，三门三间。视庑之制，台座基级、门槛，举绘彩砖墁。仍移帝君祠，稍后重修。以至牌位、几案、器皿之数，莫不灿然俱备。特前虿街，无计恢拓，止容三门而无棂星于外，微贻人之所惜耳。后知县范学颜重修一次。本学教谕吴汝兰作记。

康熙帝谕顾太监书

清·爱新觉罗·玄烨

　　谕顾太监：朕自渡河以来，历府谷县、神木县等处，将近榆林。凡陕西地方，山川形势又是一种别样景致，也有好处，亦有不堪处。所以好处者，风俗淳厚，人心似古，水土好，人无杂病，食物亦多，山上有松树柏树，远看可以看得；若说不堪处，凡城堡都在破堆边，作洞居住，岭不成岭，道不成道，可笑之极矣。朕南方走过直隶、山东、江南、浙江以及绍兴，四千里；北至可鲁伦，二千余里；东北关东乌拉，二千余里；西巡今到山西、陕西，二千余里。江湖山川、沙漠瀚海不毛不水之地都走过，总不如南方之秀气，人民之丰富也。初四日，驻跸神木县，申时，噶尔但（即噶尔丹）贼子到了大营，满汉文武军民人等，无不踊跃欢喜，可见"乱臣贼子，人人得而诛之"之语，岂偶然哉？朕在客路，迢遞（通"递"）关山，心实除贼，意不虚发。况暮春之初，冰凌未尽，清明在迩，寒风犹存，不知今岁京中亦是如此否？朕体甚安，一路饮食甚裕，白面更好。问宫里都好么？噶尔但的事只在早晚间了，但不能略定日期耳。朕在神木，得土物、点心二种，送到延禧宫、翊坤宫去，看看笑笑，恭进神木白面一匣。请安。

重修庙学记

清·举人 刘无邪

府谷，秦之雄边邑也。大河长谷，荒翳险阻，所幸者无珍产淫货来，四方游贩之民，一切椎埋鼓铸之奸，视天下为少，故其俗慎刑易治，而士之负才茂美者亦不乏焉。邑庙学建自前代，明季以来，颓废相仍。莅兹土者以有司簿书之所不责，谓之不急，非师古好学者谁肯尽心焉！我大清御宇越五载，而榆延告变，屠之惨，吾邑独最。庐舍已属灰烬，奚问泽宫哉！前邑侯魏公鼓子遗之残黎，稍稍修启圣、文昌二祠，殿庑、堂斋未及为而去，时顺治甲午也。龚公以三楚名英，弱冠擢南宫选，至则曰："今之人民，吾知其无几也。虽然，不可以无教。"遂捐俸鸠工，因庙之旧者而聿新之，不逾月而功已成。严严翼翼，壮伟闳耀，士之执经而至者数十百人。于是知公之政不苛而民肃，赋役讼狱不烦而清。公固喜民之不犯。本于为学之力，民亦乐公之为学大有造于己也，因嘱余作文以记之。

重修大寺碑记

清·乾隆进士 高登陛

府邑东门外有古刹，面山临河，一方形胜地也。虎山拥其北，玉柱峙其南，而其东西则水寨、悬空诸寺左右辉映。每逢佳节令辰，都人士祈福保安，随感即应，是又众姓所瞻仰，非徒为观美而已也。第莫考其创自何代，至康熙四十八年，风雨剥蚀，几有颓败之虞。幸有善士葛希亮发愿重修，竭十余年，募助之劳不足，又鬻己产以益之。由是正殿五楹补塑佛像，绘画水陆，东殿三楹观音现身，罗汉森列，西殿三楹地藏垂慈，功曹周布，南殿三楹伽蓝护法，俱焕然一新。顾规模虽就，金妆未施，又得邑庠生赵师文者乐善好施，共襄厥功，丹艧既备，工乃告成。然犹有可者，寺前石塄为全殿基址，所凭少有倾颓，关系非轻。有邑生杨廷模、韩翊等，经理修砌，永保巩固。夫善公理也，善善欲其长，公心也。葛子敦行善道，殚心厥力，其功固有不可没者。而赵生寿富康宁，攸好德，考终命五福备具，天之报施善人何如哉！至于石塄甃筑，虽为工较约，为益甚巨，是又善以成善之道也！前住持僧宗荣缘修药师殿，创有碑模，未经刊立，有邑廪生苏天宪等首领会众勒石以至不朽。后之览者其亦有所感发而兴起乎！是为记。

桃源苏氏族谱序

清·乾隆壬申进士　苏遇龙

遇龙幼时闻长老传，吾祖有家浙东者。迨查谱牒颇散逸，莫辨其分自何支，莅于何代，心窃耿耿焉。及后肄业青门，每晤宗人辄询之。一日遇尊行而练达者，曰："诚有是，康熙年间尚相往还，今则久阔矣。盖在浙之遂昌县。"龙由是爽然，然于支派终未了了也。去冬，承乏剑川，距遂二百余里，重坞叠巘，邈若别一天涯，末由一探端绪。今秋，因公抵遂，乃晤我桃源宗人天织等弟兄叔侄辈。窃念穹昊以苍苍一气，而经纬辰次一丝不紊焉；坤舆浑浑耳，其山川原委又在在可指。夫人之本乎祖也，亦若是脉络分明，阅千百世而莫淆者，无如林谷变迁，时代更易，因之志传没，茫乎不可辨矣。此其故莫非天也？进偕天织等历询颠末，多与昔日所闻吻合，随出宗谱，备载支系及迁遂之由，自遂以上即秦中谱所同也。今天织辈居此二十余世，子姓数百人，朴者耕，秀者读，彬彬皥皥，所以培植其元气而长养其子孙者，亢宗之期将于是乎？遇龙于公余窃喜，桃源在数千里外，四十年来不相闻问之宗祊，一旦得把其人，登其堂，读其谱，而大慰畴昔之耿耿也。岂非天哉？

重修水寨寺碑记

清·贡生　刘尔顺

府邑面临黄河，乃山川交会之区。其北面诸峰崚嶒突兀，望之屹然崔巍者，虎山也。山之南，孤石壁立崛起于两峰者，玉柱也。峰障水逝，有寺耸然，出于波中者，水寨寺也。寺之创造不知始何年。考诸碑志，自弘治乙卯以至万历丙辰，重修者已二次矣。间尝登其颠而寓目凭眺，衔远山，吞长河，东接天桥，西通孟津，从倚延竚，如置身鳌头焉。诚哉文星焕发之处也！还来同科连捷，甲第绵上，有志之士咸思步青云而跳龙门，虽曰天产伟人何？莫非川岳之灵所郁积而特钟也？我圣朝培植人才，修学宫，筑城垣，风景灿然一新。而顾瞻兹寺，凋残僻陋，达人君子所为目击，心伤而慨然太息也。由是阖境士庶公议重修。又以故址狭隘，不足壮河山之观，前砌石塝数丈，后增禅房六间，中建鼓楼门屏，其余庙制皆仍旧贯。经始于乾隆辛未年，越二年而告竣。规模宏敞，视昔日之重修者功实倍之。夫修佛刹，建梵宇，俗人自谓善果可成，究之不过使人见像祈福耳。若水寨之寺，翠革耸峙，可以聚河流之气，注山林之脉，其精英盘结，意必有魁梧奇杰挺然名世之彦连类而生，相与砥柱乎中流，以应黄龙海潮之象，而为一代明良之选也。所谓地气灵则人文自盛，人文盛则国势自昌者，其在斯乎！其在斯乎！百世而后，又安可或忘耶！因是欣然而为之记。

府谷县改属榆林府原奏

清·陕西抚院硕

　　查设府置县，原期上下相维，而分隶统辖，尤须形势联络。查榆林府属各县，在府治之西，绵亘六百余里。延安一府设在西安之正北，在榆林之西南。自榆林走省者必由延安府经过，若将靖、定二县分隶于延安，则自北而南，即极边之定边，距府止四百余里。再加由府至省七百里，共计一千一二百里，即可达省。其于行文、解犯、经理、稽察等务，无不顺便。至靖定既归延安，则榆林府仅辖榆林、怀远二县，未免太简。查府治东南，直隶葭州所属之神木、府谷二县，府谷最远，距榆林四百余里，其余葭州、神木二百余里。应请将神木、府谷、葭州俱归榆林府管辖，毋庸葭州直隶。向隶葭州之吴堡县，设在葭州之南，距榆林稍远，与直隶绥德州连界，应将吴堡县改归绥德州管辖。

麻地沟请设巡检原奏

清·陕西抚院崔

　　查陕西榆林府属府谷县之麻地沟，一泛为秦晋之关键，夷汉之门户。现今居民一千五百余户，铺户二百余家，商民杂处，最易藏奸。且离县治百有余里，耳目难周，而驻扎之官兵，不过巡查边口，防范要隘，若令干预民事，不特文武分治，一县殊乖体制，且彼此不相统属，转多掣肘之虞。应请添设巡检一员，分驻麻地沟地方，所有一切事务，令该巡检巡查，仍听府谷县管辖。至巡检应给银三十一两五钱二分，并应设皂隶二名，弓兵六名，每名应给工食银六两，共银四十八两，应请在于府谷县地丁起运项下存留支给。

请蠲黄甫川烟税疏

清·白如梅

　　黄甫川委系褊小边隅，因先年茶商顺带之黑烟，希图垫纳茶课，乃缘坐税，又致罄本赔纳，随即星散。前抚臣张中第目击其艰，故有每包征银一分之请，盖冀其税轻或可招商复来。不意迄今商货两绝，杳无一至。非惟递年之税课无望，而从前之逋欠亦万难追征矣。今经臣查驳该道厅营路，各官佥称无商无货，甘心具结。夫孰无身家功名之念，而代商隐税自干罪戾耶。且黄甫川逼近杀虎口地方，若果有商有货，道路之万耳、万目共睹、共闻，自所难掩。前抚臣林天擎必不敢两请题豁于先，陕抚臣贾汉复亦必不敢继请蠲免于后也。此项烟税，委系无征，仰恳俯念边隅之赔苦为难，屡查之情确非谬，特赐蠲免。在朝廷不致徒悬税额之空名，而地方臣民可免追征逋课之实累矣。

府谷县题名记

清·本县知县　杨许玉

府谷属古雍州之末邑，负山阻河，逼处绝塞，胜国时潢池窃发，府州为首难，蹂躏摧残，户口刊落者过半。自我朝定鼎后，复高逆之变，而孑遗实无宁宇矣。余自辛丑冬杪，御命宰是邦，渡河入境，见夫斗城如瓯，高踞悬崖，睥睨半颓，茅茨不掩一二。居民类皆鹄面鸠形，伛偻多菜色，余恻然者久之。用是夙夜策励，不敢以硗确而生侈心，不敢以凋疲而萌偦志。怦怦焉，惟民岩是畏，恐驭朽索而弗克保其终也。凡稍有益于间阎，稍有防于畚锸者，辄不惜哀吁疾呼，祈与我民相休息。即智有所未逮，力有所未加，而抚心自问，终弗敢以负我心者负我民，以负我民者负我后。十余年来，悚惧如一日。今幸释肩谢责，以量移告无罪去，而二三父老，庶几有以白我心乎？夫民犹鉴也，难掩媸而饰妍；抑犹衡也，当称物以平施。孰得孰失，直道在人，虽欲沽名而避谤也，其可得哉？又邑以兵火故，湮没无志乘，余向有志修葺，逡巡而未果，兹并及之，用以纪吾愧。诸如智有所未逮，力有所未加，补敝救偏，请以俟后之君子。

重修孤山堡公署记

清·武进士　俞　亮

康熙十年六月，予以秩满，量移孤山。至之日，堡中草深三尺，惟见破壁败垣，不辨街巷。兵民寥落，官无廨宇。予然叹曰："我朝定鼎三十年于兹矣，岂疮痍犹未复耶，哀鸿犹未集耶！古所称十年生聚，十年教养，尽虚语耶！抑守兹土者未得其人耶！不然，何凋残若是。苟非有以振起而整葺之，地方何赖有此官，朝廷亦何用有此堡哉？"于是，率父老子弟登城堡，一望邱墟，烟火晨星，泪潸潸欲下。随问疾苦，举曰：塞下与内地异，全藉士马为富强。自协守副将移镇神木，兵裁十之九，是堡中无米粟也；移镇之后，市口亦禁，是堡中无商贾也。去此二者，而兵民皆鸟兽散。职此之由，急议招民复故业，莫如官署为先。今之官寄居民舍，何以为治？乃于旧署之废者，创而新之。有堂、有室、有库、有廊、有宾馆、有厨房，有门翼然，有垣截然。事出草创，仅避风雨。是役也，始康熙十一年秋八月之己亥，迄冬十一月之壬寅，乃告成。用役千夫，用财百缗。一锱一铢皆出予之捐给，不累民不扰兵。告我士庶，凡二十年中，所谓稽谋而不克就者，岂非此乎！今堡有署矣，官有治矣，率而妇子聚族于斯，有干有年，以长子孙。安知衰者之不复盛，而危者之不复安也？愿后之莅斯堂者，必仰而思兴废之由起，制作之艰难；且俯而念兵民之疾苦，蚤夜勤补，以期匪懈。庶几美可传而盛可继尔。

重修魁楼记

清·本县知县　许　容

邑有学宫，学有魁楼，所以兴文教也。府谷自兵燹后，黉舍卑庳，而楼亦渐即倾圮。余下车来，亟思聿新庙貌，有志焉，未逮。先举其事之易者以整饬之，为多士发皇之象。谋诸事博，谘诸绅士，佥曰："可。"爰捐清俸，以为之倡。而邑人亦各输资，以襄厥事。筑台累基，鸠工庀材，自乙未三月始事，几一载而落成。巍焉，矗峙乎城隅，群山环拱，黄河萦绕。邑之文峰，自今日而复振矣。从此川原聚秀，人文蔚起，是余之愿也夫。爰为之记。

新建荣河书院碑记

郑居中

朝廷立天下郡县学之外，而又令各设书院、义学，所以造士者至矣。邑旧有荣河书院，在学之东偏，黉墙内小房三间，卑隘殊甚。余初莅任，阅视学宫，心剧悯之。入其中，见堂角几人肄业，问能文章者，则云无坐处，只每月送文先生衡阅。是岂鼓舞者无人，抑地实湫隘，而促膝无从然欤！及阅城至南门外，见有破烂古庙一所，共小房三间，高踞坡上，南面河，曲水濚奔三晋，云山秀环怀抱。考建庙之由，则前明县令柳公，周览形胜，以此补助文峰也。后于公所兴，邑绅士言及之，皆称明王总制继谟、近苏德水遇龙，尝读书其中，余谓是固其人之杰，夫亦犹乎地之灵。建立书院，俾阖邑兴起，而人文蔚盛，良美举也。爰议移神他所，将颓墙朽植，尽拆去之。四围筑宽，周二十一丈三尺，靠城根地稍高，前左右各砌石，厚八尺，与相等平。上建正房三间，较高二尺许。东西房各三间，西厨房一间，门楼一座。外围以花窗短墙，东斜下砌石阶二十二级，体制殊甚宏雅。其资费，余捐俸为倡，余皆绅士等各输工料钱米，共督建之，略无有派输之忧。于乾隆三十四年夏四月动工，明年三月告竣。尚少三十余金，生员苏天宠等捐赏焉。落成之日，移请师徒其中，书声远朗，恍觉山增而高秀，河增而润长也。其学之东偏小房，略为完葺之。更捐俸，于屋前二丈许，建书房二间，作本学司训宅，俨一举而两善备也。又院之西偏有空地一块，本曹生员居信民人居德祖地。于工竣日，欣然具呈，捐之书院。乾隆四十年秋，绅士等因书院成后，副贡刘鼎国、邑学生阎廷琳，辛卯甲午连捷陕闱，愈加奋兴，添建书房七间。监生魏克敬，独慨建一十三间。又众绅于院前创建一魁星楼，甚高敞。书院于是成巨观也。行见人文日蔚，接迹高骧，而群砥有本有用之学，于以黼黻太平焉。余宰与有荣光矣。诸生其兹勉乎哉。

府谷县志序（一）

清·陕西巡抚　毕　沅

　　府谷，古固阳榆中地，负山阻河，逼处边塞。明末潢池窃发，府州为首难。国朝初年，复罹余孽高有才之变，蹂躏摧残。杨介璜题名称其"斗城如瓠，高踞悬崖，睥睨半聩，茅茨不掩"，萧槭情形，宛然在目。今则户庆丰盈，民安耕凿而知礼义，盖国家重熙累洽，休养生息百数十年，复得良有司，如志所称刘宏达、魏震、龚云遇、杨许玉诸人，抚字心劳，庶加而富，富加而教，故能利赖以至于今。惟是自古言治人者，必先治法。盖一邑之疆理、山川、土田、民物、官师、学校、利弊、沿革，必先贯串于中，而后见之施行，各得其职。所谓由前言之，为行所知；由后言之，为尊所闻。则志乘其未可缓也。余奉天子恩命，简任封圻，巡抚兹土，七稔于兹。前于丙申人觐，曾经奏请先将府志重加修辑。乘节西旋，次第甄综厥事，而各县属亦相率以请余。惟县志者，府、州之权舆也，县志修明而府、州当益臻美备。可喜榆林府府谷县以成书来上，郑、麟令以宛泾、长白名孝廉出宰百里，政教修明，余尝为书，上考列荐于朝。是书为所手辑，意必可以备一方文献，亟披览之，为卷者四，为门三十有二，编次井井，勿漏勿支，若网在纲，若农有畔。至其中随地随事，征引考据，尤见其平素心。乃公事在在，引为己责，务为其可传而后，辨析详明，至于如此，此其致力亦良勤矣。

嗟呼！士人一行作吏，绾铜章，垂墨绶，巍然为一方保障。乃问山川、田赋不知，问民风、土物不知，顾名思义，其不至于旷且瘝者几希。今令既以实心知之，因即实政行之，将来报最循良无难，与汉孟舒、廉范、崔寔诸贤争烈。而刘魏龚杨，不获专美于前，庶弗辜余之厚望耳。爰从其请，而为之弁。

府谷县志序（二）

清·榆林知府　谭吉璁

府谷志者，吾友杨介璜令于是邑而作也。余受而卒业焉，于有宋用兵之得失，不能不三叹也。当宋之世，元昊以区区之夏为敌国，兵连战结，终为边患。即经略如韩琦、范仲淹，而亦致好水之败、遗书之辱者，何哉？用人太疑，而议论过多也。如狄青者，鄜延之名将也，不数年而迁之广南。绥州者，青涧之外蔽也，种世衡城之，而欲弃者至再三而未已。麟州者，府州之西门也，欧阳修欲以土豪王吉守之而不听。盖用人太疑，则将士不用命；议论过多，则边疆之事中制于文墨矣。此宋之终于败亡而不救者，可不重为之叹息哉？余于康熙九年冬之官榆林，过府谷，所见者，皆邱城芜邑，荒烟蔓草而已。询之，云：顺治初，流贼之孽高有才者，据邑称乱，为其所残杀至此。惟于城之西，寻所谓折氏百花坞者，犹隐隐在也。盖府州之于鄜延，一弹子邑耳！当西夏之师无日不至，乃折氏之子孙，雄长于其间，且得以耕战之暇，营所为游观之地。有如此，岂府州之固独异于鄜、延、绥宥哉？诚得其人而世守之故也。夫清涧之种氏犹府州之折氏耳，种氏再世而易，金明之间，败者数告。而折氏之在府州，自五代以迄南渡，且二百余年，则宋之所以待西夏者可知矣。善哉，苏轼之言曰：使秦人断然如战国之世，则夏人举矣。而宋终不能用者，岂其安危而幸灾欤？盖功未成而疑其人，事未立而辄议其后也。嗟乎！狄青，纯臣也，一为枢密而议之者群起，即贤如韩、范，犹不能以一日待其成，而况其他哉？我朝以赫斯之威，驱迅风之势，而流贼遗孽不顾顺逆，抗我颜行者，至二年而克之。非地利使然，踵折氏之遗迹也。《府谷志》虽小，有宋用兵之得失具焉。后之读斯志者，其亦可慨而兴感矣。

府谷县捐修城垣碑记

知县　凌树棠

　　春秋成城，必书志，大事也。是必将伤民之财，役民之力，非出于得已也。凡以保障斯民也，国朝勤恤民艰，迈越千古。举凡各工，率皆请帑，微特不耗民财，抑且不劳民力，其绅民捐修工程，奖叙有差。有守土之责者，宜何如仰体皇仁以尽厥职。树棠牧葭四载，与府邑比邻，故于民之情伪艰苦知之较真。客秋庖代来兹，以岁饥赈抚计，请帑万六千余金，至春初而事竣，民免流离，棠心差慰矣。顾念北山地薄，穈麦鲜生，民困未苏，秋成尚早，欲续赈则经费有常，欲捐资则力有未逮。爰谋于广文李君九标曰："府邑城垣未修百年矣，倾圮渐多，难资捍卫，棠欲法前人以工代赈，捐资者得邀奖励，论功则人必争先。服劳者得共沾濡，食力则可无冒滥。顾与是谋者，必得才识出群之士；董是事者，必得闻望素著之人；司募政者，必得廉洁自好与夫善辩之才。棠莅任未久，恐未孚于民，邑之贤豪未卜肯与棠共成此事否？子盍为我探之。"越日，李君乃与邑绅刘君作藩来见棠曰："闻使君欲以工代赈，保障斯民，此一邑之福也。公如行之，公必能成之。某等敢不勉力，以效驰驱？"遂邀韩君景行、苏君果来见棠。二君亦力赞成其事，且请捐此以为民劝。乃择于二月二十六日，韩君景行、苏君果先出资数百缗，与刘君作藩、苏君嘉树集众兴工。诸君后力举任事及司募十余人，其中如苏君集、孙君瑞林、刘君毓雏、高生三聘，又其出力较著也。僚友则广文李君总司募政，参军李君登瀛总稽出纳。棠与参军高君钧朝夕工次督理。计七阅月而工竣。共捐资一万五千二百余两。共计成南门一，小西门一，城垣四百一十七丈，石路一百余丈，开得城南隙地，展修文庙。

另择首事监修如制，资二三百缗以上者请叙，百缗以下之乡耆者，请奖如例。此一役也，棠盖仰体皇仁以工代赈，凡所以耗我富民之财，劳我贫民之力，非出于得已也。方其兴工之日，爱棠者佥为棠危，以为耗众人之财，以成数百丈之危城，恐非庸代之人所易办。而棠毅然行之，卒能克期藏事者，盖深恃广文李君知人之明，与夫在事诸人重念桑梓，深明大义。其才皆足以肩大事，以相与有城也。爰记其崖略如左。

王掖臣先生教泽碑

苏　瓒

先生姓王氏，讳为垣，字掖臣，慕陶其别号也。以生平雅慕陶靖节之为人，嗜酒爱菊，因自号慕陶居士云。世居县城，家世业儒，为邑望族。明兵部侍郎继谟公为先生七世祖，太公竹园先生中前清同治庚午科乡魁。先生少承家学，苦志读书，尤精于易，旁及星历、堪舆之术。宏著述，善属文，所著有《周易援象解易》《依韵释字略》等书，皆未梓行。惟本县土志一书，前呈藩署，深蒙嘉奖。夫以先生之才之深攫巍科，登高第，当属指股间事。顾才丰运啬，六战棘闱，卒以明经终老。至今士林犹多惜之。然先生虽困于名场，未致通显，而身历两朝，官学、私塾设数十年，其徒数百人，不惟入黉宫毕高等业者不胜枚举，及登贤书与夫省各学校，以及京师大学专门毕业者亦复不少。故县境三十年内之士子皆半出于先生之门，济济多才，于斯为盛。以视王俭之芙蓉满座，狄公之桃李盈门，无多让焉！抑瓒更有表彰先生者，当辛亥改革之初，洪汉匪首陈天才率匪党多人来县，威吓官绅，逼缴印绶。邑宰林公召集西堂捧印往缴，地方之危急如垒卵。先生时方办团，闻之急趋官，痛哭流涕，夺其印绶，因不果缴。今尚论者，每谓洪匪猖獗，深赖晋军援剿，始归歼灭，不知向非先生阻缴其印，窃恐晋师虽雄，已属无可挽救矣。用是略缀数言，俾知辛亥之役，其所以遏乱萌而策治安者，固在此不在彼也。瓒才疏学浅，讵敢擅任撰述？奈同学诸君因沐先生教诲之恩，未遑报称。公议镌刻碑珉以志景仰。又以瓒受业于先生也最久，其知先生也最稔，谬以握管相委。瓒忝列门墙，难辞不文，勉操不律，以志不忘云尔。

马将军德政碑序

前清拔贡北京法律专门大学毕业　王九皋

东北挺进军总司令黑龙江省政府主席马公占山，字秀芳，辽宁省怀德县人也。少有大志，自结发从军三十余年，战无不胜，攻无不克，临危蹈难，不畏义死，不荣幸生，故能公忠体国，夷险一致。当民国二十年九月十八日，倭虏之强占我东北四省也，一时困寄，慑于日寇之积威，弃城宵遁不可一二数，擅强兵坐而观者相环也。独□公忿倭虏之无道，悯国土之坐失，感慨歔欷，首先出师讨贼，为天下倡，豪杰志士始闻风兴起，踏将军之血痕，与敌周旋于白山黑水间。呜呼！当国土之被夺于人，与吏民之被人奴役，此时武夫健将犹尚靦然拥兵熟视，坐待宰割，不敢飞镞一以相抗，则国尚得谓之有人乎？然则公之一动，所以顽廉懦立、砥砺士气而作之忾者，其有功于国家，岂小也哉！宜乎名闻国际，威震寰宇，博得"全世界民族英雄"之称有由来矣。迨至二十六年七七事变继起，倭又倾巢来犯，直欲吞并华夏，陆沉中原，于是有抗战建国之役。公奉命间关，至大同召集旧部，编组东北挺进军，部署未定，会冀察相继沦陷，敌长驱西犯，进迫绥远。公孤军死守，卒以众寡悬殊，退保五原，旋渡河南下，屯兵哈镇，与晋绥军取掎角之势。时敌寇谋我蒙旗甚亟，公制敌机先，出奇戡定，获首献丑，而伊克昭盟赖以保全。未几，敌氛弥张，偏关、河曲、保德相继失守，神、榆震动。公不动声色，陈兵河曲，暗袭托萨，避实击虚，攻其所必救，于是河保各地之敌始仓皇遁走，人心复安，此二十七年二月间事也。是后防御益固，寇迄不得逞，所有边疆内外，大河以西，塞外数千百里间，至今尚市县无惊，人民得以安居乐业，未遭涂炭者，公之力为多也。抑尤有进者，自驻节以来屈指三年矣，不特劝农工、兴学校、恤老弱、赈孤贫，对地方应兴应革事宜，全力以赴，而拊循军民，安辑流亡，凡所以造福地方，有裨大局者，亦无不分别缓急轻重，次第举行。夫公之丰功伟烈举世所共知，而逢浩等区区之阐扬原不足以为公重，而公日夜苦心劳力，时时以明耻教战勖勉我军民者，厥为攘除凶寇，还我河山，而保全一隅实不足以竟公之志。顾敌骑纵横，蹂躏遍天下，而吾朔北以密迩战区，烽火相望，犹得父子兄弟相保，为国家留此一片干净土地，保持我大西北门户，饮水思源，乌得忘其所自耶！念蒙覆露，无以为报，爰勒诸石以垂永久，而示不忘焉。特为之序。

塞上曲

唐·常　建

翩翩云中使，来问太原卒。

百战苦不归，刀头怨秋月。

塞云随阵落，寒日傍城没。

城下有寡妻，哀哀哭枯骨。

榆林郡歌

唐·王　维

山头松柏林，山下泉声伤客心。

千里万里春草色，黄河东流流不息。

黄龙戍上游侠儿，愁逢汉使不相识。

注：隋唐榆林郡在今县东北，河套内。

出塞作

唐·王　维

居延城外猎天骄，白草连天野火烧。

暮云空碛时驱马，秋日平原好射雕。

护羌校尉朝乘障，破茜将军夜渡辽。

玉靶角弓珠勒马，汉家将赐霍嫖姚。

苏武祠

唐·温庭筠

苏武魂销汉使前，古祠高树两茫然。

云边雁断胡天月，陇上羊归塞草烟。

回日楼台非甲帐，去时冠剑是丁年。

茂陵不见封侯印，空向秋波哭逝川。

注：据《保德州志》载，苏武祠在府谷芭州城内，芭州城址在县东黄甫川。

挽折克行经略

宋·张舜民

千古云台会，同归一惨凄。

家声著河北，忠勇冠山西。

此日辞旌节，他年听鼓鼙。

岂惟旧士女，塞马亦悲啼。

黄河天桥

金·河东按察　萧　贡

郁郁风云入壮怀，天潢飞下碧崔嵬。
两岸偪侧无十步，万顷逡巡纳一杯。
溅沫纷纷跳乱霅，怒涛隐隐转晴雷。
曾闻电火烧鱼尾，会迹桃花涨水来。

登水寨

元·王　纬

走上观音寺，黄河山下分。
秦川人厄寇，晋地稻连云。
螭首双碑古，蟾声两岸闻。
来风襟抱爽，绝胜酒酤酿。

题天桥

元·河东佥事　王思诚

按辔临深丧客怀，神功凿破石崔嵬。

桥头雪浪翻银屋，峡口洪波泻玉杯。

饮涧虹盘千尺影，砍崖龙起半空雷。

阿谁穷得河源处，不尽浊流滚滚来。

恢复府谷

明·山西巡抚　宋统殷（献征）

保德府谷一河相望，虽分疆域而安危共之。属以逆氓负固，久稽天诛。余竣役平汾，直抵保德，数月不下之贼，八日而复。漫书之以记岁月。时崇祯三年仲秋二十六日也。

长河怒浪拍天开，何事旌旄拂地来。野色迷须横水陆，王师震迅失风雷。无端羯鼓中宵尽，有脚阳春绝域回。秦晋封疆缘底事，可能无意出群才。

万里关河指顾间，凭栏一望戍楼残。风回雁影秦山晓，霜冷旄头晋月寒。何事标铜铭广漠，要须完璧报长安。忧天百转孤臣虑，未许他人袖首看。

五龙山（俗名五虎山）

教授　苏在莘

北峰怒峙出群峦，起伏生成万古盘。

旭色初分岩欲啸，岚光屡变岫生寒。

咏黄河（并序）

清·爱新觉罗·玄烨

河源发于塞外，流经万里余，始由中土入海。曩曾遣使探流穷源，河之为利为害莫不洞悉。近以巡省边隅，驻跸湖滩河朔，一水潆洄，自西北来，流不甚浊而波缓，岸隘而土坚，白草萧萧，黄沙弥望，其中环抱约地千二百余里，草丰水美，便于畜牧。明弘治间，沦于外，地逼秦境，时相寇扰，故诸臣每言不宜弃此。众议纷然，人多不察，恒惜其言之未用。终使当日即用其言，加兵塞外，揆理度势，岂遂能驱而远之？亦必徒劳士马耳。朕尝以收河套之论，谓其心忠于国则可，谓其灼见事机，言之可行，则未然也。国家威德所布，龙荒大漠与河套尽入版图，诸蒙古岁修觇贡，奉职唯谨，非务德意绥柔，讵兵力之所可制耶？故临流增思，诗示永久。

洪流远且长，迢遥逾塞垣。旋绕几曲折，沙杂波涛浑。渐下渐开拓，建瓴势迅奔。所经虽绵邈，脉络自有根。东南藉挽输，疏瀹烦讨论。昔岁省堤防，淮济亲临轩。今兹历大荒，羽卫成云屯。峻嶒两岸阔，天寒落涨痕。冰澌断更续，晶晶辉朝暾。此中地沃饶，水草佳且繁。昔人义收复，斯举诚难言。观俗抚幽遐，老幼争攀援。殊方亦苍赤，咸施沐浴思。期令归化意，来者如何源。昼夜入沧海，包括弥乾坤。

晓寒念将士

前　人

长河冻结朔风攒，带甲横戈未即安。

每见霜华侵晓月，最怜将士不胜寒。

府　州

秦克绳

五月还衣絮，经年不见花。

差人教煮酪，稚子学吹笳。

骤雨倾危岸，高峰卷聚沙。

戍楼无守望，日夕噪乌鸦。

谢府谷杨令惠石花鱼启

清·榆林知府　谭吉璁

某启：车中涸辙，已近十年；江外素书，未逢一札。唵喁南徙，不无鹏海之云；瀺灂东来，即有龙门之鬣。须垂文竹，异宠宫人；尾隐绿蒲，同惭㿱者。风吟金钥，目类悬珠；水动石鲸，肠堪作剑。顾辞凤渚，曾戏莲东。朱拟王余，何为木上？伏蒙具官，惠均九罭，感逾十番。恩已遍于下池，味自调于中馈。岂阳鱬之贪饵，仍长铗之来歌。江海讵忘，濠梁匪乐。赤鳞似锦，色胜含桃；白腹如银，光摇浮竹。张骞仅从于天汉，甘英不喻于龙图。是曰石花，实生金鲤。香流玉钵，如烹岁芍之和；膏溢琼筵，似劈麒麟之脯。脍倾白雪，肥出蟹胥；羹泻红盘，芳宜雁翠。断葱以寸，叶影犹沉；旨酒且多，珠光欲泛。冰鳞三尺，叩不待于王延，盐豉九秋，情有同于张翰。翻怜竭泽，谁知渔父之寒；能谢老饕，自发大人之梦。既颂以祷，敢讽且规。

府州旧十景诗选

玉柱凌云

李国瑾　县进士

玉于孤高未可参，昆仑移此傍深潭。
漫惊帝怒头能折，却喜仙临掌欲探。

笑起烟鬟迎鹤驭，影垂水面赠蛟簪。
奇姿天挺由来久，题柱何人独往堪。

花坞步月

清·郑居中　知县

凤艳百花坞，今欣步屐寻。
高低峦错列，红白石横侵。
三五盈盈月，万千漠漠岑。
遥思边控烈，犹觉照临深。

波心半壁

清·徐　恒　知县

化日风恬水不波，一帆稳渡疾如何。
中流若也狂澜急，几丈依稀万里多。

峡口惊涛

清·郑居中　知县

洪涛河峡口，滋信禹功恢。
上下千寻迥，东西一线开。

浪飞晴日雨，声震不云雷。
三吕梁游上，源源水注才。

河心雄寨

清·郑居中　知县

河中山陡立，旧日寨相豪。
翠挹虎山秀，黄分燕尾涛。
楼船观士始，海屋想仙曹。
欣值清平世，苇抗绿一篙。

莲缠耸胜

清·郑居中　知县

迢递莲花胜，亭亭壮邑东。
麓盘河润人，巅簇华峰崇。
山畔苞煎浪，缠腰彩列虹。
相传君子济，信此见高风。

虎山拥秀

前　人

北峰怒峙出群峦，起伏生成万古盘。
旭色初分岩欲啸，岚姿屡变岫生寒。
疏林掩映花宫茂，带水潆回玉界宽。
窃仰兰台台上圣，灵蛇时护邑人安。

桃洞披华

前　人

古障临流一洞悬，天桃无树色长妍。
久闻实结三千后，忽见名标百二先。
花落渔郎曾问渡，云封王母自开筵。
相传尚有丹砂迹，好入华阳礼上仙。

昆源曲水

前　人

斗城险绝踞嵯峨，一曲金流在此过。
派若黄龙翻地块，源从碧汉泻天波。
披图曾见澄清日，览胜应知润泽多。
想亦地灵偏萃处，回澜何似曲江沱。

秦源德水

清·舒其绅　榆林知府

昆仑曲水与天通，万里奔流气自雄。
九折潆洄分地势，百川归注运寰中。
风涛半挟秦关险，底定潴怀夏后功。
岂独边氓欣利赖，安澜有庆四方同。

注：昆源曲水、秦源德水二首均为描述黄河景观之作。

榆塞长城

清·聂鼎元　县仓大使

谁筑长城亘古今，春风秋月总关心。
莲花缠外黄云暗，楼子营边白草深。
战士三冬仍卧甲，将军五夜未鸣金。
当年韩范留奇迹，犹使余威塞外钦。

二、时文摘编

回望府谷建县 1100 年

白义雄

今年是府谷建县 1100 周年，引起了社会各界对历史的普遍关注。就茶余饭后人们喜欢谈论的有关我县古代历史的话题，我们草成此文，希图与读者交流，也算是对府谷建县 1100 周年的献礼。

一、建　县

府谷，唐高祖武德年间（618—626）设镇，迄今近 1400 年。而始有府谷这个地名应早于隋唐。唐末，府谷折宗本被李克用收录，折氏乘势而起，后被封为振武军缘（沿）河五镇都知兵马使。缘（沿）河五镇包括振武（今内蒙古和林格尔一带）、胜州（今伊旗东胜一带）、麟州（今陕西神木一带）、银州（今陕西榆林鱼河镇川一带）、绥州（今陕西绥德一带）。府谷为振武军治所，折宗本坐镇府谷。

晚唐时期朝政腐败，赋役繁重，藩镇割据，战乱不息。在这种背景下，乾符二年（875）爆发了黄巢起义。后来黄巢部将朱全忠叛变黄巢起义军投靠唐王朝受到僖宗的重用。朱全忠不忠不孝，原本是个地痞无赖。僖宗死后立李晔为帝，是为昭宗。昭宗先后使用过7个年号，"天祐"是其最后一个年号。昭宗被朱全忠设计害死后，由朱全忠主持立13岁的李柷为帝，是为哀帝，即位后未改元，沿用"天祐"年号。天祐四年（907）朱全忠废哀帝而篡位，改国号为梁，年号为开平，史称后梁。朱全忠篡位，四镇不服，移檄讨伐，其年号得不到承认。

李克用于天祐五年（908）临终时封长子李存勖袭晋王位，嘱咐其以灭梁、扫燕、逐契丹为任，以继大统。李存勖于天祐七年（910）置府谷县，沿袭至今，已满1100周年。由于地理、政治、军事、文化、经济、历史等多种原因，历代王朝认可了府谷这个县名并基本保留了其疆域，史学界也认可了府谷于天祐七年置县这个历史事实。

二、永宁府

从后唐天祐七年（910）至赵匡胤陈桥兵变建立宋王朝（960）的50年间，折从阮及其折氏后代苦心经营，所筑府州城位置大致为：北至西梁村，东至现看守所东侧甘露沟畔，西至杨瓦村西北侧的古城梁，南至现杨瓦南路同一线。四至清晰明确，遗迹尚存，城垣规模略大于府谷旧城。府州城夯土筑墙，没有包砖，其中心位置大致在现杨瓦砖场，小地名叫徐家墩。此处曾有钟楼一座，底座为高大的砖拱门洞，其上建有一层砖砌阁楼，沿门洞内的台阶可登上阁楼，阁楼内供奉有百余个神仙牌位，因此得以长久留存。州城的这个钟楼的阁楼在抗战时期日军炮轰府谷时被炸毁，底座上的砖在20世纪60年代初被本地村民拆去他用。

府州城的东门位于现在的看守所东侧甘露沟畔，下临百尺深涧，易守难攻，其遗迹在20世纪60年代仍清晰可见。当时的甘露沟水量十分充沛，40 多年前，附近居民还常到那里去耍水洗澡。北门位于西梁，城墙尚存。西门位于杨瓦南路西侧，20 世纪末居民修建时曾挖出门洞下截。下边是现官井沟，沟深坡陡，易守难攻。南门位于现府谷一小东大门外向北百余米处，沿马道崖通向黄河沿岸大道，是府州城的重要出口，马道崖由此得名。

北宋庆历元年（1041），西夏李元昊进犯府州，折继闵领兵迎战，出奇制胜，但边防压力与日俱增。折继闵于 1040 年开始用两年时间环绕州城修筑了东胜堡、安定堡和金城堡，以固其州城防御。东胜堡位于州城东面的焦山，就是今天的五虎山。安定堡位于州城北门外今沙塌村南，金城堡位于今海贝儿峁。庆历二年折继闵追击西夏兵获胜的同时，张旨领筑了一道从州城北门至石板沟崖畔的城墙和一道从州城东北角延伸至东胜堡的城墙（一些志书称"外城"），墙高均在两丈以上。这两道墙犹如州城的两个展开的翅膀，阻断了南北通道，使来犯之敌无法对州城形成包围之势。

靖康元年（1126），北宋王朝割让麟府丰三州于西夏。由于折氏与西夏世仇，绍兴九年（1139）夏人陷府州，西夏兵攻陷府州后进行屠城，并将折氏祖坟刨棺戮尸，以至于从 1139 年至 1226 年的 80 多年间无法恢复正常的生产活动和设置州县。金贞元 1153 年至 1155 年两年间，金从西夏手中夺得府谷，正大三年（1226）复设府谷县。从 1115 年至 1234 年府谷为金所占。蒙古人于 1206 年建立元朝，1279 年灭南宋，至元六年（1269）攻陷府谷，州县俱废（雍正本《陕西通志》）。金于 1234 年被灭，从 1234 年至 1269 年 35 年间，府谷地方自治。历史上府州城被人们称为永宁府。1269 年蒙古人攻陷府谷后，永宁府惨遭屠城，城内居民几近杀绝，并放火焚城。直至明初 100 多年间，府谷荒无人烟。时至今日，在府谷的老年人中仍有"永宁府死得苦"这么一个流传了几百年的说法，而且所指明确，永宁府就是府州城，坐落在杨瓦至西梁这道山梁上。

现在的府谷旧城为明初所筑，是一座保存较为完整的古城池，现有6个城门，东、北两面各一门，西、南两面各两门。南面的两座门，西侧的为大南门，东侧的为小南门。这6个城门皆为1440年前后（明英宗正统中期）修建。清乾隆四十六年（1781），为了汲水方便，在小南门下砌筑一道石阶。对此，陕西师范大学历史系教授史念海曾进行过考察和论证。

明初府谷承受着后元巨大的军事压力，明廷以重兵镇守。当时，因府州城已毁于兵燹，无处屯兵，好在宋代所筑的东胜堡当时还未毁，所以守军暂屯东胜堡。后经认真选址，进行了大规模土木工程，抢筑城垣，继而移兵于城。明朝建立于1368年，即洪武元年，洪武十三年（1380）始置府谷县，第二年开始修建文庙。在城内和城周所有建筑中，文庙始建时间最早，是明廷在府谷设县的第二年始建，即洪武十四年（1381）。在各类建筑物中，石壁凿洞是寿命最长的。南门外的千佛洞始建时间比文庙要晚得多，初建时只有石窟部分，为苏氏所筑。明万历二十四年（1596）李逢春等人重修，后累经增建方成今日规模。声名远播的府谷悬空寺是圆通洞的俗称，位于旧城东门外偏南，为明万历年间修筑，比千佛洞始建时间要晚200年左右。洪济洞又名李家洞，位于旧县城小南门外，为明代邑人李梦桂修筑。府谷现居民的先祖大都在明代以后从山西等地迁来，明以前的土著居民甚少，而且居住在县城外。折氏随宋室南迁后，留守府谷的折氏庶支族人因回避西夏报复，都隐居偏远山区，有些甚至改姓，如老高川和赵五家湾等地有些非折姓居民就属折氏后裔。直至抗日战争时期他们仍保留着独特的生活方式，最明显的一个特征是世世代代没有缠足的习俗。城内居民均为明以后迁来府谷。苏氏迁来府谷较早，于明洪武四年（1371）由浙江迁来，王氏则于明成化二年由山西晋中地区迁来府谷，李氏、尤氏、杨氏等同样亦是明代的移民。旧城内的民居均为明以后的移民始建，当初均为低矮的土房子。我们现在看到的里生外熟（土墙外包砖）的房子均为清代至民初重建。古代的城垣形制不仅与军事有关，与人力资源亦有极大关系。宋代府谷人口连驻军在内不足 2 万，成年男子除服兵役和各种常规徭役外，可支配劳动力几乎为零。府谷境内的城池包砖只是明万历三十五年（1607）的事。黄甫、镇羌、清水于 1607 年包砖，孤山、木瓜于 1608 年包砖。历史上府谷的古庙宇建筑和民居其墙壁最高档次的也不过是里生外熟，工艺上都是先筑土墙后包砖，这种做法一直延续到 20 世纪 80 年代初。

三、战　争

远在五代、北宋时期，府谷就是一个英雄辈出的地方。府州折氏镇守府谷数百年，北汉、契丹、西夏、辽、金等割据势力数百次侵掠府谷，很少得到便宜。后周广顺二年（952）北汉刘崇遣兵 3000 攻府州，防御使折德扆大败汉兵，杀 2000 余众。显德（954—960）中，北汉遣乔赟率军攻府州，永安军节度使折德扆率军与北汉军于河市镇决战，北汉军大败，死 500 余众。北宋乾德元年（963）腊月，北汉卫州刺史杨璘率军攻打府州，宋将折德扆于府州城下大败北汉军，生擒杨璘。至道元年（995）契丹大将韩德威率一万余众并诱党项首领马翰自振武（今内蒙古和林格尔）偷袭府州。折御卿在子河汊以数千兵设伏，契丹军自相践踏，坠崖谷而死者甚众，5000 余众被杀，其中有名号的将领就有 20 多人，韩德威"仅以身免"。咸平二年（999）秋，赵保吉（李继迁）率西夏兵攻府州，折惟昌与叔父折海超、弟惟信率兵应战，海超、惟信战死。后西夏兵复来，折惟昌与刘文质、宋思恭合兵大败赵保吉（李继迁）军于横阳川（今神木黄羊城河）。

由于石敬瑭割燕云十六州给契丹，以换取契丹的支持做儿皇帝，从五代至北宋，中原政权与契丹及后来的西夏之间的战争从未停息。麟府地区犹如楔子一般嵌入三个政权的领地之间，屏蔽河东，控扼大漠，战略地位十分重要。在历次战争中，由于失去了燕云十六州沿长城一线的天然屏障，中原政权从未占过上风，总是一败涂地，狼狈不堪。唯有麟府的折家军在与契丹及西夏的战争中战必胜、攻必克，几乎是屡战屡胜。雍熙三年（986）正月宋太宗下令北伐。东路曹彬、崔彦进、米信出雄州（今河北雄县），中路田重进出飞狐（今河北涞源），西路潘美、杨业出雁门。三路大军虎头蛇尾，连杨业这样能征善战的名将都被辽将耶律斜轸所俘，浩浩荡荡的雍熙北伐以丧师失将而告终。而折家军在保卫麟府的历次战争中，契丹从无讨得便宜。宝元元年（1038）党项首领李元昊建立西夏国称帝，调集十万大军侵袭陕西延州及河东麟府，延州数百里边寨全线崩溃，而麟府则取得了抗击西夏的辉煌胜利，折家军甚至长途奔袭，深入西夏腹地给西夏以沉重打击，减轻了延州压力。

麟府二州远离延州1000多里，属河东，即今山西，治太原。李元昊建立西夏国称帝进攻延州的同时，于宝元三年（1040）率大军攻麟府，折继闵领兵迎战。折继闵率府州兵出奇制胜"深入贼境"，几次战役共斩贼首2000余级，破敌寨20余所。折继闵在东线捷报频传之时，西线延州一带宋军溃不成军，连失保安、金明、塞门、安远、承平，阵亡5000余众，京都大震。

庆历元年（1041）正月，朝廷命麟府诸军会讨西夏李元昊。折继闵率兵至汴黄、吴拔泥，与西夏兵遭遇，激战横阳川，斩西夏兵200余。庆历二年（1042）三月，朝廷命折继闵筑建宁寨，西夏军骚扰，折继闵智胜强兵，歼西夏军2000余人。同年七月，李元昊率兵进攻麟州，知州苗继宣率州兵拼死抵抗，相持月余不克。八月李元昊弃麟州，率数万众袭击府州城。当时府州城只有6000余守军，城外各堡寨自顾不暇，折继闵坚守孤城。西夏军攻城七日不下，伤亡惨重，只好撤退，丢弃甲胄弓矢无数。西夏军攻麟、府不下，转攻丰州。丰州破，知州王余庆、兵马监押孙吉战死。占据丰州后，西夏军屯兵要塞，企图绝麟州粮草。九月，李元昊兵入萧关，宋廷命折继闵、高继宣乘西夏后方空虚，攻其不备。折继闵兵至骂泊，斩西夏军首领贱遇，破伪容州，刺史耶布移守贵堡障，大获全胜。庆历三年（1043）冬，西夏数万兵分路攻清寨、金城等堡，折继闵领兵追至杜胡川（今秃尾河），大破其众，斩首四百，夺其马匹军械无数。折继闵捍边有功，同时几次入西夏境内与敌决战，有效地缓解了延州范仲淹的压力，朝廷赐诏褒美，并赐锦袍金带银采以旌其功。

庆历四年（1044），宋朝与西夏达成协议和约规定：西夏取消帝号，名义上向宋称臣，双方在战争中所掳掠的将校、士卒、民户不再归还对方。从此以后，如双方边境之民逃往对方领土都不能派兵追击，双方互相归还逃人，双方在本国领土上可以自由建立城堡，宋朝每年赐给西夏银5万两、绢13万匹、茶2万斤。另外，每年还在各种节日赐给西夏银2.2万两、绢2.3万匹、茶1万斤。

从宝元三年（1040）初至庆历二年（1042）九月，西夏先后在延安、宁夏隆德和固原对北宋发动的三次大规模战争，北宋均遭惨败，损兵折将，丧失地盘，只得割地赔款，宋仁宗得到的只是西夏取消帝号称臣于宋这个面子而已。尽管如此，没过几年，西夏再次大举进兵，从嘉祐二年

（1057）至元符二年（1099）仅府州折氏与西夏之间的大型战争有文字记载就有十几次。

对历史影响最为深刻的要数明末的王嘉胤起义。1628年黄甫王嘉胤率众揭竿而起，八方响应，拉开了明末农民起义的序幕。王嘉胤攻城略地，转战秦晋大峡谷两岸，明王朝节节败退。1631年王嘉胤死后，高迎祥、张献忠、李自成等人继承了王嘉胤在起义中的领导地位，于1644年推翻了明王朝。腐朽的明王朝被推翻后，因吴三桂降清，李自成领导的农民起义也失败了，残暴的清政权粉墨登场。府谷一直没有停止过对清封建王朝的斗争。1648年，明原大同总兵姜镶起义，神木将官高有才、田秉德、沈育麟与延安参将王永疆相继响应，十月会合保德守备牛化麟攻下府谷，在府谷人民的支援下，坚守了一年多。起义军破延安、占榆林，下十九州县，杀死延安巡抚王正志、延绥总兵都督同知沈文华、清军将领夏廷印、杨文士等许多清朝文官武将。

吴三桂降清后，镇压陕西、四川等地农民起义，后镇守云南，形成割据。康熙十二年（1673），清廷命吴三桂移藩，实质上是以调防的名义削弱直至消灭吴三桂的势力。因此，吴三桂与清朝的矛盾公开化，于康熙十三年（1674）彻底与清朝决裂。定边副将朱龙与吴三桂是老乡，曾是吴三桂的部将，镇压陕西、农民起义时来到定边。吴三桂与清朝决裂后，朱龙起兵响应。康熙十四年（1675）四月，朱龙与怀远（现横山）周济民（即周四儿，有的志书写作周世民）商议，协同贺桓等于现子洲周家硷聚集万余人起义，一举焚毁清军事要塞郭家寨。绥德知州朱允图遁走西安，守备陈文道献城归降。

朱龙占据绥德后分兵北上，势如破竹，连陷西路各营堡，夺取军火，声势浩大。东向攻陷波罗营（在今横山），杀中协副总兵张国彦，进围榆林。围攻榆林三月不下，周济民率众弃围东向，连破东路沿边诸营堡，进逼神木。神木守将孙崇雅响应起义，朱龙军占据神木，杀知县孙世誉、守备张光斗、东路巡道杨三知等官佐守将。周济民、杨贯南从神木一路打到府谷，斩关夺将，势如破竹。到府谷后声东击西，东渡黄河攻打山西保德城。保德城破，守城官兵退守高地崚山。高地崚山形势险要，易守难攻，守军居高临下，周济民、杨贯南起义军无法东出，退回府谷。府谷知县董之辅率军固守府谷县城，起义军攻打府谷县城不下，转手袭取了木瓜堡，后转攻孤山堡，孤山守备俞亮拒不出战，固守待援。

康熙十五年（1676）清将毕力克图率禁旅来府谷镇压起义军，周济民、杨贯南恐遭毕力克图。知县刘朝祚和俞亮夹击，令围困府谷和孤山的将士全部退守木瓜。周、杨义军与毕力克图在木瓜大战有日，起义军败北，退守大本营神木。起义军败退后，清军围剿，焚毁了洪门寺。

总督哈古遣将杨宗道围剿义军，朱龙义军放弃绥德退守怀远。宁夏提督总兵陈福（榆林人）在怀远与朱龙义军激战，朱龙于波罗堡北面的沙家涧被陈福所获，与其子朱应龙、朱应奎、将领倪光德等于榆林被陈福杀害。孙崇雅、杨贯南等固守神木，延绥总兵许占魁率军围困日久不下。由于神木被围困日久，起义军内部产生矛盾，孙崇雅被部下擒获交给许占魁，周济民、杨贯南死于乱军。起义军孤军奋战，独立无援，到此一场声势浩大的起义彻底失败。类似朱龙起义这样的英雄事迹在府谷不可胜计。

四、麟府粮道

北宋时，麟府二州的粮草由河东太原以北的 20 个州军供应。府州粮草在一河之隔的保德军领取，问题不大。而麟州粮草要由府州负责运送，麟州及五寨年供粮 21 万余石、草 61 万多束，运输繁重且时有西夏军抢夺，仅专事运粮的军队就有 2500 人，还要并州、忻州等 10 多个州军的老百姓付出无数劳役。麟州可谓天设之险，易守难攻，但粮道成了麟州的生命线，西夏就死死盯上了麟州粮道。庆历元年（1041）十月，折继闵率兵 2000 给麟州护送军衣，在中堠寨遭万余夏军袭击。庆历二年（1042）秋，折继闵与河东路钤辖张亢率兵 3000 由府州往麟州押运粮草，与西夏军在青眉浪（胡家堎附近）交战，折继闵、张亢军被围困。折继闵率军拼力突围后返兵接战，斩敌 700 余，夺马 500 余匹。西夏兵自相践踏，摔落崖谷者不可胜计。类似这样的粮草争夺战成了常事，以至于朝廷有人提议废麟州为寨或东移麟州缩短粮道。

庆历四年（1044）至五年，欧阳修因"庆历新政"流产而以考察河东边务为名被逐出京城，他在给宋仁宗的奏折里介绍了麟府五寨的分布和驻军等情况：府州驻军 6732 人，距清寨堡 20 里；清寨堡驻军 1770 人，距百胜寨 20 里；百胜寨驻军 1026 人，距中堠寨 23 里；中堠寨驻军 727 人，距建宁寨 23 里；建宁寨驻军 2788 人，距镇川堡 28 里；镇川堡驻军 1200 人，距麟州 23 里，麟州驻军 4061 人。

麟府五寨其中四寨在府谷境内，离开府州城第一寨是清寨堡，位于今天的赵家石堡附近。折继闵时代这里驻军人数为 1770 人，在五寨中仅次于建宁寨的 2788 人。百胜寨位于今孤山镇刘官畔与傅家堎乡杨新庄之间的古城堎，遗迹尚存。中堠寨位于今田家寨乡石窑梁附近。建宁寨是府州最重要的西大门，重兵驻守，位于今田家寨乡西北与新民镇西南交界处的高寒岭，即宋代西寒岭。庆历元年（1041）建宁寨被西夏军攻破而毁掉。次年二月朝廷命折继闵重筑建宁寨，西夏军骚扰，折继闵智胜强兵，歼西夏军 2000 余人。北宋时期这里兵事最为频繁。由位于今高寒岭的建宁寨西出经今田家寨乡水口村抵今神木七里庙再经连家峁一带就到了麟州城，麟府五寨之镇川堡在今神木七里庙附近。

北宋时这条从府州到麟州的粮草转运线近千年来一直是府谷西出神榆的重要通道，直到 20 世纪 50 年代榆府公路开通前仍是府谷商人、官员、学生前往神木、榆林等地的一条重要通道。那时去神木榆林方向求学的年轻人三五成群结伴西行，无论从赵家石堡起山还是沿孤山东村沟走 20 里在朱家峁起山，或者绕别的什么地方最终都要走上这条千年古道经高寒岭、永兴西出神榆，时称二马路。

五、民　瘼

府谷的农业开发始于明初，宋元时期居民以军役牧猎为生，粮草等一应军需靠河东供应。为麟府驻军提供粮草的河东二十州军在今太原以北长城以南地区。这里高山险峻、沟壑纵横、道路崎岖、粮草不能车运，全部要由人力背负肩挑，路途遥远，累死于道者层出不穷。民夫兵士常常相率逃亡，甚至有投崖自缢寻求解脱者。而欧阳修在麟府考察时，见麟州有存粮可支三年，府州有存粮可支两年多，因此上奏宋仁宗乞免河东一年支移。对欧阳修的这个奏折，到目前为止，我们尚未找到宋仁宗的回应或别的有关对策的史料记载。可以推断，这个奏折和别的许多奏折一样，相随庆历新政见鬼去了。

欧阳修麟府之行所写的奏折中提出不少建议和主张。从这些资料中我们不仅可以看到百姓在赋税和徭役的重负下悲惨的景象，也可看到军队的腐败和无能。官吏、将领冒功请赏、昏昧无能、敛掠百姓、子弟横行、拆毁村学、恶行累累。仅欧阳修在奏折中指名道姓建议朝廷罢免的昏庸无道官员将领就有王凯、鲍亚之、范尹、刘与、石贵等多人。官府黑暗，人户凋零，差役繁重。如辽州东西250里，南北159里，户口主客仅2700余户，而分建一州四县。其中榆社县主客1072户，辽山县主客569户，平城县主客618户，和顺县主客459户，各县均不及一镇人烟。整个河东乃至全国大抵如此，如潞州管内八县，亦大致如此。

官吏挥霍无度，名曰高薪养廉，实则搜求无限，同时大量向辽和西夏纳贡。朝廷和官府大堂不种麦，二堂不插秧，如此之多的财货只能在百姓身上搜刮，如此沉重的负担只能转嫁到百姓头上，连铸造钱币的铜都紧缺而铸铁钱，箭、镞之类军用铜材就更是无从谈起。绛州、稷山、垣曲等许多地方有铜矿，但当地居民恐官府扰民而蔽固矿穴，隐瞒官府，官和契丹同样成了百姓的天敌。

官府与民争利、搜刮民脂民膏到了无耻至极、丧心病狂、敲骨吸髓的地步。如沽酒一事，凡是能赚钱的地方全被官府抢夺霸占，垄断经营。官商赚钱的秘诀是掠夺，但沿边地区民生凋敝，人烟稀少，无多血汗可榨，官营劳费大而获利少，难免亏本。亏本后则强制百姓经营，冠冕堂皇摊派捐税，并将月纳课利支往边上，折纳米粟，甚至有家业破而空纳课利者。这些行为弄得民不聊生、叫苦连天，百姓因此逃逸甚至家破人亡之事屡见不鲜。酒户家破人亡则由里正、"蒿头"等相干人等赔纳。如，至欧阳修河东之行，忻州百姓陈明代人赔纳已25年之久。

欧阳修给宋仁宗上了很多奏折，其中不少奏折专门提出减赋税、轻徭役、减轻百姓负担的问题。当时，因繁重的赋税和徭役老百姓活不下去而逃亡的事极为普遍。代州崞县有个村子逃逸一半人户，逃逸人户的赋税徭役由未逃者摊纳，科配日重，枷棒催驱，数月方能了纳。诸州似此者甚众。减赋轻徭的本质是夺食于官僚权贵之口，无异于虎口夺食，谈何容易。

六、欧阳修麟府之行

范仲淹所推行的庆历新政损害了官僚集团的特权和利益，触动了官僚体制，这意味着动摇了皇帝的统治基础。以吕夷简为首的反对派攻击范仲淹、韩琦、富弼、欧阳修、余靖、王素和蔡襄等改革派为朋党。在专制社会，朋党就是反朝廷集团，是莫大的罪名。宋仁宗心里明白，吕夷简等反对派强加在范仲淹等改革派头上的所谓朋党是恶意中伤，但因为改革触动了官僚集团的利益，同时朝廷与西夏已签订了和约，暂时没有了军事上的压力，所以对改革的决心动摇了。欧阳修等谏官奋起反击，欧阳修于庆历四年（1044）写了《朋党论》上奏宋仁宗，这等于承认了朋党之议。结果，宋仁宗顺水推舟，欧阳修被指派出使河东打发出京，以缓解朝廷矛盾。欧阳修的出使河东就是去河东考察，搞调研，实为贬黜。当时的麟、府二州属河东路，自然也在调研的范围之内。这就是欧阳修麟、府之行的来龙去脉。

欧阳修在河东考察边务，在此期间给宋仁宗上奏过近20份奏折，相当于今天的考察报告。这些奏折针对具体的时弊提出了不少改革的主张，可以说是庆历新政的组成部分和延伸。庆历五年（1045）初，欧阳修在河东考察时所写的那些奏折最快的估计也不过刚到宋仁宗手中，宋仁宗就下诏废弃了所有改革措施，连已经改了的都推翻了，欧阳修的这些奏折自然是分文不值的废纸，恐怕皇帝老儿连瞧都懒得去瞧。不过，这些奏折作为历史资料倒是很有价值，我们可以通过这些资料看到1000

多年前北宋王朝及其官府的腐败无耻和百姓的悲惨无助。欧阳修的这些奏折与其说是给他当时的皇帝写的，还不如说是给无数茌后人写的，一茌又一茌的皇帝，一茌又一茌的后人，后人复哀后人也。

秦源德水话府谷

谭玉山

人们常以人文地理和历史痕迹为线索来梳理中国北方的文化资源，孕育在陕西最北部的府谷县就被定格在壮阔的自然美景和人文世界里。黄河不仅在这里奔涌直下晋陕大峡谷，而且延绵的长城东西横亘百余公里，成为府谷"出河回凤"的地标性双色绝景。

水文化是了解一个地方历史的最好钥匙。近年来，随着神木石峁遗址的"石破天惊"，与之密切关联的府谷寨山石城遗址也被列为"中华文明探源工程"。黄河一直是中华文明的摇篮，地处黄河中上游的府谷县，早在5000多年前，就有先民在这里繁衍生息，成为黄河文明的重要组成部分。黄河在古代也被称为"西河"，府谷县在秦汉时期为西河郡富昌县（县治在今府谷县古城镇）。据司马迁《史记》记载：秦灭六国，自以为得水德之助也。"其上游至龙口，河水腾波涌浪，雷吼鲸喷，甚为壮观，两岸皆崖石坚土，水从中流，无泛滥之患，是为德也。"富昌县北接浦水（今黄甫川），东临西河（今黄河），是西河入秦之首，是为"秦源"，这便是旧时府谷八景"秦源德水"得名由来，也是府谷水文化的主脉。

如果在高空俯瞰府谷，境内黄河及皇甫川、清水川、孤山川、石马川、特牛川等众多支流，像一片平铺的荷叶，经络分明，山河万朵。元明以前，府谷县雨量充沛、气候湿润，众多河流滋润着平阔的滩地和山间河谷，为先民们提供了宜农宜牧的生产生活条件。春秋战国时期，府谷境内形成了冯家会、大昌汗、石马川、沙坪、古城等重要城邑，成为秦、魏、赵三国争夺的重要地区。公元前229年，秦破赵，府谷全境归秦，正式建置富昌县，此为府谷建县之始。当时的富昌"田畴四布、人民炽盛、牛马衔尾、群羊塞道"，富庶程度与关中相近，县名也由此而得。

　　魏晋南北朝时期，少数民族大量内迁，黄河南北千里之地，大部分沦为牧场。府谷水草丰美、森林葱郁，经济由以农耕为主演变为游牧或半农半牧。隋唐时期，府谷的农牧业有了很大发展，唐代诗人温庭筠在《苏武庙》中描述："古祠高树两茫然……陇上羊归塞草烟……"《保德州志》载："苏武庙，在府谷境北芭州城内。"这一时期，府谷呈现出"枯桑盖地、河水连天""山头松柏如林""白草连天野火烧"的美丽景色。唐德宗时，宰相李德裕在《李文饶文集·论兵要》中记述："访闻麟胜两州，中间地名富谷，人至殷繁，盖藏甚实……"说明当时的府谷（时称富谷）人口兴旺，经济繁荣。经济的繁荣极大提升了府谷的政治地位，后唐天祐七年（910），建置府谷县，次年升县为州。宋代府州盛产良马，"凡马所出，以府州为最，盖生于黄河之中州曰子河汊者"。折御卿曾进贡宋太宗一匹名为"碧云霞"的良马，上山下岭，如履平地，被称为"御马第一"。当时府州许多藩户既会养马又会相马，如淳化四年（993），银夏州蕃汉族8000余户，驱牛、羊、马数万来投府州。宋天圣（1023—1032）年间，朝廷在府州买马达34900多匹，遣兵押送京城，派给诸军。蒙元时期，政府重视畜牧和农桑，对牧场草地加以保护，鼓励发展农业生产，府谷的农牧业有了长足的发展。

府谷因水草丰美而兴，亦因水枯草萎而衰。元末战乱后，陕北人口稀少，十分萧条。为了恢复农业生产、发展经济、巩固边防，从洪武三年（1370）至永乐十五年（1417），明王朝从山西洪洞县广济寺不断向府谷等地移民。他们伐林开荒、建村立寨、繁衍生息，使府谷境内的村庄由元代的20多个发展到900多个，这在当时虽然推动了府谷的发展，但也极大地破坏了生态环境，严重影响了府谷以后几百年的经济发展。随着人口的增加和村庄的增多，过度的伐林开荒使府谷水土流失加剧，自然环境不断恶化。明朝末年，府谷久旱不雨，河道干涸，草木枯焦，乡民外逃，饿殍载道。1628年，人地矛盾在府谷裂变，黄甫川堡大宽坪村王嘉胤揭竿而起，拉开了明末农民大起义的序幕。锋镝所至，百姓半死，府谷经济一落千丈，一片萧条。至清初，府谷人口大减，"数十里无人烟，平畴旷野，荆棘满目"。为了恢复和发展生产，清政府奖励垦荒、鼓励生育，府谷经济逐渐恢复，人口不断增长。到清道光十九年（1839），府谷人口由康熙年间的28430人增加到204357人，增长达6倍之多，但由于当时生产力低下，不断增长的人口伐林拓地，再一次使府谷生态环境严重恶化。府谷贫瘠的土地无法承载巨大的人口压力，百姓纷纷前往口外蒙地谋生。"府谷保德州，十年九不收，男人走口外，女人挖野菜"的民谣在黄河两岸流传甚广，府谷人再一次尝到德水不存、生态恶化的苦果。民国十七年（1928）到民国三十七年（1948），府谷多次发生旱灾，百姓无法生存，走西口逃荒者甚多。到1949年7月，府谷人口下降为82859人，为清道光十九年（1839）人口的40.5%，府谷由过去名满塞上的富庶之地变成了灾民外奔的贫瘠之所，再一次证明了人与自然和谐共处的规律不可违背。

新中国成立后，面对日益恶化、千疮百孔的自然环境，府谷县大搞农田水利建设和植树造林。据 2019 年统计数字，全县在 70 年里总投资 30 多亿元，建成水库 6 座、淤地坝 2100 多座、抽水站 16 处、河堤 130 多公里、人饮工程 1100 多处，全县林草覆盖率达 53%。经过 70 多年几代人的艰苦奋斗、不懈努力，府谷的生态环境得到了很大修复，基本上实现了"再造一个山川秀美新府谷"的目标，为府谷成为全国百强县奠定了坚实的生态基础。从 2019 年开始，府谷县按照习近平总书记"让黄河成为造福人民的幸福河"的治水方略，以境内"一河五川"治理为重点，以打造"黄河流域高质量发展示范县"为新的奋斗目标，投巨资描绘"山顶林草覆盖、山腰经济林果、山下万亩水地"的生态蓝图。

秦源德水，水润府州，一个宜居宜业的美丽府谷正和着黄河奔腾不息的节拍，百折不挠、大步向前……

西口路上的府谷人和二人台

谭玉山

有些文化是走出来的，
白马驮经，走出了中国的佛教文化；
张骞凿空，走出了中国的丝路文化；
徐霞客独行，走出了中国的山水文化。

走西口、下南洋和闯关东，是中国极为重要的三大人口迁徙活动，同时也是中国三大文化交流路线。府谷作为走西口的重要地区之一，挖掘、整理西口文化十分重要。在我很小的时候，就听长辈经常讲述走西口的故事，长大了更是如此，究其原因，是府谷几乎家家都有走西口的亲人，人人都有挥之不去的西口梦。我的父亲是在 20 世纪 40 年代走西口到了包头，后来父母亲都在包头市农机厂工作，直至 1962 年因下放干部才举家返回府谷，现在包头和内蒙古各地还有许多本家和亲戚。正是由于这种流淌在血液中的西口情结，使我经常思索必须亲自走一遍西口路，认真体味祖辈们在这条路上的悲欢离合，寻找那渐已褪色的西口记忆。

2013 年 5 月，一次和朋友聊天，谈到"二人台是走西口走出来的"的话题，把走西口和二人台联系在了一起，多么好的结合点。于是我立刻决定以"西口路上的府谷二人台"为主题，搜集、整理散落在西口路上的二人台资料，认认真真走一遍西口路，实实在在作一篇大文章。当晚，我便写下了此次采风活动的总体方案，是夜无眠。第二天，我向杨艾霞常委、雷晴初副县长作了汇报，我的想法和方案得到了领导们的肯定和支持，大喜。接下来，我便召集有关人员，认真安排走西口的各项工作，准备出发……

一、走西口前的府谷人

出发之前，我反复查阅了有关资料，探究走西口前的府谷人的生存生活状况，他们从哪里来？又为何走向远方？渐渐有了答案：

府谷是中华民族黄河流域文明的发源地之一，早在新石器时期，就有先民在此繁衍生息。秦国，置富昌县，后唐天祐七年（910）置府谷县。因地处边陲，汉、匈奴、羌、鲜卑、蒙古等民族均在此生活过。由于山大沟深、土地贫瘠，加之灾荒战乱不断，在清代以前，府谷人口稀少。北宋崇宁年间（1102—1106），全县有1242户，3185人。1269年蒙古人攻陷府谷（时称永宁府）后，府州惨遭屠城，城内居民几乎被杀绝。直至明初100多年间，府谷荒无人烟。时至今日，在府谷的老年人中仍有"永宁府，死得苦"的说法，永宁府主要位于今府谷县城杨瓦至西梁的山梁上。明天顺年间（1457—1464），府谷全县仅有440户，4708人，直到明弘治年间（1488—1505），府谷人口才突破万人。府谷现在的居民，绝大多数是明清时期的移民。明朝建立后，为了恢复和发展生产，巩固疆域，实行"移民实边政策"，在山西洪洞县广济寺设移民局，从河南、安徽等人口稠密地区集中迁转移民，编排队伍，发放川资凭照，迁往晋西北、陕北等地。广济寺西有株大槐树，我于2012年4月到洪洞县考证府谷人口迁徙时，老树已死，新树勃发，大槐树为成千上万人家迁出时会集之所，所以府谷城乡到处流传着"问我祖先何处来？山西洪洞大槐树"的说法。

明崇祯元年（1628）十一月，府谷黄甫人王嘉胤揭竿而起，点燃了推翻明王朝的熊熊大火。清顺治五年（1648），神木人高有才"反清复明"，占据府州。两次起义虽然使府谷名扬天下，但亦遭到明、清朝廷军队的残酷围剿，全县土地荒芜，人口大减。清康熙三十六年（1697）农历二月辛亥日（三十日），康熙帝在行兵宁夏征剿噶尔丹时，从山西保德乘船渡黄河到达府谷，三月初一、初二驻跸府谷，初三抵孤山堡，初四经镇羌堡、边家水口出府谷境抵神木永兴堡。康熙帝此次实地巡边，看到土地荒芜，百姓生计十分艰难，下诏开放禁留地（黑界地），奖励垦荒，此次"开边"使府谷农业生产迅速得到恢复发展，各地移民纷纷涌向府谷，府谷人口不断增加。至清乾隆四十年（1775），府谷人口已增至15984户，71283人。至清道光十九年（1839），府谷人口增至26234户，

204357 人，此为府谷历史上第一个人口高峰。

　　明清两朝都十分重视和加强对人口的管理和控制，实行里甲制和关津制。里甲制也称都甲制，县下设都（里），都（里）下设甲，都（里）甲内百姓都要互相知保，不得隐藏户口，不得任意流迁。同时通过关津制在县内交通要道设立巡检，盘查行人，凡无路引者不得放行。清朝建立后，为了防止蒙汉联合反清，实行更为严格的人口管控政策。康熙元年前，府谷有六都（里）：大堡都、太平都、合河都、辑和都、丰衍都、宁镇都，后减丰衍、宁镇二都。康熙帝开放"禁留地"后，府谷出现第一次走西口的高潮，但从 1697 年至 1900 年的 200 多年时间里，府谷人走西口的范围基本没有突破明长城以北 50～60 华里之内的范围。光绪二十六年（1900），八国联军入侵北京，西方列强强迫清廷付给各国赔款白银共计四亿五千万两，史称庚子赔款。为了支付赔款，清廷于光绪三十二年（1906）接受山西巡抚岑春煊开垦荒地筹款的建议，彻底放垦。此时内蒙古河套地区的水利灌溉设施已初具规模，成为千里沃野，急需大量有耕作经验的劳动力。府谷人口早已超 20 万，贫瘠的土地已无法承载如此大的人口压力，加之不断的自然灾害，于是便出现了府谷人大规模的走西口高潮，大批府谷人进入鄂尔多斯、包头、河套、呼和浩特等地区。到了 1949 年，府谷人口因大量走西口下降为 22814 户，98465 人。从府谷人口的变化中不难看出，现在内蒙古各地的府谷人绝大多数都是这一时期（1906—1949）走西口而出去的，内蒙古许多村的地名，都是以府谷这一时期最早住户的姓名而命名的，如"王在阳圪蛋""马二圪梁""牛四拉圪堵"等。据不完全统计，现在定居在内蒙古的府谷人有 150 多万，远远超过府谷现在的总人口 24.2 万。

　　府谷现在各族家谱中都有明确记载，他们的祖先大多从山西等地迁徒而来。许多外地人对府谷的评价，这里不像陕北，更似内蒙古，几乎是山西。府谷人唱的是晋剧，喝的是老陈醋，风俗习惯及语言与山西几乎相同，府谷人讲不了陕北话，打不了陕北腰鼓，跳不了陕北大秧歌，就连老农头上扎的白羊肚手巾也是山西大寨陈永贵式的扎法那样，前边包头结朝后，不像延安、绥米一带的扎法。府谷人实际上是生活在陕北这块土地上的外地人，是一个迁徙而来的人群。加之府谷地处秦晋蒙接壤区，县城刘家川又是黄河中游重要的河运码头，受晋商文化的影响，经商成为府谷人特有的天赋。我在 2011 年和人民日报社评论部卢新宁主任聊天时讲道，"府谷人特别会经商，因为都是移民，府谷人不排外，能包容，三个府谷人就能办一个企业，是陕西的犹太人，外界普遍以为府谷是因煤暴富，实际上是错误的"。明清时府州城、金黄甫和银麻镇商贾云集，十分繁华，驰名晋陕蒙；20 世纪六七十年代，府谷建材、化工、造船、冶金、机械等各类企业名冠陕西，为"陕北第一工业县"；改革开放初期，"18 条好汉闹富昌"，府谷乡镇企业异军突起，在陕西独占鳌头，当时的榆林地委、行署经济管理干部绝大多数都从府谷选拔；80 年代末，随着神府煤田的开发，由于特有的经商睿智，府谷的企业家购买了境内绝大多数煤矿，迅速完成了资本原始积累。之后，府谷的企业家又四处出击，外引内联，组建集团公司，建立起煤炭、化工、冶金、电力、建材等门类齐全的工业体系，民营经济发展为全县的主体经济，从而使府谷成为陕西省十强县之首和全国百强县。从全国各地来，又走向全国各地，在行走中寻找商机，把握商机，近年来，府谷企业家又开始资本扩张，纷纷到内蒙古、宁夏、新疆等地投资兴业，精明的府谷人，正在走向新的辉煌。

　　人口的迁徙必然会带来文化的交融。府谷艺人在走西口的过程中，学习吸收了蒙古族漫瀚调、四胡等音乐，结合山西晋剧、民歌和陕北民歌、社火、山曲、宗教音乐等艺术，将过去的"打玩艺儿"发展成为二人台，走西口走出了二人台，二人台是晋陕蒙文化交融的产物。为了寻找西口路上的府谷二人台，让我们沿着先辈们走过的路，出发……

二、大摇大摆的府谷人

6月3日，天高云淡，2013"西口路上的府谷二人台"采风团从府谷县城出发，首先在府州城采访了府谷"谷歌"《摇三摆》的原创者——90岁高龄的柴根老人。老人从20岁起便赶车多次往返于西口路上，当他看到口外年轻漂亮女孩走路摇摇摆摆，十分好看，即兴创作了《摇三摆》："大摇大摆你大路上来，你把你那小白脸脸掉过来；你叫我掉过来我就给你掉过来，有什么灰心思你说出来……"2011年4月，在西安召开的"府谷精神研讨会"上，环渤海集团董事长郑介甫（府谷清水人）讲道："一首《摇三摆》，道出了府谷人大大咧咧、乐观自信、闯荡四方、热情豪放的性格，我们要从《摇三摆》中提炼府谷精神。"从府州城出发后，我们经沙塄、石庙塄、高梁村、尖堡子、赵寨、黄甫、清水、麻镇、古城、沙圪堵、纳林、秦家塔、任三窑子、叮铃沙坡、乌兰沟、坝梁、马场壕、红召、朗素营子、三眼井、王连成塔、沙蒿塔、水泉湾、新民堡、树林召，到达包头，又经土右旗、土左旗，到达呼和浩特市。这是一条极为艰辛的道路，到处是深沟大山和沙漠草地，采风团全体成员走旧路、宿荒野、沐风雨，真正体味到了府谷先辈们走西口的种种艰辛："小川河，耍一水，拔断儿根；翻坝梁，刮怪风，两眼难睁。回头看：扔妻子，撇父母，实实惨心！此一去：东三天，西两天，无处安身；饥一顿，饱一顿，饮食不均；住沙滩，睡冷地，脱鞋当枕；铺竹芨，盖星星，难耐天明；上杭盖，掏根子，自打墓坑；下石河，拉大船，驼背弯身；进河套，挖大渠，自带囚墩；上后山，拔麦子，两手流脓；走后营，拉骆驼，自问充军；大青山，背大炭，压断背筋；高塔梁，放冬羊，冷寒受冻；遇传人（瘟疫），遭瘟病，九死一生；沙蒿塔，碰土匪，几乎送命……"这是旧时府谷人走西口流传下的歌谣，从这首歌谣里，我们可以看出尽管走西口如此艰辛，但仍压不垮大大咧咧、乐观自信的府谷人。正是由于这种"大摇大摆"的性格，府谷人在口外娶上了无数小白脸脸的俊女子，生儿育女，遍布内蒙古各地……

在府谷城乡，现在仍有许多清代民居，工艺精湛，规模宏大，具有极高的文物价值，如黄甫李家大院、魏家大院、孙家大院、麻镇耕读居、墙头楼院、海子庙磁窑沟张家大院等，这些民居都是府谷过去走西口的人们致富后返回家乡修建的。每当我到这些地方采访拍照，仿佛又看到了那些从口外大摇大摆回来的前辈们起房盖舍、呼朋邀戚的喜悦，这是一种光宗耀祖的喜悦、一种历经种种磨难后成功的喜悦。而磁窑沟张家大院砖雕门额"南基""北益"则充分体现了他们喜悦背后创业成功的原因和动力，即府谷老家永远是他们事业的基础，北方口外是他们致富兴业的宝地。直至今日，他们的后代仍保留了在口外大块吃肉、大碗喝酒，甚至连谈对象也大声说笑的习惯，黄河岸边的府谷县，确实是个不拘束人的好地方！

三、唱二人台的府谷人

此次采风活动的一个重要主题就是考察研究府谷二人台在内蒙古的

传承发展情况，围绕这一主题，我们重点采访了一些西口路上的二人台艺人和艺术家，进行文化交流活动，为府谷二人台艺术的发展把脉取经，所到之处，收获颇丰。在府州城，我们采访了二人台老艺人柴根；在赵寨村，采访了国家非物质文化遗产二人台传承人淡文珍；在清水和麻镇，采访了赵凤娥、刘志开、李美仁、陈改清、王翻厚、郭牛、郭班山、谭五女、刘英、张混田、杨世华、李水仙等；在沙坨堵，采访韩娥女、王凤英；在纳林，采访了二人台班主杨兴业；沿线还采访了魏尚礼、徐占荣、李连兵、刘玉寇等府谷籍二人台艺人。一路上，我们听了不同版本的《走西口》《打金钱》和《五哥放羊》，可以说是超越时空的二人台大荟萃，采风团所有成员无不震撼。在包头漫瀚剧院和呼和浩特市民间歌舞团，我们召开了座谈会并采访了丁喜才的学生牛根顺，1953 年和丁喜才同台献艺的杜翠仙，与宁简山，田生明、翟得胜、李鸿斌、任继中、张建新、张虎、段八旺、王美荣、魏巍、周立军等二人台艺术家们进行了广泛交流，搜集到了大量翔实的府谷二人台资料，逐渐梳理出了府谷二人台产生、发展、传播的艺术轨迹，为我们下一步挖掘、整理、弘扬府谷二人台艺术明确了方向……

　　"二人台歌唱声伴着我长大……"这是我在 2009 年写的歌曲《府谷，我可爱的家乡》中的一句歌词，通过这次走西口，我才真正体味到二人台是府谷的文化符号和艺术血液，二人台是府谷人的魂。府谷一代又一代艺人通过走西口，将"打玩艺儿"发展成为二人台，并因二人台的发展产生了丁喜才、周治家（艺名拉塌地）、张埃兵（艺名吹塌天）等艺术大师，他们把二人台艺术带向全国并推向世界，为中国民族音乐的发展做出了贡献。正如被称为西北笑星的二人台表演艺术家张虎（祖籍府谷墙头尧峁）所说："我爷爷拿着一杆梅走西口走到内蒙古，我的二人台艺术和府谷一脉相承，府谷人走西口的路就是二人台在内蒙古传播、发展的路。"任何艺术都必须创新和发展，二人台发展到现在，我认为我们完全没必要老是在河北、山西、陕西、内蒙古"谁家的二人台最正宗？哪里是二人台的发源地？"等问题上争来争去，就像许多地方都在争走西口一样无聊，而是各地的艺术家们要携起手来，通过经常不断的艺术交流，共同推动二人台的发展。用内蒙古戏剧家协会副主席、呼和浩特二人台研究会会长段八旺先生的话来说："再不要说谁家的二人台正宗，天下的二人台都姓'二'，只要姓'二'，就是一家人。"是的，二人台艺术要有一种海纳百川的气度方可傲视群雄，无敌于天下，我觉得这是我们这次重走西口路的最大收获。搞文化工作要有一种持之以恒的精神，从 2008 年府谷二人台申报国家非物质文化遗产保护项目成功以来，我们通过成立"二人台艺术团"、参加全国比赛、出国演出、编纂二人台专著等大量艰苦细致的工作，终于使府谷二人台成为一张充满魅力的地方文化名片。今后，我们要继续认认真真地传承、发展二人台，让府谷二人台唱得更加精彩！

　　头顶烈日，跋山涉水，一路走来，虽然艰辛，但我们很快乐。今年 9 月，我们还将沿着鄂尔多斯、乌拉特前旗、五原、临河、乌海另一条重要的府谷人走西口路线继续进行文化交流采风活动，搜集整理广袤的河套平原、大青山和乌拉山南北府谷人走西口的故事，聆听他们咏唱的二人台，精心打造一条府谷文化的丝绸之路……

西口文化漫谈

谭玉山

我生长在明长城陕西段最东端的府谷县墙头村，可以说经常行走于"口里口外"，总想写点有关走西口的文章，但由于种种原因，一直未能如愿。

近年来，内蒙古包头，山西右玉、河曲等地经常召开论坛，组织专家学者研讨西口文化，成果颇丰。但是，由于文化学者特有的本位主义思想和每个人对家乡文化的熟悉和热爱，使西口文化的研究往往陷入"哪里是真正的西口？哪里是西口文化的发源地？"等课题之中，有人甚至将本土文化略加修饰即变为西口文化，而且许多论坛将"走西口"的重要地区陕北排除在外，没有大的文化气度来研究文化，这已引起许多专家学者的批评和重视。

西口文化是走出来的，百辩不如一走。2013年6月，我县组织了20多位专家学者，进行了为期10天的"西口路上的府谷二人台"文化交流采风活动，行程上千里，采访人员逾百，一步一个脚印真实记录了府谷人走西口的历史，为中国西口文化研究采集了最原始的资料。这一次从口外满载归来，我觉得应该拿起笔，认真梳理一下西口文化……

一、西口和西口文化

随着《走西口》《乔家大院》《晋商》等电视剧的热播，"西口在哪里？"成为许多地方为了发展文化旅游事业不断争辩的话题。右玉说的是"杀虎口"，河曲讲的是"西口古渡"，甚至有学者称西口就是包头和归化（今呼和浩特市），引经据典、唇枪舌剑、各执一词，争得你死我活、不亦乐乎，其实，这是没有任何理论和实际意义的论争。

中国史学界早有定论："口"是指明代隆庆以后在长城沿线开设的汉族与边境少数民族"互市"关口，所以，人们便把长城以南称"口里"，长城以北称"口外"，从"口里"穿越长城进入"口外"，大多要经过某个"口子"，因此便把明清时期河北、晋西北、陕北等地百姓到内蒙古的经商、垦荒等活动称为"走口外""跑口外"。而由于清光绪年间二人台《走西口》在长城内外的广为传唱，人们便约定俗成，"走西口"取代了"走口外"和"跑口外"，成为一个特有的历史和文化名词，为世人所认可和接受。综上所述，因长城沿线有许多口子，"如九门口、古北口、喜峰口、独石口、张家口、新平口、得胜口、杀虎口、麻地口、神木口"等等，仅山西境内新平口至陕西境内神木口1080里的边墙（明长城）就有39"口"。所以，"走口外""走西口"仅仅是泛指，绝不是某一个地点就是真正的西口，而是每个地方都有自己走口外的最佳路线，都有穿越长城最近的口子，府谷、神木的百姓不可能专门跑到右玉的"杀虎口"或河曲的西口古渡坐船走口外，所以，这一地区长城沿线每个口子都可以叫"西口"，"西口"是个"大口"，西口文化是大文化。

清代是中国人口发展史上的一个重要时期。清初，经过康雍乾三世，社会经济得到了恢复和发展，到乾隆时期，全国人口突破3亿大关，人地矛盾尖锐，大量内地贫民迫于生活压力，"走西口""下南洋""闯关东"成为三大移民浪潮。清康熙三十六年（1697），康熙帝在亲征噶尔丹叛乱时沿河北、山西、陕西、宁夏等地巡边，看到长城沿线官民生计十分艰难，便同意了地方官员和蒙古王公的请求，"乞发边内汉人与蒙古人一同耕种"，将陕西边外东林他拉、苏海河噜等蒙地交于汉人耕垦，开放

"禁留地"（黑界地），史称"放边"，这样"沿边数州百姓岁岁春间出口，皆往鄂尔多斯地方耕种"，此为清代府谷、神木、河曲、保德、偏关等县百姓走口外之始。雍正时实行"借地养民"政策，每逢灾年，允许内地灾民可往口外蒙地开垦土地谋生。在清廷的默许下，"走西口"的人越来越多，出现第一次高潮。清光绪二十六年（1900），八国联军侵占北京后，西方列强强迫清廷支付各国"赔款"白银四亿五千万两，史称"庚子赔款"。为了筹措赔款，清廷采纳了山西巡抚岑春煊在开垦蒙地押荒银中筹款的建议，任命兵部侍郎贻谷为督办蒙旗垦务大臣，在鄂尔多斯设垦务总局，沿边各地设分局，开放蒙地，这次放垦引发了陕北和晋西北大量汉民北迁，深入内蒙古河套、包头、呼和浩特等广大地区，形成了历史上第二次走西口高潮。

人是文化创造的主体，也是文化活动的载体，随着人口迁徙，陕北、晋西北、河北等地的文化与内蒙古本地的文化相互交融，逐渐形成具有浓郁地方特色的西口文化。

从西口文化产生的背景中我们不难得出这样的结论：西口文化实际上是蒙古族文化和汉文化相互交融的产物，她包含了"草原文化、黄河文化、黄土文化"等诸多文化元素，具体表现在社会和经济的各个方面，如语言、文字、宗教、民俗、戏曲等等。西口文化涵盖的地区包括内蒙古河套、包头、呼和浩特，陕西府谷、神木，山西西北的河曲、保德、偏关及雁北和河北北部等地区，西口文化就是这一地区长时期文化交融过程中形成的特有文化。

2011年6月8日，国务院公布了我国国土空间开发规划《全国主体功能区规划》，明确提出了"呼包鄂榆"地区为国家重点规划的18个区域之一，从经济和社会事业各个方面进行重点开发。实际上，从300多年前走西口到现在，这一地方不仅形成了相同的经济结构，同时，也形成了几乎相同的文化，而西口文化则是"呼包鄂榆"地区文化的一个极为重要的组成部分，值得许多人深入研究、探讨。

二、府谷和西口文化

没有调查就没有发言权。近年来，有许多人仅凭几句流行歌曲《走西口》的几句歌词和电视剧《走西口》的故事便大谈西口文化，甚至归纳总结出了许多"西口精神"，这实际上是对文化的一种不负责任和误导。更有甚者，把"走西口"和"西口文化"说成是某一地区的专利，是一个地方特有的文化，是"源"，等等，这更是一种对文化的夜郎自大。如前所述，西口是大西口，西口文化是大文化，而府谷作为走西口的重要地区之一，西口文化早已是府谷文化的重要组成部分。

府谷现有长城为明代成化十年（1474）延绥巡抚余子俊所筑，时称"边墙"，东起墙头，西至新民陈峁，经麻镇、大岔、清水、赵五家湾、木瓜、庙沟门、三道沟等地，分"大边"和"二边"，全长 100 多公里，计有 196 个墩台。明代修长城主要是为了防御蒙古族扰境，但在历史的长河中，蒙汉之间对抗和战争十分短暂，绝大多数时间里，蒙汉两族和睦相处，边贸互市十分繁荣。府谷在明代时长城有两个十分重要的口子，即麻地口和乌龙川口（清水川与小南川汇合处，转角楼附近），由于黄甫距这两个口子均为 20 华里左右，为明嘉靖年间延绥境沿边开放 10 处互市之一，是府谷北部经济文化中心和商贸最发达地方，所以从那时起就有"金黄甫"之说。而麻地沟由于地处边上，相对没有黄甫安定，经济亦略逊于黄甫，又称"银麻镇"。清康熙开边后，府谷的集市贸易十分繁荣，全县有 6 个大集，即刘家川集、石马川集、孤山堡集、木瓜园堡集、清水营集、黄甫堡集，而麻地口是府谷唯一的边市，6 个大集的商品经黄甫、清水汇集到麻地口进行贸易，所以麻镇玄天庙的北口子成为府谷通往蒙地最大的口子。清末民初，麻镇发展为府谷最大的集镇，商贸兴隆，时有货栈 36 家，居民万余。从麻镇南阁楼的南口子到北口子仅 1 里的距离，因车水马龙、商贾众多，步行需走一上午时间，足见当时边贸的兴盛。

1906 年，清廷放垦后，准格尔旗垦务分局开始办理垦务事宜，将原"禁留地"按仁、义、礼、智、信分为五段，"仁、义"两段由河曲县放垦，"礼、智、信"三段（今准格尔旗五字湾、羊市塔、他儿贝一带）由府谷县放垦。府谷在古城、哈拉寨、沙梁三地设垦务处，专门负责放垦及移民事宜，所以这三个村子又成为府谷人这一时期走口外的三个大"口"子和商贸重镇，而古城则因二人台唱词中有"头一天住古城"一词而变得十分出名。

正是由于府谷是走西口的重要地区之一，所以西口文化中有许多重要的府谷文化元素。我们要从语言文字、民俗民风、艺术、经济、社会等多个方面研究探讨府谷文化和西口文化的关系，进而使这两种文化都得到繁荣和发展。

语言和文字是文化的标志，讲相近语言的社会群体，往往属于同一文化源流。根据许多专家学者调查，内蒙古中西部汉语方言与陕北、晋西北方言极为相近，应与移民有关。在这次采风活动中，许多外地专家学者惊奇地发现，许多内蒙古人说的都是地道的府谷话，和府谷的采风团同志交流没有任何语言障碍，十分融洽，这足以证明内蒙古许多地区的文化与府谷同源、同流，我们从事语言文字方面的学者要从这方面作进一步深入细致的研究。

民俗是世代相传的民间风俗，是来自人民、传承于人民、规范人民，又深藏于人民的行为，是语言和心理中的基本力量。据不完全统计，生活在内蒙古的府谷人有150多万人，遍布内蒙古各地，其中河套、包头、呼和浩特地区最多，受府谷文化的影响，这些地区衣食住行和婚丧嫁娶等风俗习惯与府谷几乎相同。在内蒙古，祖籍是府谷东部黄甫、麻地沟、墙头一带的居民仍然保留着吃酸饭的习俗，婚嫁礼仪也完全和府谷一样。近年来，包头和呼和浩特市许多演艺公司纷纷到府谷承办婚庆礼仪，生意十分火爆，足以证明两地民俗的相同。民俗研究的范围极为广泛，希望内蒙古和府谷的民俗专家能够携起手来，认真研究两地民风民俗，丰富和发展西口文化。

人口是一个内容复杂、综合多种社会关系的社会实体，一切社会活动、社会关系、社会现象和社会问题都同人口发展过程相关。从康熙开边直至今天的300多年时间里，一辈又一辈府谷人为了谋生和创业走口外到了内蒙古。因为工作关系，我曾多次到内蒙古采访，真实感受到府谷和内蒙古有着无法割舍的联系，几乎每个府谷人都有内蒙古的亲戚，每个家族都有走口外的本家人，内蒙古的许多地方几乎整村都是府谷人，有的村子如"王在阳圪蛋""马二圪梁"等都是以当时府谷住户命名。近年来，由于府谷许多家族都在编修家谱，口里口外的亲戚联系更加密切，府谷成了许多生活在内蒙古的府谷人魂牵梦绕的家乡。许多口外的府谷人回到老家祭祖省亲，有些甚至返回府谷创业发展。在这次采风过程中，我们采访了上百位府谷人，所到之处，那种家乡人的亲切感扑面而来，让我们采风团的每个人都感受至深，也让我们明白了为什么时至今日仍有许多府谷人走口外，到内蒙古创业，其中一个很重要的原因就是遍布内蒙古各地的府谷人是他们创业极好的社会环境，是他们事业最坚实的基础。我们研究西口文化，从人口学方面去研究应该是一个重点。

二人台是流行于内蒙古自治区和陕西、山西、河北三省北部地区的戏曲剧种，俗名"打玩艺儿"，20世纪50年代后始称二人台。"二人台是走西口走出来的艺术"，这一观点已得到大多数专家学者的认可。从上述观点中，我们不难得出这样的结论："二人台是陕蒙晋冀"接壤区多种文化相互融合而形成的戏曲剧种，是一门综合艺术。二人台的产生和发展，融合了蒙古族的四胡、马头琴、长调和陕北民歌、宗教音乐、语言、山曲，晋西北戏曲、语言、民歌、民间音乐及河北戏曲、民歌等诸多文化元素，绝不是某省、某区，更不是某县、某旗的专利。二人台的源头就是这四省区的每个旗县、乡村和一代又一代二人台艺人，二人台是这一区的共有文化。府谷二人台是中国二人台艺术的重要组成部分，过去，丁喜才、周治家、张埃兵等府谷艺术家为二人台艺术的发展和繁荣做出了很大贡献，而现在仍活跃在艺术舞台上的王向荣、张虎、魏巍、淡文珍、刘美兰等一大批艺术家，仍在不断推动着二人台艺术向前发展。正是由于上述原因，2008年，府谷二人台被列入国家非物质文化遗产保护项目。

二人台是研究西口文化的一条主线，我们可以从二人台和许多节目之中来研究四省区经济、社会、文化等各个方面，二人台是几百万移民集体创作的音乐大典。我们可以从"二姑舅捎来一封信，他说是西口外好收成……"中看到大后套的沃野千里，也可以从《小尼姑思凡》《五哥放羊》中听出人们对美好爱情的追求。特别是70多个二人台曲牌，是我国北方民族音乐的"活化石"，她既包含了唐宋时期的宗教音乐和近代蒙古族音乐，又融合了我国北方社火、戏曲等诸多文化元素。二人台就像一条珍珠链，她把西口文化的许多东西串联在了一起，在西口文化中具有极其重要的地位，是研究西口文化必须深入研究的课题。

对于府谷来说，西口文化研究还刚刚开始，我从西口文化的概念，府谷和西口文化的关系，西口文化中文字语言、民俗民风、人口、二人台这四个方面阐述了自己的一些肤浅观点，其目的是希望府谷的文化学者能够开阔视野，静下心来认认真真研究和发展我们的地方文化，使府谷文化永远充满生机与活力。

从纳林河到黄甫川

谭玉山

人们常以大江大河为主线来梳理一个地方的文化脉络，因为水是生命之源，凡世间能生、能容、能变之物唯有水，四大文明古国皆赖水生，皆缘河兴。发源于内蒙古准格尔旗点半沟坝梁的黄甫川，尽管流长仅127公里，但因其孕育和承载了具有鲜明地域特征的蒙汉文化，备受研究民族史、秦汉史、音乐史的专家学者青睐，成为他们心目中的"河西走廊"、文化聚集的宝地。

府谷秦代建县，为上郡富昌县。西汉初年，将上郡东北、黄河秦晋两岸地区分出，置西河郡。汉高祖七年（前200），复置富昌县，属西河郡。根据现有资料，富昌县是府谷建县之始。据《水经注》卷三河水（黄河）记载：河水又右，得湳水口。水出西河郡美稷县，东南流……羌人因水而氏之。汉冲帝时，羌湳狐奴归化，盖其渠帅也……湳水又东，

421

迳西河富昌县故城南，王莽之富成也。湳水又东流，入于河。湳水在内蒙古境内称纳林河（川），流长80公里，与发源于准格尔旗布尔陶亥乡点素敖包的十里长川在府谷相汇后称黄甫川（府谷境内流长47公里），在府谷县川口村流入黄河。汉西河郡所辖美稷县，东汉时曾为南匈奴王庭所在地，今内蒙古准格尔旗纳林村古城即为美稷故城，著名的“文姬归汉”的故事就发生在这里，该城在汉匈关系史上有着十分重要的地位。从《水经注》的资料中可以看出，在汉代，今府谷、准格尔旗的先民为羌族，因湳水而得氏名，称羌湳狐奴。汉冲帝时，羌湳狐奴亦随南匈奴归附汉朝。湳水东岸的富昌城为今府谷县古城镇古城村，富昌县辖地为府谷东部和准格尔旗东南部，可以这样讲，黄甫川是富昌县的母亲河，一条黄甫川，半部府谷史，府谷悠远的历史就是从这里汩汩流出……

汉因秦制，西汉政府为了抵御北方匈奴，同时也为了缓解中原地区饥荒灾害和人口增加而带来的社会矛盾，曾多次“募民迁徙塞下，屯田筑城”，富昌城因此成为北方重要军事、商贸中心，全国31处盐官之一。大量的移民和戍卒在黄甫川谷地开垦荒地，亦农亦牧，使富昌县的经济得到迅速发展。“田畴四布、人民炽盛、牛马衔尾、群羊塞道”，富昌县成为西河郡三十六县之首，“富足昌盛”的县名也由此而来。汉武帝时，祁连将军田广明率四万精兵从富昌城出发，沿黄甫川经美稷城攻打匈奴，进一步巩固了五原、朔方两郡的防务。东汉时期，匈奴分裂为南北两部，南匈奴王庭由云中郡（今内蒙古自治区托克托县）移驻到纳林河畔的美稷城。南匈奴单于每年都遣子“奉奏”汉帝，朝廷每年都给南匈奴单于大量赏赐，汉匈关系十分密切。王莽时期，将富昌县改为富成县，东汉时撤销，并入平定县。东汉中期以后，北方战乱不断，西河郡百姓大量南奔，建安二十年（215），延安以北郡县俱废，黄甫川两岸成为匈奴、羌人牧场，碧草如毡，一片葱郁。东汉末年，中原大乱，兴平二年（195）南匈奴左贤王趁机叛乱，沿黄甫川南下，将名满天下的才女蔡文姬掳到了美稷城，蔡文姬在纳林河畔忍辱偷生12年，创作了后世广为传唱的《胡笳十八拍》："越汉国兮入胡城，亡家失身兮不如无生。毡裘为裳兮骨肉震惊，羯羶为味兮枉遏我情。鼙鼓喧兮从夜达明，胡风浩浩兮暗塞营。伤今感昔兮三拍成，衔悲畜恨兮何时平……"文姬的悲惨遭遇深深感动了曹操，他派使者携黄金千两、白璧一双向左贤王赎人，最终，文姬得以归汉。此时的蔡文姬，已为左贤王生下两个儿子，她强忍着生离死别的巨大悲痛，用血和泪给中国诗歌史上贡献了第一首自传体七言长篇叙事诗《悲愤诗》："嗟薄祜兮遭世患，宗族殄兮门户单。身执略兮入西关，历险阻兮之羌蛮。山谷眇兮路漫漫，眷东顾兮但悲叹。冥当寝兮不能安，饥当食兮不能餐。常流涕兮眦不干，薄志节兮念死难。虽苟活兮无形颜，惟彼方兮远阳精。阴气凝兮雪夏零，沙漠雍兮尘冥冥。有草木兮春不荣，人似兽兮食臭腥。言兜离兮状窈停，岁聿暮兮时迈征。夜悠长兮禁门扃，不能寝兮起屏营。登胡殿兮临广庭，玄云合兮翳月星。北风厉兮肃泠泠，胡笳动兮边马鸣。孤雁归兮声嘤嘤，乐人兴兮弹琴筝。音相和兮悲且清，心吐思兮胸愤盈。欲舒气兮恐彼惊，含哀咽兮涕沾颈。家既迎兮当归宁，临长路兮捐所生。儿呼母兮啼失声，我掩耳兮不忍听。追持我兮走茕茕，顿复起兮毁颜形。还顾之兮破人情，心怛绝兮死复生。"呜咽的纳林河飘来了蔡文姬凄凉的悲歌，也留下了她无尽的伤叹……

隋炀帝在处理民族关系问题上很有作为。大业三年（607）四月，他垔10万兵士和官员从关中出发，一路北上经黄甫川过富昌城抵榆林郡（今准格尔旗十二连城乡）。隋炀帝"观鱼于河，宴请百官"，在城东设千人大帐，竭尽奢侈，宴请突厥启民可汗及其部落首领。启民可汗等喜且惊骇，献牛羊驼马数十万头，并表示"意率部落变更衣服，一如华夏"。隋炀帝大喜，吟出了《车驾次榆林幸启民所居赋诗》："鹿塞鸿旗驻，龙庭翠辇回。毡帐望风举，穹庐向日开。呼韩顿颡至，屠耆接踵来。索辫擎膻肉，韦韝献酒杯。何如汉天子，空上单于台。"从这首满怀豪迈之情的诗歌里，我们仿佛看到了当年杨广一统山河，万邦来朝的喜悦之情。确实，隋炀帝有资格讥讽汉武帝，那种仅仅依靠猛将雄兵使匈奴人臣服的办法，真有点小家子气，十分笨拙。杨广用自己的气度和智慧征服了草原部落，不战而屈人之兵，善之善者也。隋炀帝此次北巡和之后在河西走廊的张掖会盟一样，都名垂青史，成为华夏各民族和平共处、团结友爱的典范。欢快的黄甫川，有幸见证了这一盛举，亦在其厚重的历史上加上了浓重的一笔。

唐初实施"去奢去费，轻徭薄税"等政策，将党项羌人和关中汉民迁徙到麟府，安置"外流人口"屯田和军士屯田，黄甫川流域再一次焕发出勃勃生机，牛羊遍地，炊烟新起……

唐代诗人温庭筠在《苏武庙》中描述当时黄甫川两岸美景，"苏武魂销汉使前，古祠高树两茫然。云边雁断胡天月，陇上羊归塞草烟"。苏武庙在黄甫川西岸的芭州城内。当时的府谷，"枯桑盖地，海水连天"，是北方重要的农牧区。唐德宗时，宰相李德裕在《李文饶文集·论兵要》中记述："访闻麟胜两州中间，地名富谷，人至殷繁，盖其甚实……"麟州为今陕西省神木市，胜州在今准格尔旗十二连城乡，两州的中间地带大多为黄甫川流域，这一记述再一次印证了当时黄甫川流域物阜民殷，十分富足。

宋元时期，府州盛产良马，"凡马所出，以府州为最"，折御卿曾进贡宋太宗一匹名为"碧云霞"的良马，上山下岭，如履平地，被称为"御马第一"。当时的黄甫川草丰水美，极宜牧马，许多藩户既会养马，又会相马，他们经常沿黄甫川出入宋辽边境，进行贸易活动，府州马市十分活跃，仅在宋天圣年间（1023—1032），朝廷在府州藩汉区买马达 34900 多匹，遣兵押送京城，就近派发诸军。此时的黄甫川，马蹄声不绝于耳，成了一条贸易大道。

府谷元代的历史很少，但在《大元一统志》中却记载了府谷黄甫川盛产玛瑙，岁遣官采之，自至元二十六年（1289）始。根据我和府谷石友们多次踏访，府谷玛瑙的原矿在黄甫川上游准格尔旗暖水乡敖包梁一带。这里的玛瑙经过亿万年的风霜雨雪，寒暑蒸腾，每年山洪暴发之时，便从暖水的山梁上沿黄甫川冲入黄河，再经黄河水千凿百锤，滚刷挤碰，把原矿的杂质冲洗得一干二净，便成了蒙古王公贵族十分喜爱的贡品，佛家"七珍"之一。

静静的黄甫川由宋元流到了明清，又一次成为民族融合的大通道、文化交流的大走廊。明朝建立后，实施移民实边的国策。明洪武二十八年（1395）元月，朝廷诏令山西都指挥司属卫马步官军 26600 人往塞北筑城屯田，此次很大一批军士迁到了府谷黄河和黄甫川流域，一直到明成化二年（1466），又有大批移民从山西洪洞县迁到了黄甫川两岸。他们伐林开荒，建村立寨，繁衍生息，府谷许多以姓氏命名的村落就是在这一时期形成的，如刘家坪、蔺家坪、郝家圪台、秦寨、贾家湾、李寨等，黄甫川继秦汉之后，又一次成为汉族的主要聚集区。明朝成化年间，套人（鞑靼族）大掠陕北，京畿震动，延绥巡抚余子俊上书朝廷，敦请快筑边墙。成化十年（1474）元月，朝廷诏令余子俊主持修筑延绥镇内长城。余子俊动员将士民夫 4 万余人，在许多地段上同时开工，历时三月，修筑完成了东起府谷墙头村、西至定边花马池的延绥长城。黄甫川堡为延绥镇三十六营堡黄字第一堡，扼控黄河、黄甫川，战略位置十分重要。该堡管辖长城地段25里，有边墩22座，进入关口数处，关城2处，驻副总兵或参将1员，兵额1600余名。明正德十三年（1518）十月初六，明武宗正德皇帝从河曲唐家会祭祀河神后，乘舡（船）钓鱼，在黄甫川入黄河处杨家川口登岸，起銮（至）府谷、榆林，黄甫川两岸山川震动，旌旗林立，军屯云集。明武宗是继隋炀帝后巡视府谷的第二个皇帝，此次巡边对开发陕北、巩固边防起到了十分重要的作用。明朝中期以后，在长城沿线与蒙古人通商互市，陕北最大的市场有三处：一处为榆林红山易马市，一处为神木口（由府谷镇羌堡管理），另一处为黄甫川堡。此三处皆为国家级互市，蒙汉客商云集，蒙地的牲畜、皮毛、甘草、盐碱等，汉地的粮油、布匹、茶叶、棉花等在麻地口和黄甫交易，盛极一时。官府在麻地口玄天庙北口子设置盐官和税官，管理市场，黄甫川成为蒙汉边贸的黄金大道，两岸村镇日渐富庶，"金黄甫、银麻镇"富甲塞北。明朝末期，陕北连年遭灾。崇祯元年（1628）十一月，黄甫川东岸大宽坪村王嘉胤揭竿而起，拉开了明末农民起义的大幕，安塞义军高迎祥携部来投，震动山陕。历史在黄甫川开了个天大的玩笑，与大宽坪村相距不到10公里的红泥寨进士王继谟（宣大总兵）和府谷城尤氏三雄尤世威（山海关总兵）、尤世功（沈阳游击将军）、尤世禄（宁夏总兵）则拼死保卫大明王朝，血染沙场，以身殉国。这些府谷豪杰，为了自己忠贞不渝的信仰，同室操戈，殊死拼杀，此时的黄甫川，则变成了澎湃汹涌的大江大河，她的儿女用鲜血和忠义在明史上留下了可歌可泣的一笔……

清初，朝廷实施联蒙抑汉的政策，在陕蒙边界东起黄甫川堡墙头村，西至定边花马池，划出宽约50里、长约1700里的"禁留地"，俗称"黑界地"，蒙人不得放牧，汉人不得耕种，彻底阻止了蒙汉人民隔着边墙拉话的权利，分而治之。康熙三十六年（1697），康熙帝统率六师，第三次亲征噶尔丹，二月三十日从山西保德康家滩驻跸府谷县，开始巡视陕北沿边六县。看到"人多穴居，军民生计困难"，而边墙外经过50多年的休耕，草木茂盛，土地肥沃。康熙帝返京后则令理藩院开放"禁留地"，允许汉民耕种，史学界称之为"康熙放边"，此为府谷人走口外之发端。"头一天住古城，走了七十里，虽然路不远，我跨了三个省；第二天住纳林，碰上个蒙古人，说了两句蒙古话，甚也没听懂"，这是府谷二人台《走西口》的原唱词。一代又一代府谷、河曲、保德人，沿着黄甫川，唱着《走西口》，来到了敕勒川、阴山下、大后套，修渠拓荒，耕田牧羊，形成了中国北方人口迁徙的高潮。据不完全统计，现在内蒙古的府谷籍人口远超150万，他们的祖辈大多是沿黄甫川北上到了内蒙古。人口的迁徙必然会带来文化的交融，不舍昼夜的黄甫川从民国流到现在，孕育出了北方两朵艺术奇葩。2008年，府谷二人台和准格尔旗漫瀚调同时列入第二批国家非物质文化遗产名录。一个小川，如此神奇，多情的纳林河、美丽的黄甫川，成为中国音乐长河中不可缺失的重要支流，传唱着《走西口》《五哥放羊》《妖精太太》《二少爷招兵》等动人的故事，大摇大摆的黄甫川继续挟万古豪情，裹两岸清风，潇洒东流……

行文至此，应该给大家科普一下：黄甫川是晋陕峡谷北部黄河一级支流，流域面积3246平方公里，全流域人口约8万人，有沙圪堵、纳林、暖水、长滩、古城、麻镇、黄甫7个重要集镇。地貌特征黄土梁峁沟壑，为干旱与半干旱气候，平均年降水为350～450毫米，一般发生在6—9月，是鄂尔多斯高原暴雨中心……

白 狼

—— 一个陕北歌王的文化记忆

谭玉山

　　狼是自然界复杂而美丽的生命。在狼的身上，我们发现了人类所需要的许多东西，正如英国动物学家绍·艾利斯所说："在所有哺乳动物中，最有情感者，莫过于狼；最有韧性者，莫过于狼；最有成就者，还是莫过于狼。"狼渴望自由的生活，有着独特的智慧和天赋，适应环境能力极强。自古以来，北方蒙古族视狼为战神，狼成为他们民族的图腾。受草原文化的影响，地处秦晋蒙接壤区的府谷，百姓们认为狼是山神爷的化身，守护着他们祖祖辈辈居住的大山。

　　"道人不是悲秋客，一任晚山相对愁。"有时，人的情绪会随着季节的变化而变化。入秋以来，看到处处草枯叶黄，我不由得想到一个民间艺人的离世，是否就意味着一座小型博物馆的倒闭？民间艺术如何传承？这些问题萦绕在心头，挥之不去，让我苦闷至极。"找白狼去"，在我苦思冥想之际，这个念头如同夜空的闪电瞬间让我有了方向，白狼有讲不完的故事，有府谷近百年的民间文化积累，答案就在他身上。于是，我立刻知会县二人台研究会郭侯绪会长，直奔白狼家，再一次倾听他走口外刮野鬼的故事……

　　1924 年，白狼出生在陕西最北端的府州城，这座老城始建于五代时期，1100 多年来一直是府谷政治、军事、经济、文化中心。府州城依山临河，像一只猛虎蹲踞在黄河岸边，巍峨险峻，扼守秦晋，素与葭州比雄，自古就有"铁葭州、铜吴堡、攻不破的府州城"之说。城南有刘家川渡口，解放前一直是黄河漕运的重要码头，内蒙古河套和呼包一带的粮油、畜类、皮毛、甘草、盐碱等通过船筏运到府谷，再由本地脚夫赶着驼队驮到太原、神木、榆林等地，或在府谷中转后，经船筏运到下游神木、兴县、佳县、吴堡、碛口等地。船筏北上时又将内地布匹、棉花、成衣、茶叶、水烟、糖、酱、调味品、糜谷、铁器等运到内蒙古，有民谚云："南来的茶布、水烟、糖，北来的肉油、皮毛、食盐粮。"每年秋汛和桃花汛期间，河道里船筏上百，昼夜川流不息，纤夫的号子声、商贩的吆喝声、戏班的鼓乐声不绝于耳，回荡在秦晋两岸，其景壮观，恰如一幅府谷的《清明上河图》。府谷旧志中有诗曰"一年似水流莺啭，百货如云瘦马驼"，就真实记述了当时府州城的商贸繁荣。

白狼家位于府州城的中心，南为文庙，北靠县衙，西临大街。当时的老城有横贯东西的大街2条，坊巷12条，店铺林立，商号众多，有20多座庙宇散布在城中的大街小巷。每年春节、元宵节和庙会期间，各地戏班云集于此，加之许多商号还经常举办堂会、寿宴等活动，一年四季晋剧、二人台、八音会、说书等演出不断，红火热闹。生活在这样的环境里，白狼从小就耳濡目染，从四五岁起就可以唱山曲、二人台，六七岁时他渴望当一名晋剧演员，每逢晋剧演出，白狼场场不误，演员台上演，他在台下学，连饭也顾不上回家吃，这期间他便学会了《拾玉镯》《三娘教子》等好多晋剧唱段。白狼是家中的长子，父母亲看到他整天学戏唱曲，觉得他不务正业，便经常对他责罚教育，设法阻止他和戏子们搅混在一起。8岁时，为了让他走上正道，父亲把白狼送到了家门前文庙明伦堂读书识字，希望他能像邻居阎门三进士那样读书当官，光宗耀祖。"我就不爱念书，念书不如唱山曲痛快"，这是我采访白狼时他经常说的一句话。生性倔强的白狼并没有顺从父母，仅仅上了几个月学便逃课、辍学。从此他再未走进书房门，继续跟当时府谷"苏家戏班"

苏三根、苏凤琪、苏庭祥等学唱二人台，甚至跑到40多里外的孤山杨家畔村跟老艺人王留成人学唱戏。当时，誉满秦晋蒙的大贵红、杨兰兰、小电灯（丁玉英）等晋剧名家经常来府州城演出，白狼场场不误，学戏如醉如痴。白狼有一副好嗓子，加之他天资聪颖，一听就会，任何拗口的词句曲牌他最多学三遍便能熟练掌握，并演唱自如。他天生胆大，一学会新曲就给众人演唱，许多人听后夸奖他是个唱曲的"神童"。看到儿子痴心不改，白狼的父母也只好随他性子，任其所为。到十几岁时，勤学好记的白狼便学会了他所听过的艺人们的几乎所有曲调，晋剧、二人台、山曲、蒙汉调等都可以唱得有板有眼，韵味十足，甚至可以登台表演整本说书《太君辞朝》《呼延庆打擂》《雷保童投亲》等。学艺不如偷艺，白狼的学艺经历实际上是我国民间艺术传承的一个重要途径和方式，许多民间艺人在不经意间把自己的拿手技艺传给了一个从未拜过师的孩童，这个孩童长大后又将学来的东西消化、融通，逐渐形成了自己的艺术风格再传给别人。白狼不同于陕北的其他乡村艺人，府州城丰富多彩的民间文化让他兼收并蓄、海纳百川，这为白狼以后的艺术道路打下了坚实的基础。14岁时，白狼的父母给他订了一门亲，18岁时就让他早早结婚，父母希望用媳妇拴住儿子的心，同时，分家时给他分了一头毛驴，让他当脚夫，挑起家庭的担子，做一个本本分分的人，踏踏实实过日子……

> 走沙滩、睡冷地，
> 梦也不梦受这罪。
> 大圪蛋山药黄米汤，
> 天爷爷攥在这路上……

　　在陕北，脚夫又称"脚户""赶脚的""赶牲灵的"等。他们终年赶着驴骡往返各地运货、驮人，与云贵高原的"马帮"和丝路上的"驼队"一样，是 20 世纪 50 年代以前中国特殊的劳动群体。作家高建群曾经说过："苦难的陕北，每一个生命来到人间，它的同义词就是'受苦来了'，从呱呱落地的那一刻起，你就得肩负着一个沉重的使命，这个使命就是使自己活下去。"这段精辟的论述，白狼当脚夫走口外的经历给予它最有力的佐证。1942 年，新婚不久的白狼便和父辈们一样，当脚夫走口外谋生，从此经历了种种磨难。他每年正月初便出门，每天至少要走 80 多里山路，冬天喝冰雪水，有时一整天也吃不上饭，饿得前心贴后心。冬天晚上无法住店时，只能在冰天雪地里哆嗦一夜，冻得手脚都是疮。夏天头顶骄阳，牲口都热得喘不过气来，他好多次中暑昏了过去。有一次他从准格尔旗喇嘛湾乘船过黄河，驮货的毛驴掉到了河里，这是白狼全部的家当，他不顾一切跳下河拉驴，不熟水性的白狼险些丧命。在内蒙古头道柳、坝梁、沙蒿塔等地多次遭遇土匪，同伴被杀，白狼有时奋起反抗，有时巧妙周旋，由于他人缘好、讲义气，许多同伴宁可自己挨打也拼命保护他，所以白狼经常化险为夷。有一年正月，他一个人从包头石拐煤矿往府谷拉死人，在过黄河时由于雾大冰滑，毛驴和棺材都丢了，他整整寻了一天一夜，差点冻死在冰河上。为了多挣几个钱养家糊口，他甘冒杀头坐牢的风险，多次经过白区给八路军拉火硝和盐，打探情报。白狼经常对人们说，他"刮野鬼"受的苦三天三夜也说不完，但天性乐观的他最终挺了过去。音乐是生活最美好的一面，当生活的苦难压得白狼喘不过气来的时候，唱曲便成了他主要的精神支撑，正如他所唱的："唱曲容易得调难，学会唱曲解心宽。"白狼在当脚夫的 10 多年间，常年行走在空旷、寂寞的山梁沟峁和草原、戈壁上，或者晚上歇息在简陋的大车店，唱曲成了他最主要的排遣苦闷方式。白狼经常去绥远（呼和浩特）、包头、后套、太原、榆林等地驮人驮货，走过的路可以绕地球好多圈。他一路走来一路唱，同时又不断学习当地的民歌山曲，特别是在包头，他学会了当时著名的二人台艺人樊六唱的《方四姐》《小姑贤》《茶瓶记》，学会了季瞎子唱的《栽柳树》，学会了白灵旦唱的《叫大娘》，在准格尔召赶集时学会了山西民歌《刘胡兰》……走口外的生活经历为白狼提供了丰富的艺术营养，使他的演唱水平不断提高。

关于他得名"白狼"的原因，有三种说法，一种是他嗓子好，唱曲几天几夜也不累，音调又高、又长、又直，行腔跌宕、简洁，而且他经常在夜里走路时唱曲，很像狼的呼号，所以人们就叫他"白狼"；又一种说法是他有一次住到了一个大车店，半夜土匪抢劫，他反穿皮袄纵身跃过墙头，众匪大惊，皆以为遇到了白狼；第三种说法是他去后套一个相好的家串门，不料那个小媳妇的男人突然回家，于是，他蒙上皮袄夺门而逃，那个男人被吓得瘫软在地，惊呼白狼。关于这三种说法，我曾多次问白狼哪种正确，老人总是眯着眼笑着回答："还是第一种说法好，不过，都有点模样。"实际上，这三种说法糅合在一起才能体现白狼铁骨柔情的性格特点，他就是这样一个无拘无束、有胆有识、敢爱敢恨、充满野性的男人。在陕北，人们把有野性的男人称为狼，"白狼"自然就是狼中之王。我不想多问白狼在西口路上的风流往事，但是可以想象，一个身高一米八五、相貌堂堂、彪悍英武、唱曲又能撩人心扉的帅小伙，肯定是许多俊女子、小媳妇的崇拜对象，他散落在西口路上的爱情故事也许会很多很多……

白狼是府谷民歌《摇三摆》的词曲原创者。有一年，他去内蒙古乌兰沟赶脚驮货，看到前边有一个女子长得十分漂亮，走路一摇三摆，好像水上漂，于是白狼触景生情，用几天时间便创作了广为传唱的《摇三摆》：

> 大摇大摆你大路上来，
>
> 你把你那小白脸脸掉过来。
>
> 你叫我掉过来我就给你掉过来，
>
> 有什么灰心思你说出来。
>
> 满天星星一颗颗明，
>
> 满村村就挑下妹妹一个人。
>
> 你给我喂上个红格丹丹嘴，
>
> 再一回来了亲死你……

美丽的乌兰沟姑娘轻轻一扭扭出的《摇三摆》，是白狼一生的扛鼎之作，它与《走西口》《五哥放羊》等俱为脍炙人口的府谷经典名歌。《摇三摆》道出了府谷人大大咧咧、勇敢无畏、豁达率直、乐观自信的性格特点，90多年来在府谷城乡广为传唱。此后，白狼还陆续创作了独具自己风格的《对花儿》《偷南瓜》《四大对》等民歌，这些民歌至今还在各地传唱。有一次，他去包头南海子的一个戏园子看戏，有一个观众认识白狼，让他唱山曲，于是，白狼即兴唱了《水刮西包头》《珍珠倒卷帘》，许多艺人听后大为赞叹，观众掌声如潮，他自此声名鹊起，白狼的名字开始被人们熟知。西口路上，许多店家设法让白狼住他们的店，免费为他提供食宿草料，许多住店的客人整夜不睡觉，围坐在白狼周围，听他唱曲说书，他所住的车马店顾客盈门，处处欢声笑语。有的店掌柜还专门宰鸡杀羊款待白狼，他成了深受口里口外店家和百姓喜欢的红火人、山曲王。

一劝人，众位老乡们听，

天上有个北斗星，

地下有个毛泽东，

一统天下为人民，

老乡们听。

二劝人，庄户人家听，

劳动生产要加劲，

劳动生产要加劲，

一定能过上好光景，

庄户人家听……

　　解放后，随着许多公路的修通，脚夫这个充满时代色彩的职业也逐渐消失。但自在惯了的白狼又加入了运输队，赶起了大车，威风凛凛、欢天喜地地往返于陕北和山西、内蒙古各地。他紧跟形势，用老调唱新词，歌唱对新社会的热爱和对美好生活的追求。1962 年，人民公社成立，运输队解散，白狼也只能老老实实回家种地。"府州城有七道城门和四堵城墙，还困不住我一个狼"，采访时，白狼十分诙谐地给我讲起他这段往事。破"四旧"特别是"文化大革命"期间，演唱水平正处于巅峰的白狼尽管满肚子民歌、山曲、二人台，但他从不敢给人唱，实在憋闷得不行，便偷偷地跑到黄河滩上或没人的山洼里一个人猛唱一阵，这有点像南方堰塞湖开挖导流明渠，是的，在堰塞湖开挖导流渠是为了泄洪，以防决堤，而白狼也是在泄洪，他是通过唱曲来宣泄自己的情感，以防自己被压抑得崩溃、发疯。多数时间里，他大唱《东方红》《大海航行靠舵手》等革命歌曲和《红灯记》《智取威虎山》等样板戏，府州城到处回荡着他苍劲的歌声。"你在'文革'时没有被批斗过吗？"当我问及这个话题时，老汉又眯着眼睛狡黠地笑道："咱脑筋活络着哩，公家让唱啥我就唱啥，他们还经常表扬我。"我接着又问："这段时间你还编创过什么民歌，还在外边演出过吗？"白狼听了长叹一口气，"唉，我什么也没编，主要是不敢，也没有到外地演出过，那会儿我的嗓子最好，唱陕北民歌的我谁也不服，没办法，只能老老实实种地，白活了。"这番话道出了他那个时候的无奈和辛酸。我们可以想象，一个90岁高龄的老人现在仍能字正腔圆地唱出那么多天籁般的民歌，他壮年时的演出水平一定是炉火纯青，一定能让神鬼泣、天地惊。如果当时有现在的文化氛围和传媒手段，白狼肯定会大红大紫成为明星，但生活从来没有假设和如果，除府州城坚实的城墙外，还有更高更厚的墙困着他，让他痛苦呻吟，让他麻木凋谢……

> 毛主席生前巧安排，
> 华主席为我们除四害。
> 春天细雨夏天的风，
> 华主席和咱心连心。
> 革命传统记心头，
> 跟上华主席去战斗……

这是白狼1977年参加陕西省文艺调演时唱的一首歌，也是他生平第一次站在省城西安的舞台上唱歌，这次比赛白狼获得了优秀奖。回到府谷后，县上领导和亲朋好友纷纷到他家里祝贺，这着实让白狼高兴了很长时间。之后，为了补贴家用，他开始在县城十字街边卖油糕边唱山曲，他的小摊前经常被人围得水泄不通，山曲还未唱完，东西早已卖光。有的人为了听他唱山曲，干脆把油糕全买下，让他专心好好唱，这个时候的白狼开始美滋滋地过着他的舒心日子。2000年后，白狼几乎每年都要到中央电视台参加节目录制，与阿宝、王向荣等民歌手同台献艺，央视陆续播出了他唱的《摇三摆》《五哥放羊》《十对花》《二道圪梁》等民歌。2004年，在中央电视台首届"西部民歌大赛"中，80岁高龄的白狼老当益壮，一展雄风，获得铜奖。2007年，西安九音唱片公司整理发行了他的个人清唱专辑，同年，白狼又赴北京参加了中央音乐学院"黄土恋歌"演出，自此，他获得"陕北民歌的活化石""陕北歌王"的美誉。一个从西口路上走来的脚夫，终于在耄耋之年，用他的小曲小调唱出了黄钟大吕之势，赢得了无数观众的掌声和音乐界专家的好评。

现在，90岁高龄的白狼已五世同堂，儿孙们对他十分孝顺。他身体健硕硬朗，嗓音依然浑厚、高亢，老人每天在城墙边上散散步，在城门楼里唱唱曲，在老街上和邻居们拉拉话，过着闲云野鹤般的自在生活。前不久，白狼的儿媳和孙子花了几个月时间将他会唱的歌词整理成文字资料，县文化馆也将他的一些经典民歌、二人台录制成音像资料。2014年7月，西安音乐学院马东霞教授专门把他请到西安，用3天时间录制了他63首民歌、山曲、二人台资料。但白狼认为自己会唱的东西太多了，这些资料只是一小部分。他希望更多的专家学者来采访，一方面陪他解闷，另一方面还可以整理出更多的好东西。确实，民间艺术的传承是我们必须破解的难题，白狼是陕北高原上一个民歌手永恒的文化记忆，许多东西可能永远完全无损地装在他记忆的盒子里，我们可以把白狼所有的民歌、山曲、二人台、晋剧、说书等资料全部记录保存下来。但是，白狼只有一个，是不能复制的，他所珍藏的戏班庙会、社火玩艺儿、荒漠古道、店家女人、骡马牲灵等文化记忆是谁也无法全部记录的。但文化必须传承，我们要从一代又一代的民间艺人身上汲取养分，按照艺术特有的规律去继承、去发展，创造出与时代同步的艺术精品。一个民间艺人就是一个时代的符号，他记录了艺术发展的一段道路，但艺术的道路很长很长，还需要一代又一代人自己去摸索、去奋斗，只有这样，才能够走出属于自己的星光大道。

采访结束后，当我沿着府州城古老的城墙返回时，又看到了那布满青苔的石条罅缝中有许多嫩绿的小树在迎风摇曳，听到了城下黄河川流不息的滚滚涛声，突然明白艺术不会老死，它肯定会不断地生根发芽、开花结果，肯定会百折不回、奔流不息……

白狼，大名柴旺，小名柴根儿、柴根。

漫谈黄河府谷段的碛与沙

傅凯顺

碛，就是河流中的沙石，也指沙石上湍急的流水。杜甫《送人从军》诗"今君渡沙碛，累月断人烟"，就指的是沙漠中的落差。黄河上的泛指上下河床落差较大而形成的跳崖水，或是两岸支流洪水裹挟的沙石聚集而成的险滩，这种险滩又称为"沙"。黄河行船遇到碛，须谨慎驾驶方可安然通过。船只下行过碛，艄公是绝对权威，不得有半点闪失，因为稍有不慎便会船毁人亡。因此，经常跑河路的船工都是谈碛色变，望而生畏。上行船过则要靠纤夫的力量拉过去，远没有下行船那样惊险。黄河岸边陡峭的山崖使纤夫无法立足，石匠用凿子凿出一个个脚窝，称之为"纤道",过碛就是踩着纤道拉着船前行。苏轼《自金山放船至焦山》诗:"云霾浪打人迹绝,时有沙户祈春蚕。"在某些河段,由于水流速度缓慢,挟沙能力减弱,泥沙淤积于河床内,在水位较低时沙滩可露出水面,在岸边的称为"边滩",在河心中的称为"心滩"。平坦的沙质海岸也称为沙滩,黄河河心的沙滩俗称为"沙",船只过沙远没有过碛那样危险,但同样十分艰难。走不对航道,船只往往在沙滩搁浅,船工下船推船或拉船,经常陷入沙中而不能自拔,有时要等上十天半月水涨了才能驶出沙滩。

黄河流经内蒙古,由墙头进入陕西府谷境内,经墙头、尧峁、后冯家会、前冯家会、段家寨、大泉沟、上川口、下川口、府谷县城、碛塄、郝家角、园子㟆、白云乡进入神木境,境内全长 108 公里,占黄河全长 5464 公里的 1.9%。境内流域面积 2760 平方公里,占全县总面积的 86%。年平均流量为 822 立方米/秒,年径流量 259 亿立方米,年输沙量 3.6 亿吨。1977 年 8 月 2 日,实测最大流量 11100 立方米/秒,历史调查最大流量为 11500 立方米/秒(1877 年 5 月 2 日),因天桥水电站调节,下游最小流量出现过 46 立方米/秒(1978 年 5 月 14 日)。黄河在府谷境内形成 9 个碛或沙,十分险峻,黄河流量达到一定值时,大堡沙吼声如雷,蔚为壮观。

黄河从内蒙古准格尔旗龙壕奔腾咆哮而来,自西向东经墙头、尧峁、前冯家会、后冯家会有一段平缓的河道,到了段家寨经 90 度的急转弯折向西,这里就是府谷境内的第一架碛——死河碛。死河碛由山西河曲县邬家沟河和樊家沟河共同冲积而成。邬家沟河发源于河曲县下邓草坪村,由东面转而向西南,在常家塌村又汇入一条支流,流经树儿梁、刘家塔、楼子营、巡镇、五花城 5 乡 14 村,由铺路村汇入黄河。流域面积 73.6 平方公里,干流长 21 公里,平均纵坡 19.5%。樊家沟河发源于侯家沟，经双庙、黄板由巡镇注入黄河，全长 10 公里，流域面积 31 平方公里。樊家沟河的水带有矾质，冲入黄河可以将鱼冲晕，两岸百姓经常借此机会去捡鱼。洪水季节，邬家沟河水挟着泥沙巨石滚滚而来，却遇黄河在段寨急转弯，流速骤减，又遇樊家沟河水迎头堵截，致使泥沙巨石沉积于河道形成碛。死河碛河面宽约 1500 米，落差约 30 米，比降为 3%。落差大，水流急，河面宽，巨石裸露，河床不稳，变幻莫测，巨浪滔滔，上下行船无法避绕，故名为死河碛。为排除航道危险，1957 年 6 月山西省交通厅内河科黄河炸礁队专门至河曲境内炸礁，重点是死河碛。虽然炸掉了一些巨石，但船只通行仍十分艰险。东岸山西河曲县的巡镇古名"马得水"，明洪武九年（1376）设巡检司，至明末废，是河曲县的第一大镇，集市贸易十分发达。由黄河冲积而成的河台地平坦而肥沃，老百姓十分富裕。西岸是黄甫镇的段寨村。

新碛，是府谷境内的第二架碛，由河曲县的县川河（古名涧河）冲积而成，县川河发源于神池县的王家洼，流经神池、偏关、五寨、河曲 4 县，全长 112.2 公里，流域面积 1587 平方公里，由河曲县旧县乡禹庙注入黄河，年平均径流量 0.832 亿立方米，河道平均比降为 6.81%。县川河从河曲县的土沟乡榆岭坪村入河曲境，流经土沟、红崖峁、沙泉、葛真龙、旧县等 5 乡 29 个行政村，全长 49.85 公里，流域面积 487.3 平方公里。县川河为时令河，初春有少量消冰水流过，到 4—6 月断流。8—9 月暴雨形成洪峰，乱石滚滚，泥沙俱下，由东向西横贯河曲南部丘陵沟壑区，洪水过后即断流。河道迂回曲折，河床呈"V"字形，宽 30～50 米。由裸露的石灰岩、砂卵石相间构成。两岸以"V"字形坡发展没有川间谷地，纯属深切河道。因此，乱石都随洪水倾入黄河。新碛一带河床宽约 500 米，属于河床狭窄地段，水深流急，河底是石灰岩，巨石林立。这里行船避让至陕西岸一般可以顺利通过。旧县为原河曲县的县城所在地。宋太平兴国七年（982）建火山军，宋治平四年（1067）置火山县。杨家将的祖先被称为火山王即杨继业的祖父杨弘信，其父杨重勋为火山军首领。旧县历金、元、明三代，直至清乾隆二十九年（1764），县治迁至河保营，即今日的河曲县址。县川河因旧县而得名，旧县经三朝400多年的建设，规模宏大，设施齐全，人口稠密，市井繁华。由于县川河就在县城入黄河，历朝官绅对县川河的治理十分重视，修堤筑坝，严防死守，唯恐洪水淹没县城。据历史记载，洪水流经县城没有造成任何危害。县城迁往河保营后，旧县县城从此凋敝，往日的繁华不再，留下的只是残垣断壁。从此，县川河无人问津，植被屡遭破坏，乱采乱挖现象与日俱增，一遇洪水，泥沙俱下，乱石滚滚，注入黄河，久而久之就形成了碛。新碛相对于其他几架碛形成较晚，故名新碛。县是旧县，碛是新碛，相映成趣。王嘉胤起义军攻下河曲县城，即现在的旧县，西岸是悬崖峭壁，是黄甫镇大泉沟村和川口村。

白头浪碛，由黄甫川河冲积而成。黄甫川河发源于内蒙古准格尔旗牛武城点半沟，自内蒙古小石拉塔流入府谷县境，流经古城、麻镇、黄甫三个乡镇，黄甫下川口村汇入黄河。县内流长48公里，占该河全长127公里的37.8%。黄甫川在府谷县内流域面积418平方公里，占全流域面积3241平方公里的12.9%。年平均流量为6.43立方米/秒，年径流量2.028亿立方米，7—9月占70.9%；年输沙量6120万吨，7—9月占91.3%。最大流量记录为1972年7月19日的8400立方米/秒，最小流量为0，大多数年份均可出现。黄甫河流经黄土丘陵沟壑区，地表覆盖多为黄土和羊肝石。基本没有石灰岩、沙页岩等耐冲刷的巨石，洪水挟带的多为泥沙和卵石。河床最宽处可达1.5公里，最窄处也在500米以上，主航道或东或西游荡不定，发一次洪水就改变一次主航道，所谓"三十年河东，三十年河西"也。河底除个别地段外多为泥沙，行人过往要十分小心，车辆更是举步维艰。黄甫河挟带着大量泥沙、卵石出川口进入黄河，形成白头浪碛，白头浪碛处黄河河面宽1500多米，泥沙沉积，卵石裸露，遍布河滩。枯水季节上游的清水冲入卵石林中，溅起无数浪花，远看就像一个个白发老人在河中嬉戏，故名"白头浪"。黄甫曾经商铺林立，商贾云集，车水马龙，人烟稠密，南有数座牌楼相连，北有城隍庙等建筑。登上山巅，俯瞰古镇，亭台楼阁，鳞次栉比，街道纵横，错落有致。黄甫河宛如彩带，绕城而过，堪称古塞雄关，边陲重镇，1972年的大洪水几乎淹没古镇。

雾米浪碛，由清水川河冲积而成。清水川河发源于内蒙古准格尔旗五浪五素沟，自内蒙古二里半流入本县境，途经哈镇、大岔、清水、黄甫海子庙等乡镇，在海子庙乡沙窑子村汇入黄河。清水川河在府谷县境内流长47公里，占全长77公里的61%。县境内流域面积567平方公里，占全流域面积883平方公里的64.2%，县内有26条小沟注入清水川河。年平均流量为1.65立方米/秒，年径流量0.526亿立方米，7—9月占81.7%；年输沙量1080万吨，7—9月占95%。最大流量记录为1979年8月11日的1980立方米/秒，最小流量为0，多在每年1月出现。清水川河为沙石河底，与黄甫川河相比泥沙量较小，仅是黄甫川河泥沙量的1/6。水质较清，故名清水川河。河以水得名，城以河得名。清水川河两岸除裸露的黄土层外，底部还有大量的石灰岩、砂页岩。这些沙石经长期风化，落入河槽，遇洪水便挟沙带石一起涌入黄河，经过多年的淤积便形成了雾米浪碛。雾米浪碛最大落差约20米，由于落差大，大浪溅起米粒大的水珠，形成水雾，经年不息，故称"雾米浪碛"。雾米浪碛虽然雾大浪高，但它有固定的航道，有经验的艄公一般是可以顺利通过的。唯独需要注意的是，水雾经常遮挡人的视线，影响船只的驾驭而造成失误。上行则要经东岸拉纤而上。清水城是边塞重镇，曾是蒙汉边民贸易的重要物资集散地，至今仍有许多与军事有关的古迹遗存。清水枣林峁一带一遇大雨经常有许多随葬品出土，枣林峁家家户户都有文物收藏。

天桥以上，除上述几架碛外，还有位于张家窑峁村的史家碛（当地人称大碛），位于海子庙沟口的浪湾碛和县城上游的柳林碛、天桥峡碛等。1978年8月天桥水电站建成投入使用，中断了北上航道，库区淹没了黄河府谷段以上所有的碛。现在，天桥以上再无往日黄河浪花四溅、涛声如雷、一泻千里的壮观景象，也不见船夫弄潮浪尖、搏击险滩的矫健身影。昔日桅杆如林、船帆翩翩的繁华景象已被历史的大幕永久遮蔽，静静的黄河给人们留下了无尽的回忆。

小河川碛，孤山川河进入府谷县城附近叫小河川河。一座县城两条河，孤山川河与黄河相对而言称之为小河川河。小河川河发源于内蒙古准格尔旗绝立概川，自内蒙古羊市塔入府谷境后，流经庙沟门、三道沟、孤山、傅家墕、高石崖、府谷镇6个乡镇，由高石崖乡高家湾村汇入黄河。县境内流长57公里，占全长79公里的72.2%。县境内流域面积1018平方公里，占全流域面积1272平方公里的80%。年平均流量3.48立方米/秒，年径流量1.097亿立方米，7—9月占69.0%，年输沙量为2760万吨，7—9月占94.9%。最大流量为1977年8月2日记录的10300立方米/秒。21世纪以来经常出现断流情况。有木瓜川河、新城川河、三道沟河、东村沟等较大支流汇入孤山川河，另外还有127条水沟注入。孤山川河两岸地质结构较为松散，诸多支流亦与此相似。巨石随着水不断倾入河槽，久而久之形成了小河川碛，小河川碛因小河川而得名。小河川碛处河面宽 600 余米，由于小河川冲出去的沙石挤压，行船须靠保德岸方可通过。水深流急，偶有暗礁，但由于河道顺畅，视野开阔，行船有惊无险。保德县与府谷县隔河相望，宋景德元年（1004）改定羌军置。金大定十一年（1171）于军治置保德县，二十二年（1182）升县为州。元、明不辖县。清雍正改为直隶州，辖境河曲、保德。1912 年废州为县至今。府谷县，唐设府谷镇，五代后唐置县。

　　大堡沙由大堡川而得名。大堡川因宋宁远寨得名，遗迹尚存，位于今田家寨村。大堡川即今石马川，与山西四口河（也叫石塘河）共同冲积形成大堡沙，大堡川河发源于府谷县田家察乡刘崖窑村，流经田家察、武家庄、碛塄三个乡，在碛塄乡郝家角附近注入黄河。大堡川全长43 公里，流域面积 238 平方公里，年平均流量 0.68 立方米／秒，年径总流量 0.2144 亿立方米，7—9 月占 70.3%，年输沙量 597 万吨，7—9 月占97.2%，最大流量为 1967 年 9 月 1 日记录的 2180 立方米／秒，最小流量为 0，有 55 条水沟注入此川。四口河发源于山西省岢岚县与保德县交界处的斜沟。从太平村入保德县境，经青草沟、孙家沟、牧塔、石塘村汇羊路河水二里沟河水至韩家川村汇入黄河。境内全长 25 公里，流域面积约 180 平方公里。汛期水面宽 25 米左右，水深 1～1.5 米，流速 5～7立方米／秒，每次洪水为期一天左右。大堡沙河面宽千余米，水流湍急，明礁犬牙交错，暗礁遍布河底，浅处河沙松软，因此被称为黄河府谷段的第一险碛。过往船只或触礁或搁浅，险象环生。

　　灰窖碛（又叫灰吊碛），由府谷的胡桥沟河和保德县的林遮峪河共同冲积而成。胡桥沟河发源于神木市苏家川，自神木市胡桥畔流入府谷，流经武家庄、王家墩两乡部分村，于武家庄园子迆注入黄河。全长 38.5公里，境内流长 18 公里，占全长的 46.8%，县内流域面积 131 平方公里，占全流域面积 210 平方公里的 62.4%，年平均流量 0.8 立方米 / 秒，年总径流量 0.525 亿立方米，年输沙量 735 万吨。林遮峪河发源于保德县境内，全长 12 公里，流域面积 110 平方公里，于保德县林遮峪村汇入黄河。林遮峪河为季节性河流，汛期水急浪高，为期一天左右。灰窑碛河面宽 800 余米，两岸都是航道，但都不稳定，缘何叫灰窑碛无据可查。

神山沙，因两岸没有大的村庄，靠近山西的神山村得名，由山西小河沟河冲积而成。小河沟河又叫扒楼沟河，发源于岢岚寨子山，全长 50 公里，经秦河村入保德县境，经扒楼、南河沟、白家沟等村至神山村口汇入黄河，保德境内长 30 公里。平时为枯水河，汛期水宽 30 米左右，水深 1～1.5 米，流量 6 立方米 / 秒，每次洪水为期 1～2 天。神山沙河面宽 1200 余米，两岸岩壁陡峭，时有沙石滚落，航道多变，行船线路不能固定，因此被称为黄河府谷段的第二险沙。

肖木碛，由肖木沟河冲积而成。肖木河发源于神木市栏杆堡乡，全长 32 公里，由胡家坬村流入府谷县境，在府谷县王家墩乡肖木村汇入黄河。流经府谷 21 公里，流域面积 305 平方公里，县内流域面积 175 平方公里。最大流量 5000 立方米 / 秒，最小流量为 0，年径流量 1 亿立方米，7—9 月占 80%。肖木河面宽约 1300 米，河床礁石林立，涛声不绝。主航道在东岸，行船须靠东岸，下行要谨慎驾驶，上行要 6～7 人拉拽方能通过。1977 年陕西省交通厅拨款 1 万元治理肖木碛，但因技术条件差未能解决问题。1989 年陕西省交通厅为了建设六级航道再次拨款 28 万元对肖木碛进行治理。用铲土机铲和人工爆破等形式对礁石进行处理，当时也产生了一定的效果。当年秦黄 2 号客船试航壶口成功，成为当年陕西省十大新闻中的第六条新闻。西岸肖木村现在叫白云乡村，是王家墩乡一个较大的村庄，东岸为保德县冯家川乡政府所在地。

其余还有碛塄碛、解孩儿碛等。碛塄碛由山西朱家川河与陕西沙曲沟河共同形成。朱家川河发源于朔县利民沟，流经朔县、神池、五寨、河曲、保德五县，全长 158.6 公里，流域面积 2922 平方公里，年径流量 1.546 亿立方米，由保德县花园口村汇入黄河。由于流经河曲较大的村庄朱家川村而得名。沙曲沟河全长约 7 公里，水量远不及朱家川河。朱家川河是黄河府谷段最大最长的支流，它所形成的碛没有其他几架碛那样危险，其原因是朱家川河河道比较顺直，河床稳定，由石灰岩与沉积沙、卵石相间构成，不易脱落滚入河床，倾入黄河的巨石较少，因此形不成险碛。解孩儿碛是一架小碛，传说几个纤夫拉着船过碛，正在艰难之时，一个奶孩子的妇女见此情景，立即解下怀中的孩儿，帮着纤夫拉船过碛。因此，称为解孩儿碛，也叫奶孩儿碛。

在交通不发达的古代以及交通欠发达的近代，黄河是十分重要的水上通道。航路上达包头、宁夏，下至山西碛口。府谷、河曲、保德在战争时期是边关重镇，和平时期是蒙汉人民重要的商品交易场所。依赖黄河水道，三县成为西北地区的水旱码头，两岸停泊船只每日可达百余艘，运出黑矾、煤炭，运进粮食、日用杂货等。由船只运抵码头，然后通过高脚运输运往各地。诗曰：一年似水流云转，百货如云瘦马驼。其时府谷县航运从业人员五六百人，是府谷的支柱产业，这种状况一直延续至 20 世纪 70 年代。后来，从业人员锐减，直至航运为公路运输所取代，只留下了几艘摆渡小船。

当时船工中流传着这样的顺口溜：三山容易四山难，瞭见五山就挣了钱。三山指的是佳县白云山、神木凤凰山、天台山。四山指是鳌子山，五山指是五虎山。俗话说，黄河险滩多，十里九架。无数的险滩急流，铸就了黄河儿女坚韧不拔的毅力和顽强拼搏的精神……

漫谈长城府谷段的堡、墩、墙

—— 长城府谷五堡

傅凯顺

府谷位于陕西省的最北端，秦、晋、蒙三省（区）交会地带，素有"鸡鸣三省"的美称。万里长城横亘东西，滔滔黄河纵贯南北。长城和黄河在这里握手，黄土文化和草原文化在这里融合。

长城由河曲跨过黄河进入府谷境内，途经墙头、麻镇、黄甫、清水、赵五家湾、木瓜、庙沟门、三道沟至新民城峁村的界沟至神木，全程 100 余公里，府谷境内长城沿线有五大城堡，即黄甫、清水、木瓜、孤山、镇羌堡。长城入陕第一台叫祝楼台，所在的那座山叫梁龙头，站在梁龙头的祝楼台上可以俯瞰群山，向北望黄河，向南鸟瞰黄甫川，周围的一切风吹草动尽在视野之中，是最好的军事制高点。祝楼台，在汉民族统治时期叫逐虏台，有驱除鞑虏的意思。在少数民族统治时期则叫逐鹿台，有逐鹿中原的意思。和平时期也叫竺里台或祝楼台。

黄甫堡

黄甫，原名叫皇甫。皇是大的意思，甫是美的意思，皇甫就是大而美的地方。后来逐渐演变为黄甫，现在地图上仍有皇甫河。河因城得名。皇甫河发源于内蒙古准格尔旗牛武城点半沟，自内蒙古小石拉塔流入府谷县境，流经古城、麻镇、黄甫，在黄甫下川口村汇入黄河，县内流程 48 公里。

黄甫堡是长城沿线 36 营堡之一，是长城进入陕西的第一堡。距长城十余公里。黄甫人把长城叫作边墙，常说"一出大门瞭见个边，足足得你走一天"，说的就是黄甫距长城的这一段距离。

府谷长城沿线有五堡，五代时期至北宋年间为防止来自西夏和北方少数民族契丹的入侵就建有城堡，黄甫周边许多村都有"寨"字，就是从那时开始的。明朝初年，为防止北方少数民族的骚扰，在国力不是很强大的情况下把宋代遗留的城堡稍加整修，并且铲削部分路段作为边防设施，后世把整修后的营堡称为二边长城，其实二边长城只有堡没有墙，直至成化十年（1474）才筑墙，后来的墙被称为大边长城。黄甫堡宋已有之，只是规模很小，只用于军事防守。黄甫堡大规模筑城于明代。明天顺中置堡，弘治中添设关城，建于山坡，周三里二百七十四步，高一丈八尺，楼铺16座，有东、南、北三门（西门后开），城楼两座，瓮城两座，西北依山，东南临川。明万历三十五年（1607），巡抚涂宗浚以砖包砌，始成规模。

黄甫营堡依山临河，地势险峻，在北宋、明、清时都是军事要冲。明代黄甫营堡防区内有边墙三十里零二百一十步，台28座。驻兵（包括边墙守兵）1607名，马、骡1149匹。常驻参将一员。清代置黄甫营（清水为堡），驻兵80名，步兵51名，边墙守兵66名，马80匹，常驻游击一员。明、清两代发生在黄甫的战争有：弘治十八年（1505）九月，火筛入花马池，攻陷清水营，黄甫驰援。嘉靖十年（1531）闰六月，吉俺达寇边，副总兵梁震击之于黄甫川。嘉靖四十二年（1563），套人入陷黄甫川堡，把总高秉钧战死。四十四年（1565）四月，套人陷黄甫。清同治六年（1867），回军进攻黄甫，黄甫堡游击荣光、贡生王汝翼防卫，天成寨（黄甫北沟中半山上）由武生吴士英、贡生魏晋源防卫，红泥寨（黄甫南）由甘肃候补同知王作堂防卫，回军不战自退。同治七年

（1868）四月，回军大规模进攻黄甫，城破，王汝翼被杀。

黄甫既是边关重镇也是商贸重镇。明朝嘉靖年间，鞑靼首领与明朝息战议和，开放互市，黄甫为长城沿线第一处互市。在漫长的历史时期，战争是短暂的，和平是长久的。蒙汉交易品种繁多，唯独禁止汉族人卖铁器，蒙古族人卖马。至清道光年间，黄甫已成为长城线上经济文化中心，那时就有"金黄甫"的说法。

黄甫的建筑特点是庙宇多，有玄天庙、城隍庙、药王庙、白衣菩萨庙、龙王庙、火神庙、文庙、老爷庙、马王庙、药师殿、古佛殿、十王殿、娘娘庙、石洞庙、观音殿、玉皇殿、三圣殿、文殊菩萨殿、宗常山真武庙、川口香莲寺。宗常山真武庙古建筑保存完好，黄甫城隍庙和川口香莲寺壁画色泽鲜艳、构图严谨、内容丰富、笔法舒展、原汁原味，古朴典雅。木牌楼多，黄甫街道不远处就有一座木牌楼，有的由官府衙门所建，有的是有钱人所建，其中一座贞节牌坊为一孝子为母亲所建。黄甫的大院多，黄甫最发达时有360座大院，其中以魏家大院、李家大院、祁家大院最为著名。祁家大院相传为朱元璋的后代所建，有一座神秘的诰封楼，民国年间出了一个大官僚叫祁觉民，到台湾后改姓朱。

黄甫另一特点是名人多。宽坪王嘉胤是明末农民起义领袖，明代沙场捐躯的王继谟，明末名将张世忠、蔺芳仁。清代舍生取义王汝翼，清代将领王国泰、王时通、王录、王翰京，民国段宝珊、张万全，还有众多总兵、游击、名医、名师等。

清水堡

清水有"一城人半城赵"的说法。东周时，赵氏先祖迁居清水，在水洞沟掘一井，井深数丈，水质甘甜，水从不外溢，吃多少，自然补多少，水虽深，可清澈见底，先民们把这口井叫作神泉福水，遂把这地方命名为清水。传说一只神奇的凤凰飞来畅饮神泉福水，久久不愿离去，玉皇大帝派天兵天将命其返回，凤凰不听，玉皇大帝一怒之下罚其永留此地。因此，清水城又叫凤凰城。

河因城得名。清水河发源于内蒙古准格尔旗五浪五素沟，自内蒙古二里半流入府谷县境，流经哈镇、大岔、清水、黄甫，在海子庙沙窑子汇入黄河，境内流程 47 公里。

传说随着人类的不断繁衍生息，凤凰不堪重负，气得流出两行眼泪，眼泪苦涩，一为卤水泉，一为矾水泉，另有酒泉、甜泉、洋烟泉。清水河、西川河绕城而去，故清水城形成五泉戏水、二河绕城的旖旎景观。

清水城在北宋时期叫南塘城，城址在现在清水城前二里许的土台上，现在叫固城塔。北宋时期西夏来犯，围城七天七夜，最终城破被焚，南塘城存在 150 多年。

明成化二年（1466），巡抚卢祥筑城于山坡，城周围三里一十八步，有东、南北 3 个门楼，楼铺 19 座，置清水堡。五年，置清水营，属榆林卫。清水营距长城二里，清水营堡防区内有长城 32 里，台 31 座、腹里烽 27 座、塘汛 3 处。明万历三十五年（1607），巡抚涂宗浚用砖包砌，增设关城三里二百九十八步。

驻军及战事：明代编驻兵 1128 名，骡、马 428 匹，是东连黄甫西接木瓜的重要军寨。清代设清水堡，驻军 80 名，配营马 10 匹。明代始设守备（正五品武官），后改把总（七品武官），清代清水一直驻军设防。

明成化四年（1468）冬，鞑靼入境内寺儿梁（清水东北山上），都指挥李昊、杜桐军不惧鞑靼军人多势众，率兵力战，斩获百余人，大胜。

明成化十八年（1482），三边总制王越派遣游击将军刘宁率军同鞑靼军于清水川交战，将鞑靼军击败。明万历六年（1578）驻侯琏军；二十四年（1596）驻李崇荣军；天启五年（1625）驻杨驿征军。万历年间，驻中军千户郭大英、营千总邹守礼、营指挥李茂先；崇祯年间，驻营千总靳吾军、屈承恩军。

清水著名的庙宇有玉帝庙、老爷庙、城隍庙、龙王庙、观音寺、萨寺庙等。萨寺庙也叫清泉寺。清泉寺的前身是女娲娘娘庙，元代清泉寺被蒙古统治者改名为萨格尔寺。府谷人把黄甫川叫东川，把清水川叫西川，西川也是府谷人走西口的重要通道。西口路上常有土匪出没，走西口的人要在清水聚集，然后结伴西行。西口的口子在准格尔旗五字湾二里半村。

木瓜堡

木瓜堡在唐宋时期即是军事堡寨，尤其是北宋时期折家将长期镇守府州，木瓜堡是抗辽拒夏的重要门户。

北宋靖康元年（1126）割让麟、府、丰三州于西夏，木瓜属西夏。金贞元期间金从西夏夺取木瓜堡，金正大三年（1226）复置府谷县，增设建宁县，治所在今木瓜西古城村附近，即建宁堡，元初建宁县并入府谷县。木瓜初属建宁县，后属府谷县。

明初，置木瓜园寨，明成化十六年（1480），改设木瓜园堡，因木瓜川经堡城而得名。成化二十三年（1487），筑中城，弘治十四年（1501）增新城，城建山上，城周长三里零九十步，墙高一丈八尺。有南、西、北门，城楼两座，瓮城两座，万历三十五年（1607），巡抚涂宗浚砌以砖。后大半坍塌，清乾隆三十三年（1768），知县郑居中督修完毕。境内长城长 16.5 公里，有边墩 32 座，边口 8 处，腹里烽墩 13 座，塘汛 3 处。木瓜园堡距长城 15 公里，距孤山堡 20 公里。

驻军及战事：木瓜园堡，嘉靖十七年（1538），驻总兵带希舜军；万历二年（1574），驻总兵张功军，驻守备彭述军，指挥操守高军，坐保千户李军、左成库军；万历三十九年（1611）驻百户吕军。清顺治年间，驻守备王文盛等五任军；清康熙年间，驻守备何其宪等八任军；雍正二年（1724）驻守备李复明军；乾隆年间，驻李云龙等六任军。

清代额定马、步、守兵 627 人。其中马兵 130 人，步兵 51 人，守兵 446 人，每营守兵都配备弓箭、鸟枪、腰刀、长矛、战马等。

木瓜是富庶之地，水资源丰富，湿地多，盛产糜谷、豆类，老百姓生活富裕。木瓜是著名的道教圣地，是府谷县庙宇最多的乡镇。有"九庙两寺两楼一洞"分别是吕祖庙、真武庙、龙王庙、文庙、关帝庙、城隍庙、三官庙、娘娘庙、龙泉庙、观音寺、洪门寺、玉帝楼、魁星楼、朝阳洞。木瓜西南 4 公里处还有三皇庙，供奉三皇五帝。九庙中吕祖庙最负盛名，吕祖庙又名至通观，也叫纯阳殿，每年农历四月十四过会，香火旺盛，信众如潮。两寺中洪门寺最具传奇色彩。洪门也写作红门寺，相传是长城线上八大雄关的红门关，红门关内筑城，秦设红县，汉置红州（红州即今木瓜城）。洪门寺现存遗迹有朝阳洞、观音殿、石佛堂洞、万人坑等。明嘉靖年间登州总兵张国才驻防府谷，筑府邸于紫花坪，为避寇遂筑朝阳洞，至孙张克敬、张克敏弟兄二人石佛洞堂初成规模。石佛洞堂与阳洞相距 2.5 公里，后经几代僧人经营，两地之间寺宇相连，形成一个庞大的寺庙群，称之为洪门寺。

孤山堡

孤山古时为边疆荒芜之地，是中原朝廷流放改造官员的地方。秦汉时叫翠云川，唐五代至宋叫折水川，堡叫折塘关，也叫石塘关或是十塘关，明叫九股水，清称孤山川。孤山川河发源于内蒙古准格尔旗绝立概川，自内蒙古准格尔旗羊市塔入府谷境，流经庙沟门、三道沟、孤山，在府谷镇汇入黄河，入黄河口处叫小河川，流经县境57公里。清代时叫孤山堡，民国时叫天平镇。

唐初，折家先祖征战有功，折华被封为府谷镇遏使，驻地在今孤山，并于此建关立寨。宋设孤山寨，明正统二年（1437）在西山设孤山堡，地址今孤山军沟村。明成化二年（1466）迁址于今孤山戴家石畔底塔，明成化十一年（1475）再次迁址于今孤山城内。明万历三十六年（1608）巡抚涂宗浚重修孤山城，重修的孤山城堡仅是原城堡的一半。依山就势而筑，形如一只靴子，故又称靴城。城周1.5公里，高7米，有南、西、北3门，城楼2座，瓮城2座，楼14座，背山俯川。嘉靖时延绥巡抚王麟上"东协移驻孤山疏"，万历中移驻于此，为延绥镇东协，参将府驻地。清乾隆三十三年（1768），知县郑居中奉文督修。孤山堡辖长城18.5公里，孤山堡距长城25公里，辖长城墩台51座，有长城边口8处，腹烽台9座，塘汛5处。

驻军及战事：唐末五代至北宋年间，折家军长期驻守孤山，直至公元944年折存阮迁址留得人堡（今府谷县城）。明成化八年（1472）至弘治十八年（1505），经制官兵守瞭军丁共879名，配马、骡、驼共264匹。清康熙年间（1662—1722）经制守兵100名。清同治年间实驻马兵3名、步兵52名，配马4匹。折家将镇守府州与西夏、辽发生了无数次战役，最著名的有府州城保卫战、子河汊战役等。明成化三年（1467）八月鞑靼军3000人进攻孤山不下，孤山参将汤引绩带百名军士追至长城口子与敌战，杀敌400多人，引绩与百名军士全部战死。成化四年（1468）、成化七年（1471），阿鲁军攻入孤山，余子俊率兵拒之。明正德六年（1511），鞑靼军入境，延绥巡抚黄珂与之战于孤山，鞑靼军败。万历十九年（1591）河套军入寇，明军大败之。

清雍正十一年（1733），设驿站，孤山为重要驿站。

孤山古迹：七星庙，又叫昊天宫、无梁殿，始建于唐代，历代多有维修，因折赛花和杨继业联姻的故事而名震海内外，国家级重点文物保护单位。孤山千佛铁塔，建于唐朝初年。七星庙、千佛铁塔均被载入《中华名胜大辞典》。折氏祖坟东瑜头、西瑜头。折氏镇守府州300余年，历13代，祖坟规模庞大，公元1142年被夏军毁，现有东瑜头墓地，多有石碑出土。还有宏伟的折赛花广场，神秘的古铜钟，玉帝庙、龙泉寺、姑姑庵、火神庙、马王庙等众多庙宇群，古堡寨中建筑星罗棋布，彰显出孤山古镇悠久的历史和深厚的文化。

历史人物：折家将英雄谱，从折华镇守府谷始至北宋末年折家英雄辈出，人才众多。明代"三意总兵忠烈族"戴家戴布边、戴辰、戴延春祖孙三代镇守孤山。

镇羌堡

羌族是我国的少数民族，有先零羌、党项羌等70多个分支。镇羌的羌指的是党项羌。唐宋年间党项羌屡犯边境，朝廷筑城堡以镇之故曰镇羌。也有传说羌人来犯，远远瞭见一个红脸将军威风凛凛持刀巡城，吓退羌兵，原来是关圣显灵，以镇羌人，故曰镇羌。民国时期叫松翠镇，1949 年仍叫镇羌，1952 年改称新民，1980 年镇政府迁址沙沟岔。

城堡建山源，系极冲中地，明初置于东村，明成化二年（1466），巡抚卢祥尚书王复移置高寒岭。城垣周长二里零二百二十九步，楼铺 10 座，有东、南、北 3 门，城楼 3 座，瓮城 3 座。明万历三十五年（1607）巡抚涂宗浚用砖包砌，后坍塌段落。在清乾隆二十三年（1758）由知县欧阳照奉文补修加固。镇羌堡距长城 5 公里，镇羌堡辖长城 25 公里，有墩台 35 座，长城边口 10 处，腹烽墩 16 座，塘汛 3 处。镇羌境内有府谷境内最完整的墩台龙王庙台，位于龙王庙村对岸的山坡上。墩高 11 米，底座宽 10 米，呈正方形。沿墩门口拾级而上，可进入城墩内室。城墩券室由砖砌而成，可容十余人住宿，也可用于储存武器，顶部有垛口用于巡哨。

驻军及战事：镇羌堡在宋代为折家将镇守的十塘关中一个较大的关隘，常驻折家军。明制军丁并守瞭兵 706 名，马、骡 229 匹。清代驻军 120 名。民国驻国民党何柱国骑二军八十六师二五八团二连。抗日战争时期驻东北挺进军二团。解放战争时期国民党府谷县政府成立松翠镇，驻自卫队百余人。

北宋时期宋夏之间争战不息。西夏李元昊数次犯府州，每次必经镇羌，折家将与李元昊对镇羌反复争夺。宋庆历元年（1041）夏兵来犯，折继闵在镇羌驻守，派大将张岊绕道敌后，使嚣张一时的西夏军腹背受敌，难以招架，此役毙敌 2000 余人，所获辎重甚多。

明天顺年间（1457—1464）毛里孩犯边。明成化五年（1469）冬，孛来、毛里孩率众入侵，巡抚王越派右参将神英破敌于镇羌，孛来、毛里孩败走。明正德年间（1506—1521），鞑靼入侵，取道镇羌，抢掠而去。

清同治七年（1868）春，回军攻陷神木，入侵府谷，对镇羌大肆掳掠；十年闰四月，回军再次入侵镇羌，洗劫一空。

清康熙三十六年（1697）二月，康熙皇帝西征噶尔丹，途经府谷，三月三日驻跸边家水口，次日南行，经镇羌堡。镇羌堡是长城线上的重要堡寨，故有"秦晋咽喉""榆关保障"之称。

1935年，红三团团长王兆相率部进攻镇羌，与国民党二十二军八十六师杨营部交火，打死保安二人。1948年1月16日，中国人民解放军晋绥军区三十一团两个营700余人，从神木出发，挺进府谷，途经镇羌，消灭了镇羌守军，镇羌解放。

镇羌古代文人有翰林院编修孙翔林，武有汤引绩，清有将领刘鸿声、刘鹏声，解放初有早期革命活动家严念祖等。

城堡内有30余座庙宇寺观，大雄宝殿高27.5米，宽22米，进深27米，佛像金身高6米，是陕西省最大的木结构殿堂。

镇羌堡上接孤山下连神木永兴、店塔，是古今通衢大道上的必经之地，清代设镇羌驿站。

明长城墩台和寨

长城选线以抢占制高点便于瞭望为主，墩台与墩台之间的距离一般在视线之内约2.5公里，遇沟遇山也有增加的，一般遇深沟，沟的两边都会修一墩台。黄甫河、清水河、孤山川河、新城川河两侧都有较大的墩台。墩台可以分为四类：边墩（瞭望墩），面对胡人专门用来执勤的；守瞭墩（承接边墩和城堡传来的敌情，传报本营火炮墩），将敌情传递到小墩寨和城堡，传报本营火炮前去；腹地墩（城堡向内地传递敌情），所以有的地方接连有好几个台，比如麻地沟杨家峁、庙沟门古城、新民城峁，每个台都有不同的用途；还有的是士兵生活和居住的墩，也有养马的圈圈，叫作围子，三道沟有上玉子墕、下玉子墕，那里就有很大的一个养马场和马圈。寨是较大的军事设施，如墙头的紫城寨、庙沟门的红崖寨。堡是又大于寨的军事设施，如黄甫堡、清水堡、木瓜堡、孤山堡、镇羌堡。

明长城府谷段的现状

长城府谷段 100 余公里，其中有约 25 公里较为完整，主要在麻地沟杨家峁、清水转角楼、庙沟门古城、三道沟的野猪峁等，最好的一段城墙上边可以走人，破坏最严重的有两段，分别是庙沟门、三道沟，一段为修路占用了墙体，一段为建厂毁坏了墙体。府谷长城共有 196 个台，如今较为完整的有 4 个墩台，分别是转角楼、引正墩、守口墩、龙王庙。引正墩、守口墩只有一半墩体，转角楼已经修复，龙王庙最为完整，过道、台阶、窑洞、火炕、灶台、登顶踏道、烟火施放设施、箭孔、瞭望塔、排水等一应俱全。由于墩台的用途不同，所以墩台的结构样式也是各具风格，有的是以石头为基，有的是石头底座，有的有土围墙有的只是个小土堆，有的全部用砖包砌，后又被人剥光。有的可以穿洞而上，有的可以绕墩而上。墩台破坏较为严重的是新民城峁一个完全裂开的墩台，其余几个墩台也有裂缝。

明长城府谷段墩与墙分布及说明

明长城由内蒙古大迤村进入陕西，大迤村原有一墩，可现在踪迹全无，无法记述，登上大迤村山顶是祝里台村，现在已人去屋空。这里有一墩，我们把这里称为"长城入陕第一墩"。

第一墩 在祝里台村。土墩非常完整，原为砖墩，后被祝里台村村民拆去盖房用了，墩周围有零星碎砖。

第二墩 半砖包墩。

第三墩 与第二墩相邻，土墩。

第四墩 在坪伦墩村，土墩，应为望河墩。

第五墩 在麻镇街上，已被麻镇有识之士用砖包砌，焕然一新，但古风全无。

第六墩 在麻镇半崖上，土墩。

第七墩 土墩，有土围。

第八墩 在第七墩对面，墩体靠西有部分石头，其余为土墩。

第九墩 在长城线上，只保留了一半墩体，距杨家峁约 1000 米。

第十墩 在杨家峁村（小村名叫西峁），土墩，最具制高点。

第十一墩 土墩在第十墩西杨家峁黎元山智通寺东侧，有较完整的城墙约 1500 米，向外一侧墙体较为完整，向内一侧坍塌较多。

第十二墩 墩体在长城线上，只有部分墩体和第十一墩隔路相对，土墩无围墙。

第十三墩 土墩，距第十二墩 500 米，和第八墩隔一道沟，形制一样。

第十四墩 杨家峁庙南 500 米，半石半土墩。

第十五墩　土墩，在旧芭州村西，无围墙。

第十六墩　在路西，土墩，无围墙。

第十七墩　在路西，土墩。

第十八墩　在路西下边，土墩，无围墙。

第十九墩　陈庄村，土墩，无围墙，无城墙。

第二十墩　土墩，在公路下。

第二十一墩　土墩，在城壕村上。

第二十二墩　土墩，在城壕村边，旧城的顶端。

第二十三墩　土墩，在城壕村前，紧邻清水川河，应为清水川河守墩。

第二十四墩　土墩，在城壕村东北，无围墙。

第二十五墩　小土墩，在城壕村东北，疑为自然土墩，但根据地形分析，应为一墩。

第二十六墩　在转角楼村，比较完整的砖墩，只是向西有部分砖体坍塌，无法攀登。瞭望孔等内部设施齐全，清晰可见。

第二十七墩　转角楼砖墩西南，带土围子。

第二十八墩　土墩，有土围子。第二十六墩、第二十七墩、第二十八墩三墩相连。

第二十九墩　砖墩，隔沟对岸，在转角楼村，仅留少许踪迹。

第三十墩　转角楼村，清水河南第一墩，土墩。

第三十一墩　过清水河第二墩，土墩，无围墙。

第三十二墩　土墩，有土围子。

第三十三墩　与第三十二墩紧密相连，有土围子，墩的东侧有一座自来水塔。

第三十四墩　傅家崖窑村顶端，土墩，无围墙。

第三十五墩　在第三十四墩向西 500 米处。

第三十六墩　往东 500 米紧临崖畔，只剩靠东一半，傅家崖窑残存城墙高 1.5 米，长 200 余米。

第三十七墩　上井沟村，顶有一小庙，土墩，无围墙。

第三十八墩　往北下 500 米，土墩。

第三十九墩　在第三十八墩下，土墩，有土围子。

第四十墩　在青春峁村 1000 米处，有城墙 100 余米，连接这段城墙有土围子，是黄甫、清水两岸最大的土围子，边长 50 米，是当时的兵营或军马场。

第四十一墩　在土围子往南 1000 米处，土墩，无围墙。

第四十二墩　砖墩，在青春峁村 2000 米处，村西长沟沟畔。

第四十三墩　小土墩，与第四十二墩同一条线。

第四十四墩　规模较大的土墩，与以上两墩在同一条线上。

第四十五墩　土墩，无围墙，距第四十四墩约 2000 米路程。

第四十六墩　土墩，与第四十五墩约 3000 米路程。

第四十七墩　土墩，有土夯筑台，有部分碎砖石，在堡子村。

第四十八墩　榆家坪村北，土墩，周围有墙，南北长 40 米、东西宽 30 米，据当地老乡讲，在民国年间围子内曾经盖过房子。

第四十九墩　在堡子村，土墩，有土围子。

第五十墩　在堡子村前 500 米，土墩。

第五十一墩　小土墩，在堡子村村中，墩高约 15 米，四周约为 5 米。

第五十二墩　堡子村西 2500 米处，土墩，有土台，堡子村有一段 2500 米长保存较为完好的城墙。

第五十三墩　土墩，在榆家坪村西。

第五十四墩　土墩，在火把梁村南。

第五十五墩　小土墩，在火把梁村中，旁边有一棵果树，墩完全像一个小土堆。

第五十六墩　火把梁村前，土墩上有土围子。

第五十七墩　与第五十六墩相距800余米，有部分土围子，土墩。火把梁连续有四个墩，长城至火把梁由西折而向南保存长城约3000米长。

第五十八墩　土墩，公路旁。

第五十九墩　小土墩，在木瓜乡官地梁村，在村中水塔旁，只有部分草滩几乎被夷为平地。

第六十墩　土墩，在姬家峁村，有一段最为完整的长城，城墙顶端平坦可以走人，高7米，厚1米，长约500米。

第六十一墩　土墩，在翟家梁。

第六十二墩　土墩，有土围子，在翟家梁城墙里。

第六十三墩　土墩，在翟家梁村前。

第六十四墩　土墩，距前二墩100米处。

第六十五墩　土墩，在翟家梁村东10米处，在制高点上。

第六十六墩　土墩，在翟家梁村东。

第六十七墩　土墩，在翟家梁村西前。

第六十八墩　土墩，跨沟1000米处，未到玉子梁。

第六十九墩　土墩，随长城在这里起山。

第七十墩　土墩，在玉子梁，距第六十九墩1500米处。

第七十一墩　土墩，在桃阴梁村东。

第七十二墩　土墩，在桃阴梁村中，旁边有一小庙，在庙的西侧几乎是草滩。

第七十三墩　土墩，与第七十二墩紧相连，只有 2 米高。

第七十四墩　在第七十三墩前 500 米处，圆体土墩，顶端有一株小树。

第七十五墩　庙西过沟，土墩，有土围子，有城墙 1000 米。

第七十六墩　向西 1500 米，土墩，有土围子，由桃阴梁起长城再次折而向西，有城墙 1500 米。

第七十七墩　土墩在城墙外。墙外应为值勤墩，墙里应为兵营或后勤保障墩，城墙延续。

第七十八墩　土墩，土围子跨过小沟。

第七十九墩　方土墩，有土围子，城墙延续。

第八十墩　小土墩，在墙的西边，有长城约 1500 米。

第八十一墩　土墩，有部分土围子，长城再次折而向南，有城墙 1000 米。

第八十二墩　转向后第一墩，土墩，有土围子。

第八十三墩　方土墩，墩上有一小树，在西坞村前。

第八十四墩　土墩，墩上有一小庙。

第八十五墩　小土墩，有土围子，在第八十四墩西侧。

第八十六墩　圆土墩，有土围子，有 200 米长的城墙，旁边一小庙。太平墩村。发现一石碑，有边纹无字。

第八十七墩　在第八十六墩下，土墩，土围子。

第八十八墩　小土墩，无围墙，只有部分墩体。

第八十九墩　土墩，有土围子，在古城村北。

第九十墩　土墩，有一较大的土围子。

第九十一墩　土墩，有土围子，在古城村西，旁有一小庙。

第九十二墩　在庙沟门古城村，即小庙下，墩体靠西有部分砖墙。

第九十三墩　古城村，由小庙过沟。

第九十四墩　古城村，有围墙。

第九十五墩　只有三个土墩墙，在古城村。

第九十六墩　在古城村下，墩有围墙，墙外有小树。第九十五到第九十六墩之间有约200米的城墙，城墙顶可以走人。接着又有百余米城墙被铲路铲掉了一半，属人为破坏，令人叹息。

第九十七墩　在古城村，无围墙。

第九十八墩　在庙沟门砖厂梁村，围墙高，小墩，围墙内高5米，外高7米，单边长60米。第九十七与第九十八墩之间半崖上有3个土窑洞，为古村落遗址。

第九十九墩　砖厂梁村，只有部分围墙，墩高约5米，朝北约有50米城墙。

第一百墩　砖厂梁村，无围墙，墩上有一大地测量标志架。

第一百零一墩　砖厂梁村，只有一个小土墩，两墩相距不到百米，而且是东西方向，两墩之间有一个简易砖庙，墩后有长城约80米。

第一百零二墩　砖厂梁村，三面有围墙，无长城。

第一百零三墩　砖厂梁村，无围墙，墩上有一小洞，有城墙连至一百零四墩。

第一百零四墩　长城约200米。王家梁村，无围墙，后有城墙30米。墩下有学校旧址。

第一百零五墩　王家梁村。距旧学校约150米，无围墙。南侧有一观音庙，有城墙15米。

第一百零六墩　王家梁村，观音庙前，无围墙，有城墙 210 米。

第一百零七墩　王家梁村。东侧 300 米处，无围墙，有一株小树。

第一百零八墩　在王家梁村，无围墙，有城墙 30 米。

第一百零九墩　王家梁村，无围墙，有城墙 40 米。

第一百一十墩　无围墙，王家梁村，有完整长城 250 米，其中 50 米外墙陡峭。

第一百一十一墩　王家梁村，无围墙，有完整长城 210 米，两面较陡峭，顶平坦，但不能走人，长城走向由南转东。

第一百一十二墩　王家梁村，无围墙，无城墙。

第一百一十三墩　蒿地塇村，无围墙，无城墙，南侧有一小庙。

第一百一十四墩　蒿地塇村，小土墩，城墙 25 米。

第一百一十五墩　蒿地塇村，在第一百一十四墩东 300 米处，无围墙，无城墙。

第一百一十六墩　蒿地塇村，锥形土墩，无围墙，有城墙 70 米。

第一百一十七墩　只有部分墩体高约 3 米，有城墙 30 米。

第一百一十八墩　蒿地塇村，无围墙，小土墩，有城墙 10 米。

第一百一十九墩　引正墩村，无围墙，无城墙。

第一百二十墩　在引正墩村下，无围墙，无城墙。

第一百二十一墩　土墩，无围墙，有城墙，连接第一百二十、第二百二十二墩，长 108 米，其中 30 米城墙结构为一层土、一层石子，这是长城上少见的土层结构。

第一百二十二墩　引正墩村，清水转角楼后第二个较完整的砖墩，靠东部分砖体坍塌，其余完好无上墩的台阶、瞭望孔等设施据说内有九窑十八洞。有土围墙，有土城墙 50 米。

第一百二十三墩　引正墩村，墩体有石头基础，有部分围墙，有长城 50 米石基础只有三面，朝北面没有石头。墩对门城墙上有个二拱二檐的门洞，从门洞过去是大土围圐，边长 60 余米。据当地群众说，那是当年的边防军养马的地方，群众把它叫作寨子围圐。出寨子围圐下一道陡坡，便是靠河畔的口子村，分别为前口子村和后口子村。

第一百二十四墩　为过了河的口子村上山第一墩，墩有一小庙。

第一百二十五墩　在口子村，墩台有石头基础，有两行竖砖，有城墙约 60 米。

第一百二十六墩　依山傍崖，在口子村的半山上。

第一百二十七墩　在口子村山上，四面都有石头基础。

第一百二十八墩　已到山顶，仍在口子村，有城墙 10 米。

第一百二十九墩　三道沟五里墩沙塔工业园，被煤老板包装，一派崭新面貌。

第一百三十墩　跨过三道沟河，直达山顶。该墩地处悬崖峭壁，无路可寻，无法登顶。无围墙，无城墙。

第一百三十一墩　有城墙 20 米。

第一百三十二墩　在第一百三十一墩南，与第一百三十一、第一百三十三墩相连，在同一地段。

第一百三十三墩　庄果台村，只有土台基。

第一百三十四墩　在庄果台村，土墩台有寨子，有城墙 100 余米。

第一百三十五墩　有土墩台，有城墙 180 米。

第一百三十六墩　土墩，有城墙 20 米。

第一百三十七墩　小土墩，有城墙 210 米。

第一百三十八墩　有土墩，有城墙 50 米，其中 15 米城墙上可以走人。以上墩台都在三道沟河北岸。

第一百三十九墩 在三道沟河南岸，有工农煤矿，只有土墩。

第一百四十墩 墩有土围子，有城墙300米。

第一百四十一墩 在野猪岇村。第一百四十一墩不在长城线上，在往西1000米的山头上，应属于长城的附属物。

第一百四十二墩 野猪岇村，墩有围墙，城墙延续到下一墩。

第一百四十三墩 土围墙，城墙延续。

第一百四十四墩 土墩，有土围墙，城墙延续。

第一百四十五墩 在第一百四十四墩的东面200米处，只有一小土墩。

第一百四十六墩 在第一百四十四墩往西300米处。

第一百四十七墩 在第一百四十六墩往西400米处，都是土墩，无围墙。

第一百四十八墩 土墩，城墙与第一百四十三墩延续。

第一百四十九墩 土墩，城墙延续。跨沟600米处，三道沟下玉子塌村。

第一百五十墩 在下玉子塌村，土墩。因这里有一个大的土围子，即围子，古时养马的地方称"围子"，后来改叫玉子塌。

第一百五十一墩 过三道沟河至玉子塌村，有长城约5000米。

第一百五十二墩 上玉子塌村，土墩，墩旁有一株大柏树，无围墙，无城墙。

第一百五十三墩 上玉子塌，土墩，无围墙，无城墙。

第一百五十四墩 第一百五十三墩往西1000米处。

第一百五十五墩 在第一百五十三墩往前的一小土墩。

第一百五十六墩 土墩，在第一百五十五墩往西1000米处。

第一百五十七墩　土墩，无围墙，墩之前有城墙500米，之后有100米城墙，共计600米城墙，其中围子村修路铲掉城墙约1000米。

第一百五十八墩　新民镇守口墩村，土墩，墩东侧有一小庙，有一棵千年古松，有城墙200米。

第一百五十九墩　守口墩村，二分之一砖墩完整，其中向西完好，向东坍塌。底部为石头基础，长12米，高24米，有四个瞭望孔、四个射击孔，顶部有排水设施，顶端有一标志。墩过小路西有一戏台，名曰墩口楼台。

第一百六十墩　小河沟南岸，仍在守口墩村，只有原墩的四分之一。

第一百六十一墩　无围墙，无城墙，大草滩。

第一百六十二墩　在第一百六十一墩西1000米处。

第一百六十三墩　在守口墩村的对面，是县境内最高的土墩，墩周长80米，高约50米。

第一百六十四墩　在第一百六十三墩以西，跨沟1000米处。

第一百六十五墩　在第一百六十四墩西跨沟1000米处，台呈方形，有三分之一的砖台，无围墙，无城墙。

第一百六十六墩　小土墩，在龙王庙村。

第一百六十七墩　小土墩，在龙王庙村。

第一百六十八墩　周长100米，高15米，有大土围墙，无城墙，在龙王庙村。

第一百六十九墩　小土墩，在龙王庙村。新城川河北岸最后一墩。

第一百七十墩　在河中心三角洲，墩前有一龙王庙，来到龙王庙正村墩上有一株小树。

第一百七十一墩　过新城川河南岸第一墩，全线最完整的砖墩。

第一百七十二墩　跨过小沟，土墩，龙王庙村。

第一百七十三墩　土墩，有方形土围，无城墙。

第一百七十四墩　圆形土墩，无城墙，无围墙。

第一百七十五墩　圆形，高大约 15 米，周长 50 米，有 3 米高的土台基，有土围墙。

第一百七十六墩　小土墩，有城墙 200 米，有石头基础，为砖墩，有土围墙，朝南向有 11 层石头基础。

第一百七十七墩　土墩，有 70 米完整城墙。

第一百七十八墩　在第一百七十七墩东侧 300 米处，小土墩，墩上有两株小树。

第一百七十九墩　土墩，墩上有上下两个洞口，从洞口可以上到顶端，有完整城墙 400 米，有围墙。

第一百八十墩　在瓦窑坡，土墩，有土围，有最完好的城墙 400 米，在第一百七十九墩跨沟往东，在第一百七十九墩下瓦窑坡上，府店公路以北最后一个墩。

第一百八十一墩　府店公路以南第一墩，墩后有电信铁塔，只剩一半土墩，另外一半被公路工程劈掉了。

第一百八十二墩　土墩，无围墙，无城墙。

第一百八十三墩　大型方形土墩，有土围墙，无城墙。

第一百八十四墩　在第一百八十三墩向东 200 米处，小土墩，无围墙，无城墙。

第一百八十五墩　土墩，有土围墙，有城墙 60 米。

第一百八十六墩　大土墩，有土围墙。

第一百八十七墩　在第一百八十六墩东侧 200 米处，小土墩，好像是个陪墩。

第一百八十八墩　大土墩，有土围墙，有城墙30米。

第一百八十九墩　西耳村，墩为方形土墩，高15米，边长15米，有围墙，有城墙20米。每11或12厘米为一夯土层。

第一百九十墩　土墩有围墙，有城墙50米，前边有一个长100米、宽80米的寨子圐圙。

第一百九十一墩　有墩台，有围墙。

第一百九十二墩　无土墩，无围墙，墩上有一个窑洞，有城墙300米，外墙笔直陡峭和新的一样，高约3.5米，城墙厚约2.5米。

第一百九十三墩　土墩，在城峁村，无围墙，有城墙100米。大村叫城峁村，小自然村叫芦草畔村，是长城线上的最高点。城峁因这里有小城而得名。第一百九十三墩就在这个小城内。这里常有铁箭头、铜钱等出土。

第一百九十四墩　土墩，无围墙，有墩台，无城墙。

第一百九十五墩　土墩，有5米高的土围墙，无城墙。

第一百九十六墩　已临神木界，叫作界沟，土墩，有围墙无城墙，进入神华榆家梁煤矿沉陷区，整个墩台严重破损，应加以保护。

府谷建制沿革歌

刘二星

府谷历史数千载，仰韶龙山孕人文。

夏商要服属雍州，西周固阳地榆中。

春秋狄地归于晋，战国富昌始得名。

魏赵两雄争相取，大秦一统纳上郡。

西汉富昌入西河，王莽新朝改富成。

东汉撤县并平定，魏晋民族多交融。

北魏五原永安郡，北周南乡划银城。

隋代富昌复又置，唐朝初设府谷镇。

开元麟州辖三县，银城连谷和新秦。

五代兴亡政权替，梁唐晋汉周均从。

后唐天祐升府州，北宋荣河保成军。

麟府丰州御辽夏，金朝设县增建宁。

元代府谷葭州隶，明朝归属延绥镇。

清与民国仍为县，巍巍府州续文明。

主要参考书目

[1] [汉] 司马迁编纂:《史记》,中华书局 1982 年 11 月版。

[2] [宋] 司马光编纂:《资治通鉴》,中华书局 2007 年版。

[3] [汉] 班固撰:《汉书》,中华书局 1962 年版。

[4] [南朝宋] 范晔撰:《后汉书》,中华书局 1965 年版。

[5] [晋] 陈寿撰:《三国志》,中华书局 1959 年版。

[6] [唐] 房玄龄撰:《晋书》,中华书局 1974 年版。

[7] [唐] 魏徵等撰:《隋书》,中华书局 1973 年版。

[8] [后晋] 刘昫撰:《旧唐书》,中华书局 1975 年版。

[9] [宋] 欧阳修、宋祁撰:《新唐书》,中华书局 1975 年版。

[10] [元] 脱脱等撰:《宋史》,中华书局 1977 年版。

[11] [元] 脱脱等撰:《辽史》,中华书局 1974 年版。

[12] [元] 脱脱等撰:《金史》,中华书局 1975 年版。

[13] [明] 宋濂等撰:《元史》,中华书局 1976 年版。

[14] [清] 张廷玉等撰:《明史》,中华书局 1976 年版。

[15] [清] 赵尔巽等撰:《清史稿》,中华书局 1977 年版。

[16] 范文澜、蔡美彪著:《中国通史》,人民出版社 2009 年 7 月版。

[17] 李范文主编:《西夏通史》,人民出版社、宁夏人民出版社 2005 年 8 月版。

[18] 郭黎安编著:《宋史地理志汇释》,安徽教育出版社 2003 年 1 月版。

[19] 张修桂、赖青寿编著:《辽史地理志汇释》,安徽教育出版社 2001 年 9 月版。

[20] 谭其骧主编:《中国历史地图集》,中国地图出版社 1982 年 10 月版。

[21] 臧励龢等编:《中国古今地名大辞典》,商务印书馆 1931 年 5 月版。

[22]《羌族词典》,四川出版集团、巴蜀书社 2004 年 7 月版。

[23] [明] 赵廷瑞修,马理、吕柟纂,董健桥总点校:《陕西通志》,三秦出版社 2006 年 6 月版。

[24] 周国祥编著:《陕北古代史记略》,陕西人民出版社 2008 年 12 月版。

[25] [清] 谭吉璁纂修:《延绥镇志》,陕西省榆林市地方志办公室整理,上海古籍出版社 2012 年 12 月版。

[26] 曹颖僧辑著:《延绥揽胜》(校订本),2021 年 4 月。

[27] 高长天、张小兵著:《陕北历史文化述略》,陕西人民出版社 2006 年 3 月版。

[28]《陕西明长城资源调查报告》,文物出版社 2011 年 7 月版。

［29］［清］李熙龄纂修，霍光平、张国华总校注，马少甫校注：《榆林府志》，上海古籍出版社 2014 年 11 月版。

［30］《榆林地区志》，西北大学出版社 1994 年 4 月版。

［31］《榆林人物志》，陕西人民出版社 2007 年 9 月版。

［32］高长天、张小兵著：《陕北历史文献撷粹》，陕西人民出版社 2005 年 11 月版。

［33］蔡向升、杜雪梅主编：《杨家将研究》（历史卷），人民出版社 2007 年 12 月版。

［34］《神木县志》，经济日报出版社 1990 年 12 月版。

［35］《佳县志》，陕西旅游出版社 2008 年 12 月版。

［36］《吴堡县志》，陕西人民出版社 2009 年 2 月版。

［37］阿斯纳、特•官布扎布译：《蒙古秘史》，新华出版社 2006 年 1 月版。

［38］《伊克昭盟志》，现代出版社 1994 年 8 月版。

［39］《准格尔旗志》，内蒙古人民出版社 1993 年 4 月版。

［40］《准格尔旗人物志》，远方出版社 1998 年 4 月版。

［41］《准格尔旗人物志》，中国文史出版社 2017 年 8 月版。

［42］郑守来、黄泽岭主编：《大槐树迁民》，中国档案出版社 2000 年 2 月版。

［43］《河曲县志》，山西人民出版社 1989 年 4 月版。

［44］《保德州志》，新华出版社 2020 年 12 月版。

［45］《保德县志》，山西人民出版社 1990 年 11 月版。

［46］［清］郑居中等纂修，谭玉山总筹，张育丰点校：乾隆版《府谷县志》，府谷县文体广电局 2013 年 10 月印行。

［47］王九皋总编辑：民国版《府谷县志》，1945 年刊印。

［48］《府谷县志》，陕西人民出版社 1994 年 3 月版。

［49］《府谷县志》（1990—2010），陕西人民出版社 2020 年 8 月版。

［50］《府谷年鉴》（1990—1994），陕西人民出版社 2007 年 9 月版。

［51］［清］王为垣编纂：《府谷乡土志》，严用琛 1924 年付抄。

［52］《中国共产党陕西省府谷县组织史资料》（一、二、三、四卷），1995 年 10 月、2001 年 5 月、2008 年 5 月、2014 年 1 月先后出版。

［53］《中国共产党府谷县历史大事记（1919 年 5 月—2002 年 7 月）》，陕西人民出版社 2002 年 12 月版。

［54］《府谷县政协志》，2017 年 8 月版。

［55］《府谷文库》，陕西新华出版传媒集团、陕西人民出版社 2019 年 3 月版。

［56］《府谷县军事志》，陕西人民出版社 2009 年 7 月版。

［57］《府谷县人物志》，陕西人民出版社 2000 年 1 月版。

［58］谭玉山主编:《府谷文物》,陕西旅游出版社 2012 年 6 月版。

［59］折武彦、高建国主编:《折家将历史文化研究论文集》,内蒙古人民出版社 2014 年 11 月版。

［60］高建国主编:《宋代麟府路碑石整理与研究》,中国社会科学出版社 2021 年 10 月版。

［61］高建国、杨海青编著:《宋代麟府路及折家将文献录》,中国文史出版社 2015 年 6 月版。

［62］谭玉山、韩二林编著:《府谷折氏资料辑录》。

［63］谭玉山编著:《府谷文物古迹》,西安出版社 2014 年 4 月版。

［64］《金黄甫银麻镇》,2008 年 12 月版。

［65］《府谷县交通运输志》,陕西科学技术出版社 2018 年 2 月版。

［66］郭侯绪著:《府谷二人台艺术》,陕西人民出版社 2012 年 9 月版。

［67］杨国威著:《府谷史林漫议》,2009 年 7 月版。

［68］张育丰著:《王家胤评传》,作家出版社 2007 年 2 月版。

［69］傅官田著:《河府县专志》,陕西人民出版社 2020 年 5 月版。

后 记

　　1990 年 7 月，我从西北大学历史系毕业后，被分配到县委宣传部工作，自此，我再一次受到家乡文化的滋润。由于我长期从事宣传文化工作，不知不觉便和府谷丰厚的历史、多元的文化融为一体，从内心的最深处认为府谷是一本大书，值得许多人去品读、去珍爱……

　　1999 年县委宣传部让我担任《府谷宣传》(后改版为《府谷报》) 主编，开始全方位了解府谷文化。之后，我又担任县委宣传部副部长、县委新闻科科长、县文体广电局局长，可以从更宽广的角度研究府谷历史，梳理府谷文化。在 10 多年时间里，所积资料益丰，所著作品渐多：编著了《府州折氏资料辑录》《府谷文物志》《府谷文物古迹》；统筹出版了乾隆版《府谷县志》及《府谷二人台艺术》《丁喜才与二人台》，之后，我又担任《府谷文库》副总编，对府谷文化进行全面整理。艰辛的付出给我带来了丰厚的回报，2014 年，在第四届陕西省"人民满意公务员"评选活动中，我被省委、省政府表彰为"记一等功"先进个人，榆林市仅有 4 人获此殊荣。莫大的荣誉激励着我必须撰写一部更高质量的地方文史专著来感恩组织，回馈家乡。于是，我拟定《府谷通史》提纲，再一次背着相机，拿起采访本，开始了繁杂的采编工作。史和志有同有别，史志同源，俱鉴往事，资治教化。史志有别，史载前代，详古略今，以述为主，举大弃小；志记当今，详今略古，以记为要，包罗百科。相对而言，修志比编史更轻松一点，修志重点将有关资料分门别类汇集起来，合理编排即可。而编修通史，需进行大量的调查考证工作，同时，又必须查阅大量的史志，从纷繁芜杂、真谬共存的史料中去伪存真、化繁为简，然后梳理出一个地方的历史文化脉络，客观真实地编述成史。两年多时间里，我几乎走遍了府谷所有乡村，查阅了100多种文史资料，同时，经常到府谷周边县旗调查考证，尽管很累，但十分快乐……

2016年2月，通史的资料收集工作初步完成，我终于能静下心来，在县政府518办公室，提笔撰写《府谷通史》。整整三个月，我搜古罗今，夜以继日，终于完成了通史文稿，此书的总体框架主脉基本形成。

历史应该沉淀，真谬必须慢甄。在成书的过程中，我发现以前收集的资料还有漏缺，考证还不细实，只能在繁重的工作之余，继续考察，不断完善。又经六年，终成此书。

2023年腊月二十三，农历小年，《府谷通史》样书脱稿，顿笔长叹，万千感慨，邀十余文友相聚，听金玉之言，品香茗美酒，所谈甚欢，身畅心怡！

独木不可成林，小溪难为巨流。在通史的编写过程中，县委书记田小宁、县人大常委会主任杨艾霞、县政府县长武静多次提出指导意见，要求严把政治方向，记述客观真实。县政协主席尚建林担任编委会主任，多次组织专家学者进行评审，力求此书体例规范，没有谬误。

　　在本书的编写过程中，县委书记田小宁、县政协主席尚建林、陕西省作家协会副主席朱鸿在百忙中为本书作序，西北大学文学院学长、陕西省作家协会副主席、著名作家方英文先生为本书题写了书名，李桂锋、赵平、吕元、傅凯顺、马子亮、刘少峰、段卫锋、刘二星、张党旗、康文慧、苏飞林、柴良、韩二林、张挨平、梁栋、郑永峰、王锋、温海龙、张继平、闫毛、魏二保、张彦斌、杨座山、耿铭泽、刘培耀、张国平、郭强、王树强、王娟、赵晓明、王超等同事文友提供资料并帮助校对，高峰先生篆刻了《府谷通史》印章，府谷县聚隆印刷厂李强、冯瑞霞、吴琼精心编排文字，帧修图片。在此，我由衷表示感谢！

　　史海无涯，人事难穷。由于编者水平有限，查阅史料不够全面，本书定有错谬疏漏，敬请专家学者多提宝贵意见，以便再版时予以更正。通史付梓在即，我真诚希望本书的出版，能够扩大府谷文化的影响力，让更多的人了解府谷，关心府谷；同时，希望天南地北的府谷人能为家乡厚重的历史而自豪，为家乡多彩的文化而歌咏，爱我家乡，兴我府谷，赓续府谷厚重文脉，书写家乡美好诗篇……

谭玉山
2024 年 8 月

作者与专家学者实地考察府谷文物古迹

作者与《人民日报》副总编梁衡（左三）考察高寒岭

作者与著名学者肖云儒（中）、高建群（右）考察府谷文庙

作者与陕西省考古研究专家考察石堡遗址

作者与府谷县政协文史专员傅凯顺、苏飞林、刘二星考察富昌城遗址